TAC簿記検定講座

# 日商簿記2級

ちょっとやさしめ
から
むずかしめ
まで

ネット試験
から
統一試験
まで

# まるっと
# 完全予想
## 問題集

TAC出版
TAC PUBLISHING Group

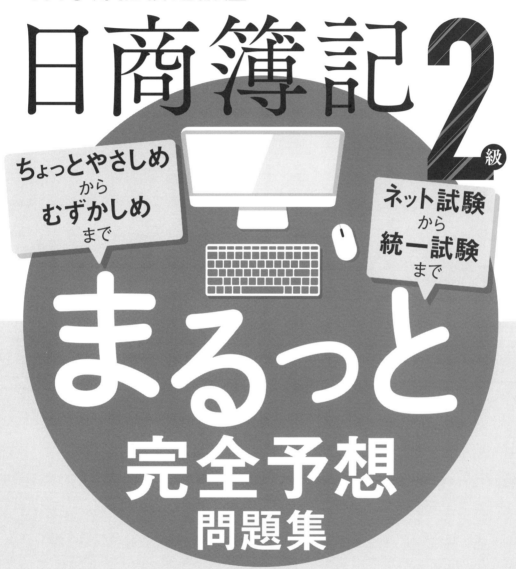

# はじめに

日商簿記検定試験対策では、テキストを繰り返し読み、どんなにインプットを頑張ったとしても、本番で70点以上取れなければ日商簿記２級試験に合格できません。つまり、本試験問題を解く力＝アウトプット力が身についているかどうかで、合否は分かれるのです。

「予想問題集」という書名を目にし、本書を手に取っていただいた方もその点を理解され、試験に向けた演習に入られようとしていることでしょう。

もちろん、予想問題は闇雲にこなせばいいというものではありません。また、たまたま点数がよかっただけでは、合格の保証とはなりません。

その意味で本書は「まるっと完全予想問題集」という名のとおり、ちょっとやさしめからむずかしめまでネット試験から統一試験までの日商簿記２級試験のすべての出題パターンを盛り込んでおり、12回分の予想問題によって試験での実戦力が確実に身につくよう構成されています。本試験（試験時間90分）と同じ形式で12回分の問題を収載しているので、わずか18時間の学習で、本試験でどういった問題が出題されようとも、対応できる力が身につくのです。

また、次のような点も本書の特長となっていますので、徹底的に活用してください。

・TACの長年の簿記試験分析を基にしたオリジナル予想問題

・年３回の統一試験およびネット試験に向けて、いつからでも使用可能

・問題は「初級・標準・上級」の３段階のレベル別で、習熟度に応じた学習が可能

まずは、初級レベルの第１回～第３回の問題に挑戦してみましょう。

はじめは解けない問題もあるかもしれませんが、解説をしっかりと理解し、繰り返し解き直せば苦手論点もきっと克服できるはずです。誰もが感じるであろう「本番で通用する力が身についているだろうか？」という不安は、本書１冊をマスターすれば必ず解消されることでしょう。

本書を利用した学習により、読者のみなさまが本試験に合格されることをスタッフ一同、心よりお祈り申し上げます。

ＴＡＣ簿記検定講座

※　本書は、『2023年度版　日商簿記２級　まるっと完全予想問題集』につき、2024年度の出題区分と出題傾向等に対応するために、改訂を行ったものです。

# 本書の特長

## 重要出題パターンを網羅《もうら》した予想問題集

▷**TACの長年の分析をもとにした予想問題**
本書は、TAC簿記検定講座が長年、収集・分析した日商簿記検定の本試験情報をもとに、出題の可能性が高い重要出題パターンを網羅したオリジナル予想問題集です。

▷**18時間で重要出題パターンをすべてカバー**
「12回分×90分＝18時間」解くことで、重要出題パターンに一通り触れることができます。

▷**「知識の穴」を埋める**
本試験で怖いのが、はじめて見る問題が出題されてしまうことです。本書を解いて「知識の穴」をなくしていきましょう。

## やさしい問題から段階的にステップアップ！

問題は３段階にレベル分けされ、習熟度に応じて無理なく学習を進めることができます。

▷**【第１回～第３回】初級レベル**
比較的易しい問題（合格率40%台）の本試験を想定。確実に合格点を取りたい問題です。

▷**【第４回～第９回】標準レベル**
本試験の標準レベル（合格率20～30%）を想定。本試験までに合格点が取れるよう学習を進めましょう。

▷**【第10回～第12回】上級レベル**
応用問題を多く収載。このレベルが解けるようになれば、試験対策は万全です。時間がなければ第１問と工業簿記だけでも解きましょう。

## 「出題パターン対応表」で自分の弱点を克服！

本書掲載の出題パターン対応表は、「出題パターン×対応する予想問題×TAC出版のテキストリンク」が一目でわかるようになっています。

▷**自分の苦手論点が一目瞭然**
問題採点後に、出題パターン対応表に印をつけることで、自分の苦手な論点が浮かび上がり、対策すべきところがわかります。

▷**テキストでの復習が簡単に**
テキストに戻って復習したいときに、出題パターン対応表のテキストリンクで見直すべき単元を簡単に探し出せます。

## 本試験形式の問題&答案用紙&模擬試験プログラム

▷**本試験と同様の問題用紙&答案用紙**
問題用紙・答案用紙は本試験と同じA4サイズで、抜き取って使用します（使用方法はp.vi STEP 2を参照）。
また、問題文・解答欄のレイアウトも本試験を再現しているため、本番さながらに学習ができます。

▷**模擬試験プログラム付き**
ネット試験受験生は付属の模擬試験プログラムにもチャレンジしましょう！（詳細はp.vii）

# 簿記試験はどんな試験？

## 1 日商簿記２級試験とは

日商簿記２級試験では、高度な商業簿記・工業簿記（原価計算を含む）を修得し、財務諸表の数字から経営内容を把握できるレベルが求められます。

試験の概要は、次の表のとおりです。

| | |
|---|---|
| 主催団体 | 日本商工会議所・各地商工会議所 |
| 受験資格 | 特に制限なし |
| 試験日 | 統一試験：年３回<br>６月（第２日曜日）・11月（第３日曜日）・２月（第４日曜日）<br>ネット試験：随時（テストセンターが定める日時） |
| 申込手続き | 統一試験：試験の約２か月前から開始。<br>申込期間は、各商工会議所によって異なるので要確認。<br>ネット試験：テストセンターの申込サイトより随時。 |
| 受験料 | 5,500円（税込）（2024年３月31日まで4,720円） |
| 試験時間 | 90分 |
| 合格点 | 100点満点のうち70点で合格 |
| 問い合わせ先 | 各地商工会議所・検定試験サイト（https://www.kentei.ne.jp/） |

（注１）本書刊行時のデータです。最新の情報は、検定試験サイトでご確認ください。
（注２）一部の商工会議所およびネット試験では事務手数料がかかります。

## 2 各問の出題形式・配点・目標点

日商簿記２級試験では、大問が全部で５問出題され、うち３問が商業簿記（60点満点)、残り２問が工業簿記（40点満点）の範囲から出題されます。それぞれの出題形式をおさえ、試験時間90分の中で時間配分を意識しながら解くことが重要です。

| | 主な出題形式 | 配点 | 目標点 |
|---|---|---|---|
| 第１問 | 仕訳５題 | 20点 | 12～16点 |
| 第２問 | 個別会計・連結会計など | 20点 | 12～16点 |
| 第３問 | 決算問題など | 20点 | 12～16点 |
| 第４問 | （１）仕訳３題<br>（２）工業簿記より「財務会計」を前提とした問題 | 28点 | 22～28点 |
| 第５問 | 工業簿記より「管理会計」を前提とした問題 | 12点 | 10～12点 |

# 合格するための本書の使用方法

## STEP 1 「簿記試験はどんな試験？」を読む

まずは、日商簿記２級試験が、どんな試験かを知ることからはじめましょう。
出題形式や配点、目標点など、事前に試験情報を把握することで対策ができます。

## STEP 2 問題用紙・答案用紙を抜き取り､解答の準備をする

下の図のとおりに、別冊の問題用紙・答案用紙を抜き取ります。抜き取る際のケガには十分にご注意ください。本試験対策として、時計を用意し時間も計りましょう。２級試験の制限時間は90分です。

**〈問題・答案用紙の抜き取り方〉**

**Step ❶**

青色の色紙を残したまま、ていねいに抜き取ってください。色紙は、本体からはずれませんので、ご注意ください。

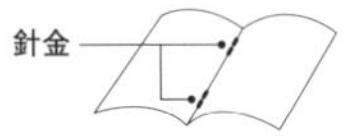


**Step ❷**

抜き取った用紙を針金のついているページでしっかりと開き、工具を使用して、針金を外してください。その際、ケガをしないよう、お気をつけください。

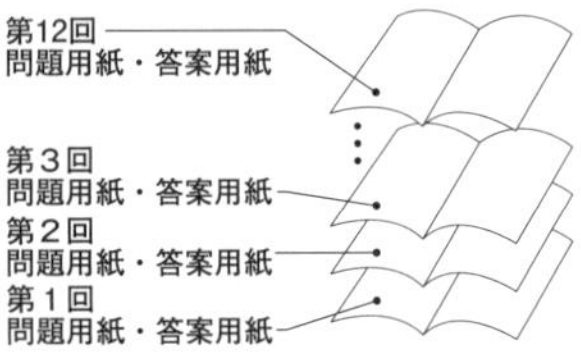


**Step ❸**

アイテムごとに分けて、お使いください（問題用紙、答案用紙の２分冊となっています）。

## STEP 3 問題を繰り返し解く

簿記検定試験の合格の秘訣は、「**問題を繰り返し解いて、出題パターンに慣れること**」です。
どんなにテキストを読んで内容を理解していたとしても、問題が解けなければ試験に合格はできません。
まずは、初級レベルの第１回～第３回の問題からはじめましょう。
制限時間90分をきっちり計り、筆記具と電卓は本番で使用予定のものを使います。

## STEP 4 すぐに採点をし、結果をメモする

問題を解いたら、すぐに採点をしましょう。
**合格点は70点**です。最初は合格点を取れずに難しく感じるかもしれません。
はじめての人は、ほとんどが合格点を取れないものです。
本番ではしっかり合格点が取れるように、あきらめず学習を続けましょう。
なお、答案用紙の右上に各問の得点を記入できますので、問題ごとの得手・不得手の把握が可能です。

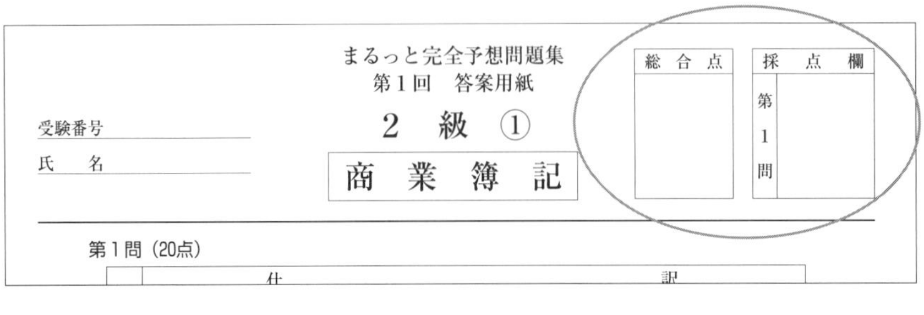
まるっと完全予想問題集
第１回　答案用紙
２　級　①
商　業　簿　記
受験番号
氏　　名
総　合　点
採　点　欄
第１問
第１問（20点）
仕　訳

答案用紙の右上には、各問題の採点欄があります。問題を解き終えたら、すぐに確認するようにしましょう。間違えた問題については、問題用紙の該当部分に印をつけておくなどすることで、どれを克服すればいいのか目安となります。

## STEP 5 間違えた問題の原因を分析する

「採点して終わり」では、いつまでも同じ間違いを繰り返してしまいます。
間違えた問題は解説を読み、**なぜ間違えたのかを必ず分析**しましょう。
「計算ミス」「論点の理解不足」「問題文をきちんと読んでいなかった」など、原因はさまざまです。
次回、同じパターンの問題を解くときに、同じ間違いを繰り返さないように対策を立てましょう。

## STEP 6 「出題パターン対応表」に印づけをする 解答用紙ＤＬサービスを利用する

あとで自分の苦手論点がわかるように、出題パターン対応表のチェックボックスに印をつけましょう。
毎回、欠かさず印をつけることで、最終的に自分の弱点が浮かび上がり、**どこを強化すべきかセルフチェックする**ことができます。
また、理解不足の論点については、出題パターン対応表のリンクを参照し、テキストを読み返しましょう。
また、「サイバーブックストア（https://bookstore.tac-school.co.jp/）」より解答用紙ダウンロードサービスもご利用いただけます。何度もダウンロードして、繰り返し問題を解いて、出題パターンの完全制覇を目指しましょう。

## STEP 7 模擬試験プログラムにチャレンジ

本書には、ネット試験の演習ができる、解説付きの模擬試験プログラム10回分が付属しています。
実際にパソコンで解いてみると、下書用紙の使い方や、日本語入力への切り替えなど、ペーパー試験とは違った工夫が必要なことに気づかれると思います。
ネット試験を受験される方は、ぜひこの模擬試験プログラムにアクセスして、ネット試験を体験してみてください。

※本サービスの問題は、本書とは異なる10回分を収載しています。
なお、提供期間は、本書の改訂版刊行月末日までです。

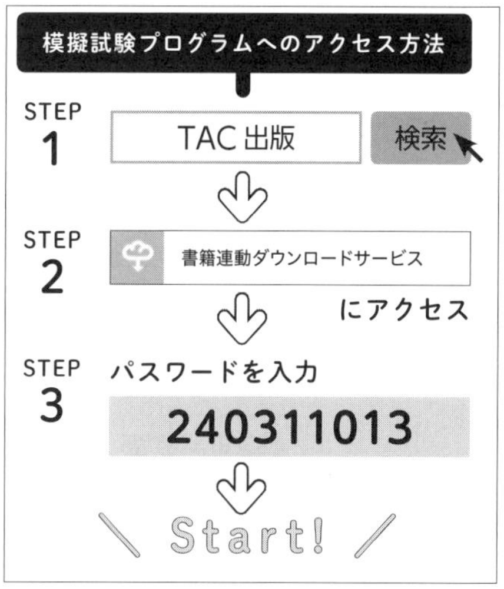


（免責事項）
(1) 本アプリの利用にあたり、当社の故意または重大な過失によるもの以外で生じた損害、及び第三者から利用者に対してなされた損害賠償請求に基づく損害については一切の責任を負いません。
(2) 利用者が使用する対応端末は、利用者の費用と責任において準備するものとし、当社は、通信環境の不備等による本アプリの使用障害については、一切サポートを行いません。
(3) 当社は、本アプリの正確性、健全性、適用性、有用性、動作保証、対応端末への適合性、その他一切の事項について保証しません。
(4) 各種本試験の申込、試験申込期間などは、必ず利用者自身で確認するものとし、いかなる損害が発生した場合であっても当社では一切の責任を負いません。

（推奨デバイス）PC・タブレット
（推奨ブラウザ）Microsoft Edge 最新版／Google Chrome 最新版／Safari最新版

詳細は、下記URLにてご確認ください。
https://bookstore.tac-school.co.jp/pages/add/boki32app_kiyaku/

# 出題パターン対応表

過去の本試験の出題傾向を分析・抽出した出題パターンは次表のとおりです。

**〈使用方法〉**

- 問題採点後、各問題のチェックボックス（□）に、印をつけましょう。
- 苦手論点は、テキストリンクから、TAC出版の各テキストの該当箇所へ戻って復習しましょう。

## 第1問対策

| 大区分 | 中区分 | 対応する予想問題 | 合格テキスト（商） | スッキリわかる（商） | 簿記の教科書（商） |
|---|---|---|---|---|---|
| 株式の発行 | 設立時 | □ **第3回②** | テーマ14 | 第1章 | CHAPTER01 |
| | 増資時 | □ **第7回①** | | | |
| 商品売買 | 売上原価対立法 | □ **第1回⑤** | テーマ02 | 第4章 | CHAPTER05 |
| | 返品 | □ **第8回②** | | | |
| | 売上割戻し | □ **第11回①** | | | |
| 現金および預金 | | □ **第1回②**<br>□ **第3回①**<br>□ **第10回④**<br>□ **第11回⑤** | テーマ03 | 第6章 | CHAPTER07 |
| 債権・債務 | クレジット売掛金 | □ **第11回③** | テーマ04 | 第4章 | CHAPTER05 |
| | 手形に関する債権・債務 | □ **第1回④**<br>□ **第2回④**<br>□ **第4回①**<br>□ **第9回③**<br>□ **第11回②** | | 第5章 | CHAPTER06 |
| | 電子記録債権・債務 | □ **第1回③**<br>□ **第11回②** | | | |
| 有価証券 | 株式の売却 | □ **第5回③** | テーマ05 | 第10章 | CHAPTER11 |
| | 公社債（債券）の購入と売却 | □ **第11回④** | | | |
| 有形固定資産 | 固定資産の売却 | □ **第8回④** | テーマ06 | 第7章 | CHAPTER08 |
| | 固定資産の減価償却 | □ **第5回①** | | | |
| | 固定資産の割賦購入 | □ **第9回⑤** | テーマ07 | | |
| | 改良と修繕 | □ **第10回②** | | | |
| | 除却と廃棄 | □ **第6回④** | | | |
| | 買換え | □ **第12回④** | | | |
| | 臨時損失 | □ **第2回③**<br>□ **第5回②** | | | |
| | 圧縮記帳 | □ **第10回⑤** | | | |
| リース取引 | | □ **第5回④**<br>□ **第7回③** | テーマ08 | 第8章 | CHAPTER09 |

| 大区分 | 中区分 | 対応する予想問題 | 合格テキスト（商） | スッキリわかる（商） | 簿記の教科書（商） |
| --- | --- | --- | --- | --- | --- |
| 無形固定資産と研究開発費 | ソフトウェア | □ 第7回②<br>□ 第9回② | テーマ09 | 第9章 | CHAPTER10 |
| | 研究開発費 | □ 第3回④<br>□ 第12回① | | | |
| 引当金 | 貸倒引当金 | □ 第4回⑤ | テーマ10 | 第11章 | CHAPTER12 |
| | 退職給付引当金 | □ 第6回⑤ | | | |
| | 賞与引当金 | □ 第8回③<br>□ 第12回⑤ | | | |
| | 商品保証引当金 | □ 第9回④ | | | |
| 外貨換算会計 | | □ 第2回②<br>□ 第10回③<br>□ 第12回② | テーマ11 | 第12章 | CHAPTER15 |
| 税金 | 法人税等 | □ 第2回⑤<br>□ 第8回⑤ | テーマ12 | 第3章 | CHAPTER04 |
| | 消費税 | □ 第3回⑤<br>□ 第8回②<br>□ 第11回③ | | | |
| 剰余金の配当と処分 | | □ 第4回③ | テーマ15 | 第1章 | CHAPTER02 |
| 株主資本の計数の変動 | | □ 第1回① | | | CHAPTER03 |
| 決算手続 | | □ 第3回⑤<br>□ 第4回②<br>□ 第5回①<br>□ 第5回⑤<br>□ 第6回②<br>□ 第9回②<br>□ 第9回④<br>□ 第12回③ | テーマ16 | 第15章 | CHAPTER16 |
| サービス業 | | □ 第6回③ | テーマ17 | 第4章 | CHAPTER13 |
| 課税所得の算定 | | □ 第5回⑤ | テーマ13 | 第3章 | CHAPTER04 |
| 税効果会計 | | □ 第12回③<br>□ 第12回⑤ | | 第13章 | CHAPTER17 |
| 本支店会計 | | □ 第3回③<br>□ 第4回④<br>□ 第10回① | テーマ18 | 第17章 | CHAPTER19 |
| 連結会計 | | □ 第7回④ | テーマ20～23 | 第18・19章 | CHAPTER20～22 |
| 合併 | | □ 第6回① | テーマ19 | 第2章 | CHAPTER01 |
| 事業譲渡 | | □ 第7回⑤ | | — | — |
| 法定福利費 | | □ 第8回① | (3級)テーマ13 | (3級)第9章 | (3級)CHAPTER06 |
| 差入保証金 | | □ 第9回① | (3級)テーマ12 | (3級)第8章 | |
| 収益認識 | | □ 第2回①<br>□ 第11回① | テーマ17 | 第14章 | CHAPTER14 |

## 第❷問対策

| 大区分 | 中区分 | 対応する予想問題 | 合格テキスト（商） | スッキリわかる（商） | 簿記の教科書（商） |
|---|---|---|---|---|---|
| 個別論点 | 商品売買 | □ 第6回<br>□ 第8回<br>□ 第11回 | テーマ02 | 第4章 | CHAPTER05 |
| | 有価証券 | □ 第4回 | テーマ05 | 第10章 | CHAPTER11 |
| | 固定資産 | □ 第3回 | テーマ06・07 | 第7章 | CHAPTER08 |
| | 外貨換算会計 | □ 第8回 | テーマ11 | 第12章 | CHAPTER15 |
| | 純資産<br>（株主資本等変動計算書） | □ 第2回<br>□ 第7回<br>□ 第9回 | テーマ15 | 第15章 | CHAPTER16 |
| | 税効果会計 | □ 第11回 | テーマ13 | 第13章 | CHAPTER17 |
| 構造論点 | 連結会計 | □ 第1回<br>□ 第3回<br>□ 第5回<br>□ 第7回<br>□ 第10回 | テーマ20～23 | 第18・19章 | CHAPTER20<br>～22 |
| 理論問題 | 空欄補充問題・正誤問題 | □ 第12回 | | | |

## 第❸問対策

| 大区分 | 対応する予想問題 | 合格テキスト（商） | スッキリわかる（商） | 簿記の教科書（商） |
|---|---|---|---|---|
| 貸借対照表 | □ 第1回<br>□ 第5回<br>□ 第9回 | テーマ01・16 | 第15章 | CHAPTER16 |
| 損益計算書 | □ 第2回<br>□ 第4回<br>□ 第10回 | | | |
| 精算表 | □ 第8回 | テーマ16 | | |
| 損益勘定・繰越利益剰余金勘定・貸借対照表 | □ 第11回 | | 第15・16章 | CHAPTER16・18 |
| 決算整理後残高試算表 | □ 第3回<br>□ 第7回<br>□ 第12回 | | （3級）第18章 | （3級）CHAPTER11 |
| 本支店会計 | □ 第6回 | テーマ18 | 第17章 | CHAPTER19 |

## 第❹問（1）対策

| 大区分 | 中区分 | 対応する予想問題 | 合格テキスト（工） | スッキリわかる（工） | 簿記の教科書（工） |
|---|---|---|---|---|---|
| 材料費 | 材料の購入 | □ 第2回③<br>□ 第8回③ | テーマ03・04 | 第2章 | CHAPTER02 |
| | 材料副費 | □ 第6回② | | | |
| | 材料の消費 | □ 第1回②<br>□ 第3回③<br>□ 第5回② | | | |
| 労務費 | 賃金・給料の支払い | □ 第7回①<br>□ 第11回① | テーマ05・06 | 第3章 | CHAPTER03 |
| | 労務費の消費 | □ 第1回①<br>□ 第3回①<br>□ 第5回①<br>□ 第7回②<br>□ 第7回③<br>□ 第12回② | | | |
| 経費 | 外注加工賃・特許権使用料 | □ 第4回①<br>□ 第9回③ | テーマ07 | 第4章 | CHAPTER04 |
| 製造間接費 | 製造間接費の配賦 | □ 第2回①<br>□ 第6回① | テーマ09 | 第5章 | CHAPTER05 |
| 部門費の予定配賦 | | □ 第8回① | テーマ10・11 | 第6章 | CHAPTER06 |
| 加工費 | 工程別・労務費の配賦 | □ 第1回① | テーマ15 | 第8章 | CHAPTER08 |
| 製品 | 完成品の振り替え | □ 第2回②<br>□ 第8回②<br>□ 第10回② | テーマ02 | 第1章 | CHAPTER01 |
| | 売上原価 | □ 第6回③<br>□ 第9回①<br>□ 第10回③<br>□ 第11回③ | | | |
| | 完成品に対する標準直接労務費 | □ 第4回② | | | |
| 原価差異 | | □ 第3回②<br>□ 第4回③<br>□ 第5回③<br>□ 第6回②<br>□ 第7回③<br>□ 第9回②<br>□ 第11回②<br>□ 第12回③ | | | |

| 大区分 | 中区分 | 対応する予想問題 | 合格テキスト（工） | スッキリわかる（工） | 簿記の教科書（工） |
|---|---|---|---|---|---|
| 本社工場会計 | | □ 第1回③<br>□ 第2回③<br>□ 第4回①<br>□ 第6回③<br>□ 第8回③<br>□ 第9回①<br>□ 第10回①<br>□ 第12回① | テーマ22 | 第11章 | CHAPTER11 |

## 第4問（2）対策

| 大区分 | 対応する予想問題 | 合格テキスト（工） | スッキリわかる（工） | 簿記の教科書（工） |
|---|---|---|---|---|
| 費目別計算 | □ 第7回<br>□ 第8回 | テーマ03~07 | 第2～4章 | CHAPTER02<br>~04 |
| 個別原価計算 | □ 第1回<br>□ 第3回 | テーマ08・09 | 第5章 | CHAPTER05 |
| 単純総合原価計算 | □ 第9回 | テーマ12 | 第7章 | CHAPTER07 |
| 工程別総合原価計算 | □ 第2回 | テーマ15 | 第8・9章 | CHAPTER08・09 |
| 組別総合原価計算 | □ 第5回 | テーマ16 | | |
| 等級別総合原価計算 | □ 第6回 | | | |
| 本社工場会計 | □ 第11回 | テーマ22 | 第11章 | CHAPTER11 |
| 標準原価計算 | □ 第10回<br>□ 第12回 | テーマ18・19 | 第12章 | CHAPTER12 |
| 製造原価報告書 | □ 第4回 | テーマ17 | 第10章 | CHAPTER10 |

## 第5問対策

| 大区分 | 対応する予想問題 | 合格テキスト（工） | スッキリわかる（工） | 簿記の教科書（工） |
|---|---|---|---|---|
| 標準原価計算 | □ 第1回<br>□ 第3回<br>□ 第8回<br>□ 第11回 | テーマ18・19 | 第12章 | CHAPTER12 |
| 直接原価計算 | □ 第6回<br>□ 第10回<br>□ 第12回 | テーマ20 | 第13章 | CHAPTER13 |
| CVP分析 | □ 第2回<br>□ 第4回<br>□ 第5回<br>□ 第9回 | テーマ21 | | |
| 予算実績差異分析 | □ 第7回 | | | |

# CONTENTS

# 日商簿記検定試験対策
# まるっと完全予想問題集

## 第1回

## 解答・解説

| 出題論点 | | | 難易度 |
|---|---|---|---|
| 第1問 | 仕訳問題 | 株主資本の計数の変動 | A |
| | | 未渡小切手（未払金） | A |
| | | 電子記録債権の譲渡（差額なし） | A |
| | | 裏書譲渡 | A |
| | | 売上原価対立法 | A |
| 第2問 | 連結精算表 | | A |
| 第3問 | 貸借対照表 | | A |
| 第4問(1) | 仕訳問題 | 労務費（直接工の消費賃金）の計算 | A |
| | | 材料の消費 | A |
| | | 工場から本社への完成品の発送 | A |
| 第4問(2) | 部門別個別原価計算 | | A |
| 第5問 | 標準原価計算（シングル・プラン） | | A |

〔難易度〕 A：普通　B：やや難しい　C：難しい

# 第１回　解答

## 商業簿記

第１問（20点）

| | 借方 記号 | 借方 金額 | 貸方 記号 | 貸方 金額 |
|---|---|---|---|---|
| 1 | （ウ）その他資本剰余金 | 50,000 | （イ）資本準備金 | 50,000 |
| | （オ）繰越利益剰余金 | 20,000 | （エ）利益準備金 | 20,000 |
| 2 | （イ）当座預金 | 600,000 | （オ）未払金 | 600,000 |
| 3 | （エ）買掛金 | 1,500,000 | （ア）電子記録債権 | 1,500,000 |
| 4 | （イ）商品 | 470,000 | （エ）受取手形 | 450,000 |
| | | | （ウ）現金 | 20,000 |
| 5 | （ウ）売掛金 | 8,000 | （ア）売上 | 8,000 |
| | （イ）売上原価 | 5,000 | （オ）商品 | 5,000 |

仕訳一組につき４点を与える。合計20点。



第２問（20点）

連結精算表

（単位：円）

| 科目 | 個別財務諸表 P社 | 個別財務諸表 S社 | 連結修正仕訳 借方 | 連結修正仕訳 貸方 | 連結財務諸表 |
|---|---|---|---|---|---|
| 貸借対照表 | | | | | |
| 諸資産 | 8,000,000 | 7,500,000 | | 1,500,000 | 14,000,000 |
| 売掛金 | 5,600,000 | 4,800,000 | | 600,000 | 9,800,000 |
| 商品 | 3,200,000 | 1,800,000 | | 75,000 | 4,925,000 |
| S社株式 | 4,000,000 | — | | 4,000,000 | — |
| のれん | — | — | 36,000 | 4,000 | 32,000 |
| 土地 | 3,000,000 | 1,500,000 | | 500,000 | 4,000,000 |
| 資産合計 | 23,800,000 | 15,600,000 | 36,000 | 6,679,000 | 32,757,000 |
| 諸負債 | ( 6,300,000) | ( 6,200,000) | 1,500,000 | | 11,000,000 |
| 買掛金 | ( 2,000,000) | ( 1,500,000) | 600,000 | | 2,900,000 |
| 資本金 | ( 8,000,000) | ( 4,000,000) | 4,000,000 | | 8,000,000 |
| 資本剰余金 | ( 1,500,000) | ( 800,000) | 800,000 | | 1,500,000 |
| 利益剰余金 | ( 6,000,000) | ( 3,100,000) | 2,004,000 | 3,650,000 | 6,197,000 |
| | | | 50,000 | | |
| | | | 4,499,000 | | |
| 非支配株主持分 | — | — | | 2,840,000 | 3,160,000 |
| | | | | 320,000 | |
| 負債・純資産合計 | (23,800,000) | (15,600,000) | 13,453,000 | 6,810,000 | 32,757,000 |
| 損益計算書 | | | | | |
| 売上高 | (24,800,000) | (14,400,000) | 3,600,000 | | 35,600,000 |
| 売上原価 | 17,200,000 | 11,600,000 | 75,000 | 3,600,000 | △ 25,225,000 |
| | | | | 50,000 | |
| 販売費及び一般管理費 | 5,160,000 | 1,720,000 | | | △ 6,880,000 |
| のれん償却 | — | — | 4,000 | | △ 4,000 |
| 営業外収益 | ( 1,608,000) | ( 808,000) | | | 2,416,000 |
| 営業外費用 | 968,000 | 688,000 | | | △ 1,656,000 |
| 土地売却益 | ( 500,000) | — | 500,000 | | — |
| 法人税等 | 1,255,000 | 400,000 | | | △ 1,655,000 |
| 当期純利益 | ( 2,325,000) | ( 800,000) | 4,179,000 | 3,650,000 | 2,596,000 |
| 非支配株主に帰属する当期純利益 | | | 320,000 | | △ 320,000 |
| 親会社株主に帰属する当期純利益 | | | 4,499,000 | 3,650,000 | 2,276,000 |

□ １つにつき２点を与える。合計20点。

第3問（20点）

貸借対照表

×7年3月31日

（単位：円）

| 資産の部 | | | 負債の部 | | |
|---|---|---|---|---|---|
| Ⅰ 流動資産 | | | Ⅰ 流動負債 | | |
| 1 現金預金 | | （1,647,520） | 1 支払手形 | | （235,000） |
| 2 受取手形 | （408,000） | | 2 買掛金 | | （440,000） |
| 3 売掛金 | （652,000） | | 3 借入金 | | （540,000） |
| 計 | （1,060,000） | | 4 未払金 | | （96,960） |
| 貸倒引当金 | （125,800） | （934,200） | 5 未払費用 | | （114,000） |
| 4 商品 | | （217,950） | 6 賞与引当金 | | （114,000） |
| 5 有価証券 | | （110,000） | 7 未払法人税等 | | （27,552） |
| 6 前払費用 | | （53,460） | 流動負債合計 | | （1,567,512） |
| 流動資産合計 | | （2,963,130） | 負債合計 | | （1,567,512） |
| Ⅱ 固定資産 | | | | | |
| 1 建物 | （2,700,000） | | 純資産の部 | | |
| 減価償却累計額 | （990,000） | （1,710,000） | Ⅰ 資本金 | | （3,524,000） |
| 2 備品 | （1,800,000） | | Ⅱ 利益剰余金 | | |
| 減価償却累計額 | （648,000） | （1,152,000） | 1 利益準備金 | （450,000） | |
| 3 車両運搬具 | （144,000） | | 2 別途積立金 | （153,500） | |
| 減価償却累計額 | （6,000） | （138,000） | 3 繰越利益剰余金 | （344,118） | （947,618） |
| 4 ソフトウェア | | （51,200） | 純資産合計 | | （4,471,618） |
| 5 繰延税金資産 | | （24,800） | | | |
| 固定資産合計 | | （3,076,000） | | | |
| 資産合計 | | （6,039,130） | 負債及び純資産合計 | | （6,039,130） |

□ 1つにつき2点を与える。合計20点。



## 工業簿記

第4問（28点）

（1）（12点）

| | 借方 記号 | 借方 金額 | 貸方 記号 | 貸方 金額 |
|---|---|---|---|---|
| 1 | （カ）第1工程仕掛品 | 600,000 | （エ）賃金・給料 | 1,380,000 |
| | （ウ）第2工程仕掛品 | 780,000 | | |
| 2 | （ウ）仕掛品 | 1,350,000 | （イ）材料 | 1,350,000 |
| 3 | （イ）本社 | 1,800,000 | （エ）仕掛品 | 1,800,000 |

仕訳一組につき4点を与える。合計12点。

（2）（16点）

月次予算部門別配賦表

（単位：円）

| 摘要 | 合計 | 製造部門 切削部門 | 製造部門 組立部門 | 補助部門 修繕部門 | 補助部門 事務部門 |
|---|---|---|---|---|---|
| 部門費 | 4,644,000 | 1,465,500 | 2,188,500 | 450,000 | 540,000 |
| 修繕部門費 | | 262,500 | 187,500 | | |
| 事務部門費 | | 180,000 | 360,000 | | |
| 製造部門費 | 4,644,000 | 1,908,000 | 2,736,000 | | |

製造間接費—切削部門費

| | | | |
|---|---|---|---|
| 諸口 | 1,914,000 | 仕掛品 | （1,749,000） |
| | | 原価差異 | （165,000） |
| | （1,914,000） | | （1,914,000） |

製造間接費—組立部門費

| | | | |
|---|---|---|---|
| 諸口 | 2,715,000 | 仕掛品 | （2,804,400） |
| 原価差異 | （89,400） | | |
| | （2,804,400） | | （2,804,400） |

□ 1つにつき2点を与える。合計16点。

第5問（12点）

問1

仕　掛　品　（単位：円）

| | | | |
|---|---|---|---|
| 月初仕掛品原価 | （ 910,000 ） | 完成品原価 | （ 12,000,000 ） |
| A 材 料 費 | （ 4,500,000 ） | 月末仕掛品原価 | （ 260,000 ） |
| B 材 料 費 | （ 4,000,000 ） | | |
| 加 工 費 | （ 2,850,000 ） | | |
| | （ 12,260,000 ） | | （ 12,260,000 ） |

問2

| | |
|---|---|
| A 材 料 費 差 異 | 160,000　円　（~~有利差異~~・不利差異） |
| B 材 料 費 差 異 | 32,000　円　（有利差異・~~不利差異~~） |
| 加 工 費 差 異 | 54,000　円　（~~有利差異~~・不利差異） |

「有利差異」「不利差異」については、いずれか不要な方を二重線で消去しなさい。

問3

| | |
|---|---|
| 売 上 総 利 益 | 3,978,000　円 |

問1は［　　］1つにつき1点、問2・問3は［　　］1つにつき2点を与える。合計12点。



# 第1回　解説

## 第1問

1．剰余金の準備金への振り替え

剰余金から準備金への振り替えを行った場合、その他資本剰余金は資本準備金へ振り替え、繰越利益剰余金は利益準備金へ振り替えます。

2．未渡小切手

小切手を振り出したが、相手先に渡していないことを「未渡し」といいます。未渡しの小切手については、小切手を振り出した時点で当座預金の減少を記帳済みですが、渡していないため、当社の修正仕訳が必要です。

※　小切手を振り出した時に行われている仕訳（記帳済み）

| | | | |
|---|---|---|---|
| （未 払 金） | 600,000 | （当 座 預 金） | 600,000 |

未払金（負債）を支払うために振り出した小切手が未渡しの場合は、次のように取り消しの仕訳を行います。

| | | | |
|---|---|---|---|
| （当 座 預 金） | 600,000 | （未 払 金） | 600,000 |

3．電子記録債権の譲渡

買掛金を支払うために電子記録債権の譲渡記録を行ったときには、電子記録債権勘定の貸方に記入します。

4．手形の裏書譲渡（売上原価対立法）

売上原価対立法を採用し、商品の仕入れをおこなったとき、借方に商品勘定を計上します。得意先振り出しの約束手形を裏書譲渡しているため、受取手形勘定を貸方に計上し、残額は指示にしたがい現金として処理します。

| | | | |
|---|---|---|---|
| （商　　品） | 470,000 | （受 取 手 形） | 450,000 |
| | | （現　　金）（＊） | 20,000 |

（＊）　470,000円－450,000円＝20,000円

5．売上原価対立法

売上原価対立法を採用している場合、商品を売り上げたときに、売価で売上を計上し、その商品の原価を商品から売上原価に振り替えます。

## 第2問

連結精算表（連結貸借対照表と連結損益計算書部分）の作成問題です。問われているのは連結第2年度（×5年4月1日から×6年3月31日）の連結精算表です。

1．開始仕訳（×5年3月31日までの連結修正仕訳）

(1)　支配獲得日（×4年3月31日）の連結修正仕訳（投資と資本の相殺消去）

支配獲得時のS社の純資産（［資料］2.）にもとづいて、投資と資本の相殺消去を行います。S社の純資産（資本）とS社株式（投資）を相殺消去します。なお、S社の資本のうち非支配株主持分40％（＝100％－60％）については、非支配株主持分（純資産）

の増加として処理します。また、借方差額については、のれん（資産）の増加として処理します。

| | | | |
|---|---|---|---|
| (資本金) | 4,000,000 | (S社株式) | 4,000,000 |
| (資本剰余金) | 800,000 | (非支配株主持分)(＊1) | 2,640,000 |
| (利益剰余金) | 1,800,000 | | |
| (のれん)(＊2) | 40,000 | | |

（＊1）（4,000,000円＋800,000円＋1,800,000円）×（100％－60％）＝2,640,000円
（S社資本：4,000,000円＋800,000円＋1,800,000円、非支配株主持分割合：100％－60％）

（＊2）（4,000,000円＋800,000円＋1,800,000円）×60％－4,000,000円＝△40,000円（借方）
（S社資本：4,000,000円＋800,000円＋1,800,000円、S社株式：4,000,000円）

なお、本問では株主資本等変動計算書を作成しないことから、純資産項目は株主資本等変動計算書の科目（○○当期首残高・○○当期変動額）ではなく、貸借対照表の科目で示します。

(2) のれんの償却

投資と資本の相殺消去によって、のれんが生じた場合、定額法によって償却します。本問では問題文の指示により10年間にわたって償却します。

| | | | |
|---|---|---|---|
| (利益剰余金)(＊)<br>のれん償却 | 4,000 | (のれん) | 4,000 |

（＊）40,000円÷10年＝4,000円

(3) 子会社の当期純利益の振り替え

S社の当期純利益のうち、非支配株主に帰属する部分を非支配株主持分に振り替えます。ただし、この期間のS社当期純利益の金額が資料中に与えられていないため、差引計算によって求めます。

| | | | |
|---|---|---|---|
| (利益剰余金)(＊)<br>非支配株主に帰属する当期純利益 | 200,000 | (非支配株主持分) | 200,000 |

（＊）（2,300,000円－1,800,000円）×（100％－60％）＝200,000円
（×5年3月31日利益剰余金：2,300,000円、×4年3月31日利益剰余金：1,800,000円、非支配株主持分割合：100％－60％）

2．×6年3月期に行う連結修正仕訳…当期の処理

(1) のれんの償却

| | | | |
|---|---|---|---|
| (のれん償却)(＊) | 4,000 | (のれん) | 4,000 |

（＊）40,000円÷10年＝4,000円

(2) 子会社の当期純利益の振り替え

| | | | |
|---|---|---|---|
| (非支配株主に帰属する当期純利益)(＊) | 320,000 | (非支配株主持分) | 320,000 |

（＊）800,000円×（100％－60％）＝320,000円



(3) 売上高と売上原価の相殺消去

| | | | |
|---|---|---|---|
| (売上高) | 3,600,000 | (売上原価) | 3,600,000 |

(4) S社の期首棚卸資産に含まれる未実現利益の消去（ダウン・ストリーム）

① 前期末の仕訳の引き継ぎ

期首商品に含まれる未実現利益については、前期末に行った連結修正仕訳を再度行います。

| | | | |
|---|---|---|---|
| (利益剰余金)(＊)<br>売上原価 | 50,000 | (商品) | 50,000 |

（＊）$300,000円 \times \frac{0.2}{1+0.2} = 50,000円$

② 実現仕訳

期首商品は当期にすべて販売されたと考え、売上原価を修正します。

| | | | |
|---|---|---|---|
| (商品) | 50,000 | (売上原価) | 50,000 |

③ まとめ（①＋②）

| | | | |
|---|---|---|---|
| (利益剰余金) | 50,000 | (売上原価) | 50,000 |

(5) S社の期末棚卸資産に含まれる未実現利益の消去（ダウン・ストリーム）

| | | | |
|---|---|---|---|
| (売上原価)(＊) | 75,000 | (商品) | 75,000 |

（＊）$450,000円 \times \frac{0.2}{1+0.2} = 75,000円$

(6) 売掛金と買掛金の相殺消去

| | | | |
|---|---|---|---|
| (買掛金) | 600,000 | (売掛金) | 600,000 |

(7) 土地に含まれる未実現利益の消去（ダウン・ストリーム）

親子会社間で土地1,000,000円を1,500,000円で売買したため、500,000円の未実現利益が生じています。そのため、P社の土地売却益500,000円とS社の土地500,000円を相殺消去します。

| | | | |
|---|---|---|---|
| (土地売却益)(＊) | 500,000 | (土地) | 500,000 |

（＊）1,500,000円－1,000,000円＝500,000円
（売却価額：1,500,000円、帳簿価額：1,000,000円）

(8) 未収入金（諸資産）と未払金（諸負債）の相殺消去

土地の売却代金は後日受払いであるため、土地を売却したときには未収入金と未払金で処理されています。当期末において、決済されていないため相殺消去します。なお、本問では諸資産・諸負債に含まれているため、諸資産・諸負債を相殺消去します。

| | | | |
|---|---|---|---|
| (諸負債)<br>未払金 | 1,500,000 | (諸資産)<br>未収入金 | 1,500,000 |

A商品について、次のような期末商品のボックス図を書いて計算します。

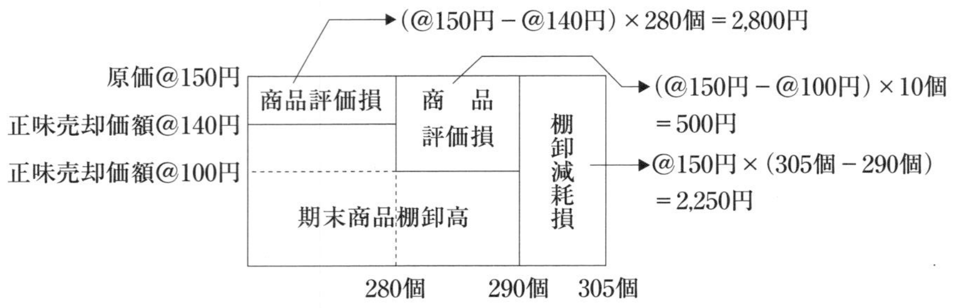

原価@150円
正味売却価額@140円　→（@150円－@140円）×280個＝2,800円
正味売却価額@100円　→　＝500円
　　　　　　　　　　　　@150円×（305個－290個）＝2,250円

|  | 商品評価損 | 商品 |
| --- | --- | --- |
|  |  | 評価損 |
| 期末商品棚卸高 | | 棚卸減耗損 |
| 280個 | 290個 | 305個 |

5. 貸倒引当金の設定
（貸倒引当金繰入）115,800　（貸 倒 引 当 金）115,800
※　商品：223,500円〈期末帳簿棚卸高〉－2,250円－3,300円＝217,950円
(1) 貸倒引当金（個別評価法）
200,000円（X社売掛金）×50％＝100,000円（貸倒見積額）
(2) 貸倒引当金（一括評価法）
（408,000円＋652,000円－200,000円）×3％＝25,800円（貸倒見積額）
100,000円＋25,800円－10,000円〈前T/B〉＝115,800円（貸倒引当金繰入）
※　貸倒引当金：100,000円＋25,800円＝125,800円

6. 売買目的有価証券の評価替え（時価法）
（売買目的有価証券）11,000　（有価証券評価益）（*）11,000
（*）110,000円－99,000円＝11,000円
　　　時価　帳簿価額
※　有価証券：110,000円

7. 減価償却費の計上
(1) 建物
① 建物の期中売却（未処理）
（建物減価償却累計額）300,000　（建 物）900,000
（減 価 償 却 費）（*1）10,000
（仮 受 金）500,000
（固定資産売却損）（*2）90,000
（*1）900,000円÷30年×4か月/12か月＝10,000円
（*2）貸借差額
※　建物：3,600,000円〈前T/B〉－900,000円＝2,700,000円

---

第3問

1. 現金実査
(1) 自己振出小切手の訂正
（当座預金乙銀行）30,000　（現 金）30,000

(2) 現金過不足
（雑 損）（*）2,000　（現 金）2,000
（*）帳簿残高：702,000円〈現金〉－30,000円＝672,000円
実際有高：通貨376,000円＋他人振出小切手200,000円
＋普通為替証書（郵便為替証書）94,000円＝670,000円
雑 損：実際有高670,000円－帳簿残高672,000円＝△2,000円

2. 当座借越の振り替え
当座預金甲銀行勘定は期末時点において、全額が貸方残高（当座借越）であるため、当座借越勘定から借入金勘定へ振り替えます。
（当座預金甲銀行）40,000　（借 入 金）40,000
※　借入金：500,000円〈前T/B〉＋40,000円＝540,000円

3. 再振替仕訳と費用の未払計上
(1) 再振替仕訳（未処理）
（未 払 費 用）105,000　（給 料）75,000
（通 信 費）30,000

(2) 費用の未払計上
（給 料）82,500　（未 払 費 用）114,000
（通 信 費）31,500

4. 売上原価の計算と期末商品の評価
(1) 売上原価の算定
（仕 入）256,000　（繰 越 商 品）256,000
（繰 越 商 品）223,500　（仕 入）223,500

(2) 棚卸減耗損の計上
（棚 卸 減 耗 損）2,250　（繰 越 商 品）2,250

(3) 商品評価損の計上
（商 品 評 価 損）（*）3,300　（繰 越 商 品）3,300
（*）商品評価損：500円＋2,800円＝3,300円

(4) 商品評価損の売上原価への算入
（仕 入）3,300　（商 品 評 価 損）3,300

② 未売却分の減価償却費

| | | | |
|---|---|---|---|
| (減価償却費)(＊) | 90,000 | (建物減価償却累計額) | 90,000 |

(＊) (3,600,000円－900,000円)÷30年＝90,000円

※ 建物減価償却累計額：1,200,000円〈前T/B〉－300,000円＋90,000円＝990,000円

(2) 備品

| | | | |
|---|---|---|---|
| (減価償却費)(＊) | 288,000 | (備品減価償却累計額) | 288,000 |

(＊) (1,800,000円－360,000円)×20％＝288,000円

※ 備品減価償却累計額：360,000円〈前T/B〉＋288,000円＝648,000円

(3) 車両運搬具（割賦購入）（未処理）

① 購入時の仕訳

| | | | |
|---|---|---|---|
| (車両運搬具) | 144,000 | (未払金)(＊1) | 145,440 |
| (前払費用)(＊2) | 1,440 | | |

(＊1) 24,240円×6か月＝145,440円

(＊2) 145,440円－144,000円＝1,440円

② 割賦金支払時の仕訳

| | | | |
|---|---|---|---|
| (未払金)(＊) | 48,480 | (当座預金乙銀行) | 48,480 |

(＊) 24,240円×2か月＝48,480円

現金預金

| | | | |
|---|---|---|---|
| 前T/B 現金 | 702,000円 | 前T/B 当座預金甲銀行 | 40,000円 |
| 前T/B 当座預金乙銀行 | 996,000円 | 上記1．現金 | 30,000円 |
| 上記1．当座預金乙銀行 | 30,000円 | 上記1．現金 | 2,000円 |
| 上記2．当座預金甲銀行 | 40,000円 | 上記7．当座預金乙銀行 | 48,480円 |

※ B/S現金預金：1,647,520円

※ 未払金：145,440円－48,480円＝96,960円

③ 決算時の仕訳

| | | | |
|---|---|---|---|
| (減価償却費)(＊1) | 6,000 | (車両運搬具減価償却累計額) | 6,000 |
| (支払利息)(＊2) | 480 | (前払費用) | 480 |

(＊1) 144,000円×$\frac{2か月}{48か月}$＝6,000円

(＊2) 1,440円×$\frac{2か月}{6か月}$＝480円

8．ソフトウェアの償却

| | | | |
|---|---|---|---|
| (ソフトウェア償却)(＊) | 12,800 | (ソフトウェア) | 12,800 |

(＊) 64,000円÷5年＝12,800円



※ ソフトウェア：64,000円〈前T/B〉－12,800円＝51,200円

9．費用の前払い（振替仕訳）

支払時に前払費用勘定に計上しています。したがって、決算月も同様に前払費用勘定から保険料勘定へ振り替えます。

| | | | |
|---|---|---|---|
| (保険料) | 7,500 | (前払費用) | 7,500 |

※ 前払費用：60,000円〈前T/B〉＋1,440円－480円－7,500円＝53,460円

10．賞与引当金の計上

| | | | |
|---|---|---|---|
| (賞与引当金繰入) | 114,000 | (賞与引当金) | 114,000 |

11．法人税等の処理

| | | | |
|---|---|---|---|
| (法人税、住民税及び事業税) | 57,552 | (仮払法人税等) | 30,000 |
| | | (未払法人税等) | 27,552 |

12．税効果会計

将来減算一時差異の増加分2,000円（＝62,000円－60,000円）に法定実効税率を掛けた金額だけ繰延税金資産を追加計上します。なお、相手勘定は法人税等調整額とします。

| | | | |
|---|---|---|---|
| (繰延税金資産)(＊) | 800 | (法人税等調整額) | 800 |

(＊) (62,000円－60,000円)×40％＝800円

※ 繰延税金資産：24,000円〈前T/B〉＋800円＝24,800円

〈参考〉 損益計算書を示すと、次のようになります。

損　益　計　算　書

自×6年4月1日　至×7年3月31日　（単位：円）

| | | |
|---|---|---|
| Ⅰ 売上高 | | （ 4,498,000 ） |
| Ⅱ 売上原価 | | |
| 1 商品期首棚卸高 | （ 256,000 ） | |
| 2 当期商品仕入高 | （ 2,745,000 ） | |
| 合計 | （ 3,001,000 ） | |
| 3 商品期末棚卸高 | （ 223,500 ） | |
| 差引 | （ 2,777,500 ） | |
| 4 商品評価損 | （ 3,300 ） | （ 2,780,800 ） |
| 売上総利益 | | （ 1,717,200 ） |
| Ⅲ 販売費及び一般管理費 | | |
| 1 給料 | （ 687,500 ） | |
| 2 広告宣伝費 | （ 141,000 ） | |
| 3 通信費 | （ 81,500 ） | |
| 4 保険料 | （ 90,000 ） | |
| 5 修繕費 | （ 50,000 ） | |
| 6 棚卸減耗損 | （ 2,250 ） | |
| 7 貸倒引当金繰入 | （ 115,800 ） | |
| 8 減価償却費 | （ 394,000 ） | |
| 9 ソフトウェア償却 | （ 12,800 ） | |
| 10 賞与引当金繰入 | （ 114,000 ） | （ 1,688,850 ） |
| 営業利益 | | （ 28,350 ） |
| Ⅳ 営業外収益 | | |
| 1 有価証券売却益 | （ 200,010 ） | |
| 2 有価証券評価益 | （ 11,000 ） | （ 211,010 ） |
| Ⅴ 営業外費用 | | |
| 1 支払利息 | （ 5,480 ） | |
| 2 雑損 | （ 2,000 ） | （ 7,480 ） |
| 経常利益 | | （ 231,880 ） |
| Ⅵ 特別損失 | | |
| 1 固定資産売却損 | | （ 90,000 ） |
| 税引前当期純利益 | | （ 141,880 ） |
| 法人税、住民税及び事業税 | （ 57,552 ） | |
| 法人税等調整額 | （ △800 ） | （ 56,752 ） |
| 当期純利益 | | （ 85,128 ） |

※　繰越利益剰余金：258,990円〈前T/B〉＋85,128円＝344,118円



**第4問**

（1）仕訳問題

1．工程別総合原価計算・労務費の消費

第1工程で消費された労務費は、賃金・給料勘定から第1工程仕掛品勘定へ振り替えます。また、第2工程で消費された労務費は、賃金・給料勘定から第2工程仕掛品勘定へ振り替えます。

第1工程分：@1,500円×400時間＝600,000円

第2工程分：@1,300円×600時間＝780,000円

2．材料の消費

主要材料（直接材料費）は予定消費単価@750円を用いて計算します。また、直接材料費は材料勘定から仕掛品勘定へ振り替えます。

| | | | |
|---|---|---|---|
| （仕掛品）（＊） | 1,350,000 | （材料） | 1,350,000 |

（＊）　＃103：@750円×350kg＝262,500円

＃201：@750円×850kg＝637,500円

＃202：@750円×600kg＝450,000円

予定消費額：262,500円＋637,500円＋450,000円＝1,350,000円

3．本社工場会計・完成品の本社への搬送

完成した製品を本社へ移したときには、工場側では完成品原価を本社勘定の借方に記入するとともに、仕掛品勘定の貸方に記入します。なお、本社側では、完成品原価を製品勘定の借方に記入するとともに、工場勘定の貸方に記入します。

① 工場側

| | | | |
|---|---|---|---|
| （本社） | 1,800,000 | （仕掛品） | 1,800,000 |

② 本社側

| | | | |
|---|---|---|---|
| （製品） | 1,800,000 | （工場） | 1,800,000 |

（2）部門別個別原価計算

1．製造部門費月次予算および予定配賦率の算定

部門別計算の手続き（第1次集計および第2次集計）にしたがい、当月の製造部門費月次予算を算定します。なお、本問では、資料に第1次集計の結果がすでに示されているので、第2次集計（補助部門費の製造部門への配賦）を直接配賦法により計算し、製造部門費月次予算を求めます。

① 補助部門費の配賦（直接配賦法）

補助部門費を製造部門に対して直接配賦する配賦方法を直接配賦法といいます。

（i） 補助部門費の配賦

・修繕部門費の配賦

$$\text{切削部門へ：}450{,}000\text{円}\times\frac{1{,}050\text{時間}}{1{,}050\text{時間}+750\text{時間}}=262{,}500\text{円}$$

組立部門へ：$450{,}000円 \times \dfrac{750時間}{1{,}050時間+750時間} = 187{,}500円$

・事務部門費の配賦

切削部門へ：$540{,}000円 \times \dfrac{30人}{30人+60人} = 180{,}000円$

組立部門へ：$540{,}000円 \times \dfrac{60人}{30人+60人} = 360{,}000円$

(ii) 月次製造部門費予算額

・切削部門費：1,465,500円＋262,500円＋180,000円＝1,908,000円
・組立部門費：2,188,500円＋187,500円＋360,000円＝2,736,000円

② 予定配賦率の算定

月次製造部門費予算額を各製造部門の月次基準操業度（予定時間）で除して予定配賦率を求めます。

・切削部門：$\dfrac{1{,}908{,}000円}{1{,}800予定機械運転時間} = 1{,}060円/時間$

・組立部門：$\dfrac{2{,}736{,}000円}{9{,}600予定直接作業時間} = 285円/時間$

2．予定配賦額の算定および仕訳

① 予定配賦額の算定

・切削部門費：1,060円/時間×1,650実際機械運転時間＝1,749,000円
・組立部門費：285円/時間×9,840実際直接作業時間＝2,804,400円

② 仕訳

| | | | |
|---|---|---|---|
| （仕　　掛　　品） | 4,553,400 | （切 削 部 門 費） | 1,749,000 |
| | | （組 立 部 門 費） | 2,804,400 |

3．製造部門費実際発生額の算定

部門別計算の手続き（第1次集計および第2次集計）にしたがい製造部門費実際発生額を算定しますが、本問では、その金額が資料に示されているため計算不要です。

4．原価差異

① 製造部門費配賦差異の算定

切削部門費：予定配賦額1,749,000円－実際発生額1,914,000円＝△165,000円（不利差異）
組立部門費：予定配賦額2,804,400円－実際発生額2,715,000円＝89,400円（有利差異）

② 仕訳

| | | | |
|---|---|---|---|
| （原　価　差　異） | 165,000 | （切 削 部 門 費） | 165,000 |
| （組 立 部 門 費） | 89,400 | （原　価　差　異） | 89,400 |



## 第5問

1．標準原価の計算

原価要素ごとに生産データを整理し、標準原価を算出します。

(1) A材料費について

工程の始点ですべて投入されるA材料は、仕掛品に対する進捗度（原価の投入割合）が100％となります。よって、生産データの数値をそのまま掛けてA材料費の標準原価を計算することができます。

A材料費：生産データ

| | |
|---|---|
| 月初仕掛品 2,800個 | 完成品 20,000個 |
| 当月投入 18,000個 | 月末仕掛品 800個 |

①完成品原価：@250円/個×20,000個＝5,000,000円
②月末仕掛品原価：@250円/個×800個＝200,000円
③月初仕掛品原価：@250円/個×2,800個＝700,000円
④当月A材料費：@250円/個×18,000個＝4,500,000円

(2) B材料費について

工程の60％ですべて投入されるB材料は、加工進捗度50％の仕掛品に対する進捗度（原価の投入割合）が、0％（完成品1個を製造するために必要なB材料はまったく投入されていない）となります。よって、月初仕掛品および月末仕掛品について、B材料費の標準原価は計算されず、当月B材料費と完成品原価は等しくなります。

B材料費：生産データ

| | |
|---|---|
| 月初仕掛品 2,800個×0％ ＝0個分 | 完成品 20,000個×100％ ＝20,000個分 |
| 当月投入 差引 20,000個分 | 月末仕掛品 800個×0％ ＝0個分 |

①完成品原価：@200円/個×20,000個分＝4,000,000円
②月末仕掛品原価：@200円/個×0個分＝0円
③月初仕掛品原価：@200円/個×0個分＝0円
④当月B材料費：@200円/個×20,000個分＝4,000,000円

(3) 加工費について

加工に応じて投入される加工費は、仕掛品に対する進捗度（原価の投入割合）が加工進捗度と等しくなります。よって、数量に加工進捗度を掛けた、いわゆる「完成品換算量」を基礎として加工費の標準原価を計算します。

**製品**

| 月初 | 1,440,000 | 売原 | 12,480,000 |
|---|---|---|---|
| 完成 | 12,000,000 | 月末 | 960,000 |

**仕掛品**

| 月初 | 910,000 | 完成 | 12,000,000 |
|---|---|---|---|
| A材 | 4,500,000 | | |
| B材 | 4,000,000 | | |
| 加工 | 2,850,000 | 月末 | 260,000 |

**A材料**

| 実際発生額 4,660,000 | 標準 4,500,000 |
|---|---|
| | 差異 160,000 |

**B材料**

| 標準 4,000,000 | |
|---|---|
| 差異 32,000 | 実際発生額 3,968,000 |

**加工費**

| 実際発生額 2,904,000 | 標準 2,850,000 |
|---|---|
| | 差異 54,000 |

**原価差異**

| A材 160,000 | B材 32,000 |
|---|---|
| 加工 54,000 | 不利差異 182,000 |

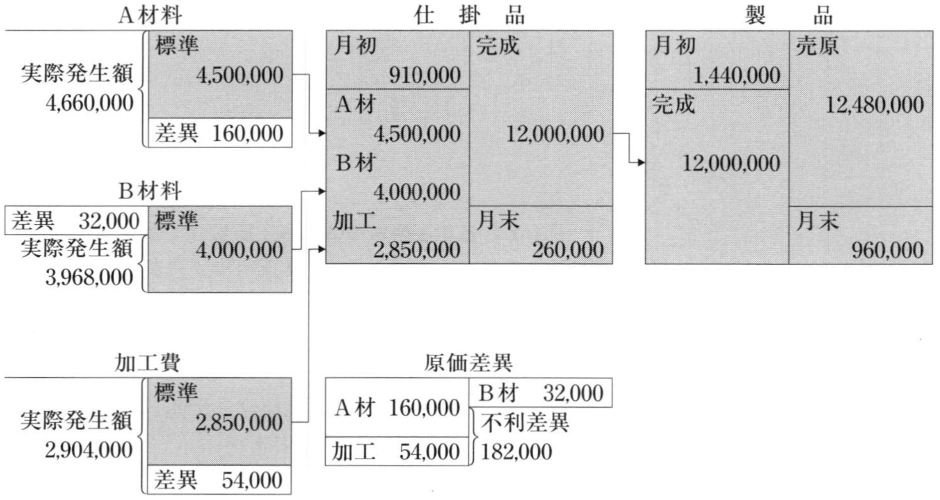

5. 売上総利益の計算
(1) 売上高
  800円/個×20,800個=16,640,000円
(2) 売上原価
  ① 原価差異賦課前の売上原価:600円/個×20,800個=12,480,000円
  ② 原価差異:△A材料160,000円(不利差異)+B材料32,000円(有利差異)
     -加工費54,000円(不利差異)=△182,000円(不利差異)
  ③ 原価差異賦課後の売上原価:12,480,000円+原価差異182,000円(不利差異)=12,662,000円
(3) 損益計算書

**月次損益計算書** (単位:円)

| | | |
|---|---|---|
| I 売上高 | | 16,640,000 |
| II 売上原価 | | |
| 1 月初製品棚卸高 | 1,440,000 | |
| 2 当月製品製造原価 | 12,000,000 | |
| 合計 | 13,440,000 | |
| 3 月末製品棚卸高 | 960,000 | |
| | 12,480,000 | |
| 4 原価差異 | 182,000 | 12,662,000 |
| 売上総利益 | | 3,978,000 |

---

加工費:生産データ

| 月初仕掛品 | 完成品 |
|---|---|
| 2,800個×50% =1,400個分 | 20,000個×100% =20,000個分 |
| 当月投入 19,000個分 | 月末仕掛品 800個×50% =400個分 |
| 差引 | |

① 完成品原価:@150円/個×20,000個分=3,000,000円
② 月末仕掛品原価:@150円/個×400個分=60,000円
③ 月初仕掛品原価:@150円/個×1,400個分=210,000円
④ 当月加工費:@150円/個×19,000個分=2,850,000円

(4) 合計
  ① 完成品原価:A材料5,000,000円+B材料4,000,000円+加工費3,000,000円=12,000,000円
  ② 月末仕掛品原価:A材料200,000円+B材料0円+加工費60,000円=260,000円
  ③ 月初仕掛品原価:A材料700,000円+B材料0円+加工費210,000円=910,000円
  ④ 当月製造費用:A材料4,500,000円+B材料4,000,000円+加工費2,850,000円=11,350,000円

2. 標準原価差異の計算
  当月投入(当月製造費用)に対する標準原価と実際原価を比較して標準原価差異を算出します。
(1) A材料費差異
  標準A材料費4,500,000円-実際発生額4,660,000円=△160,000円(不利差異)
(2) B材料費差異
  標準B材料費4,000,000円-実際発生額3,968,000円=32,000円(有利差異)
(3) 加工費差異
  標準加工2,850,000円-実際発生額2,904,000円=△54,000円(不利差異)

3. 製品勘定
  すべて標準原価で計算され、記入されます。
(1) 借方
  ① 月初製品原価:600円/個×2,400個=1,440,000円
  ② 完成品原価:600円/個×20,000個=12,000,000円
(2) 貸方
  ① 売上原価:600円/個×20,800個=12,480,000円
  ② 月末製品:600円/個×1,600個=960,000円

4. 勘定連絡
  シングル・プランの場合、仕掛品勘定および製品勘定の内容は、すべて標準原価で記録されます。なお、標準原価差異は、各費目の勘定において把握されることになります。
  以下、網掛け(水色)の部分が「標準原価」での記入となります。

# 日商簿記検定試験対策

# まるっと完全予想問題集

## 第２回

## 解答・解説

| 出題論点 | | | 難易度 |
|---|---|---|---|
| 第１問 | 仕訳問題 | 収益認識（契約資産） | A |
| | | 外貨建取引 | A |
| | | 未決算が生じたとき | B |
| | | 手形の更改 | A |
| | | 源泉徴収 | A |
| 第２問 | | 株主資本等変動計算書 | A |
| 第３問 | | 損益計算書 | A |
| 第４問(１) | 仕訳問題 | 製造間接費の予定配賦 | A |
| | | 完成品原価の振り替え（個別） | A |
| | | 本社工場会計（材料の購入） | A |
| 第４問(２) | | 工程別総合原価計算（累加法） | A |
| 第５問 | | ＣＶＰ分析 | A |

〔難易度〕 A：普通　B：やや難しい　C：難しい

# 第２回　解答

## 商業簿記

### 第１問（20点）

| | 借方 記号 | 借方 金額 | 貸方 記号 | 貸方 金額 |
|---|---|---|---|---|
| 1 | （エ）契約資産 | 20,000 | （オ）売上 | 20,000 |
| 2 | （ア）仕入 | 1,099,200 | （エ）前払金 | 394,200 |
| | | | （イ）買掛金 | 705,000 |
| 3 | （イ）建物減価償却累計額 | 17,280,000 | （ア）建物 | 36,000,000 |
| | （エ）未決算 | 30,000,000 | （キ）商品 | 12,000,000 |
| | （カ）火災損失 | 720,000 | | |
| 4 | （イ）受取手形 | 1,613,000 | （イ）受取手形 | 1,600,000 |
| | | | （オ）受取利息 | 13,000 |
| 5 | （カ）当座預金 | 552,000 | （イ）受取配当金 | 690,000 |
| | （ア）仮払法人税等 | 138,000 | | |

仕訳一組につき４点を与える。合計20点。

### 第２問（20点）

株主資本等変動計算書

（単位：円）

| | 株主資本 資本金 | 資本剰余金 資本準備金 | 利益剰余金 利益準備金 | 利益剰余金 別途積立金 | 利益剰余金 繰越利益剰余金 | 評価・換算差額等 その他有価証券評価差額金 | 純資産合計 |
|---|---|---|---|---|---|---|---|
| 当期首残高 | 18,000,000 | （3,000,000） | （900,000） | （720,000） | （1,698,000） | （120,000） | （24,438,000） |
| 当期変動額 | | | | | | | |
| 剰余金の配当等 | | | （60,000） | （450,000） | （△1,110,000） | | （△600,000） |
| 吸収合併 | （6,000,000） | （1,200,000） | | | | | （7,200,000） |
| 当期純利益 | | | | | 672,000 | | 672,000 |
| 株主資本以外の項目の当期変動額（純額） | | | | | | （120,000） | （120,000） |
| 当期変動額合計 | （6,000,000） | （1,200,000） | （60,000） | （450,000） | （△438,000） | （120,000） | （7,392,000） |
| 当期末残高 | （24,000,000） | （4,200,000） | （960,000） | （1,170,000） | （1,260,000） | （240,000） | （31,830,000） |

□ １つにつき４点を与える。合計20点。



### 第３問（20点）

損益計算書

自×4年４月１日　至×5年３月31日　（単位：円）

| | | |
|---|---|---|
| Ⅰ 売上高 | | （45,900,000） |
| Ⅱ 売上原価 | | |
| 1 期首商品棚卸高 | （1,080,000） | |
| 2 当期商品仕入高 | （29,475,000） | |
| 合計 | （30,555,000） | |
| 3 期末商品棚卸高 | （1,350,000） | |
| 差引 | （29,205,000） | |
| 4 商品評価損 | （85,500） | （29,290,500） |
| （売上総）利益 | | （16,609,500） |
| Ⅲ 販売費及び一般管理費 | | |
| 1 給料 | 4,369,500 | |
| 2 広告宣伝費 | 1,984,500 | |
| 3 保険料 | （1,620,000） | |
| 4 貸倒引当金繰入 | （81,000） | |
| 5 減価償却費 | （1,149,000） | |
| 6 棚卸減耗損 | （67,500） | |
| 7 修繕費 | （496,000） | |
| 8 商品保証引当金繰入 | （135,000） | （9,902,500） |
| （営業）利益 | | （6,707,000） |
| Ⅳ 営業外収益 | | |
| 1 受取利息 | 13,500 | |
| 2 有価証券評価益 | （108,000） | |
| 3 有価証券利息 | （49,500） | |
| 4 商品保証引当金戻入 | （90,000） | （261,000） |
| Ⅴ 営業外費用 | | |
| 1 手形売却損 | （9,000） | |
| 2 貸倒引当金繰入 | （112,500） | （121,500） |
| （経常）利益 | | （6,846,500） |
| Ⅵ 特別利益 | | |
| 1 土地売却益 | | 40,500 |
| Ⅶ 特別損失 | | |
| 1 火災損失 | | （300,000） |
| 税引前当期純利益 | | （6,587,000） |
| 法人税、住民税及び事業税 | | （3,021,300） |
| 当期純利益 | | （3,565,700） |

□ １つにつき２点を与える。合計20点。

## 工業簿記

### 第4問（28点）

（1）（12点）

| | 借方 記号 | 借方 金額 | 貸方 記号 | 貸方 金額 |
|---|---|---|---|---|
| 1 | （ウ）仕掛品 | 3,600,000 | （オ）製造間接費 | 3,600,000 |
| 2 | （ア）製品 | 460,000 | （カ）仕掛品 | 460,000 |
| 3 | （ウ）材料 | 2,325,000 | （ア）本社 | 2,325,000 |

仕訳一組につき４点を与える。合計12点。

（2）（16点）

総合原価計算表

| | 第1工程 | | 第2工程 | | |
|---|---|---|---|---|---|
| | A材料費 | 加工費 | 前工程費 | B材料費 | 加工費 |
| 月初仕掛品 | 912,000 円 | 373,500 円 | 2,242,500 円 | 244,800 円 | 523,800 円 |
| 当月投入 | 6,552,000 | 4,455,000 | 10,357,500 | 2,347,200 | 4,579,200 |
| 合計 | 7,464,000 円 | 4,828,500 円 | 12,600,000 円 | 2,592,000 円 | 5,103,000 円 |
| 月末仕掛品 | 1,399,500 | 499,500 | 1,680,000 | 96,000 | 189,000 |
| 完成品 | 6,064,500 円 | 4,329,000 円 | 10,920,000 円 | 2,496,000 円 | 4,914,000 円 |

□ 1つにつき４点を与える。合計16点。



### 第5問（12点）

問1　37 %

問2　9,000,000 円

問3　12,000,000 円

問4　貢献利益　7,087,500 円　営業利益　1,417,500 円

問5　2.4 %

□ 1つにつき２点を与える。合計12点。

# 第２回　解説

## 第１問

1．商品の売上げ（商品Ａの引き渡し時）

商品Ａについて売上を計上します。ただし、対価の受け取りについては商品Ａと商品Ｂの両方の引き渡しが条件となっているため、相手勘定は売掛金勘定（資産）ではなく、契約資産勘定（資産）で処理します。

2．外貨建取引

外貨による取引は、原則として「その取引が行われた時の為替相場」による円換算額によって記帳します。

(1)　手付金支払時 → この仕訳がすでに行われています。

| | | | |
|---|---|---|---|
| (前　払　金)(＊) | 394,200 | (現　　金) | 394,200 |

（＊）　@146円×2,700ドル＝394,200円

(2)　商品仕入時 ← 本問

前払金を取り崩して仕入を計上しますが、このとき仕入の金額は、前払金の円換算額394,200円と買掛金の円換算額705,000円の合計1,099,200円となります。

| | | | |
|---|---|---|---|
| (仕　　入)(＊２) | 1,099,200 | (前　払　金) | 394,200 |
| | | (買　掛　金)(＊１) | 705,000 |

（＊１）　@141円×(7,700ドル－2,700ドル)＝705,000円

（＊２）　394,200円＋705,000円＝1,099,200円

3．未決算勘定

有形固定資産や商品が火災などの原因で焼失した場合に、保険会社と保険契約を結んでいるときは、保険金額が確定するまでの間、保険金額を上限として一時的に焼失した有形固定資産の帳簿価額を未決算勘定で処理し、保険金額を超える金額は火災損失として処理します。また、売上原価対立法で記帳しているため、商品が焼失したときは、商品勘定（資産）の貸方に記入します。

4．手形の更改

資金繰りの都合から、手形の支払期日を延長することを目的として、手形を交換することを手形の更改、または書き換えといいます。受取手形について手形を更改したときは、旧手形の消滅にともなう「受取手形」を減額し、新手形の取得にともなう「受取手形」を計上します。本来、この仕訳における「受取手形」の相殺はできませんが、問題文の指示にしたがってください。また、期日の延長にともなう利息について「受取利息」を計上し、本問では、受取手形に含めます。

5．配当金の受け取りと源泉所得税の計上

配当金の受け取りと、そのさいにかかる源泉所得税の計上をします。なお、源泉所得税は、企業の場合には法人税の前払的性格を有するものと考えられるため仮払法人税等勘定（資産）で処理します。また、当座預金口座への入金額552,000円は、源泉所得税20％を控



除後の金額であることに注意してください。

受取配当金：552,000円÷(100％－20％)＝690,000円

仮払法人税等：690,000円×20％＝138,000円

## 第２問

株主資本等変動計算書の記載方法は、純資産の期首残高を基礎として、期中の変動額を加算または減算し、期末残高を記入します。

1．当期首残高

第15期末における純資産の残高を、当期首残高として記入します。資本金については、記入済みです。

2．当期変動額

(1)　剰余金の配当・処分

株主総会で確定した配当および処分の内容にもとづき仕訳します。

| | | | |
|---|---|---|---|
| (繰越利益剰余金) | 1,110,000 | (未払配当金) | 600,000 |
| | | (利益準備金)(＊) | 60,000 |
| | | (別途積立金) | 450,000 |

（＊）　$600,000円\times\frac{1}{10}=60,000円$
$18,000,000円\times\frac{1}{4}-(3,000,000円+900,000円)=600,000円$
} 小さい方：60,000円

(2)　吸収合併

吸収合併は、合併会社が被合併会社の資産および負債を引き継ぎます。引き継ぐ資産および負債は、「時価」などを基準とした公正な評価額とします。

| | | | |
|---|---|---|---|
| (諸　資　産) | 9,300,000 | (諸　負　債) | 3,000,000 |
| (の　れ　ん)(＊２) | 900,000 | (資　本　金) | 6,000,000 |
| | | (資本準備金)(＊１) | 1,200,000 |

（＊１）　(36,000円×200株)［増加資本］－6,000,000円＝1,200,000円

（＊２）　(36,000円×200株)［増加資本］－(9,300,000円－3,000,000円)［受入純資産］＝900,000円

(3)　その他有価証券評価差額金

①　期首の洗替仕訳

| | | | |
|---|---|---|---|
| (繰延税金負債)(＊２) | 80,000 | (その他有価証券)(＊１) | 200,000 |
| (その他有価証券評価差額金) | 120,000 | | |

（＊１）　800,000円－600,000円＝200,000円

（＊２）　200,000円×40％＝80,000円

② 決算時の時価評価

| | | | |
|---|---|---|---|
| (その他有価証券)(＊1) | 400,000 | (繰延税金負債)(＊2) | 160,000 |
| | | (その他有価証券評価差額金) | 240,000 |

(＊1) 1,000,000円－600,000円＝400,000円

(＊2) 400,000円×40％＝160,000円

(4) 当期純損益の振り替え

当期純利益672,000円を繰越利益剰余金に振り替えます（本問ではすでに記入済みです）。

| | | | |
|---|---|---|---|
| (損　　益) | 672,000 | (繰越利益剰余金) | 672,000 |

3．当期末残高

各勘定の当期変動額合計を計算してから、当期首残高と合算することで、当期末残高を求めます。

## 第3問

決算整理前残高試算表の各勘定残高に、決算修正事項等および決算整理事項の仕訳の金額を加減算して決算整理後の残高を求め、損益計算書を作成します。以下に仕訳を示しておきます。

### [決算修正事項等]

1．未決算の精算（未処理）

未決算と火災保険金の差額は、火災損失（特別損失）として処理します。

| | | | |
|---|---|---|---|
| (未収入金) | 2,100,000 | (未決算) | 2,400,000 |
| (火災損失)(＊) | 300,000 | | |

(＊) 2,100,000円〈火災保険金〉－2,400,000円〈前T/B未決算〉＝△300,000円

2．手形の売却（未処理）

割引料は手形売却損勘定で処理します。

| | | | |
|---|---|---|---|
| (現金預金) | 216,000 | (受取手形) | 225,000 |
| (手形売却損) | 9,000 | | |

3．固定資産の改良と修繕

仮払金の60％が改良のための支出なので資本的支出として建物勘定に振り替え、残額を修繕費勘定に振り替えます。

| | | | |
|---|---|---|---|
| (建　　物)(＊1) | 744,000 | (仮払金) | 1,240,000 |
| (修繕費)(＊2) | 496,000 | | |

(＊1) 1,240,000円×60％＝744,000円

(＊2) 1,240,000円×（1－60％）＝496,000円　または貸借差額



### [決算整理事項]

1．売上原価の計算と期末商品の評価

決算整理前残高試算表の記載内容より、商品売買取引の記帳方法が三分法と判断できます。したがって、売上原価の算定が必要です。

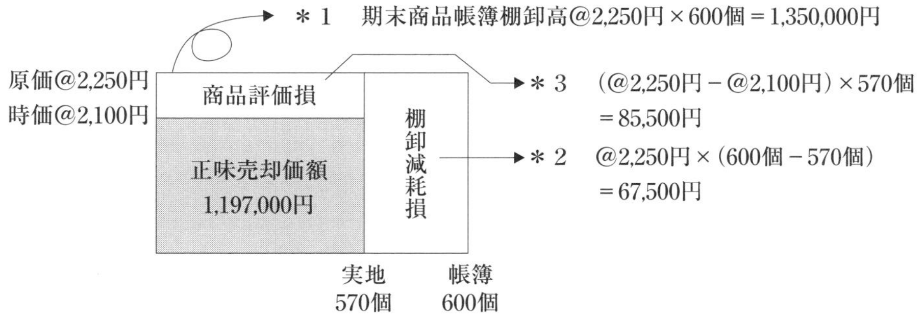

＊1　期末商品帳簿棚卸高@2,250円×600個＝1,350,000円
原価@2,250円
時価@2,100円
商品評価損
正味売却価額
1,197,000円
棚卸減耗損
＊3　(@2,250円－@2,100円)×570個
＝85,500円
＊2　@2,250円×(600個－570個)
＝67,500円
実地
570個
帳簿
600個


(1) 売上原価の計算

| | | | |
|---|---|---|---|
| (仕　　入) | 1,080,000 | (繰越商品) | 1,080,000 |
| (繰越商品)(＊1) | 1,350,000 | (仕　　入) | 1,350,000 |

(2) 棚卸減耗損および商品評価損の計上

| | | | |
|---|---|---|---|
| (棚卸減耗損)(＊2) | 67,500 | (繰越商品) | 67,500 |
| (商品評価損)(＊3) | 85,500 | (繰越商品) | 85,500 |

(3) 商品評価損の売上原価への算入

| | | | |
|---|---|---|---|
| (仕　　入) | 85,500 | (商品評価損) | 85,500 |

2．売上債権に対する貸倒引当金の設定

受取手形や売掛金などの売上債権に対する貸倒引当金の繰入額は、販売費及び一般管理費の区分に表示します。なお、長期貸付金はすべて当期に生じたものであるため、前期末に貸倒引当金の設定は行われていません。したがって、貸倒引当金の期末残高45,000円は、すべて売上債権に対するものであると判断できます。

(1) 貸倒見積額

(2,160,000円〈前T/B受取手形〉－225,000円〈未処理〉＋4,365,000円〈前T/B売掛金〉)×2％

＝126,000円

(2) 貸倒引当金繰入額

126,000円〈貸倒見積額〉－45,000円〈前T/B貸倒引当金〉＝81,000円

| | | | |
|---|---|---|---|
| (貸倒引当金繰入) | 81,000 | (貸倒引当金) | 81,000 |

3．営業外債権に対する貸倒引当金の設定

貸付金などの営業外債権に対する貸倒引当金の繰入額は、営業外費用の区分に表示しま

す。なお、営業外債権に対する貸倒引当金の期末残高はありませんので、貸倒引当金の見積額がそのまま繰入額となります。

(1) 貸倒見積額

2,250,000円〈前T/B長期貸付金〉× 5 % = 112,500円

(2) 貸倒引当金繰入額

112,500円〈貸倒見積額〉− 0 円 = 112,500円

| | | | |
|---|---|---|---|
| (貸倒引当金繰入) | 112,500 | (貸 倒 引 当 金) | 112,500 |

4．有形固定資産の減価償却

建物および備品については、すでに４月から２月までの11か月分の減価償却費を計上済みであり、かつ問題文に「決算月も同様の処理を行う」という指示があるため、決算月１か月分の減価償却費のみ計上します。

| | | | |
|---|---|---|---|
| (減 価 償 却 費) | 93,750 | (建物減価償却累計額) | 37,500 |
| | | (備品減価償却累計額) | 56,250 |

また、改良部分を改良時点（×4年10月１日）における建物の耐用年数の残存期間186か月にわたって月割で減価償却します。

| | | | |
|---|---|---|---|
| (減 価 償 却 費)(＊) | 24,000 | (建物減価償却累計額) | 24,000 |

(＊) 744,000円 ÷ 186か月 × ６か月 = 24,000円

※ 減価償却費：1,031,250円〈前T/B減価償却費〉+ 93,750円 + 24,000円
= 1,149,000円

5．売買目的有価証券の期末評価

売買目的有価証券は、時価法により評価し、評価差額を有価証券評価損益として処理します。なお、損益計算書上は「有価証券評価益」または「有価証券評価損」として表示し、評価益か評価損かを明らかにします。

| | | | |
|---|---|---|---|
| (売買目的有価証券) | 108,000 | (有価証券評価益)(＊) | 108,000 |

(＊) 有価証券評価損益：2,358,000円〈期末時価〉− 2,250,000円〈前T/B売買目的有価証券〉
= 108,000円（評価益）

6．満期保有目的債券の期末評価

満期保有目的債券は、期末時価への評価替えは行わず、償却原価法により評価します。

| | | | |
|---|---|---|---|
| (満期保有目的債券) | 22,500 | (有 価 証 券 利 息)(＊) | 22,500 |

(＊) 償却額：(2,250,000円〈額面総額〉− 2,137,500円〈前T/B満期保有目的債券〉)

$$\times \frac{12\text{か月}}{60\text{か月（償還期間５年）}} = 22{,}500\text{円}$$

※ 有価証券利息：27,000円〈前T/B有価証券利息〉+ 22,500円 = 49,500円



7．前払保険料の計上

決算整理前残高試算表の保険料2,430,000円は、期首再振替分の６か月分（×4年４月１日〜×4年９月30日）と当期支払分の12か月（×4年10月１日〜×5年９月30日）との合計18か月分をあらわします。したがって、次期へ繰り延べる６か月分（×5年４月１日〜×5年９月30日）の金額は、この18か月分をもとに計算します。

| | | | |
|---|---|---|---|
| (前 払 保 険 料)(＊) | 810,000 | (保 険 料) | 810,000 |

$$(＊)\quad 2{,}430{,}000\text{円} \times \frac{6\text{か月}}{12\text{か月} + 6\text{か月}} = 810{,}000\text{円}$$

※ 保険料：2,430,000円〈前T/B保険料〉− 810,000円 = 1,620,000円

8．商品保証引当金の設定

引当金の計上には、差額補充法と洗替法の２通りの処理方法がありますが、本問では指示により、洗替法（保証期間が経過した前期販売分に係る商品保証引当金の残高を戻し入れ、新たに当期販売分に係る商品保証引当金を設定する方法）で解答します。

| | | | |
|---|---|---|---|
| (商品保証引当金) | 90,000 | (商品保証引当金戻入) | 90,000 |
| (商品保証引当金繰入) | 135,000 | (商品保証引当金) | 135,000 |

【参　考】差額補充法

| | | | |
|---|---|---|---|
| (商品保証引当金繰入)(＊) | 45,000 | (商品保証引当金) | 45,000 |

(＊) 135,000円〈当期設定額〉− 90,000円〈前T/B商品保証引当金〉= 45,000円

9．法人税、住民税及び事業税の計上

課税所得の40％を法人税、住民税及び事業税に計上します。また、仮払法人税等を差し引いた残額を未払法人税等として計上します。

| | | | |
|---|---|---|---|
| (法人税、住民税及び事業税)(＊1) | 3,021,300 | (仮 払 法 人 税 等) | 1,350,000 |
| | | (未 払 法 人 税 等)(＊2) | 1,671,300 |

(＊1) 法人税、住民税及び事業税：7,553,250円〈課税所得〉× 40％ = 3,021,300円

(＊2) 未払法人税等：3,021,300円 − 1,350,000円〈前T/B仮払法人税等〉= 1,671,300円

〈参考〉
本問の資料をもとに貸借対照表を作成すると下記のようになります。

貸　借　対　照　表

×5年3月31日　(単位：円)

| 資産の部 | | | 負債の部 | | |
|---|---|---|---|---|---|
| Ⅰ 流動資産 | | | Ⅰ 流動負債 | | |
| 1 現金預金 | | 6,212,000 | 1 支払手形 | | 2,700,000 |
| 2 受取手形 | 1,935,000 | | 2 買掛金 | | 3,492,000 |
| 3 売掛金 | 4,365,000 | | 3 商品保証引当金 | | 135,000 |
| 貸倒引当金 | △126,000 | 6,174,000 | 4 未払法人税等 | | 1,671,300 |
| 4 有価証券 | | 2,358,000 | 流動負債合計 | | 7,998,300 |
| 5 商品 | | 1,197,000 | Ⅱ 固定負債 | | |
| 6 前払費用 | | 810,000 | 1 長期未払金 | | 1,950,000 |
| 7 未収入金 | | 2,100,000 | 固定負債合計 | | 1,950,000 |
| 流動資産合計 | | 18,851,000 | 負債合計 | | 9,948,300 |
| Ⅱ 固定資産 | | | | | |
| 1 有形固定資産 | | | | | |
| (1) 建物 | 14,244,000 | | | | |
| 減価償却累計額 | △6,774,000 | 7,470,000 | 純資産の部 | | |
| (2) 備品 | 3,600,000 | | Ⅰ 資本金 | | 17,370,000 |
| 減価償却累計額 | △1,575,000 | 2,025,000 | Ⅱ 資本剰余金 | | |
| 2 投資その他の資産 | | | 1 資本準備金 | | 675,000 |
| (1) 長期貸付金 | 2,250,000 | | Ⅲ 利益剰余金 | | |
| 貸倒引当金 | △112,500 | 2,137,500 | 1 利益準備金 | 450,000 | |
| (2) 投資有価証券 | | 2,160,000 | 2 繰越利益剰余金 | 4,200,200 | 4,650,200 |
| 固定資産合計 | | 13,792,500 | 純資産合計 | | 22,695,200 |
| 資産合計 | | 32,643,500 | 負債及び純資産合計 | | 32,643,500 |



## 第4問

(1) 仕訳問題

1．製造間接費の予定配賦

製造間接費を予定配賦したときは、製造間接費勘定から仕掛品勘定の借方に振り替えます。

$$予定配賦率：\frac{変動製造間接費予算16{,}200{,}000円＋固定製造間接費予算24{,}300{,}000円}{予定総直接作業時間9{,}000時間}$$

＝@4,500円

予定配賦額：@4,500円×800時間＝3,600,000円

2．完成品原価の計上

当月に完成した製品X（製造指図書＃001）の原価を仕掛品勘定から製品勘定へ振り替えます。

製品X（製造指図書＃001）：月初仕掛品原価60,000円＋当月製造費用400,000円
＝460,000円

3．材料の購入

材料を購入したときの取得原価には付随費用を含めます。支払いは本社が行っているため、支払額を本社の現金勘定と買掛金勘定に記録します。したがって、仕訳の貸方は本社勘定になります。

| | | | | |
|---|---|---|---|---|
| 本社 | (工場) | 2,325,000 | (買掛金) | 2,250,000 |
| | | | (現金) | 75,000 |
| 工場 | (材料)(＊) | 2,325,000 | (本社) | 2,325,000 |

(＊)　購入価額900円/個×2,500個＋引取運賃75,000円＝2,325,000円

（2）工程別総合原価計算

1．第1工程の計算（平均法）

正常仕損が工程の終点で発生しているため、そのすべてを完了品（第1工程完成品）に負担させます。

① A材料費の計算

A材料は工程の始点で投入されているため、「数量」の割合で原価を按分します。

第1工程仕掛品－A材料費

| | | |
|---|---|---|
| 912,000円＝ | 月初 1,200個 | 完了品 7,500個 |
| 6,552,000円＝ | 当月投入 8,400個 | 仕損 300個 |
| | | 月末 1,800個 |

〈月末仕掛品原価〉

$$\frac{912{,}000\text{円}+6{,}552{,}000\text{円}}{7{,}500\text{個}+300\text{個}+1{,}800\text{個}}\times 1{,}800\text{個}=1{,}399{,}500\text{円}$$

〈完了品原価〉

912,000円＋6,552,000円－1,399,500円＝6,064,500円

② 加工費の計算

加工費は、完了品と月末仕掛品の「完成品換算数量」の割合で按分計算します。

第1工程仕掛品－加工費

| | | |
|---|---|---|
| 373,500円＝ | 月初 1,200個×0.5 ＝600個 | 完了品 7,500個 |
| 4,455,000円＝ | 当月投入 （差引） 8,100個 | 仕損 300個 |
| | | 月末 1,800個×0.5 ＝900個 |

〈月末仕掛品原価〉

$$\frac{373{,}500\text{円}+4{,}455{,}000\text{円}}{7{,}500\text{個}+300\text{個}+900\text{個}}\times 900\text{個}=499{,}500\text{円}$$

〈完了品原価〉

373,500円＋4,455,000円－499,500円＝4,329,000円

③ 合　計

第1工程月末仕掛品原価：1,399,500円＋499,500円＝1,899,000円

第1工程完了品原価：6,064,500円＋4,329,000円＝10,393,500円

2．第2工程の計算（平均法）

正常仕損が工程の途中で発生している場合（発生点が不明である場合）は、月末仕掛品と完成品の両者で負担します。

① 仕損品評価額の計算

1個あたり120円×300個＝36,000円

② 前工程費の計算

前工程費は、始点投入の直接材料費と同様に完成品と月末仕掛品の「数量」の割合で按分計算します。なお、問題文の指示に従い、仕損品評価額36,000円を控除します。

第2工程仕掛品－前工程費

| | | |
|---|---|---|
| 2,242,500円＝ | 月初 1,800個 | 完成品 7,800個 |
| 10,393,500円 △36,000円 ＝ | 当月投入 | 仕損 ？個 |
| | | 月末 1,200個 |

〈月末仕掛品原価〉

$$\frac{2{,}242{,}500\text{円}+10{,}393{,}500\text{円}-36{,}000\text{円}}{7{,}800\text{個}+1{,}200\text{個}}\times 1{,}200\text{個}$$

＝1,680,000円

〈完成品原価〉

2,242,500円＋10,393,500円－36,000円－1,680,000円

＝10,920,000円

③ B材料費の計算

B材料は平均的に投入されているため、加工費と同様に「完成品換算数量」の割合で原価を按分します。

第2工程仕掛品－B材料費

| | | |
|---|---|---|
| 244,800円＝ | 月初 1,800個×0.6 ＝1,080個 | 完成品 7,800個 |
| 2,347,200円＝ | 当月投入 | 仕損 ？個 |
| | | 月末 1,200個×0.25 ＝300個 |

〈月末仕掛品原価〉

$$\frac{244{,}800\text{円}+2{,}347{,}200\text{円}}{7{,}800\text{個}+300\text{個}}\times 300\text{個}=96{,}000\text{円}$$

〈完成品原価〉

244,800円＋2,347,200円－96,000円＝2,496,000円

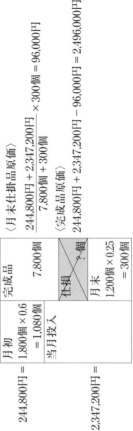

④　加工費の計算

加工費は、完成品と月末仕掛品の「完成品換算数量」の割合で按分計算します。

第２工程仕掛品－加工費

| | | |
|---|---|---|
| 523,800円＝ | 月初 1,800個×0.6 ＝1,080個 | 完成品 7,800個 |
| 4,579,200円＝ | 当月投入 | 仕損 ？個 |
| | | 月末 1,200個×0.25 ＝300個 |

〈月末仕掛品原価〉

$$\frac{523{,}800円＋4{,}579{,}200円}{7{,}800個＋300個}×300個＝189{,}000円$$

〈完成品原価〉

523,800円＋4,579,200円－189,000円＝4,914,000円

⑤　合　計

第２工程月末仕掛品原価：1,680,000円＋96,000円＋189,000円＝1,965,000円

完　成　品　原　価：10,920,000円＋2,496,000円＋4,914,000円＝18,330,000円

## 第５問

１．総原価データの整理

(1)　変動費の合計金額

| 変動費 | |
|---|---|
| 食材費 | 2,415,000円 |
| アルバイト給料 | 1,260,000円 |
| その他 | 210,000円 |
| 合計 | 3,885,000円 |

(2)　固定費の合計金額

| 固定費 | |
|---|---|
| 正社員給料 | 1,950,000円 |
| 水道光熱費 | 1,545,000円 |
| 支払家賃 | 1,320,000円 |
| その他 | 855,000円 |
| 合計 | 5,670,000円 |

２．ＣＶＰ分析

問１　変動費率の計算

$$変動費率（\%）：\frac{1月の変動費3{,}885{,}000円}{1月の売上高10{,}500{,}000円}×100＝37\%$$

問２　損益分岐点売上高

売上高をＳ円とおいて直接原価計算による損益計算書を作成します。

ＣＶＰ分析で対象とする利益は、通常、「営業利益（本業のもうけ）」です。したがって、営業利益に影響を与えるすべての項目（売上高、製造原価、販売費・一般管理費）を対象に分析します。



損　益　計　算　書（単位：円）

| | | |
|---|---|---|
| 売上高 | S | |
| 変動費 | 0.37 S | ←売上高×変動費率 |
| 貢献利益 | 0.63 S | |
| 固定費 | 5,670,000 | ←固定費合計 |
| 営業利益 | 0.63 S －5,670,000 | |

上記、損益計算書の営業利益を０とおいて売上高を求めます。

0.63 S －5,670,000円＝０

0.63 S ＝5,670,000円

S ＝5,670,000円÷0.63

∴ S ＝9,000,000円

問３　目標営業利益を達成する売上高

問２で作成した損益計算書をもとにして、営業利益を1,890,000円にする売上高を算定します。

0.63 S －5,670,000円＝1,890,000円

0.63 S ＝1,890,000円＋5,670,000円

S ＝7,560,000円÷0.63

∴ S ＝12,000,000円

問４　予想貢献利益と営業利益の計算

２月の売上高が11,250,000円と予想され、利益計画は１月と同じ条件であるため、問２で作成した損益計算書に売上高11,250,000円を代入すればよいだけです。

貢献利益：0.63 S ＝11,250,000円×0.63＝7,087,500円

営業利益：0.63 S －5,670,000円＝11,250,000円×0.63－5,670,000円＝1,417,500円

問５　水道光熱費の変動費率の計算

「高低点法」により売上高に対する水道光熱費の変動費率を計算します。最高の営業量（売上高）が11月、最低の営業量（売上高）が９月ですから、この２点の資料を利用します。

（単位：円）

| | ７月 | ８月 | ９月（最低） | 10月 | 11月（最高） | 12月 |
|---|---|---|---|---|---|---|
| 売上高 | 10,575,000 | 11,700,300 | 10,035,000 | 11,427,000 | 12,285,000 | 11,226,000 |
| 水道光熱費 | 1,536,600 | 1,575,000 | 1,527,000 | 1,564,500 | 1,581,000 | 1,549,800 |

$$変動費率（\%）：\frac{11月の水道光熱費1{,}581{,}000円－９月の水道光熱費1{,}527{,}000円}{11月の売上高12{,}285{,}000円－９月の売上高10{,}035{,}000円}×100$$

＝2.4％

# 日商簿記検定試験対策
# まるっと完全予想問題集

## 第3回

## 解答・解説

| | | 出題論点 | 難易度 |
|---|---|---|---|
| 第1問 | 仕訳問題 | 当座預金の修正（銀行勘定調整） | A |
| | | 設立時株式の発行 | A |
| | | 本支店間取引（支店の仕訳） | A |
| | | 研究開発費とソフトウェア | A |
| | | 消費税 | A |
| 第2問 | | 有形固定資産・連結修正仕訳 | B |
| 第3問 | | 決算整理後残高試算表 | A |
| 第4問（1） | 仕訳問題 | 労務費の消費（シングル・プラン） | A |
| | | 製造間接費勘定から原価差異勘定への振り替え | A |
| | | 材料の消費 | A |
| 第4問（2） | | 個別原価計算 | A |
| 第5問 | | 標準原価計算（パーシャル・プラン） | A |

〔難易度〕 A：普通　B：やや難しい　C：難しい

# 第3回　解答

## 商業簿記

第1問（20点）

| | 借方 記号 | 借方 金額 | 貸方 記号 | 貸方 金額 |
|---|---|---|---|---|
| 1 | （イ）当座預金 | 784,000 | （オ）未払金 | 168,000 |
| | | | （エ）買掛金 | 616,000 |
| 2 | （ウ）普通預金 | 12,000,000 | （カ）資本金 | 12,000,000 |
| | （オ）創立費 | 125,000 | （ア）現金 | 125,000 |
| 3 | （ウ）本店 | 500,000 | （エ）現金 | 500,000 |
| 4 | （エ）ソフトウェア | 2,560,000 | （カ）未払金 | 3,160,000 |
| | （ウ）研究開発費 | 600,000 | | |
| 5 | （ウ）仮受消費税 | 850,000 | （エ）仮払消費税 | 600,000 |
| | | | （ア）未払消費税 | 250,000 |

仕訳一組につき4点を与える。合計20点。



第2問（20点）

問1

総勘定元帳

建　　物

| 年 | 月 | 日 | 摘要 | 借方 | 年 | 月 | 日 | 摘要 | 貸方 |
|---|---|---|---|---|---|---|---|---|---|
| x9 | 4 | 1 | 前期繰越 | 35,424,000 | x10 | 3 | 31 | イ（減価償却費） | 864,000 |
| | | | | | | 3 | 31 | エ（次期繰越） | 34,560,000 |
| | | | | 35,424,000 | | | | | 35,424,000 |

機械装置

| 年 | 月 | 日 | 摘要 | 借方 | 年 | 月 | 日 | 摘要 | 貸方 |
|---|---|---|---|---|---|---|---|---|---|
| x9 | 9 | 1 | オ（諸口） | 7,200,000 | x9 | 9 | 2 | ウ（固定資産圧縮損） | 3,600,000 |
| | | | | | x10 | 3 | 31 | イ（減価償却費） | 840,000 |
| | | | | | | 3 | 31 | エ（次期繰越） | 2,760,000 |
| | | | | 7,200,000 | | | | | 7,200,000 |

リース資産

| 年 | 月 | 日 | 摘要 | 借方 | 年 | 月 | 日 | 摘要 | 貸方 |
|---|---|---|---|---|---|---|---|---|---|
| x9 | 4 | 1 | ア（リース債務） | 2,880,000 | x10 | 3 | 31 | イ（減価償却費） | 576,000 |
| | | | | | | 3 | 31 | エ（次期繰越） | 2,304,000 |
| | | | | 2,880,000 | | | | | 2,880,000 |

問2

| 借方 記号 | 借方 金額 | 貸方 記号 | 貸方 金額 |
|---|---|---|---|
| （ア）繰延税金資産 | 94,500 | （ウ）法人税等調整額 | 94,500 |

問3　(1)　未実現損益の消去

| 借方 記号 | 借方 金額 | 貸方 記号 | 貸方 金額 |
|---|---|---|---|
| （オ）固定資産売却益 | 6,000,000 | （イ）土地 | 6,000,000 |
| （エ）非支配株主持分 | 1,500,000 | （カ）非支配株主に帰属する当期純利益 | 1,500,000 |

(2)　債権債務の相殺消去

| 借方 記号 | 借方 金額 | 貸方 記号 | 貸方 金額 |
|---|---|---|---|
| （ウ）未払金 | 8,400,000 | （ア）未収入金 | 8,400,000 |

□ 1つにつき2点、仕訳一組につき2点を与える。合計20点。

第３問（20点）

決算整理後残高試算表

×6年３月31日　　　　　　　　　　（単位：円）

| 借　　方 | 勘　定　科　目 | 貸　　方 |
|---|---|---|
| 140,900 | 現金 | |
| 527,000 | 当座預金 | |
| 100,000 | 受取手形 | |
| 320,000 | 売掛金 | |
| 195,200 | 繰越商品 | |
| 20,000 | 前払保険料 | |
| 2,500,000 | 建物 | |
| 300,000 | 備品 | |
| 119,000 | のれん | |
| | 買掛金 | 448,300 |
| | 未払金 | 50,000 |
| | 未払リース料 | 3,000 |
| | 貸倒引当金 | 8,400 |
| | 建物減価償却累計額 | 350,000 |
| | 備品減価償却累計額 | 90,500 |
| | 資本金 | 1,827,000 |
| | 資本準備金 | 500,000 |
| | 繰越利益剰余金 | 538,000 |
| | 売上 | 5,431,800 |
| | 受取手数料 | 80,000 |
| 3,242,600 | 仕入 | |
| 1,100,000 | 給料 | |
| 565,000 | 水道光熱費 | |
| 38,000 | 発送費 | |
| 60,000 | 保険料 | |
| 80,500 | 減価償却費 | |
| 1,000 | のれん償却 | |
| 2,400 | 貸倒引当金繰入 | |
| 12,400 | 棚卸減耗損 | |
| 3,000 | 支払リース料 | |
| 9,327,000 | | 9,327,000 |

□ １つにつき２点を与える。合計20点。



## 工業簿記

第４問（28点）

（１）（12点）

| | 借方 記号 | 借方 金額 | 貸方 記号 | 貸方 金額 |
|---|---|---|---|---|
| 1 | （エ）仕掛品 | 5,130,000 | （ウ）賃金・給料 | 5,150,000 |
| | （カ）原価差異 | 20,000 | | |
| 2 | （カ）原価差異 | 150,000 | （ウ）製造間接費 | 150,000 |
| 3 | （ア）仕掛品 | 643,000 | （ウ）材料 | 643,000 |

仕訳一組につき４点を与える。合計12点。

（２）（16点）

仕　掛　品

| | | | |
|---|---|---|---|
| 月初有高 | （ 3,248,000 ） | 当月完成高 | （ 14,595,840 ） |
| 直接材料費 | （ 4,043,200 ） | 月末有高 | （ 2,587,200 ） |
| 直接労務費 | （ 4,300,800 ） | | |
| 製造間接費 | （ 5,591,040 ） | | |
| | （ 17,183,040 ） | | （ 17,183,040 ） |

製　　品

| | | | |
|---|---|---|---|
| 月初有高 | （ 5,728,800 ） | 売上原価 | （ 14,747,040 ） |
| 当月完成高 | （ 14,595,840 ） | 月末有高 | （ 5,577,600 ） |
| | （ 20,324,640 ） | | （ 20,324,640 ） |

□ １つにつき２点を与える。合計16点。

第５問（12点）

| | | |
|---|---|---|
| 問１ | 109,440,000 円 | |
| 問２ | 3,759,000 円 | （ (借方差異) ・ 貸方差異 ）<br>いずれかを○で囲むこと |
| 問３ | 2,312,400 円 | （ (借方差異) ・ 貸方差異 ）<br>いずれかを○で囲むこと |
| 問４ | 225,000 円 | （ (借方差異) ・ 貸方差異 ）<br>いずれかを○で囲むこと |

□ １つにつき３点を与える。合計12点。



# 第３回　解説

## 第１問

１．現金預金

決算日に当座預金の帳簿残高と銀行の残高証明書の金額が不一致である場合、ただちにその原因を調査し、銀行勘定調整表を作成して必要な修正を行います。ただし、修正仕訳が必要となるのは企業側の調整項目に限られることに注意してください。

(1)　未取付小切手

未取付小切手とは、すでに振り出した小切手がいまだ銀行に呈示されていないことを意味します。これは企業側の調整項目ではないため仕訳不要です。

(2)　未渡小切手

未渡小切手は、当座預金の減少を取り消す処理を行います。

①　消耗品の購入代金

消耗品の購入代金を支払っていないことになるため未払金勘定で処理します。

| | | | |
|---|---|---|---|
| （当　座　預　金） | 168,000 | （未　払　金） | 168,000 |

②　商品の仕入代金

商品の仕入代金を支払っていないことになるため買掛金勘定で処理します。

| | | | |
|---|---|---|---|
| （当　座　預　金） | 616,000 | （買　掛　金） | 616,000 |

２．株式の発行

株式の発行により調達した資金は、原則として資本金に計上します。なお、例外的に「発行価額の２分の１以上の金額を資本金に組み入れる」こともできますが、本問のようにその旨の指示がない場合には、払込金額の総額をもって資本金に計上します。なお、会社設立時における株式の発行費用等は「創立費」に含めて処理します。

３．本支店会計

支店が本店に現金を送付した場合、支店では送った現金の相手勘定として本店勘定の借方に記入します。また、現金を受け取った本店は増加する現金の相手勘定として支店勘定で処理します。

①　本店

| | | | |
|---|---|---|---|
| （現　　　金） | 500,000 | （支　　　店） | 500,000 |

②　支店　←本問

| | | | |
|---|---|---|---|
| （本　　　店） | 500,000 | （現　　　金） | 500,000 |

４．ソフトウェアと研究開発費

将来の経費削減が確実であると見込まれるソフトウェアを取得したときは、無形固定資産のソフトウェア勘定（資産）として計上します。

新製品の研究や開発に関する人件費、外注費、原材料費などを研究開発費といい、研究開発費は、その発生時に研究開発費勘定（費用）で処理します。なお、研究開発のために使用され、他の目的には転用できない機械装置や備品などの固定資産を取得したときも、

研究開発費を計上します。

5．消費税

決算にあたって、預かった消費税（仮受消費税）から支払った消費税（仮払消費税）を差し引いて、納付すべき消費税（未払消費税）を計上します。

## 第2問

1．一連の取引（個別会計）【問1】

(1) ×9年4月1日：建物勘定の前期繰越額

税法上、建物について認められている減価償却方法は、定額法のみです。本問では、会計上と税法上とで処理が異なる旨の指示がないため、会計上でも定額法を採用しているものとして、解答することとなります。

| 仕　訳　な　し |
|---|

期首減価償却累計額：$43{,}200{,}000円 \times \frac{9年}{50年} = 7{,}776{,}000円$〈×0.4.1～×9.3.31〉

期首帳簿価額：43,200,000円－7,776,000円＝35,424,000円

(2) ×9年4月1日：リース取引開始時

ファイナンス・リース取引を「利子込み法」によった場合は、リース料総額をもってリース資産・リース負債に計上します。

| | | | |
|---|---|---|---|
| （リ ー ス 資 産） | 2,880,000 | （リ ー ス 債 務） | 2,880,000 |

リース料総額：$\underbrace{576{,}000円}_{年間リース料} \times 5年 = 2{,}880{,}000円$

(3) ×9年6月7日：国庫補助金の受け入れ

| | | | |
|---|---|---|---|
| （普 通 預 金） | 3,600,000 | （国庫補助金受贈益） | 3,600,000 |

(4) ×9年7月28日：修繕工事の完了

| | | | |
|---|---|---|---|
| （修 繕 引 当 金） | 504,000 | （当 座 預 金） | 840,000 |
| （修 繕 費） | 336,000 | | |

(5) ×9年9月1日：機械装置の購入

| | | | |
|---|---|---|---|
| （機 械 装 置） | 7,200,000 | （現 金） | 1,440,000 |
| | | （当 座 預 金） | 5,760,000 |

(6) ×9年9月2日：圧縮記帳

補助金相当額3,600,000円の固定資産圧縮損（費用）を計上するとともに、同額を機械装置の取得原価7,200,000円から直接減額します（直接控除方式）。

| | | | |
|---|---|---|---|
| （固定資産圧縮損） | 3,600,000 | （機 械 装 置） | 3,600,000 |

(7) ×9年12月1日：子会社からの土地の購入

| | | | |
|---|---|---|---|
| （土 地） | 16,800,000 | （未 払 金） | 16,800,000 |

(8) ×10年2月1日：子会社から購入した土地代金の一部支払い

| | | | |
|---|---|---|---|
| （未 払 金） | 8,400,000 | （当 座 預 金） | 8,400,000 |



(9) ×10年3月31日：リース料の支払い

利子込み法では「支払利息」を使用することはありません。

| | | | |
|---|---|---|---|
| （リ ー ス 債 務） | 576,000 | （普 通 預 金） | 576,000 |

(10) ×10年3月31日：決算整理手続（減価償却費の計上）

① 建物（定額法）

| | | | |
|---|---|---|---|
| （減 価 償 却 費）（＊） | 864,000 | （建 物） | 864,000 |

（＊） 43,200,000円÷50年＝864,000円

② リース資産（定額法）

| | | | |
|---|---|---|---|
| （減 価 償 却 費）（＊） | 576,000 | （リ ー ス 資 産） | 576,000 |

（＊） $2{,}880{,}000円 \div \underbrace{5年}_{リース期間} = 576{,}000円$

③ 機械装置（200％定率法）

直接減額方式により圧縮記帳を行った場合には、圧縮後の帳簿価額（取得原価－圧縮額）を取得原価とみなして減価償却費を計算します。

| | | | |
|---|---|---|---|
| （減 価 償 却 費）（＊） | 840,000 | （機 械 装 置） | 840,000 |

（＊） 圧縮後の帳簿価額：$\underbrace{7{,}200{,}000円}_{取得原価} - \underbrace{3{,}600{,}000円}_{圧縮額} = 3{,}600{,}000円$

減価償却費：$3{,}600{,}000円 \times 0.400 \times \frac{7か月}{12か月} = 840{,}000円$〈×9.9.1～×10.3.31〉

2．税効果会計の適用（将来減算一時差異の発生）【問2】

会計上の減価償却費のうち、損金不算入となるのは償却限度超過額だけなので、税務上の減価償却費との差額部分のみが将来減算一時差異となることに注意しましょう。

| | | | |
|---|---|---|---|
| （繰 延 税 金 資 産）（＊） | 94,500 | （法人税等調整額） | 94,500 |

（＊） $3{,}600{,}000円 \times 0.400 \times \frac{7か月}{12か月} = 840{,}000円$〈会計上の減価償却費〉

$3{,}600{,}000円 \times 0.250 \times \frac{7か月}{12か月} = 525{,}000円$〈税務上の減価償却費〉

840,000円－525,000円＝315,000円〈償却限度超過額（差異発生額）〉

$\underbrace{315{,}000円}_{差異発生額} \times \underbrace{30\%}_{実効税率} = 94{,}500円$

3．連結会計（成果連結）【問3】

(1) アップ・ストリームの場合の土地に含まれる未実現利益の消去

子会社が親会社に土地を売却し、親会社がその土地を期末に保有している場合には、連結グループ外部に売却したことにはなりません。そのため、連結会計上、未実現利益を控除する必要があります。なお、ここでは子会社が親会社に土地を売却していること

から、「アップ・ストリーム」のケースに該当します。よって、さらに「子会社当期純利益の非支配株主持分への振り替え」の貸借逆仕訳が必要となります。

| | | | |
|---|---|---|---|
| (固定資産売却益) | 6,000,000 | (土　　　地) | 6,000,000 |
| (非支配株主持分) | 1,500,000 | (非支配株主に帰属する当期純利益) | 1,500,000 |

固定資産売却益：16,800,000円 − 10,800,000円 = 6,000,000円
（売却価額、子会社の帳簿価額、未実現利益）

非支配株主に帰属する当期純利益：6,000,000円 ×（100% − 75%）= 1,500,000円
（非支配株主持分割合）

(2) 債権債務の相殺消去

親子会社間の債権債務は、連結グループ内部の債権債務であり、外部に対するものではないため、連結貸借対照表には計上できません。そのため連結会計上、相殺消去します。ただし、個別会計上すでに決済されたものは、そもそも個別貸借対照表に載っていないため、対象となりません。

| | | | |
|---|---|---|---|
| (未　払　金) | 8,400,000 | (未 収 入 金) | 8,400,000 |

債権債務の残高：16,800,000円 − 8,400,000円 = 8,400,000円

## 第3問

〔決算整理事項およびその他修正事項〕

1．未取立小切手

受け取った小切手を銀行に持ち込んだものの、いまだ取り立て（当社の当座預金口座への入金）が行われていない場合、その小切手を未取立小切手といいます。未取立小切手は、時の経過により銀行側と当社側の差異が解消されるため、修正仕訳は不要です。

2．未払金・買掛金

未払金とは、商品売買以外から生じる債務を処理する科目です。商品（販売用の自動車部品）の売買から生じる債務は買掛金を用いるため、科目を訂正する仕訳を行います。

| | | | |
|---|---|---|---|
| (未　払　金) | 30,000 | (買　掛　金) | 30,000 |

※　未払金：80,000円〈前T/B〉− 30,000円 = 50,000円

3．事業譲受

(1) 事業譲受の修正仕訳

イ　誤った仕訳

| | | | |
|---|---|---|---|
| (仮　払　金) | 1,500,000 | (現 金 な ど) | 1,500,000 |

ロ　正しい仕訳

事業譲受により引き継いだ資産・負債を時価で受け入れ、支払対価との差額をのれんとして計上します。

| | | | |
|---|---|---|---|
| (現　　金) | 40,000 | (現 金 な ど) | 1,500,000 |
| (売　掛　金) | 150,000 | (買　掛　金) | 100,000 |
| (仕　　入)(＊1) | 290,000 | | |
| (建　　物) | 1,000,000 | | |
| (の　れ　ん)(＊2) | 120,000 | | |

（＊1）　受け入れた商品は「仕入」で処理します。

（＊2）　貸借差額

ハ　修正仕訳

| | | | |
|---|---|---|---|
| (現　　金) | 40,000 | (仮　払　金) | 1,500,000 |
| (売　掛　金) | 150,000 | (買　掛　金) | 100,000 |
| (仕　　入) | 290,000 | | |
| (建　　物) | 1,000,000 | | |
| (の　れ　ん) | 120,000 | | |

※　現　金：100,900円〈前T/B〉+ 40,000円 = 140,900円

※　売掛金：170,000円〈前T/B〉+ 150,000円 = 320,000円

※　建　物：1,500,000円〈前T/B〉+ 1,000,000円 = 2,500,000円

※　買掛金：318,300円〈前T/B〉+ 30,000円 + 100,000円 = 448,300円

(2) のれんの償却

| | | | |
|---|---|---|---|
| (のれん償却)(＊) | 1,000 | (の　れ　ん) | 1,000 |

（＊）　$120{,}000円 \times \frac{2か月}{240か月(20年)} = 1{,}000円$

※　のれん：120,000円 − 1,000円 = 119,000円

4．貸倒引当金の設定

イ　貸倒時の修正仕訳

貸倒引当金が設定されているため、その取り崩しを行います。

| | | | |
|---|---|---|---|
| (貸 倒 引 当 金) | 8,000 | (貸 倒 損 失) | 8,000 |

ロ　貸倒引当金の設定

| | | | |
|---|---|---|---|
| (貸倒引当金繰入)(＊) | 2,400 | (貸 倒 引 当 金) | 2,400 |

（＊）　見積額：（100,000円 + 170,000円 + 150,000円）× 2 % = 8,400円

繰入額：8,400円 −（14,000円〈前T/B〉− 8,000円）= 2,400円

5．売上原価の計算および商品の期末評価

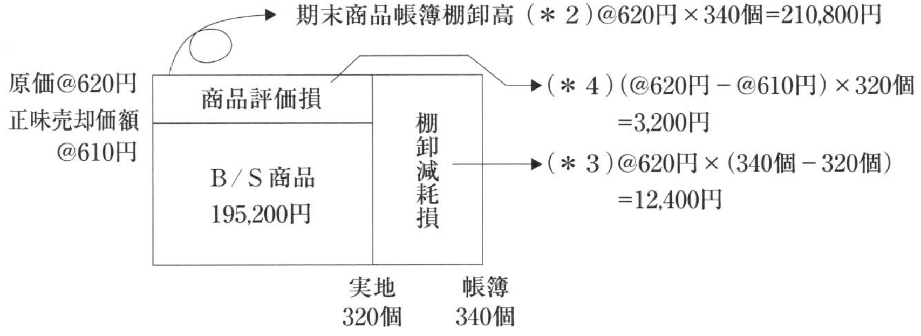
期末商品帳簿棚卸高（＊２）@620円×340個=210,800円
原価@620円
正味売却価額
@610円
商品評価損
B／S商品
195,200円
棚
卸
減
耗
損
（＊４）(@620円－@610円)×320個
=3,200円
（＊３）@620円×(340個－320個)
=12,400円
実地
320個
帳簿
340個

イ　売上原価の算定

| | | | |
|---|---|---|---|
| (仕　　　　入)(＊１) | 226,200 | (繰　越　商　品) | 226,200 |
| (繰　越　商　品)(＊２) | 210,800 | (仕　　　　入) | 210,800 |

（＊１）　売上原価の算定は、毎月行っているため、前月末の数値を使います。

ロ　棚卸減耗損および商品評価損の計上

本問は、決算整理後残高試算表に商品評価損勘定が設定されておらず、かつ売上原価に算入させるため、商品評価損は仕入勘定で処理します。

| | | | |
|---|---|---|---|
| (棚　卸　減　耗　損)(＊３) | 12,400 | (繰　越　商　品) | 12,400 |
| (仕　　　　入)(＊４) | 3,200 | (繰　越　商　品) | 3,200 |

※　仕入：2,934,000円〈前T/B〉＋290,000円＋226,200円－210,800円＋3,200円
　　＝3,242,600円

6．固定資産の減価償却

| | | | |
|---|---|---|---|
| (減　価　償　却　費) | 39,250 | (建物減価償却累計額)(＊１) | 8,750 |
| | | (備品減価償却累計額)(＊２) | 30,500 |

（＊１）　建物の減価償却
　既存分：1,500,000円×0.9÷30年＝45,000円
　事業譲渡受入分：5,000円
　計上額：45,000円＋5,000円－41,250円〈前T/B〉＝8,750円

（＊２）　備品の減価償却
　既存分：{(300,000円－150,000円)－60,000円}×20％＝18,000円
　新規分：12,500円
　計上額：18,000円＋12,500円＝30,500円

※　減価償却費：41,250円〈前T/B〉＋39,250円＝80,500円

※　建物減価償却累計額：341,250円〈前T/B〉＋8,750円＝350,000円

※　備品減価償却累計額：60,000円〈前T/B〉＋30,500円＝90,500円



7．保険料

本問では、毎月、１か月分の金額を前払保険料から保険料に振り替えています。そのため、前T/Bの保険料は、11か月分（４月～２月分）を表しています。

| | | | |
|---|---|---|---|
| (保　　険　　料) | 5,000 | (前　払　保　険　料)(＊) | 5,000 |

（＊）　55,000円〈保険料〉× $\frac{1か月}{11か月}$ ＝5,000円

※　保険料：55,000円〈前T/B〉＋5,000円＝60,000円

※　前払保険料：25,000円〈前T/B〉－5,000円＝20,000円

**〈参考〉前払保険料をもとに計算した場合**

25,000円〈前払保険料〉× $\frac{1か月}{5か月}$ ＝5,000円

毎期８月１日の保険料支払時に、支払額の全額が前払保険料に計上され、毎月、１か月分を保険料に振り替えているため、前T/Bの前払保険料は、５か月分（３月～７月分）を表しています。

8．リース取引（オペレーティング・リース取引）

| | | | |
|---|---|---|---|
| (支　払　リ　ー　ス　料)(＊) | 3,000 | (未　払　リ　ー　ス　料) | 3,000 |

（＊）　6,000円× $\frac{6か月}{12か月}$ ＝3,000円

**第４問**

（１）仕訳問題

1．直接労務費の消費額

シングル・プランを採用している場合、各原価要素の勘定から仕掛品勘定への振替額は、標準原価となり、原価差異は各原価要素勘定で把握されます。なお、直接労務費の当月投入量は加工換算量を考慮した数量となります。

当月投入量（加工換算量）：1,000個＋400個×60％－200個×50％＝1,140個

直接労務費の当月標準消費額：@1,500円×３時間×1,140個＝5,130,000円

原価差異：5,130,000円－5,150,000円＝△20,000円（借方差異・不利差異）

2．製造間接費配賦差異の計上

製造間接費予定配賦額に比べて製造間接費実際発生額合計の方が多いため、原価差異は借方差異（不利差異）となります。したがって、製造間接費勘定から原価差異勘定の借方に振り替えます。

原価差異：製造間接費予定配賦額4,200,000円－製造間接費実際発生額合計4,350,000円
　　＝△150,000円（借方差異・不利差異）

3．材料費の算定（実際消費価格・先入先出法）

消費した素材は、直接材料費として仕掛品に振り替えます。また、材料の実際消費価格

を先入先出法で求めているので、消費した材料3,000kgのうち850kgは月初材料有高（1kg当たり200円）から消費します。残りの2,150kgは当月材料仕入高（1kg当たり220円）から消費します。

（仕　　掛　　品）　643,000　（材　　　　料）(＊)　643,000

（＊）　@200円×850kg＝170,000円（月初材料有高からの消費材料）
@220円×(3,000kg－850kg)＝473,000円（当月材料仕入高からの消費材料）
170,000円＋473,000円＝643,000円

（2）個別原価計算

1．原価計算表の作成

① 10月の原価計算表（一部）の作成

| | №1009 | №1010 | 合　計 |
|---|---|---|---|
| 直接材料費 | 1,478,400 | 929,600 | 2,408,000 |
| 直接労務費 | 1,848,000 | 1,008,000 | 2,856,000 |
| 製造間接費 | 2,402,400 | 1,310,400 | 3,712,800 |
| 合　計 | 5,728,800 | 3,248,000 | 8,976,800 |
| 備　考 | 完成・未引渡 | 未完成 | — |

(i) 直接労務費
№1009：11,200円/時間×165時間＝1,848,000円
№1010：11,200円/時間×90時間＝1,008,000円

(ii) 製造間接費
予定配賦率の算定

予定配賦率：$\dfrac{\text{製造間接費年間予算65,520,000円}}{\text{年間予定直接作業時間4,500時間}}$＝14,560円/時間

予定配賦額の計算
№1009：14,560円/時間×165時間＝2,402,400円
№1010：14,560円/時間×90時間＝1,310,400円

(iii) №1009は、10月完成・10月末現在未引渡なので、10月の月末製品および11月の月初製品となります。

(iv) №1010は、10月末現在未完成なので、10月の月末仕掛品および11月の月初仕掛品となります。



② 11月の原価計算表の作成

| | №1010 | №1101 | №1102 | №1103 | 合　計 |
|---|---|---|---|---|---|
| 月初仕掛品 | 3,248,000 | — | — | — | 3,248,000 |
| 直接材料費 | 565,600 | 1,108,800 | 1,713,600 | 655,200 | 4,043,200 |
| 直接労務費 | 705,600 | 1,075,200 | 1,680,000 | 840,000 | 4,300,800 |
| 製造間接費 | 917,280 | 1,397,760 | 2,184,000 | 1,092,000 | 5,591,040 |
| 合　計 | 5,436,480 | 3,581,760 | 5,577,600 | 2,587,200 | 17,183,040 |
| 備　考 | 完成・引渡済 | 完成・引渡済 | 完成・未引渡 | 未完成 | |

(i) 直接労務費
№1010：11,200円/時間×63時間＝705,600円
№1101：11,200円/時間×96時間＝1,075,200円
№1102：11,200円/時間×150時間＝1,680,000円
№1103：11,200円/時間×75時間＝840,000円
合　計：705,600円＋1,075,200円＋1,680,000円＋840,000円＝4,300,800円

(ii) 製造間接費（予定配賦額）
№1010：14,560円/時間×63時間＝917,280円
№1101：14,560円/時間×96時間＝1,397,760円
№1102：14,560円/時間×150時間＝2,184,000円
№1103：14,560円/時間×75時間＝1,092,000円
合　計：917,280円＋1,397,760円＋2,184,000円＋1,092,000円＝5,591,040円

2．勘定記入

① 仕掛品勘定

(i) 月初有高：11月の原価計算表の月初仕掛品の横計より3,248,000円

(ii) 直接材料費：11月の原価計算表の直接材料費の横計より4,043,200円

(iii) 直接労務費：11月の原価計算表の直接労務費の横計より4,300,800円

(iv) 製造間接費：11月の原価計算表の製造間接費の横計（もしくは製造間接費勘定の予定配賦額）より5,591,040円

(v) 当月完成高：11月中に完成した№1010、№1101、№1102の原価が仕掛品勘定から製品勘定へ振り替えられます。したがって、11月の原価計算表より№1010の縦計5,436,480円と№1101の縦計3,581,760円と№1102の縦計5,577,600円の合計14,595,840円

(vi) 月末有高：11月の原価計算表より11月末現在未完成である№1103の縦計2,587,200円

## （左ページ）

② 製品勘定

(i) 月 初 有 高：10月末現在完成済み、かつ未引渡の製品が11月の月初の在庫になります。したがって10月の原価計算表より№1009の縦計5,728,800円

(ii) 当月完成高：仕掛品勘定より14,595,840円

(iii) 売 上 原 価：11月中に引き渡しが済んだ№1009、№1010、№1101の原価が製品勘定から売上原価勘定へ振り替えられます。したがって、10月の原価計算表より№1009の縦計5,728,800円と、11月の原価計算表より№1010の縦計5,436,480円と№1101の縦計3,581,760円の合計14,747,040円

(iv) 月 末 有 高：11月の原価計算表より11月末現在完成済み、かつ未引渡である№1102の縦計5,577,600円

第5問

1．完成品標準原価と総差異の把握【問1・問2】

〈勘定連絡図〉

問1

仕 掛 品

| | | 完成品 | |
|---|---|---|---|
| 当月投入 | 4,800個 | 22,800円/個 × 4,800個 = 109,440,000円 | |
| 直材 | 60,122,400円 | | |
| 直労 | 21,999,600円 | | |
| 製間 | 31,077,000円 | 原価差異 | 3,759,000円（不利差異） |
| | 113,199,000円 | | |

問2

原 価 差 異

3,759,000円

（不利差異）

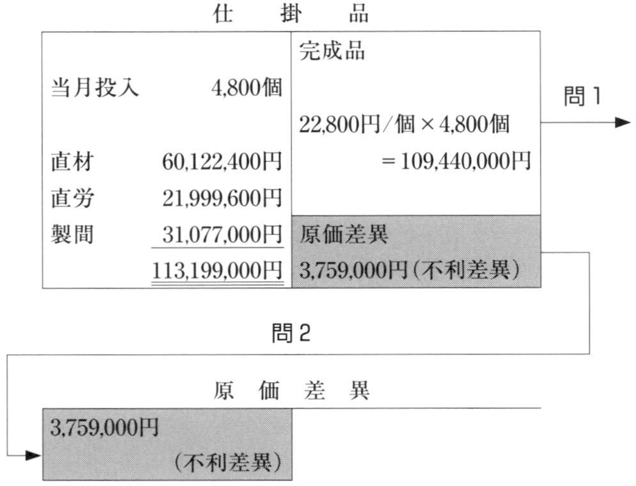

総差異：109,440,000円 − 113,199,000円 ＝ △3,759,000円（不利差異・借方差異）
　　　　標準原価　　　　実際原価

2．直接材料費の価格差異【問3】

　標準原価計算では、「当月の生産実績（当月投入）」に対する標準原価と実際原価を比較することで、原価差異を把握し、分析します。

## （右ページ）

実際直接材料費　60,122,400円

実際単価3,120円/kg（＊）

標準単価3,000円/kg

| 価　格　差　異 | |
|---|---|
| 標準直接材料費 | 消費量差異 |
| | 標準消費量 |

実際消費量
19,270kg

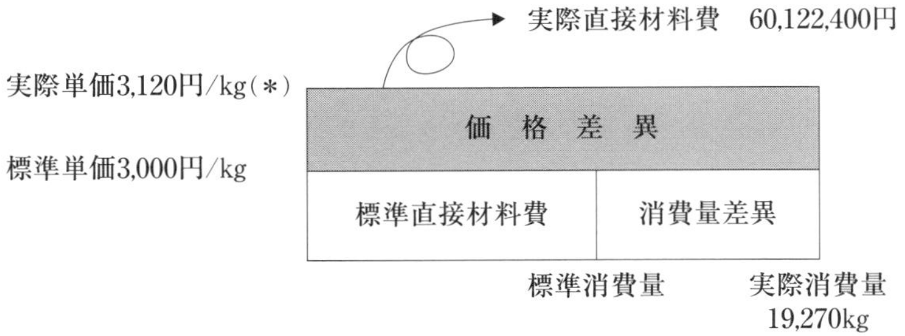

（＊）　実際単価：60,122,400円÷19,270kg＝3,120円/kg
価格差異：(3,000円/kg − 3,120円/kg) × 19,270kg＝△2,312,400円（不利差異・借方差異）

3．直接労務費の作業時間差異【問4】

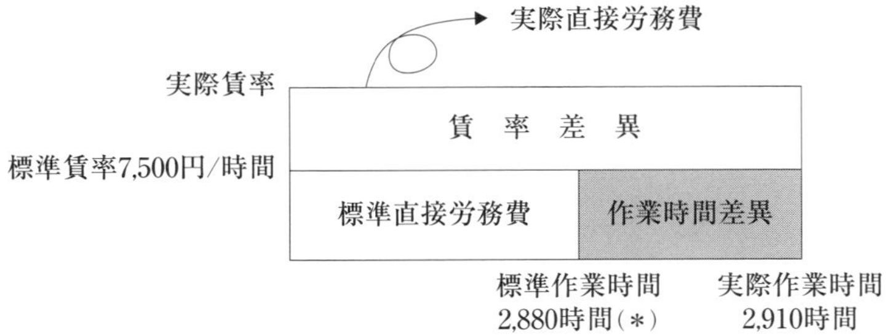

実際直接労務費

実際賃率7,500円/時間

標準賃率7,500円/時間

| 賃　率　差　異 | |
|---|---|
| 標準直接労務費 | 作業時間差異 |
| | 標準作業時間 |

標準作業時間
2,880時間（＊）

実際作業時間
2,910時間

標準作業時間：4,800個 × 0.6時間/個＝2,880時間

（＊）　標準作業時間：4,800個 × 0.6時間/個＝2,880時間
作業時間差異：7,500円/時間 × (2,880時間 − 2,910時間)＝△225,000円（不利差異・借方差異）

# 日商簿記検定試験対策
# まるっと完全予想問題集
## 第４回
## 解答・解説

| 出題論点 | | | 難易度 |
|---|---|---|---|
| 第１問 | 仕訳問題 | 手形の割引 | A |
| | | 決算整理（長期前払費用） | A |
| | | 剰余金の配当と処分 | A |
| | | 本支店会計 | A |
| | | 貸倒引当金 | A |
| 第２問 | | 有価証券 | A |
| 第３問 | | 損益計算書 | A |
| 第４問（１） | 仕訳問題 | 本社工場会計（特許権使用料の支払い） | A |
| | | 完成品に対する標準直接労務費の計上 | A |
| | | 賃率差異・作業時間差異の計上（標準原価計算） | B |
| 第４問（２） | | 製造原価報告書 | A |
| 第５問 | | CVP分析 | B |

〔難易度〕 A：普通　B：やや難しい　C：難しい

# 第４回　解答

## 商業簿記

第１問（20点）

| | 借方 記号 | 借方 金額 | 貸方 記号 | 貸方 金額 |
|---|---|---|---|---|
| 1 | （イ）当座預金<br>（エ）手形売却損 | 723,600<br>6,400 | （オ）受取手形 | 730,000 |
| 2 | （ウ）前払保険料<br>（オ）長期前払費用 | 120,000<br>60,000 | （イ）保険料 | 180,000 |
| 3 | （キ）繰越利益剰余金 | 3,730,000 | （オ）利益準備金<br>（イ）未払配当金<br>（カ）別途積立金 | 30,000<br>3,000,000<br>700,000 |
| 4 | （キ）現金<br>（イ）商品<br>（ウ）備品 | 1,500,000<br>300,000<br>600,000 | （エ）備品減価償却累計額<br>（カ）本店 | 150,000<br>2,250,000 |
| 5 | （エ）貸倒引当金<br>（ウ）貸倒損失 | 175,000<br>875,000 | （ア）売掛金 | 1,050,000 |

仕訳一組につき４点を与える。合計20点。



第２問（20点）

問１

総勘定元帳

その他有価証券　（単位：円）

| 年 | 月 | 日 | 摘要 | 借方 | 年 | 月 | 日 | 摘要 | 貸方 |
|---|---|---|---|---|---|---|---|---|---|
| ×2 | 4 | 1 | 前期繰越 | 2,640,000 | ×2 | 4 | 1 | 諸口 | 300,000 |
| | 5 | 1 | 未払金 | 7,560,000 | | 9 | 26 | 未収入金 | 4,950,000 |
| ×3 | 3 | 31 | 諸口 | 150,000 | ×3 | 3 | 31 | 次期繰越 | 5,100,000 |
| | | | | 10,350,000 | | | | | 10,350,000 |

満期保有目的債券　（単位：円）

| 年 | 月 | 日 | 摘要 | 借方 | 年 | 月 | 日 | 摘要 | 貸方 |
|---|---|---|---|---|---|---|---|---|---|
| ×2 | 9 | 1 | 普通預金 | 1,738,800 | ×3 | 3 | 31 | 次期繰越 | 1,751,400 |
| ×3 | 3 | 31 | 有価証券利息 | 12,600 | | | | | |
| | | | | 1,751,400 | | | | | 1,751,400 |

有価証券利息　（単位：円）

| 年 | 月 | 日 | 摘要 | 借方 | 年 | 月 | 日 | 摘要 | 貸方 |
|---|---|---|---|---|---|---|---|---|---|
| ×2 | 9 | 1 | 普通預金 | 11,340 | ×2 | 12 | 31 | 普通預金 | 32,850 |
| ×3 | 3 | 31 | 損益 | 50,535 | ×3 | 3 | 31 | 満期保有目的債券 | 12,600 |
| | | | | | | 〃 | 〃 | 未収有価証券利息 | 16,425 |
| | | | | 61,875 | | | | | 61,875 |

| | | |
|---|---|---|
| 問２ | ¥ 225,000 （評価益相当）・評価損相当 | |
| 問３ | ¥ 450,000 （売却益相当）・売却損相当 | |
| 問４ | 投資有価証券<br>¥ 6,851,400 | 関係会社株式<br>¥ 21,870,000 |
| 問５ | 投資有価証券<br>¥ 6,851,400 | 関係会社株式<br>¥ 0 |

問１□１つにつき１点。問２から問５の各問□１つにつき各２点を与える。
合計20点。

第3問（20点）

損益計算書
自×2年4月1日　至×3年3月31日

| | | （単位：円） |
|---|---|---|
| Ⅰ 売上高 | | （87,500,000） |
| Ⅱ 売上原価 | | （52,212,000） |
| 売上総利益 | | （35,288,000） |
| Ⅲ 販売費及び一般管理費 | | |
| 1 給料 | （8,037,000） | |
| 2 水道光熱費 | （25,000） | |
| 3 減価償却費 | （2,250,000） | |
| 4 （ソフトウェア）償却 | （30,000） | |
| 5 貸倒引当金繰入 | （295,800） | |
| 6 広告宣伝費 | （513,000） | |
| 7 退職給付費用 | （300,000） | |
| 8 保険料 | （120,000） | （11,570,800） |
| 営業利益 | | （23,717,200） |
| Ⅳ 営業外収益 | | |
| 1 受取利息 | （48,000） | |
| 2 有価証券利息 | （32,000） | （80,000） |
| Ⅴ 営業外費用 | | |
| 1 貸倒引当金繰入 | （20,000） | |
| 2 （電子記録債権売却損） | （18,000） | |
| 3 為替差（損） | （10,000） | （48,000） |
| 税引前当期純利益 | | （23,749,200） |
| 法人税、住民税及び事業税 | （9,617,000） | |
| 法人税等調整額 | （△423,800） | （9,193,200） |
| 当期純利益 | | （14,556,000） |

□ 1つにつき2点を与える。合計20点。



## 工業簿記

第4問（28点）

（1）（12点）

| | 借方 記号 | 借方 金額 | 貸方 記号 | 貸方 金額 |
|---|---|---|---|---|
| 1 | （カ）仕掛品 | 300,000 | （エ）本社 | 300,000 |
| 2 | （イ）製品 | 3,900,000 | （カ）仕掛品 | 3,900,000 |
| 3 | （エ）賃率差異 | 75,000 | （イ）仕掛品 | 15,000 |
| | | | （オ）作業時間差異 | 60,000 |

仕訳一組につき4点を与える。合計12点。

（2）（16点）

製造原価報告書

（単位：円）

| | | |
|---|---|---|
| Ⅰ 直接材料費 | | （2,467,500） |
| Ⅱ 直接労務費 | | （1,470,000） |
| Ⅲ 直接経費 | | （562,500） |
| Ⅳ 製造間接費 | | |
| 間接材料費 | （759,000） | |
| 間接労務費 | （787,500） | |
| 間接経費 | （793,500） | |
| 合計 | （2,340,000） | |
| 製造間接費配賦差異 | （90,000） | （2,250,000） |
| 当月製造費用 | | （6,750,000） |
| 月初仕掛品棚卸高 | | （540,000） |
| 合計 | | （7,290,000） |
| 月末仕掛品棚卸高 | | （660,000） |
| 当月製品製造原価 | | （6,630,000） |

損益計算書

（単位：円）

| | | |
|---|---|---|
| Ⅰ 売上高 | | 12,000,000 |
| Ⅱ 売上原価 | | |
| 月初製品棚卸高 | （780,000） | |
| （当月製品製造原価） | （6,630,000） | |
| 合計 | （7,410,000） | |
| 月末製品棚卸高 | （900,000） | |
| 原価差異 | （90,000） | （6,600,000） |
| 売上総利益 | | （5,400,000） |

□ 1つにつき2点を与える。合計16点。



第5問（12点）

| | | |
|---|---|---|
| 問1 | 13,500,000 | 円 |
| 問2 | 16,500,000 | 円 |
| 問3 | 10 | % |
| 問4 | 600,000 | 円 |
| 問5 | 120,000 | 円 |

問1および問2□ 1つにつき3点。

問3から問5の各問□ 1つにつき2点を与える。合計12点。

# 第４回　解説

## 第１問

１．約束手形の割引

裏書譲渡された約束手形については、譲渡されたときに受取手形勘定で処理しています。そして、当該手形を割り引いたときは、受取手形勘定を減らします。また、差し引かれた割引料は手形売却損勘定で処理します。

割引料：$730{,}000円 \times 4\% \times \frac{80日}{365日} = 6{,}400円$

２．保険料の前払い

前払費用には一年基準が適用されるため、決算日の翌日から起算して１年以内のものは前払保険料（流動資産）として、決算日の翌日から起算して１年を超えるものは長期前払費用（固定資産）として処理します。

| | | | |
|---|---|---|---|
| (前 払 保 険 料)(＊１) | 120,000 | (保　　険　　料) | 180,000 |
| (長期前払費用)(＊２) | 60,000 | | |

（＊１）　$240{,}000円 \times \frac{12か月}{24か月} = 120{,}000円$（決算日の翌日から１年以内）

（＊２）　$240{,}000円 \times \frac{6か月}{24か月} = 60{,}000円$（決算日の翌日から１年超）

３．剰余金の配当と処分

株主総会において、繰越利益剰余金の配当や積み立てなどの処分が承認されたときは、配当および処分した金額の合計を繰越利益剰余金勘定（純資産）から減額し、該当する勘定へ振り替えます。なお、会社法の規定により利益準備金は、利益準備金と資本準備金の合計額が資本金の４分の１に達するまで（積立限度額）、配当額の10分の１（要積立額）を積み立てなければなりません。したがって、次の⑴および⑵のうち、いずれか少ない方の金額を積み立てます。

⑴　積立限度額

資本金$10{,}000{,}000円 \times \frac{1}{4} -$（資本準備金2,000,000円＋利益準備金470,000円）＝30,000円

⑵　要積立額

配当金@600円×5,000株＝3,000,000円

$3{,}000{,}000円 \times \frac{1}{10} = 300{,}000円$

⑶　利益準備金積立額

⑴＜⑵　∴　30,000円

４．本支店会計

支店の開設にあたり、支店側では本店から移管された各資産を計上する仕訳を行います。



商品については、販売のつど商品勘定から売上原価勘定に振り替える方法を採用しているため、商品勘定に記帳します。また、減価償却については間接法で記帳しているため、備品勘定には取得原価で記帳し、減価償却累計額は備品減価償却累計額勘定に記帳します。なお、貸借差額は本店勘定で処理します。

５．貸倒引当金

前期以前に発生した売掛金が貸し倒れたときは、前期末に計上した貸倒引当金を取り崩します。ただし、本問では貸倒引当金の残高が不足しているため、この不足額は貸倒損失として処理します。また、当期に発生した売掛金が貸し倒れたときは、貸倒損失として処理します。

⑴　前期以前に発生した売掛金の貸倒れ

| | | | |
|---|---|---|---|
| (貸 倒 引 当 金) | 175,000 | (売　　掛　　金) | 385,000 |
| (貸　倒　損　失)(＊) | 210,000 | | |

（＊）　385,000円－175,000円＝210,000円

⑵　当期に発生した売掛金の貸倒れ

| | | | |
|---|---|---|---|
| (貸　倒　損　失) | 665,000 | (売　　掛　　金)(＊) | 665,000 |

（＊）　1,050,000円－385,000円＝665,000円

## 第２問

１．第×1期期末：期末評価

⑴　Ｘ社株式：その他有価証券

その他有価証券は、売買目的有価証券とは異なり、すぐに売却しません。そのため、評価差額は原則として損益計算書には計上せず、純資産に計上します。なお、その他有価証券に税効果会計を適用する場合、その他有価証券評価差額金に法定実効税率を掛けた金額を、その他有価証券評価差額金から直接控除する形で繰延税金資産または繰延税金負債を計上します。

| | | | |
|---|---|---|---|
| (その他有価証券)(＊１) | 300,000 | (繰 延 税 金 負 債)(＊２) | 75,000 |
| | | (その他有価証券評価差額金)(＊３) | 225,000 |

（＊１）　（時価@2,640円－原価@2,340円）×1,000株＝300,000円

（＊２）　300,000円×25％＝75,000円

（＊３）　300,000円－75,000円＝225,000円

⑵　Ｙ社株式：関連会社株式

関連会社株式は、取得原価で評価するため、評価替えの仕訳はありません。

| |
|---|
| 仕　　訳　　な　　し |

2．第×2期期首：X社株式に関する再振替仕訳

その他有価証券の時価評価は洗替方式によるため、期首の日付で再振替仕訳を行います。

| | | | |
|---|---|---|---|
| (繰延税金負債) | 75,000 | (その他有価証券) | 300,000 |
| (その他有価証券評価差額金) | 225,000 | | |

3．第×2期期中取引

(1)　X社株式の追加取得

| | | | |
|---|---|---|---|
| (その他有価証券)(＊) | 7,560,000 | (未　払　金) | 7,560,000 |

(＊)　@2,490円×3,000株＋90,000円＝7,560,000円

(2)　Y社株式の追加取得

追加取得により、当社におけるY社株式の持分割合が50%を超えるため、Y社は当社の子会社となります。

持分割合：(前期所有分2,000株＋追加取得分1,500株)÷発行済株式総数6,000株×100 ＝58.33…%

①　追加取得

追加取得したY社株式の取得原価を子会社株式勘定で処理します。

| | | | |
|---|---|---|---|
| (子会社株式)(＊) | 10,350,000 | (未　払　金) | 10,350,000 |

(＊)　@6,810円×1,500株＋135,000円＝10,350,000円

②　前期所有分の振り替え

前期から所有している2,000株分の帳簿価額を、関連会社株式勘定から子会社株式勘定へ振り替えます。

| | | | |
|---|---|---|---|
| (子会社株式)(＊) | 11,520,000 | (関連会社株式) | 11,520,000 |

(＊)　2,000株分の帳簿価額：@5,760円×2,000株＝11,520,000円

(3)　Z社社債の取得

満期保有目的のため、その取得原価を満期保有目的債券勘定で処理します。また、取得の際に支払った端数利息は有価証券利息（収益）のマイナス分として処理します。

| | | | |
|---|---|---|---|
| (満期保有目的債券)(＊1) | 1,738,800 | (普　通　預　金) | 1,750,140 |
| (有価証券利息)(＊2) | 11,340 | | |

(＊1)　取得原価：1,800,000円×@96.60円/@100円＝1,738,800円

(＊2)　端数利息：$1{,}800{,}000円 \times 3.65\% \times \frac{63日(＊3)}{365日} = 11{,}340円$

(＊3)　経過日数：31日(7月)＋31日(8月)＋1日(9月)＝63日

(4)　X社株式の売却

売却価額と帳簿価額の差額で売却損益を算定し、これを投資有価証券売却益（損）勘定で処理します。

| | | | |
|---|---|---|---|
| (未　収　入　金)(＊1) | 5,400,000 | (その他有価証券)(＊2) | 4,950,000 |
| | | (投資有価証券売却益)(＊3) | 450,000 |



(＊1)　売却価額：@2,700円×2,000株＝5,400,000円

(＊2)　帳簿価額：(@2,340円×1,000株＋@2,490円×3,000株＋90,000円) ÷(1,000株＋3,000株)×2,000株＝4,950,000円

(＊3)　売却損益：5,400,000円－4,950,000円＝450,000円（売却益）

(5)　Z社社債の利息の受け取り

前利払日の翌日から半年分の利息を月割計算し、有価証券利息（収益）を計上します。

| | | | |
|---|---|---|---|
| (普　通　預　金) | 32,850 | (有価証券利息)(＊) | 32,850 |

(＊)　$1{,}800{,}000円 \times 3.65\% \times \frac{6か月}{12か月} = 32{,}850円$

4．第×2期期末：期末評価等

(1)　X社株式：その他有価証券

その他有価証券のため、期末に時価評価します。

| | | | |
|---|---|---|---|
| (その他有価証券)(＊1) | 150,000 | (繰延税金負債)(＊2) | 37,500 |
| | | (その他有価証券評価差額金)(＊3) | 112,500 |

(＊1)　時価@2,550円×2,000株－帳簿価額4,950,000円＝150,000円

(＊2)　150,000円×25%＝37,500円

(＊3)　150,000円－37,500円＝112,500円

(2)　Y社株式：子会社株式

子会社株式は、取得原価で評価するため、評価替えの仕訳はありません。

| |
|---|
| 仕　訳　な　し |

(3)　Z社社債：満期保有目的債券

①　償却原価法

債券の取得に係る取得差額が金利調整差額と認められるため、償却原価法を適用します。なお、満期保有目的債券は、時価が把握できる場合であっても、時価評価を行いません。

| | | | |
|---|---|---|---|
| (満期保有目的債券) | 12,600 | (有価証券利息)(＊1) | 12,600 |

(＊1)　償却額：$(1{,}800{,}000円 - 1{,}738{,}800円) \times \frac{7か月(＊2)}{34か月(＊3)} = 12{,}600円$

(＊2)　当期の経過月数：×2年9月1日～×3年3月31日＝7か月

(＊3)　取得から満期までの月数：×2年9月1日～×5年6月30日＝34か月

②　経過利息の未収計上

当期最終の利払日の翌日から決算日までの経過利息を月割計算により未収計上します。

| | | | |
|---|---|---|---|
| (未収有価証券利息)(＊) | 16,425 | (有価証券利息) | 16,425 |

（＊） 1,800,000円×3.65%×$\frac{3か月}{12か月}$＝16,425円

5．設問の解答

問1　勘定記入

解答参照

問2　第×1期期末のその他有価証券評価差額金

第×1期期末のその他有価証券評価差額金：225,000円（評価益相当）（＊）

（＊） 解説1．の(1)を参照

問3　第×2期のその他有価証券の売却損益

第×2期のその他有価証券の売却損益：450,000円（売却益相当）（＊）

（＊） 解説3．の(4)を参照

問4　貸借対照表上の第×2期期末の投資有価証券および関係会社株式

X社株式（その他有価証券）およびZ社社債（満期保有目的債券）の期末評価額が「投資有価証券」として表示され、Y社株式（子会社株式）の期末評価額が「関係会社株式」として表示されます。

投資有価証券：X社株式5,100,000円（＊1）＋Z社社債1,751,400円（＊3）＝6,851,400円

関係会社株式：Y社株式21,870,000円（＊2）

（＊1） X社株式の期末評価額：@2,550円×2,000株＝5,100,000円

（＊2） Y社株式の期末評価額：@5,760円×2,000株＋@6,810円×1,500株＋135,000円
＝21,870,000円

（＊3） Z社社債の期末評価額：1,800,000円×@96.60円/@100円＋12,600円＝1,751,400円

問5　連結財務諸表上の第×2期期末の投資有価証券および関係会社株式

連結会計上もX社株式（その他有価証券）およびZ社社債（満期保有目的債券）の期末評価額は「投資有価証券」として表示されますが、Y社株式（子会社株式）の期末評価額は「投資と資本の相殺消去」の手続きによりY社資本と相殺消去されるため、「関係会社株式」は連結貸借対照表上表示されません。

## 第3問

［資料Ⅰ］の決算整理前残高試算表の各勘定残高に、［資料Ⅱ］未処理事項および［資料Ⅲ］決算整理事項等の仕訳の金額を加減算して決算整理後の残高を求め損益計算書を作成します。以下に［資料Ⅱ］未処理事項および［資料Ⅲ］決算整理事項等の仕訳を示しておきます。



Ⅰ　未処理事項

1．電子記録債権の譲渡

電子記録債権を割り引くために電子記録債権の譲渡記録を行った場合、電子記録債権勘定を減らすとともに、割引料は電子記録債権売却損勘定で処理します。

| | | | |
|---|---|---|---|
| （当　座　預　金） | 882,000 | （電子記録債権） | 900,000 |
| （電子記録債権売却損） | 18,000 | | |

2．ソフトウェア仮勘定の振り替え

ソフトウェアの開発等に係る代金を前払いした場合は、いったんソフトウェア仮勘定で処理しています。ソフトウェアが完成し使用を開始した際にソフトウェア勘定へ振り替えます。

| | | | |
|---|---|---|---|
| （ソフトウェア） | 1,080,000 | （ソフトウェア仮勘定） | 1,080,000 |

Ⅱ　決算整理事項等

1．売上返品

売上原価対立法で商品が返品されたときは、売上取引を取り消すために売上勘定の借方にその売価￥700,000を記入するとともに、売上原価を取り消すためにその原価￥420,000を売上原価勘定から商品勘定へ振り替えます。

| | | | |
|---|---|---|---|
| （売　　　　上） | 700,000 | （売　掛　金） | 700,000 |
| （商　　　　品） | 420,000 | （売　上　原　価） | 420,000 |

2．期末商品の評価

売上原価対立法では、決算整理前残高試算表の売上原価勘定の金額が売上原価を、商品勘定の金額が期末商品帳簿棚卸高を示しているため、決算時に売上原価の算定を行う必要はありません。ただし、商品の期末評価は行います。

(1)　商品評価損の計上

| | | | |
|---|---|---|---|
| （商品評価損）（＊） | 132,000 | （商　　　　品） | 132,000 |

（＊） （@4,000円〈正味売却価額〉－@4,200円〈原価〉）×660個＝△132,000円

(2)　売上原価への振り替え

商品評価損を売上原価に算入するため売上原価勘定へ振り替えます。

| | | | |
|---|---|---|---|
| （売　上　原　価） | 132,000 | （商品評価損） | 132,000 |

3．貸倒引当金の設定

営業債権に対する貸倒引当金繰入額は「販売費及び一般管理費」の区分に記載されるのに対し、貸付金などの営業外債権に対する貸倒引当金繰入額は「営業外費用」の区分に記載されます。

(1)　営業債権

| | | | |
|---|---|---|---|
| （貸倒引当金繰入）（＊） | 295,800 | （貸倒引当金） | 295,800 |

（＊）　(7,300,000円〈受取手形〉＋9,740,000円〈売掛金〉＋1,350,000円〈電子記録債権〉
－900,000円〈電子記録債権譲渡高〉－700,000円〈売上返品〉)×２％
－40,000円〈前Ｔ/Ｂ〉＝295,800円

(2)　営業外債権

| | | | |
|---|---|---|---|
| (貸倒引当金繰入)(＊) | 20,000 | (貸　倒　引　当　金) | 20,000 |

（＊）　1,000,000円〈貸付金〉×２％＝20,000円

4．未払費用の再振替と計上

(1)　前期末に計上した未払費用の再振替仕訳

| | | | |
|---|---|---|---|
| (未　払　費　用) | 2,000 | (水　道　光　熱　費) | 2,000 |

(2)　当期末における未払費用の計上

| | | | |
|---|---|---|---|
| (水　道　光　熱　費) | 3,000 | (未　払　費　用) | 3,000 |

5．前払費用の振り替え

12月から２月までの３か月分は、すでに前払費用勘定から保険料勘定へ振り替えられているため、前払費用勘定の残高は残り21か月分になります。決算整理にあたり、１か月分（３月分）を保険料に振り替えます。

| | | | |
|---|---|---|---|
| (保　険　料) | 30,000 | (前　払　費　用)(＊) | 30,000 |

（＊）　630,000円〈前払費用〉× $\frac{1\text{か月}}{24\text{か月}-3\text{か月}}$ ＝30,000円

また、前払費用を一年基準にしたがって長期前払費用に振り替えます。

| | | | |
|---|---|---|---|
| (長期前払費用)(＊) | 240,000 | (前　払　費　用) | 240,000 |

（＊）　(630,000円－30,000円)× $\frac{(24\text{か月}-4\text{か月})-12\text{か月}}{24\text{か月}-4\text{か月}}$ ＝240,000円

6．減価償却費の計上

(1)　建物・備品

| | | | |
|---|---|---|---|
| (減　価　償　却　費) | 2,250,000 | (建物減価償却累計額)(＊１) | 750,000 |
| | | (備品減価償却累計額)(＊２) | 1,500,000 |

（＊１）　22,500,000円〈建物〉÷30年〈耐用年数〉＝750,000円

（＊２）　(8,000,000円〈備品〉－2,000,000円〈期首備品減価償却累計額〉)
×(１÷８年×200％)〈償却率〉＝1,500,000円

(2)　ソフトウェア（無形固定資産）の償却

完成し引渡しを受けていた社内利用目的ソフトウェアについて、使用した１か月分（３月分）を定額法により償却します。

| | | | |
|---|---|---|---|
| (ソフトウェア償却)(＊) | 30,000 | (ソ　フ　ト　ウ　ェ　ア) | 30,000 |

（＊）　1,080,000円× $\frac{1\text{か月}}{36\text{か月}}$ ＝30,000円



7．満期保有目的債券の評価

債券を債券金額より低い価額で取得した場合において、その差額が金利の調整（金利調整差額）であるときは、金利調整差額に相当する金額を償還日に至るまで毎期一定の方法で帳簿価額に加算します。

| | | | |
|---|---|---|---|
| (満期保有目的債券) | 12,000 | (有　価　証　券　利　息)(＊) | 12,000 |

（＊）　(4,000,000円〈額面総額〉－3,940,000円〈取得原価〉)× $\frac{12\text{か月}}{60\text{か月〈償還期間〉}}$ ＝12,000円

8．買掛金の換算替え

外貨建ての資産・負債のうち貨幣項目については、決算時の為替相場による円換算額に換算替えします。このとき生じた差額は為替差損益とします。なお、為替差損益勘定の残高が借方残高であるため、損益計算書には「為替差損」と表示します。

| | | | |
|---|---|---|---|
| (為　替　差　損　益)(＊) | 10,000 | (買　掛　金) | 10,000 |

（＊）　(140円/ドル－135円/ドル)×2,000ドル＝10,000円(買掛金の増加→為替差損)

9．退職給付引当金の計上

| | | | |
|---|---|---|---|
| (退　職　給　付　費　用) | 300,000 | (退職給付引当金) | 300,000 |

10．法人税等の計上

課税所得にもとづいて法人税等を計上します。仮払法人税等を充当し、残額を未払法人税等として計上します。

| | | | |
|---|---|---|---|
| (法人税、住民税及び事業税) | 9,617,000 | (仮　払　法　人　税　等) | 4,500,000 |
| | | (未　払　法　人　税　等)(＊) | 5,117,000 |

（＊）　9,617,000円〈法人税、住民税及び事業税〉－4,500,000円〈仮払法人税等〉
＝5,117,000円〈未払法人税等〉

11．税効果会計の適用

当期の課税所得の計算において加算調整され、将来の差異の解消年度における課税所得の計算において減算調整される将来減算一時差異の発生は、当期における法人税等の「前払い」を意味するため、差異の金額に税率を乗じた金額を法人税等調整額として計上し、損益計算書の末尾で法人税、住民税及び事業税から控除します。

| | | | |
|---|---|---|---|
| (繰　延　税　金　資　産) | 423,800 | (法人税等調整額)(＊) | 423,800 |

（＊）　(3,234,500〈期末〉－2,175,000円〈期首〉)×40％〈法定実効税率〉＝423,800円

〈参考〉

本問の資料をもとに貸借対照表を作成すると下記のようになります。

貸借対照表

×3年３月31日　　（単位：円）

| 資産の部 | | | 負債の部 | | |
|---|---|---|---|---|---|
| Ⅰ 流動資産 | | | Ⅰ 流動負債 | | |
| 1 現金預金 | | 21,576,000 | 1 支払手形 | | 1,980,000 |
| 2 受取手形 | 7,300,000 | | 2 買掛金 | | 3,810,000 |
| 3 売掛金 | 9,040,000 | | 3 未払法人税等 | | 5,117,000 |
| 4 電子記録債権 | 450,000 | | 4 未払費用 | | 3,000 |
| 貸倒引当金 | 335,800 | 16,454,200 | 流動負債合計 | | 10,910,000 |
| 5 短期貸付金 | 1,000,000 | | Ⅱ 固定負債 | | |
| 貸倒引当金 | 20,000 | 980,000 | 1 退職給付引当金 | | 1,950,000 |
| 6 商品 | | 2,640,000 | 固定負債合計 | | 1,950,000 |
| 7 前払費用 | | 360,000 | 負債合計 | | 12,860,000 |
| 流動資産合計 | | 42,010,200 | | | |
| Ⅱ 固定資産 | | | 純資産の部 | | |
| 1 建物 | 22,500,000 | | Ⅰ 資本金 | | 30,000,000 |
| 減価償却累計額 | 7,500,000 | 15,000,000 | Ⅱ 資本剰余金 | | |
| 2 備品 | 8,000,000 | | 1 資本準備金 | | 5,000,000 |
| 減価償却累計額 | 3,500,000 | 4,500,000 | Ⅲ 利益剰余金 | | |
| 3 ソフトウェア | | 1,050,000 | 1 利益準備金 | 1,200,000 | |
| 4 投資有価証券 | | 3,952,000 | 2 繰越利益剰余金 | 18,986,000 | 20,186,000 |
| 5 長期前払費用 | | 240,000 | 純資産合計 | | 55,186,000 |
| 6 繰延税金資産 | | 1,293,800 | | | |
| 固定資産合計 | | 26,035,800 | | | |
| 資産合計 | | 68,046,000 | 負債及び純資産合計 | | 68,046,000 |

**第４問**

（１）仕訳問題

1．特許権使用料の支払い

特許権使用料は直接経費になるため仕掛品勘定へ振り替えます。支払いは本社が行っているため、支払額を本社の当座預金勘定に記録します。したがって、仕訳の貸方は本社勘定になります。



| | | | | |
|---|---|---|---|---|
| 本社 | （工場） | 300,000 | （当座預金） | 300,000 |
| 工場 | （仕掛品） | 300,000 | （本社） | 300,000 |

2．完成品原価の計上（直接労務費）

製品が完成したときの完成品原価は仕掛品勘定から製品勘定へ振り替えます。

完成品原価（直接労務費）：@3,000円×1,300個＝3,900,000円

3．賃率差異と作業時間差異の計上

パーシャル･プランを採用しているため、直接労務費差異は仕掛品勘定に記帳されます。したがって、賃率差異勘定と作業時間差異勘定には仕掛品勘定から振り替えます。

賃率差異：(@1,200円－@1,300円)×750時間＝75,000円（借方差異・不利差異）

作業時間差異：@1,200円×(800時間－750時間)＝60,000円（貸方差異・有利差異）

賃率差異は､借方差異なので仕掛品勘定から賃率差異勘定の借方に振り替えます。一方、作業時間差異は､貸方差異なので仕掛品勘定から作業時間差異勘定の貸方に振り替えます。

（２）製造原価報告書・損益計算書

1．原価の分類

直接材料費：主要材料、部品

直接労務費：直接工賃金

直接経費：外注加工賃、特許権使用料

間接材料費：補助材料、燃料、工場消耗品

間接労務費：間接工賃金、法定福利費

間接経費：部品棚卸減耗費、水道光熱費、減価償却費、福利厚生費

2．直接材料費

主要材料：月初352,500円＋仕入1,497,000円－月末274,500円＝1,575,000円

部品：月初111,000円＋仕入915,000円－月末133,500円＝892,500円

合計 2,467,500円

3．直接労務費

直接工賃金：支払1,452,000円－前月未払180,000円＋当月未払198,000円＝1,470,000円

4．直接経費

外注加工賃：支払510,000円－当月前払52,500円＋前月前払67,500円＝525,000円

特許権使用料：年間支払額450,000円÷12か月＝37,500円

合計 562,500円

5．製造間接費

① 実際発生額

(i) 間接材料費

補助材料：月初51,000円＋仕入451,500円－月末36,000円＝466,500円

燃料：月初16,500円＋仕入192,000円－月末33,000円＝175,500円

工場消耗品：117,000円（購入額をそのまま消費額とします）

合計 759,000円

**9．勘定連絡図（単位：円）：解説上、部品の月末棚卸高は帳簿棚卸高で示している。**

**主要材料**

| 月初 | 352,500 | 消費 | 1,575,000 |
|---|---|---|---|
| 仕入 | 1,497,000 | 月末 | 274,500 |

**部品**

| 月初 | 111,000 | 消費 | 892,500 |
|---|---|---|---|
| 仕入 | 915,000 | 月末 | 133,500 |

**補助材料**

| 月初 | 51,000 | 消費 | 466,500 |
|---|---|---|---|
| 仕入 | 451,500 | 月末 | 36,000 |

**燃料**

| 月初 | 16,500 | 消費 | 175,500 |
|---|---|---|---|
| 仕入 | 192,000 | 月末 | 33,000 |

**直接工賃金**

| 支払 | 1,452,000 | 前月未払 | 180,000 |
|---|---|---|---|
| 当月未払 | 198,000 | 消費 | 1,470,000 |

**間接工賃金**

| 支払 | 675,000 | 前月未払 | 97,500 |
|---|---|---|---|
| 当月未払 | 105,000 | 消費 | 682,500 |

**外注加工賃**

| 前月前払 | 67,500 | 消費 | 525,000 |
|---|---|---|---|
| 支払 | 510,000 | 当月前払 | 52,500 |

**特許権使用料**

| 年額 | 450,000 | 消費（月額） | 37,500 |
|---|---|---|---|

**仕掛（C/R）**

| 月初 | 540,000 | 完成 | 6,630,000 |
|---|---|---|---|
| 直接材料費 | 1,575,000 | | |
| | 892,500 | | |
| 直接労務費 | 1,470,000 | | |
| 直接経費 | 525,000 | | |
| | 37,500 | | |
| 製造間接費 | 2,250,000 | 月末 | 660,000 |

**製造間接費**

| 間接材料費 | | 予定配賦額 | |
|---|---|---|---|
| 補助材料 | 466,500 | | |
| 燃料 | 175,500 | | |
| 工場消耗品費 | 117,000 | | 2,250,000 |
| 間接労務費 | 682,500 | | |
| 法定福利費 | 105,000 | | |
| 間接経費 | | | |
| 部品棚卸減耗 | 24,000 | 借方差異 | 90,000 |
| 水道光熱費 | 477,000 | | |
| 減価償却費 | 225,000 | | |
| 福利厚生費 | 67,500 | | |

**製造間接費配賦差異**

| 借方差異 | 90,000 | | 90,000 |
|---|---|---|---|

**製品**

| 月初 | 780,000 | 販売 | 6,510,000 |
|---|---|---|---|
| 完成 | 6,630,000 | 月末 | 900,000 |

**売上原価**

| 販 | 6,510,000 | | 6,600,000 |
|---|---|---|---|
| 借方差異 | 90,000 | | |

**月次損益（P/L）**

| 売上原価 | 6,600,000 | 売上高 | 12,000,000 |
|---|---|---|---|
| 売上総利益 5,400,000円 | | | |

---

(ii) 間接労務費
間接工賃金：支払675,000円－前月未払97,500円＋当月未払105,000円＝682,500円
法定福利費：105,000円
合計 787,500円

(iii) 間接経費
部品棚卸減耗費：24,000円
水道光熱費：477,000円（測定額）
減価償却費：年間見積額2,700,000円÷12か月＝225,000円
福利厚生費：67,500円
間接経費合計 793,500円

(iv) 実際発生額合計
間接材料費759,000円＋間接労務費787,500円＋間接経費793,500円＝2,340,000円

② 予定配賦額
（直接材料費2,467,500円＋直接労務費1,470,000円＋直接経費562,500円）×50％＝2,250,000円

③ 製造間接費配賦差異
予定配賦額2,250,000円－実際発生額2,340,000円＝△90,000円（借方差異）

6．当月製造費用
直接材料費2,467,500円＋直接労務費1,470,000円＋直接経費562,500円
＋当月製造間接費2,250,000円＝6,750,000円

7．当月製品製造原価
月初仕掛品540,000円＋当月製造費用6,750,000円－月末仕掛品660,000円＝6,630,000円

8．売上原価
月初製品780,000円＋当月製品製造原価6,630,000円－月末製品900,000円＋原価差異90,000円
＝6,600,000円

**第5問**

問1　損益分岐点売上高

損益分岐点における売上高をＳ円とおいて直接原価計算による損益計算書を作成します。

損　益　計　算　書　（単位：円）

| | | |
|---|---|---|
| 売　　上　　高 | S | |
| 変　　動　　費 | 0.6 S | ←(8,400,000円＋600,000円)÷15,000,000円<br>変動売上原価　変動販売費　売上高 |
| 貢　献　利　益 | 0.4 S | |
| 固　　定　　費 | 5,400,000 | ←3,000,000円＋2,400,000円<br>製造固定費　固定販管費 |
| 営　業　利　益 | 0.4 S －5,400,000 | |

上記、損益計算書の営業利益を０とおいて損益分岐点売上高を求めます。

0.4 S －5,400,000円＝０

0.4 S ＝5,400,000円

S ＝5,400,000円÷0.4

∴ S ＝13,500,000円

問2　目標営業利益を達成する売上高

問１で作成した損益計算書をもとにして、営業利益を1,200,000円にする売上高を算定します。

0.4 S －5,400,000円＝1,200,000円

0.4 S ＝1,200,000円＋5,400,000円

S ＝6,600,000円÷0.4

∴ S ＝16,500,000円

問3　安全余裕率

「現在の売上高が何％落ち込むと損益分岐点の売上高に達するか」というのは、安全余裕率は何％かが問われています。

安全余裕率（％）：$\dfrac{\text{売上高}-\text{損益分岐点売上高}}{\text{売上高}}\times 100$

$=\dfrac{15{,}000{,}000\text{円}-13{,}500{,}000\text{円}}{15{,}000{,}000\text{円}}\times 100$

＝10％

問4　感度分析（その①）

「売上高が1,500,000円増加するとき」とは、売上高が10％（＝1,500,000円÷15,000,000円）増加したときの営業利益の変化が問われています。売上高が10％増加すれば変動費は10％増加しますが、固定費は変わらないので、次のように直接原価計算の損益計算書を作成することができます。



損　益　計　算　書　（単位：円）

| | | |
|---|---|---|
| 売　　上　　高 | 16,500,000 | ← 15,000,000円×110％（1.1）<br>売上高 |
| 変　　動　　費 | 9,900,000 | ← (8,400,000円＋600,000円)×110％（1.1）<br>変動売上原価　変動販売費 |
| 貢　献　利　益 | 6,600,000 | |
| 固　　定　　費 | 5,400,000 | ← 3,000,000円＋2,400,000円<br>製造固定費　固定販管費 |
| 営　業　利　益 | 1,200,000 | |

当期の営業利益は600,000円、予想営業利益は1,200,000円なので、600,000円増加することがわかります。

増加する営業利益：1,200,000円（予想営業利益）－600,000円（当期営業利益）＝600,000円

問5　感度分析（その②）

「損益分岐点の売上高を300,000円引き下げるためには固定費をいくら引き下げる必要があるか」とは、損益分岐点売上高が13,200,000円（＝13,500,000円－300,000円）になったときに営業利益がゼロになる固定費の金額が問われています。問１で作成した損益計算書をもとにして算定します。

営業利益：0.4×13,200,000円－固定費＝０

∴固定費＝5,280,000円

引き下げる固定費：5,400,000円（当期固定費）－5,280,000円（予想固定費）＝120,000円

# 日商簿記検定試験対策
# まるっと完全予想問題集

## 第5回

## 解答・解説

| 出題論点 | | | 難易度 |
| --- | --- | --- | --- |
| 第1問 | 仕訳問題 | 減価償却（生産高比例法） | A |
| | | 固定資産の滅失（火災損失） | A |
| | | 売買目的有価証券の売却（総平均法） | A |
| | | リース取引（利子抜き法） | A |
| | | 課税所得の算定 | A |
| 第2問 | 連結財務諸表（連結第２年度） | | A |
| 第3問 | 貸借対照表 | | A |
| 第４問(１) | 仕訳問題 | 賃金の消費 | A |
| | | 材料費の消費（シングル・プラン） | A |
| | | 材料消費価格差異・先入先出法 | B |
| 第４問(２) | 組別総合原価計算 | | A |
| 第5問 | 直接原価計算（CVP分析） | | B |

〔難易度〕 A：普通　B：やや難しい　C：難しい

# 第５回　解答

## 商業簿記

第１問（20点）

| | 借方 | | 貸方 | |
|---|---|---|---|---|
| | 記号 | 金額 | 記号 | 金額 |
| 1 | （イ）減価償却費 | 60,000 | （エ）車両運搬具減価償却累計額 | 60,000 |
| 2 | （イ）未収入金<br>（エ）火災損失 | 25,000,000<br>2,800,000 | （ア）未決算 | 27,800,000 |
| 3 | （キ）未収入金 | 540,000 | （ア）売買目的有価証券<br>（エ）有価証券売却益 | 495,000<br>45,000 |
| 4 | （イ）リース債務<br>（オ）支払利息 | 1,920<br>80 | （ウ）普通預金 | 2,000 |
| 5 | （イ）法人税、住民税及び事業税 | 315,000 | （エ）仮払法人税等<br>（オ）未払法人税等 | 150,000<br>165,000 |

仕訳一組につき４点を与える。合計20点。



第２問（20点）

連結損益計算書

自×8年４月１日　至×9年３月31日　（単位：千円）

| | |
|---|---|
| Ⅰ．売上高 | （ 316,000 ） |
| Ⅱ．売上原価 | （ 226,000 ） |
| 売上総利益 | （ 90,000 ） |
| Ⅲ．販売費及び一般管理費 | （ 13,550 ） |
| （うち、「のれん償却」額） | （ 800 ） |
| 営業利益 | （ 76,450 ） |
| Ⅳ．営業外収益 | （ 36,000 ） |
| 当期純利益 | （ 112,450 ） |
| 非支配株主に帰属する当期純利益 | （ 11,450 ） |
| 親会社株主に帰属する当期純利益 | （ 101,000 ） |

連結貸借対照表

×9年３月31日　（単位：千円）

| 資産 | 金額 | 負債・純資産 | 金額 |
|---|---|---|---|
| 諸資産 | （ 244,000） | 諸負債 | （ 58,800） |
| 売掛金 | （ 159,000） | 買掛金 | （ 123,000） |
| 貸倒引当金 | （△ 7,950） | 資本金 | （ 180,000） |
| 商品 | （ 148,000） | 利益剰余金 | （ 148,200） |
| のれん | （ 6,400） | 非支配株主持分 | （ 39,450） |
| | （ 549,450） | | （ 549,450） |

□ １つにつき２点を与える。合計20点。

## 第３問（20点）

### 貸借対照表

×22年３月31日　　　　（単位：円）

| 資産の部 | | | 負債の部 | | |
|---|---|---|---|---|---|
| Ⅰ 流動資産 | | | Ⅰ 流動負債 | | |
| 1 現金預金 | | (2,442,000) | 1 支払手形 | | 267,800 |
| 2 受取手形 | 396,000 | | 2 買掛金 | | (158,200) |
| 3 売掛金 | (124,000) | | 3 未払金 | | (10,000) |
| 計 | (520,000) | | 4 未払法人税等 | | (148,150) |
| 貸倒引当金 | (10,400) | (509,600) | 5 未払費用 | | (500) |
| 4 商品 | | (291,000) | 流動負債合計 | | (584,650) |
| 流動資産合計 | | (3,242,600) | Ⅱ 固定負債 | | |
| Ⅱ 固定資産 | | | 1 長期借入金 | | 300,000 |
| 1 有形固定資産 | | | 2 退職給付引当金 | | (550,000) |
| (1)建物 | 1,200,000 | | 固定負債合計 | | (850,000) |
| 減価償却累計額 | (396,000) | (804,000) | 負債合計 | | (1,434,650) |
| (2)備品 | (800,000) | | 純資産の部 | | |
| 減価償却累計額 | (288,000) | (512,000) | Ⅰ 株主資本 | | |
| 有形固定資産合計 | | (1,316,000) | 1 資本金 | | 3,036,650 |
| 2 投資その他の資産 | | | 2 利益剰余金 | | |
| (1)投資有価証券 | | (687,000) | (1)利益準備金 | 150,000 | |
| (2)関係会社株式 | | (200,000) | (2)別途積立金 | 80,000 | |
| (3)繰延税金資産 | | (34,725) | (3)繰越利益剰余金 | (764,025) | (994,025) |
| 投資その他の資産合計 | | (921,725) | 株主資本合計 | | (4,030,675) |
| 固定資産合計 | | (2,237,725) | Ⅱ 評価・換算差額等 | | |
| | | | 1 その他有価証券評価差額金 | | (15,000) |
| | | | 評価・換算差額等合計 | | (15,000) |
| | | | 純資産合計 | | (4,045,675) |
| 資産合計 | | (5,480,325) | 負債及び純資産合計 | | (5,480,325) |

売上総利益　¥ 1,673,000　　　当期純利益　¥ 734,025

□ 1つにつき２点を与える。合計20点。



## 工業簿記

### 第４問（28点）

（1）（12点）

| | 借方 記号 | 借方 金額 | 貸方 記号 | 貸方 金額 |
|---|---|---|---|---|
| 1 | （ア）仕掛品 | 6,912,000 | （オ）賃金・給料 | 8,352,000 |
| | （カ）製造間接費 | 1,440,000 | | |
| 2 | （エ）仕掛品 | 5,000,000 | （オ）材料 | 5,000,000 |
| 3 | （ア）材料消費価格差異 | 23,000 | （ウ）材料 | 23,000 |

仕訳一組につき４点を与える。合計12点。

（2）（16点）

H組仕掛品

| | | | |
|---|---|---|---|
| 月初有高 | 686,400 | 当月完成高 | (7,714,500) |
| 直接材料費 | (2,457,600) | 仕損品 | (4,500) |
| 直接労務費 | (1,890,000) | 月末有高 | (555,000) |
| 製造間接費 | (3,240,000) | | |
| | (8,274,000) | | (8,274,000) |

J組仕掛品

| | | | |
|---|---|---|---|
| 月初有高 | 758,400 | 当月完成高 | (11,495,250) |
| 直接材料費 | (3,686,400) | 仕損品 | (7,800) |
| 直接労務費 | (3,034,800) | 月末有高 | (926,550) |
| 製造間接費 | (4,950,000) | | |
| | (12,429,600) | | (12,429,600) |

□ 1つにつき２点を与える。合計16点。

第5問（12点）

| | |
|---|---|
| ア | 売上総 ・ 貢献 ・ 経常 |
| ① | 2,280,000 |
| ② | 2,850,000 |
| イ | 比例して ・ 反比例して ・ 関係なく |
| ③ | 342,000 |
| ④ | 5,100,000 |
| ⑤ | 342,000 |
| ⑥ | 594,000 |

□ 1つにつき2点を与える。合計12点。



# 第5回　解説

## 第1問

1．生産高比例法

生産高比例法を採用している場合、その資産の利用割合に応じて減価償却費を計上します。

減価償却費：900,000円 × $\frac{2\text{万km}}{30\text{万km}}$ = 60,000円

2．未決算

火災で資産を焼失し保険に加入していた場合は、保険金額が確定するまで、焼失時の資産の帳簿価額27,800,000円を未決算勘定（資産）で処理します。なお、焼失した資産の帳簿価額が保険契約額を超える場合は、その超過額を火災損失勘定で処理します。

また、後日保険金額が確定したときに、保険金受取額が未決算勘定の金額に満たない場合は、差額を火災損失勘定で処理します。

3．売買目的有価証券

株式を2回に分けて購入しているので、購入後の単価を総平均法で算定します。その単価を売却した株式数にかけた金額を売買目的有価証券の貸方に記入します。

| | | | |
|---|---|---|---|
| （未収入金）（＊2） | 540,000 | （売買目的有価証券）（＊1） | 495,000 |
| | | （有価証券売却益）（＊3） | 45,000 |

（＊1）＠1,000円×300株＝300,000円（1回目の購入）
＠1,250円×200株＝250,000円（2回目の購入）
（300,000円＋250,000円）÷（300株＋200株）＝＠1,100円（総平均法による単価）
＠1,100円×450株＝495,000円

（＊2）＠1,200円×450株＝540,000円

（＊3）540,000円－495,000円＝45,000円（売却益）

4．リース取引（利子抜き法）

利子抜き法で処理する場合、リース契約時において計上する「リース資産」および「リース債務」は、リース料総額から利息相当額を控除した金額とします（2級では通常、見積現金購入価額として金額が与えられます）。

(1) 契約時

| | | | |
|---|---|---|---|
| （リース資産）（＊） | 9,600 | （リース債務） | 9,600 |

（＊）見積現金購入価額

(2) リース料支払時（本問の解答）

リース料のうち経過期間の利息に相当する額を定額法によって計上し、残りをリース債務の返済額として処理します。

| | | | |
|---|---|---|---|
| （リース債務）（＊2） | 1,920 | （普通預金） | 2,000 |
| （支払利息）（＊1） | 80 | | |

（＊１）　2,000円×５回－9,600円＝400円（利息総額）
　　　　リース料総額　リース債務

400円÷５年＝80円

（＊２）　貸借差額

5．課税所得の算定

税引前当期純利益に損金不算入額を加算し、課税所得を算定します。この課税所得に実効税率を掛けることで、法人税、住民税及び事業税の金額を求めます。なお、未払法人税等は、法人税、住民税及び事業税から仮払法人税等を控除して求めます。

課税所得：750,000円＋150,000円＝900,000円

法人税、住民税及び事業税：900,000円×35％＝315,000円

未払法人税等：315,000円－150,000円＝165,000円

## 第２問

（仕訳の単位：千円）

1．連結第１年度に行う連結修正仕訳

(1)　開始仕訳

支配獲得時の子会社の貸借対照表（資料Ⅱ）にもとづいて、投資と資本の相殺消去を行います。

| | | | |
|---|---|---|---|
| (資本金当期首残高) | 120,000 | (Ｓ　社　株　式) | 120,000 |
| (利益剰余金当期首残高) | 20,000 | (非支配株主持分当期首残高)(＊１) | 28,000 |
| (の　　れ　　ん)(＊２) | 8,000 | | |

（＊１）　(120,000千円＋20,000千円)×20％＝28,000千円

（＊２）　貸借差額

(2)　連結修正仕訳

①　のれんの償却

投資と資本の相殺消去によってのれんが生じた場合、定額法によって償却します。

| | | | |
|---|---|---|---|
| (の れ ん 償 却)(＊) | 800 | (の　　れ　　ん) | 800 |

（＊）　8,000千円÷10年＝800千円

②　子会社の当期純損益の振り替え

連結第１年度の子会社の当期純利益のうち、非支配株主に帰属する部分を非支配株主持分に振り替えます。

| | | | |
|---|---|---|---|
| (非支配株主に帰属する当期純損益)(＊) | 6,400 | (非支配株主持分当期変動額) | 6,400 |

（＊）　32,000千円×20％＝6,400千円

③　子会社の配当金の修正

子会社が行った配当のうち、親会社持分に相当する部分は、親会社の受取配当金を取り消します。また、非支配株主持分に相当する部分は、非支配株主持分の減少として処理します。



| | | | |
|---|---|---|---|
| (受 取 配 当 金)(＊１) | 9,600 | (剰 余 金 の 配 当) | 12,000 |
| (非支配株主持分当期変動額)(＊２) | 2,400 | | |

（＊１）　12,000千円×80％＝9,600千円
　　　　Ｓ社配当金

（＊２）　12,000千円×20％＝2,400千円
　　　　Ｓ社配当金

2．連結第２年度に行う連結修正仕訳

(1)　開始仕訳

「1．連結第１年度に行う連結修正仕訳」のうち、損益項目と剰余金の配当は「利益剰余金当期首残高」に、非支配株主持分当期変動額は「非支配株主持分当期首残高」に含めて再度開始仕訳をします。

| | | | |
|---|---|---|---|
| (資本金当期首残高) | 120,000 | (Ｓ　社　株　式) | 120,000 |
| (利益剰余金当期首残高)(＊１) | 24,800 | (非支配株主持分当期首残高)(＊２) | 32,000 |
| (の　　れ　　ん)(＊３) | 7,200 | | |

（＊１）　20,000千円＋800千円＋6,400千円＋9,600千円－12,000千円＝24,800千円
　　　　のれん償却　非支配株主に帰属する当期純損益　受取配当金　剰余金の配当

（＊２）　28,000千円＋6,400千円－2,400千円＝32,000千円
　　　　純損益の振替え　配当金の修正

（＊３）　8,000千円－800千円＝7,200千円
　　　　のれん償却

(2)　連結修正仕訳

①　のれんの償却

| | | | |
|---|---|---|---|
| (の れ ん 償 却)<br>販売費及び一般管理費 | 800 | (の　　れ　　ん) | 800 |

②　子会社の当期純損益の振り替え

| | | | |
|---|---|---|---|
| (非支配株主に帰属する当期純損益)(＊) | 12,000 | (非支配株主持分当期変動額) | 12,000 |

（＊）　60,000千円×20％＝12,000千円

③　子会社の配当金の修正

| | | | |
|---|---|---|---|
| (受 取 配 当 金)(＊１)<br>営業外収益 | 16,000 | (剰 余 金 の 配 当) | 20,000 |
| (非支配株主持分当期変動額)(＊２) | 4,000 | | |

（＊１）　20,000千円×80％＝16,000千円
　　　　Ｓ社配当金

（＊２）　20,000千円×20％＝4,000千円
　　　　Ｓ社配当金

④ 売上高と売上原価の相殺消去

親子会社間で行われた内部取引は、相殺消去します。

| | | | |
|---|---|---|---|
| (売　上　高) | 80,000 | (売　上　原　価) | 80,000 |

⑤ 債権債務の相殺、貸倒引当金の修正

債権債務が相殺消去された場合には、その債権に対して設定した貸倒引当金も修正する必要があります。また、子会社の貸倒引当金を修正する場合、貸倒引当金繰入の減額分を非支配株主にも配分します。

| | | | |
|---|---|---|---|
| (買　掛　金) | 25,000 | (売　掛　金) | 25,000 |
| (貸倒引当金)(＊1) | 1,250 | (貸倒引当金繰入)<br>販売費及び一般管理費 | 1,250 |
| (非支配株主に帰属する当期純損益)(＊2) | 250 | (非支配株主持分当期変動額) | 250 |

(＊1)　25,000千円 × 5％ = 1,250千円
当期末S社売掛金（対P社）

(＊2)　1,250千円 × 20％ = 250千円

⑥ 未実現利益の消去

期末商品棚卸高のうち、子会社から仕入れた商品については、加算されている利益を消去します。また、子会社から仕入れた商品の未実現利益を消去した場合、消去した未実現利益について、非支配株主にも負担させます。

| | | | |
|---|---|---|---|
| (売上原価)(＊1) | 4,000 | (商　品) | 4,000 |
| (非支配株主持分当期変動額)(＊2) | 800 | (非支配株主に帰属する当期純損益) | 800 |

(＊1)　20,000千円 × 0.25 ÷ 1.25 = 4,000千円

(＊2)　4,000千円 × 20％ = 800千円

3．連結財務諸表の作成

当期のP社とS社の個別財務諸表を合算したあとに、連結第2年度の連結修正仕訳を加減して、連結財務諸表の金額を求めます。

［連結損益計算書］

売　上　高：248,000千円 + 148,000千円 − 80,000千円 = 316,000千円
売上原価：198,400千円 + 103,600千円 − 80,000千円 + 4,000千円 = 226,000千円
販売費及び一般管理費：9,600千円 + 4,400千円 + 800千円 − 1,250千円 = 13,550千円
営業外収益：32,000千円 + 20,000千円 − 16,000千円 = 36,000千円
非支配株主に帰属する当期純利益：12,000千円 + 250千円 − 800千円 = 11,450千円

［連結貸借対照表］

利益剰余金には、連結第2年度の連結修正仕訳で生じた損益項目を加減する必要がある点に注意しましょう。

諸　資　産：100,000千円 + 144,000千円 = 244,000千円
売　掛　金：96,000千円 + 88,000千円 − 25,000千円 = 159,000千円



商　　品：80,000千円 + 72,000千円 − 4,000千円 = 148,000千円
貸倒引当金：4,800千円 + 4,400千円 − 1,250千円 = 7,950千円
の　れ　ん：7,200千円 − 800千円 = 6,400千円
諸　負　債：31,200千円 + 27,600千円 = 58,800千円
買　掛　金：76,000千円 + 72,000千円 − 25,000千円 = 123,000千円
資　本　金：180,000千円 + 120,000千円 − 120,000千円 = 180,000千円
利益剰余金：104,000千円 + 80,000千円 − 24,800千円 − 800千円 − 12,000千円 − 16,000千円 + 20,000千円 − 80,000千円 + 80,000千円 + 1,250千円 − 250千円 − 4,000千円 + 800千円 = 148,200千円
非支配株主持分：32,000千円 + 12,000千円 − 4,000千円 + 250千円 − 800千円 = 39,450千円

## 第3問

〔決算整理事項等〕

1．当座預金

(1)　売掛金の振り込み（未処理）

| | | | |
|---|---|---|---|
| (現　金　預　金) | 40,000 | (売　掛　金) | 40,000 |

(2)　未取付小切手

未取付小切手とは、すでに振り出した小切手がいまだ銀行に呈示されていないことを意味します。これは銀行側の調整事項なので仕訳は不要です。

(3)　未渡小切手

| | | | |
|---|---|---|---|
| (現　金　預　金) | 10,000 | (未　払　金) | 10,000 |

※　現金預金：2,392,000円〈前T/B〉+ 40,000円 + 10,000円 = 2,442,000円
※　売掛金：164,000円〈前T/B〉− 40,000円 = 124,000円

2．貸倒引当金（差額補充法）

| | | | |
|---|---|---|---|
| (貸倒引当金繰入) | 400 | (貸　倒　引　当　金) | 400 |

※　貸倒引当金：(396,000円〈受取手形〉+ 124,000円〈売掛金〉) × 2％ = 10,400円
※　貸倒引当金繰入：10,400円 − 10,000円〈前T/B〉= 400円

3．売上原価の計算と期末商品の評価

(1)　期末商品の評価

原価と正味売却価額とを比較し、正味売却価額が原価よりも下落した場合にのみ評価替えを行います。商品Bは原価より正味売却価額が上がっているため評価替えは行いません。

① 商品A

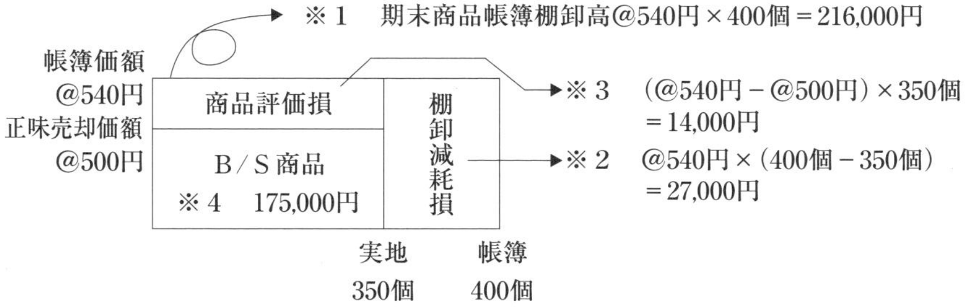

※1 期末商品帳簿棚卸高@540円×400個＝216,000円
帳簿価額
@540円
正味売却価額
@500円
商品評価損
B／S商品
※4 175,000円
棚卸減耗損
※3 (@540円－@500円)×350個
＝14,000円
※2 @540円×(400個－350個)
＝27,000円
実地
350個
帳簿
400個


② 商品B

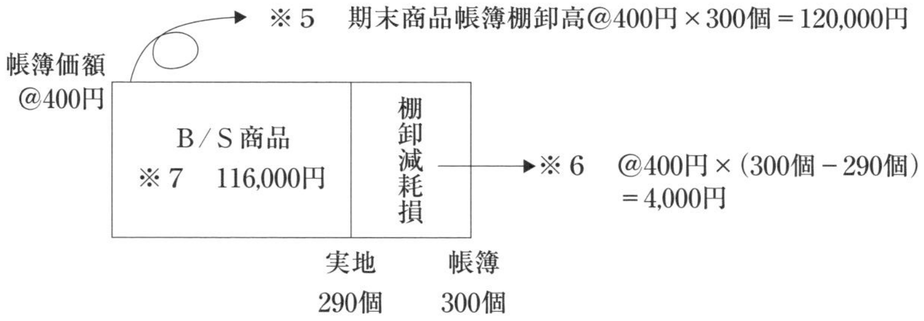

※5 期末商品帳簿棚卸高@400円×300個＝120,000円
帳簿価額
@400円
B／S商品
※7 116,000円
棚卸減耗損
※6 @400円×(300個－290個)
＝4,000円
実地
290個
帳簿
300個


(2) 仕 訳

① 売上原価の算定

| | | | |
|---|---|---|---|
| (仕　　　入) | 269,000 | (繰　越　商　品) | 269,000 |
| (繰　越　商　品)(＊) | 336,000 | (仕　　　入) | 336,000 |

(＊) 期末商品帳簿棚卸高：216,000円〈※1〉＋120,000円〈※5〉＝336,000円

② 棚卸減耗損および商品評価損の計上

| | | | |
|---|---|---|---|
| (棚 卸 減 耗 損)(＊) | 31,000 | (繰　越　商　品) | 31,000 |
| (商 品 評 価 損) | 14,000 | (繰　越　商　品) | 14,000 |

(＊) 棚卸減耗損：27,000円〈※2〉＋4,000円〈※6〉＝31,000円

③ 商品評価損の仕入勘定への振り替え（売上原価へ算入する）

| | | | |
|---|---|---|---|
| (仕　　　入) | 14,000 | (商 品 評 価 損) | 14,000 |

※ B/S商品：175,000円〈※4〉＋116,000円〈※7〉＝291,000円

4．満期保有目的債券の評価：償却原価法（定額法）

| | | | |
|---|---|---|---|
| (満期保有目的債券) | 7,000 | (有価証券利息)(＊) | 7,000 |

(＊) 当期償却額：(500,000円〈額面総額〉－430,000円〈前T/B〉)×$\frac{6\text{か月}}{60\text{か月}}$＝7,000円



5．その他有価証券の評価（全部純資産直入法）

| | | | |
|---|---|---|---|
| (その他有価証券)(＊1) | 20,000 | (繰延税金負債)(＊2) | 5,000 |
| | | (その他有価証券評価差額金)(＊3) | 15,000 |

(＊1) 250,000円〈当期末時価〉－230,000円〈取得原価〉＝20,000円

(＊2) 20,000円×25％＝5,000円

(＊3) 20,000円－5,000円＝15,000円

※ 投資有価証券：430,000円〈前T/B満期保有目的債券〉＋7,000円
＋230,000円〈前T/Bその他有価証券〉＋20,000円〈評価差額〉
＝687,000円

6．子会社株式の評価

子会社株式や関連会社株式は、支配目的で長期的に保有するものなので、決算において評価替えをしません。

7．固定資産

(1) 備品の売却（未処理）

| | | | |
|---|---|---|---|
| (備品減価償却累計額) | 97,600 | (備　　　品) | 200,000 |
| (減 価 償 却 費)(＊) | 15,360 | | |
| (仮　受　金) | 70,000 | | |
| (固定資産売却損) | 17,040 | | |

(＊) (200,000円－97,600円)×20％×$\frac{9\text{か月}}{12\text{か月}}$＝15,360円

(2) 期末保有分の減価償却

| | | | |
|---|---|---|---|
| (減 価 償 却 費) | 164,000 | (建物減価償却累計額)(＊1) | 36,000 |
| | | (備品減価償却累計額)(＊2) | 128,000 |

(＊1) 建物：1,200,000円×0.9÷30年＝36,000円

(＊2) 備品：{(1,000,000円〈前T/B〉－200,000円〈売却分〉)－(257,600円〈前T/B〉
－97,600円〈売却分〉)}×20％＝128,000円

※ 備品：1,000,000円〈前T/B〉－200,000円〈売却分〉＝800,000円

※ 建物減価償却累計額：360,000円〈前T/B〉＋36,000円＝396,000円

※ 備品減価償却累計額：257,600円〈前T/B〉－97,600円〈売却分〉＋128,000円＝288,000円

※ 減価償却費：15,360円〈売却分〉＋164,000円＝179,360円

8．退職給付引当金の設定

| | | | |
|---|---|---|---|
| (退職給付費用) | 50,000 | (退職給付引当金) | 50,000 |

※ 退職給付引当金：500,000円〈前T/B〉＋50,000円＝550,000円

9．費用の未払い

| | | | |
|---|---|---|---|
| (支　払　利　息)(＊) | 500 | (未　払　費　用) | 500 |

(＊) 300,000円〈前T/B長期借入金〉×2％×$\frac{1\text{か月}}{12\text{か月}}$＝500円

10. 法人税等の計上

| | | | |
|---|---|---|---|
| (法人税、住民税及び事業税) | 248,150 | (仮払法人税等) | 100,000 |
| | | (未払法人税等) | 148,150 |

11. 税効果会計

将来減算一時差異の増加分13,900円(＝158,900円－145,000円)に法定実効税率を掛けた金額だけ繰延税金資産を追加計上します。なお、相手勘定は法人税等調整額とします。また、貸借対照表上、繰延税金資産と繰延税金負債は相殺します。

| | | | |
|---|---|---|---|
| (繰延税金資産)(＊) | 3,475 | (法人税等調整額) | 3,475 |

(＊) (158,900円－145,000円)×25％＝3,475円

※ 繰延税金資産：36,250円〈前T/B〉＋3,475円－5,000円〈繰延税金負債〉＝34,725円



12. 損益計算書の作成

下書用紙に簡単な損益計算書を書いて、各利益を計算します。

損益計算書

自×21年4月1日　至×22年3月31日　(単位：円)

| | | |
|---|---|---|
| Ⅰ売上高 | | 3,920,000 |
| Ⅱ売上原価 | | |
| 1 商品期首棚卸高 | 269,000 | |
| 2 当期商品仕入高 | 2,300,000 | |
| 合計 | 2,569,000 | |
| 3 商品期末棚卸高 | 336,000 | |
| 差引 | 2,233,000 | |
| 4 商品評価損 | 14,000 | 2,247,000 |
| 売上総利益 | | 1,673,000 |
| Ⅲ販売費及び一般管理費 | | |
| 1 給料 | 410,000 | |
| 2 支払家賃 | 10,000 | |
| 3 棚卸減耗損 | 31,000 | |
| 4 減価償却費 | 179,360 | |
| 5 貸倒引当金繰入 | 400 | |
| 6 退職給付費用 | 50,000 | 680,760 |
| 営業利益 | | 992,240 |
| Ⅳ営業外収益 | | |
| 1 有価証券利息 | | 9,500 |
| Ⅴ営業外費用 | | |
| 1 支払利息 | | 6,000 |
| 経常利益 | | 995,740 |
| Ⅵ特別損失 | | |
| 1 固定資産売却損 | | 17,040 |
| 税引前当期純利益 | | 978,700 |
| 法人税、住民税及び事業税 | 248,150 | |
| 法人税等調整額 | △ 3,475 | 244,675 |
| 当期純利益 | | 734,025 |

※ 繰越利益剰余金：30,000円〈前T/B〉＋734,025円〈当期純利益〉＝764,025円

### 第4問
（1）仕訳問題

1．賃金の消費

直接労務費（直接工賃金）は賃金・給料勘定から仕掛品勘定へ、間接労務費（間接工賃金）は賃金・給料勘定から製造間接費勘定へ振り替えます。なお、直接労務費は予定消費賃率@5,400円を用いて計算します。

＃501：@5,400円×480時間＝2,592,000円
＃502：@5,400円×520時間＝2,808,000円
＃503：@5,400円×280時間＝1,512,000円
直接労務費：2,592,000円＋2,808,000円＋1,512,000円＝6,912,000円
間接労務費：要支払額（＝当月消費額）1,440,000円

2．直接材料費の消費額

シングル・プランを採用している場合、各原価要素の勘定から仕掛品勘定への振替額は、標準原価となります。

直接材料費の当月消費額：@2,500円×2,000個＝5,000,000円

3．材料消費価格差異の計上

材料費の予定消費額に比べて材料費の実際消費額の方が多いため、材料消費価格差異は借方差異（不利差異）となります。したがって、材料勘定から材料消費価格差異勘定の借方に振り替えます。

実際消費額：@430円×400kg＋@410円×（1,400kg－300kg）＝623,000円
予定消費額：@400円×（400kg＋1,400kg－300kg）＝600,000円
材料消費価格差異：予定消費額600,000円－実際消費額623,000円
＝△23,000円（借方差異・不利差異）

（2）組別総合原価計算

1．製造間接費予定配賦額の計算

① 予定配賦率

年間予算額97,200,000円÷年間予定機械運転時間43,200時間＝@2,250円

② 予定配賦額

H組製品：@2,250円×1,440時間＝3,240,000円
J組製品：@2,250円×2,200時間＝4,950,000円

2．H組製品の計算（先入先出法）

正常仕損が工程の終点で発生しているため、正常仕損費を完成品のみに負担させます。この場合、仕損品評価額は完成品原価から控除します。

① 仕損品評価額

@45円×100個＝4,500円



② 直接材料費

始点投入の直接材料費は、完成品と月末仕掛品の「数量」の割合で按分計算します。

| | | |
|---|---|---|
| 326,400円＝ | 月初 400個 | 完成品 3,000個 |
| | 当月投入 | 仕損 100個 |
| 2,457,600円＝ | 3,200個 | 月末 500個 |

〈月末仕掛品原価〉

$$\frac{2{,}457{,}600円}{3{,}000個-400個+100個+500個}\times 500個=384{,}000円$$

〈完成品原価〉

326,400円＋2,457,600円－384,000円＝2,400,000円

③ 直接労務費

直接労務費（加工費）は、完成品と月末仕掛品の「完成品換算数量」の割合で按分計算します。

| | | |
|---|---|---|
| 135,000円＝ | 月初 400個×0.5 ＝200個 | 完成品 3,000個 |
| | 当月投入 （差引） | 仕損 100個 |
| 1,890,000円＝ | 3,000個 | 月末 500個×0.2 ＝100個 |

〈月末仕掛品原価〉

$$\frac{1{,}890{,}000円}{3{,}000個-200個+100個+100個}\times 100個=63{,}000円$$

〈完成品原価〉

135,000円＋1,890,000円－63,000円＝1,962,000円

④ 製造間接費

製造間接費（加工費）は、完成品と月末仕掛品の「完成品換算数量」の割合で按分計算します。なお、製造間接費を予定配賦しているため、予定配賦額をもとに計算します。

225,000円＝

| | |
|---|---|
| 月初 400個×0.5 ＝200個 | 完成品 3,000個 |
| 当月投入 (差引) 3,000個 | 仕損 100個 |
| | 月末 500個×0.2 ＝100個 |

予定配賦額 3,240,000円＝

〈月末仕掛品原価〉

$$\frac{3,240,000円}{3,000個-200個+100個+100個}\times 100個=108,000円$$

〈完成品原価〉

225,000円＋3,240,000円－108,000円＝3,357,000円

⑤　合　計

月末仕掛品原価：384,000円＋63,000円＋108,000円＝555,000円

完成品原価：2,400,000円＋1,962,000円＋3,357,000円－仕損品評価額4,500円
＝7,714,500円

3．J組製品の計算（平均法）

正常仕損が工程の途中で発生している場合（発生点が不明である場合）は、正常仕損費を月末仕掛品と完成品の両者で負担します。また、仕損品の処分価額については問題の指示により、直接材料費から仕損品評価額を控除した額をもとに月末仕掛品原価および完成品総合原価の計算を行います。

①　仕損品評価額

@39円×200個＝7,800円

②　直接材料費

始点投入の直接材料費は、完成品と月末仕掛品の「数量」の割合で按分計算します。

326,400円＝

| | |
|---|---|
| 月初 400個 | 完成品 4,500個 |
| 当月投入 | 仕損 200個 |
| | 月末 500個 |

3,686,400円＝
評価額
△7,800円

〈月末仕掛品原価〉

$$\frac{326,400円+3,686,400円-7,800円}{4,500個+500個}\times 500個=400,500円$$

〈完成品原価〉

326,400円＋3,686,400円－7,800円－400,500円＝3,604,500円



③　直接労務費

直接労務費（加工費）は、完成品と月末仕掛品の「完成品換算数量」の割合で按分計算します。

162,000円＝

| | |
|---|---|
| 月初 400個×0.6 ＝240個 | 完成品 4,500個 |
| 当月投入 (差引) ？個 | 仕損 ？個 |
| | 月末 500個×0.6 ＝300個 |

3,034,800円＝

〈月末仕掛品原価〉

$$\frac{162,000円+3,034,800円}{4,500個+300個}\times 300個=199,800円$$

〈完成品原価〉

162,000円＋3,034,800円－199,800円＝2,997,000円

④　製造間接費

製造間接費（加工費）は、完成品と月末仕掛品の「完成品換算数量」の割合で按分計算します。なお、製造間接費を予定配賦しているため、予定配賦額をもとに計算します。

270,000円＝

| | |
|---|---|
| 月初 400個×0.6 ＝240個 | 完成品 4,500個 |
| 当月投入 (差引) ？個 | 仕損 ？個 |
| | 月末 500個×0.6 ＝300個 |

予定配賦額 4,950,000円＝

〈月末仕掛品原価〉

$$\frac{270,000円+4,950,000円}{4,500個+300個}\times 300個=326,250円$$

〈完成品原価〉

270,000円＋4,950,000円－326,250円＝4,893,750円

⑤　合　計

月末仕掛品原価：400,500円＋199,800円＋326,250円＝926,550円

完成品原価：3,604,500円＋2,997,000円＋4,893,750円＝11,495,250円

## 第5問

1．総原価データの整理

総原価のデータを次のように整理します。

(1) 変動費の合計金額

| | | |
|---|---|---|
| 変動費 | | |
| 直接材料費 | 600円/kg | 変動製造原価：810円/kg |
| 変動加工費 | 210円/kg | |
| 変動販売費 | 120円/kg | |
| 合計 | 930円/kg | |

(2) 固定費の合計金額

| | | |
|---|---|---|
| 固定費 | | |
| 固定加工費 | 1,260,000円 | …固定製造原価：1,260,000円 |
| 固定販売費及び一般管理費 | 678,000円 | |
| 合計 | 1,938,000円 | |

2．直接原価計算（ＣＶＰ分析）

生産・販売数量を $\chi$ kgとおいて、直接原価計算方式の損益計算書を作成します。また、売上高から変動費を差し引いて貢献利益が判明します。

(1) 月間貢献利益の計算

損益計算書　（単位：円）

| | |
|---|---|
| 売上高 | $1{,}500\chi$ |
| 変動費 | $930\chi$ |
| 貢献利益 | $570\chi$ |
| 固定費 | 1,938,000 |
| 営業利益 | $570\chi - 1{,}938{,}000$ |

上記、損益計算書の貢献利益 $570\chi$ に代入します。

① 月間生産・販売量4,000kgの月間貢献利益

570円×4,000kg＝2,280,000円

② 月間生産・販売量5,000kgの月間貢献利益

570円×5,000kg＝2,850,000円

したがって、貢献利益は売上高に比例して変化します。

(2) 月間営業利益の計算

上記(1)の、損益計算書の営業利益 $570\chi - 1{,}938{,}000$ に代入します。

③ 月間生産・販売量4,000kgの月間営業利益

570円×4,000kg－1,938,000円＝342,000円



(3) 損益分岐点の月間売上高

上記(1)の、損益計算書の営業利益を０とおいて販売数量を求めます。

$570\chi - 1{,}938{,}000 = 0$

$570\chi = 1{,}938{,}000$

$\chi = 1{,}938{,}000 \div 570$

$\therefore \chi = 3{,}400$ kg

よって、④損益分岐点売上高は、

1,500円×3,400kg＝5,100,000円

3．直接原価計算と全部原価計算の違い

・生産量を5,000kgに増やし、販売量が4,000kgで変わらないときの営業利益

月末・月初に仕掛品と製品が存在せず（在庫がない）、当月投入分がすべて完成し販売されるケースでは、直接原価計算によった場合と全部原価計算によった場合の営業利益は同額になります。

それに対して、月末に製品が存在する（在庫がある）ケースは異なります。直接原価計算によった場合は、販売量の影響しか受けないため、販売量が同じであればまったく同じ営業利益になります。

しかし、全部原価計算によった場合は、生産量と販売量の両方の影響を受けるため、「月末製品に含まれる固定加工費」の分だけ営業利益は異なります。この点に着目したのがいわゆる「固定費調整」です。

〈直接原価計算〉

直接原価計算の営業利益は月間販売量が4,000kgで変わらないので、当月と同額の342,000円になります。

〈全部原価計算〉

固定費調整を示すと、次のようになります。なお、全部原価計算では月間生産量をもとに配賦率を算定しています。

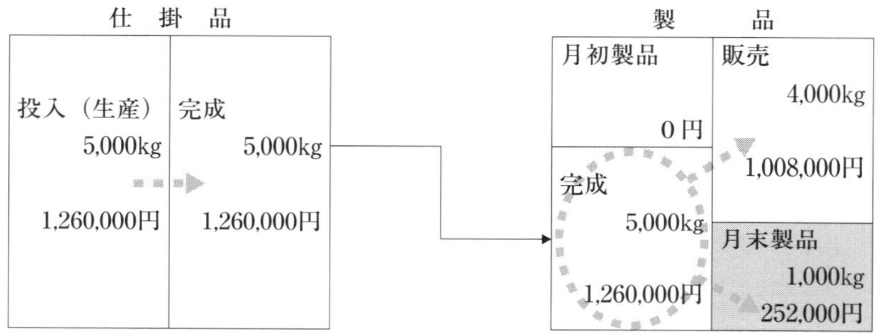


月末製品原価：$\frac{1{,}260{,}000円}{5{,}000\text{kg}} \times 1{,}000\text{kg} = 252{,}000円$

| 全部原価計算の営業利益 | = | 直接原価計算の営業利益 | + | 月末製品の固定加工費 | − | 月初製品の固定加工費 |
| --- | --- | --- | --- | --- | --- | --- |
| | | 342,000円 | | 252,000円 | | 0円 |

よって、全部原価計算の営業利益は594,000円になります。

# 日商簿記検定試験対策
# まるっと完全予想問題集

## 第6回

## 解答・解説

| 出題論点 | | | 難易度 |
|---|---|---|---|
| 第1問 | 仕訳問題 | 吸収合併（のれん） | A |
| | | 前払費用（月次処理） | A |
| | | 役務収益・役務原価 | A |
| | | 固定資産の除却 | A |
| | | 退職一時金の支払（退職給付引当金） | A |
| 第2問 | 商品売買 | | A |
| 第3問 | 本支店会計 | | A |
| 第4問（1） | 仕訳問題 | 製造間接費の配賦（予定） | A |
| | | 材料副費差異の計上 | A |
| | | 組別総合原価計算・本社工場会計 | A |
| 第4問（2） | 等級別総合原価計算 | | A |
| 第5問 | 直接原価計算の損益計算書・固定費調整 | | B |

〔難易度〕 A：普通　B：やや難しい　C：難しい

# 第６回　解答

## 商業簿記

第１問（20点）

| | 借方 記号 | 借方 金額 | 貸方 記号 | 貸方 金額 |
|---|---|---|---|---|
| 1 | （キ）当座預金 | 750,000 | （エ）買掛金 | 1,050,000 |
| | （オ）売掛金 | 1,350,000 | （イ）資本金 | 8,000,000 |
| | （カ）仕入 | 7,500,000 | （ウ）資本準備金 | 1,000,000 |
| | （ア）のれん | 450,000 | | |
| 2 | （エ）前払保険料 | 600,000 | （カ）当座預金 | 600,000 |
| | （ア）保険料 | 100,000 | （エ）前払保険料 | 100,000 |
| 3 | （ウ）売掛金 | 570,000 | （エ）役務収益 | 570,000 |
| | （カ）役務原価 | 418,000 | （オ）仕掛品 | 285,000 |
| | | | （ク）買掛金 | 133,000 |
| 4 | （ウ）備品減価償却累計額 | 300,000 | （ア）備品 | 500,000 |
| | （カ）貯蔵品 | 150,000 | | |
| | （オ）固定資産除却損 | 50,000 | | |
| 5 | （オ）退職給付引当金 | 1,500,000 | （イ）現金 | 1,500,000 |

仕訳一組につき４点を与える。合計20点。

※　問題文に相殺指示があった場合は、以下のとおりとなります。

| | 借方 記号 | 借方 金額 | 貸方 記号 | 貸方 金額 |
|---|---|---|---|---|
| 2 | （エ）前払保険料 | 500,000 | （カ）当座預金 | 600,000 |
| | （ア）保険料 | 100,000 | | |



第２問（20点）

問１

売　掛　金

| 月 | 日 | 摘要 | 借方 | 月 | 日 | 摘要 | 貸方 |
|---|---|---|---|---|---|---|---|
| 4 | 1 | 前期繰越 | 5,100,000 | 4 | 12 | ア（当座預金） | 24,300,000 |
| | 8 | キ（売上） | 24,300,000 | | 22 | イ（電子記録債権） | 2,400,000 |
| | 18 | キ（売上） | 23,814,000 | | 30 | 次月繰越 | 26,514,000 |
| | | | 53,214,000 | | | | 53,214,000 |

商　品

| 月 | 日 | 摘要 | 借方 | 月 | 日 | 摘要 | 貸方 |
|---|---|---|---|---|---|---|---|
| 4 | 1 | 前期繰越 | 13,500,000 | 4 | 5 | エ（買掛金） | 1,395,000 |
| | 4 | コ（諸口） | 5,580,000 | | 8 | ケ（売上原価） | 12,150,000 |
| | 10 | ウ（受取手形） | 5,760,000 | | 18 | ケ（売上原価） | 11,889,000 |
| | 15 | エ（買掛金） | 8,910,000 | | 30 | 次月繰越 | 8,316,000 |
| | | | 33,750,000 | | | | 33,750,000 |

問２

| | |
|---|---|
| ４月の売上高 | ￥ 48,114,000 |
| ４月の売上原価 | ￥ 24,039,000 |

□ １つにつき２点を与える。合計20点。

第3問（20点）

本支店合併損益計算書

自×4年4月1日　至×5年3月31日　（単位：円）

| 費用 | 金額 | 収益 | 金額 |
|---|---|---|---|
| 売上原価 | 78,945,000 | 売上高 | 141,600,000 |
| 棚卸減耗損 | 270,000 | 商品保証引当金戻入 | 636,000 |
| 支払家賃 | 21,555,000 | 国庫補助金受贈益 | 1,500,000 |
| 給料 | 19,720,600 | | |
| 広告宣伝費 | 15,350,000 | | |
| 貸倒引当金繰入 | 51,000 | | |
| 商品保証引当金繰入 | 708,000 | | |
| 減価償却費 | 2,546,400 | | |
| 支払利息 | 300,000 | | |
| 固定資産圧縮損 | 1,500,000 | | |
| 当期純利益 | 2,790,000 | | |
| | 143,736,000 | | 143,736,000 |

□ 1つにつき2点を与える。合計20点。



## 工業簿記

第4問（28点）

（1）（12点）

| | 借方 記号 | 借方 金額 | 貸方 記号 | 貸方 金額 |
|---|---|---|---|---|
| 1 | （ウ）仕掛品 | 1,512,000 | （オ）製造間接費 | 1,512,000 |
| 2 | （オ）材料副費 | 24,000 | （カ）材料副費差異 | 24,000 |
| 3 | （イ）本社 | 510,000 | （ア）A組製品 | 360,000 |
| | | | （カ）B組製品 | 150,000 |

仕訳一組につき4点を与える。合計12点。

（2）（16点）

問1

仕掛品　（単位：円）

| | | | |
|---|---|---|---|
| 月初有高 | （ 1,836,000 ） | 製品 | （ 17,280,000 ） |
| 直接材料費 | （ 8,550,000 ） | 仕損品 | （ 180,000 ） |
| 加工費 | （ 10,908,000 ） | 月末有高 | （ 3,834,000 ） |
| | （ 21,294,000 ） | | （ 21,294,000 ） |

問2　900 円/個

問3　720 円/個

問4　540 円/個

問1は □ 1つにつき2点、問2～問4は各4点を与える。合計16点。

**第5問（12点）**

直接原価計算による損益計算書　（単位：円）

| | | | |
|---|---|---|---|
| Ⅰ 売上高 | | | 8,000,000 |
| Ⅱ 変動費 | | | |
| 1 変動売上原価 | （ 4,802,400 ） | | |
| 2 変動販売費 | （ 446,400 ） | （ 5,248,800 ） | |
| （貢献利益） | | （ 2,751,200 ） | |
| Ⅲ 固定費 | | | |
| 1 製造固定費 | （ 1,312,000 ） | | |
| 2 固定販売費・一般管理費 | （ 552,800 ） | （ 1,864,800 ） | |
| 営業利益 | | （ 886,400 ） | |

財務報告用の損益計算書における営業利益：880,000円

□ 1つにつき3点、合計12点。



# 第6回　解説

**第1問**

1．吸収合併

吸収合併による場合、合併会社は被合併会社の資産および負債を引き継ぐため、これらを引き受ける仕訳を行います。このとき引き受ける資産および負債の価額は、時価などを基準とした公正な価値となります。合併により受け入れた資産と負債の差額（時価純資産）と新たに交付される株式の価額（時価）とを比較して、株式の価額（時価）の方が大きいときは、その差額をのれん（資産）として計上します。

合併の対価：@900円×10,000株＝9,000,000円

資本金：@800円×10,000株＝8,000,000円

資本準備金：9,000,000円－8,000,000円＝1,000,000円

時価純資産：当座預金750,000円＋売掛金1,350,000円＋商品（仕入）7,500,000円
　　　　　－買掛金1,050,000円＝8,550,000円

のれん：9,000,000円－8,550,000円＝450,000円

2．前払費用（月次処理）

保険料などの費用の支払いを行ったときの処理に、いったん支払額の全額を資産に計上し、その後経過期間に応じて費用に振り替える方法を採用した場合、支払時には前払保険料勘定（資産）で処理し当期に経過した分を保険料勘定（費用）へ振り替えます。

保険料：600,000円×$\frac{1\text{か月}}{6\text{か月}}$＝100,000円

3．サービス業（役務収益・役務原価の計上）

サービス業では、サービスの提供が完了した時に役務収益（売上）を計上するとともに、サービスの提供前に発生した費用を仕掛品としている場合には、役務収益に対応させるために役務原価（売上原価）へ振り替えます。

(1) サービス提供前に費用が発生したときは、仕掛品勘定で処理します。

| | | | |
|---|---|---|---|
| （仕掛品） | 285,000 | （買掛金など） | 285,000 |

(2) サービス提供が完了したときは役務収益を計上するとともに役務原価に振り替えます。

| | | | |
|---|---|---|---|
| （売掛金） | 570,000 | （役務収益） | 570,000 |
| （役務原価） | 418,000 | （仕掛品） | 285,000 |
| | | （買掛金） | 133,000 |

4．固定資産の除却

使用していた固定資産を事業の用途から外す（使用しなくなる）ことを除却といいます。除却した固定資産の見積売却価額（評価額）は貯蔵品勘定（資産）で処理します。

×4年10月1日（期首）に取得した備品は除却されるまでに3年分（×5、×6、×7年の各9月末決算、計3回分）の減価償却が行われているため、備品減価償却累計額勘定は次の

ように計算します。

備品減価償却累計額：500,000円×$\frac{3年}{5年}$＝300,000円

5．退職一時金の支払い（退職給付引当金）

従業員退職の際に退職一時金として現金等を支払ったとき、退職給付引当金が設定されている場合は、取り崩しの処理を行います。

**第2問**

1．商品の原価ボックス（先入先出法）

まずは、以下のような原価ボックスを作成し、商品の原価データを整理します。

原価ボックス

| | |
|---|---|
| 期首棚卸高<br>4月1日　@9,000円× 1,500個＝　13,500,000円 | 売上原価<br>4月8日　@9,000円× 1,350個＝　12,150,000円 |
| 当月仕入高<br>4日　@9,300円×　600個＝　5,580,000円<br>5日　@9,300円×△150個＝△1,395,000円<br>10日　@9,600円×　600個＝　5,760,000円<br>15日　@9,900円×　900個＝　8,910,000円<br>合計　1,950個 | 18日 { @9,000円×　150個<br>@9,300円×　450個<br>@9,600円×　600個<br>@9,900円×　60個 } 11,889,000円<br>月末帳簿棚卸高<br>30日　@9,900円×　840個＝　8,316,000円 |

月末帳簿棚卸数量：（1,500個＋1,950個）－2,610個＝840個
（借方数量合計）（販売数量合計）

4月の売上原価：12,150,000円＋11,889,000円＝24,039,000円
（4/8分）（4/18分）

2．仕　訳

(1)　4月4日（仕入れ）

| | | | |
|---|---|---|---|
| （商　　　品）（＊1） | 5,580,000 | （前　払　金） | 450,000 |
| | | （買　掛　金）（＊2） | 5,130,000 |

（＊1）　原価ボックス参照
（＊2）　貸借差額

(2)　4月5日（仕入戻し）

| | | | |
|---|---|---|---|
| （買　掛　金） | 1,395,000 | （商　　　品）（＊） | 1,395,000 |

（＊）　原価ボックス参照

(3)　4月8日（売上げ）

| | | | |
|---|---|---|---|
| （売　掛　金）（＊1） | 24,300,000 | （売　　　上） | 24,300,000 |
| （売 上 原 価） | 12,150,000 | （商　　　品）（＊2） | 12,150,000 |

（＊1）　@18,000円×1,350個＝24,300,000円
（＊2）　原価ボックス参照

(4)　4月10日（仕入れ）

| | | | |
|---|---|---|---|
| （商　　　品）（＊） | 5,760,000 | （受 取 手 形） | 5,760,000 |

（＊）　原価ボックス参照

(5)　4月12日（売掛金の決済）

| | | | |
|---|---|---|---|
| （当 座 預 金） | 24,300,000 | （売　掛　金） | 24,300,000 |

(6)　4月15日（仕入れ）

| | | | |
|---|---|---|---|
| （商　　　品）（＊） | 8,910,000 | （買　掛　金） | 8,910,000 |

（＊）　原価ボックス参照

(7)　4月18日（売上げ）

| | | | |
|---|---|---|---|
| （売　掛　金）（＊1） | 23,814,000 | （売　　　上） | 23,814,000 |
| （売 上 原 価） | 11,889,000 | （商　　　品）（＊2） | 11,889,000 |
| （発　送　費） | 24,000 | （当 座 預 金） | 24,000 |

（＊1）　@18,900円×1,260個＝23,814,000円
（＊2）　原価ボックス参照

(8)　4月22日（売掛金の決済と電子記録債権の発生記録）

| | | | |
|---|---|---|---|
| （電子記録債権） | 2,400,000 | （売　掛　金） | 2,400,000 |

(9)　4月30日（商品の評価）

実地棚卸数量が帳簿棚卸数量と一致しているため、棚卸減耗は発生していません。また、正味売却価額@16,500円が月末商品の仕入単価@9,900円を上回っているため、商品評価損も発生していません。よって、「仕訳なし」となります。

3．売上高の計算

売　上

| | |
|---|---|
| | 4月8日　24,300,000円<br>18日　23,814,000円 |

売上高 48,114,000円

## 第3問

支店会計を独立させた場合、その決算手続きは、本店および支店はそれぞれの帳簿において、①未処理事項等、②決算整理事項、③決算振替を処理し、最後に本店において本支店合併財務諸表の作成という流れになります。

以下、本店および支店それぞれの決算整理仕訳等を示しますが、本店の仕訳は　　　、支店の仕訳は　　　の網掛けをしています。

### Ⅰ　未処理事項等

1．商品の振り替え：本店および支店

・本店

| | | | |
|---|---|---|---|
| （支　　　店） | 1,980,000 | （仕　　　入） | 1,980,000 |

・支店

| | | | |
|---|---|---|---|
| （仕　　　入） | 1,980,000 | （本　　　店） | 1,980,000 |

2．仮受金の精算および圧縮記帳：本店

(1)　仮受金の精算

国庫補助金の受取額について、「国庫補助金受贈益（収益）」を計上します。

| | | | |
|---|---|---|---|
| （仮　受　金） | 1,500,000 | （国庫補助金受贈益） | 1,500,000 |

(2)　圧縮記帳

国庫補助金相当額について、「固定資産圧縮損（費用）」を計上し、備品の取得原価を減額します。

| | | | |
|---|---|---|---|
| （固定資産圧縮損） | 1,500,000 | （備　　　品） | 1,500,000 |

3．広告宣伝費の振り替え：本店および支店

・本店

| | | | |
|---|---|---|---|
| （支　　　店） | 660,000 | （広 告 宣 伝 費） | 660,000 |

・支店

| | | | |
|---|---|---|---|
| （広 告 宣 伝 費） | 660,000 | （本　　　店） | 660,000 |

### Ⅱ　決算整理事項

1．売上原価の算定および期末商品の評価：本店および支店

・本店

| | | | |
|---|---|---|---|
| （仕　　　入） | 4,920,000 | （繰 越 商 品） | 4,920,000 |
| （繰 越 商 品）（＊1） | 4,500,000 | （仕　　　入） | 4,500,000 |
| （棚 卸 減 耗 損）（＊2） | 180,000 | （繰 越 商 品） | 180,000 |

（＊1）　期末商品帳簿棚卸高

A商品：原価@7,500円×600個＝4,500,000円

（＊2）　棚卸減耗損

A商品：原価@7,500円×(600個－576個)＝180,000円

・支店

| | | | |
|---|---|---|---|
| （仕　　　入） | 2,520,000 | （繰 越 商 品） | 2,520,000 |
| （繰 越 商 品）（＊1） | 2,475,000 | （仕　　　入） | 2,475,000 |
| （棚 卸 減 耗 損）（＊2） | 90,000 | （繰 越 商 品） | 90,000 |

（＊1）　期末商品帳簿棚卸高

A商品：原価@7,500円×330個＝2,475,000円

（＊2）　棚卸減耗損

A商品：原価@7,500円×(330個－318個)＝90,000円

2．貸倒引当金の設定：本店および支店

売上債権（売掛金）の期末残高について、将来の貸倒れを見積もり、差額補充法により貸倒引当金を設定します。

・本店

| | | | |
|---|---|---|---|
| （貸倒引当金繰入）（＊） | 42,000 | （貸 倒 引 当 金） | 42,000 |

（＊）　貸倒見積額：11,550,000円×2％＝231,000円

繰　入　額：231,000円－189,000円＝42,000円

・支店

| | | | |
|---|---|---|---|
| （貸倒引当金繰入）（＊） | 9,000 | （貸 倒 引 当 金） | 9,000 |

（＊）　貸倒見積額：4,950,000円×2％＝99,000円

繰　入　額：99,000円－90,000円＝9,000円

3．商品保証引当金の設定：本店および支店

当期に販売した商品について将来の保証費用を見積もり、洗替法により商品保証引当金を設定します。なお、洗替法とは、前期末に設定した商品保証引当金の残高を全額戻し入れ処理（収益計上）したうえで、当期の見積額を全額繰り入れ処理（費用計上）をする方法をいいます。

・本店

| | | | |
|---|---|---|---|
| （商品保証引当金） | 450,000 | （商品保証引当金戻入） | 450,000 |
| （商品保証引当金繰入）（＊） | 534,000 | （商品保証引当金） | 534,000 |

（＊）　保証費用見積額：106,800,000円×0.5％＝534,000円

・支店

| | | | |
|---|---|---|---|
| （商品保証引当金） | 186,000 | （商品保証引当金戻入） | 186,000 |
| （商品保証引当金繰入）（＊） | 174,000 | （商品保証引当金） | 174,000 |

（＊）　保証費用見積額：34,800,000円×0.5％＝174,000円

4．備品の減価償却：本店および支店

備品について200％定率法により減価償却を行います。なお、償却率は0.4（1 ÷ 5年 × 200％）となります。

・本店

備品の一部を新たに取得し、かつ、圧縮記帳を適用していることに注意します。

| | | | |
|---|---|---|---|
| （減 価 償 却 費）（＊） | 2,028,000 | （備品減価償却累計額） | 2,028,000 |

（＊）減価償却費

既　存　分：｛（試算表16,500,000円 − 期中取得4,500,000円）− 減価償却累計額7,680,000円｝× 0.4 ＝ 1,728,000円

期中取得分：（取得原価4,500,000円 − 圧縮記帳1,500,000円）$\times 0.4 \times \frac{3か月}{12か月}$ ＝ 300,000円

（既存分と期中取得分の合計）2,028,000円

・支店

| | | | |
|---|---|---|---|
| （減 価 償 却 費）（＊） | 518,400 | （備品減価償却累計額） | 518,400 |

（＊）減価償却費：（試算表2,160,000円 − 備品減価償却累計額864,000円）× 0.4 ＝ 518,400円

5．経過勘定項目：本店および支店

・本店

| | | | |
|---|---|---|---|
| （給　　　　料） | 180,000 | （未 払 費 用） | 180,000 |
| （前 払 費 用） | 120,000 | （広 告 宣 伝 費） | 120,000 |

・支店

| | | | |
|---|---|---|---|
| （給　　　　料） | 30,600 | （未 払 費 用） | 30,600 |
| （前 払 費 用） | 75,000 | （支 払 家 賃） | 75,000 |



〈参考〉

決算整理後残高試算表を作成すると、以下のとおりです。

残　高　試　算　表　　（単位：円）

| 借　方 | 本　店 | 支　店 | 貸　方 | 本　店 | 支　店 |
|---|---|---|---|---|---|
| 現 金 預 金 | 22,845,000 | 9,750,000 | 買 掛 金 | 10,446,000 | 2,400,000 |
| 売 掛 金 | 11,550,000 | 4,950,000 | 借 入 金 | 7,200,000 | — |
| 繰 越 商 品 | 4,320,000 | 2,385,000 | 未 払 費 用 | 180,000 | 30,600 |
| 前 払 費 用 | 120,000 | 75,000 | 貸 倒 引 当 金 | 231,000 | 99,000 |
| 備 品 | 15,000,000 | 2,160,000 | 商品保証引当金 | 534,000 | 174,000 |
| 支 店 | 14,640,000 | — | 備品減価償却累計額 | 9,708,000 | 1,382,400 |
| 仕 入 | 53,430,000 | 25,515,000 | 本 店 | — | 14,640,000 |
| 棚 卸 減 耗 損 | 180,000 | 90,000 | 資 本 金 | 30,000,000 | — |
| 支 払 家 賃 | 19,140,000 | 2,415,000 | 繰越利益剰余金 | 7,980,000 | — |
| 給 料 | 15,820,000 | 3,900,600 | 売 上 | 106,800,000 | 34,800,000 |
| 広 告 宣 伝 費 | 13,580,000 | 1,770,000 | 商品保証引当金戻入 | 450,000 | 186,000 |
| 貸倒引当金繰入 | 42,000 | 9,000 | 国庫補助金受贈益 | 1,500,000 | — |
| 商品保証引当金繰入 | 534,000 | 174,000 | | | |
| 減 価 償 却 費 | 2,028,000 | 518,400 | | | |
| 支 払 利 息 | 300,000 | — | | | |
| 固定資産圧縮損 | 1,500,000 | — | | | |
| | 175,029,000 | 53,712,000 | | 175,029,000 | 53,712,000 |

## Ⅲ　本支店合併損益計算書の作成

決算整理後の本店と支店の損益計算書の同一項目（勘定残高）を合算します。

〈参考〉

本支店合併貸借対照表を作成すると、以下のとおりです。

本支店合併貸借対照表

×5年３月31日　　（単位：円）

| 資　　産 | 金　額 | 負債・純資産 | 金　額 |
|---|---|---|---|
| 現金預金 | 32,595,000 | 買掛金 | 12,846,000 |
| 売掛金 | 16,500,000 | 借入金 | 7,200,000 |
| 貸倒引当金 | △330,000 | 未払費用 | 210,600 |
| 繰越商品 | 6,705,000 | 商品保証引当金 | 708,000 |
| 前払費用 | 195,000 | 資本金 | 30,000,000 |
| 備品 | 17,160,000 | 繰越利益剰余金 | 10,770,000 |
| 備品減価償却累計額 | △11,090,400 | | |
| | 61,734,600 | | 61,734,600 |

### 第４問

（１）仕訳問題

１．製造間接費（予定配賦）

①　予定配賦額

#404：198,000円×150％＝297,000円
#501：486,000円×150％＝729,000円
#502：324,000円×150％＝486,000円
計：製造間接費1,512,000円

②　仕　訳

製造間接費予定配賦額を、製造間接費勘定から仕掛品勘定へ振り替えます。

| | | | |
|---|---|---|---|
| （仕　掛　品） | 1,512,000 | （製造間接費） | 1,512,000 |

２．材料副費差異の計上

材料副費の予定配賦額に比べて実際発生額の方が少ないため、材料副費差異は貸方差異（有利差異）となります。したがって、材料副費勘定から材料副費差異勘定の貸方に振り替えます。

材料副費差異：材料副費予定配賦額312,000円－材料副費実際発生額288,000円
＝24,000円（貸方差異・有利差異）



３．本社工場会計・組別総合原価計算

本社の指示によって工場から製品を発送したため、工場側では各組製品勘定の貸方に記入します。また、売上原価勘定は本社のみに設けてあるため、借方は本社勘定とします。

①　工場側

| | | | |
|---|---|---|---|
| （本　社） | 510,000 | （A 組 製 品） | 360,000 |
| | | （B 組 製 品） | 150,000 |

②　本社側

| | | | |
|---|---|---|---|
| （売 上 原 価） | 510,000 | （工　場） | 510,000 |

（２）等級別総合原価計算

１．完成品総合原価と月末仕掛品原価の計算

等級別総合原価計算では、各等級製品を単一製品とみなして全体の完成品総合原価と月末仕掛品原価を計算します。なお、度外視法では、工程の途中で正常仕損が発生していても、その発生点を把握していないケースがあり、この場合は正常仕損費を完成品と月末仕掛品の両方の原価に負担させます（両者負担）。

①　仕損品評価額の計算

仕損品評価額：@120円×1,500個＝180,000円

②　直接材料費の計算

正常仕損費を両者負担で計算する場合は、仕損品の処分価額について、その価値は主として材料の価値であることから、月初仕掛品の直接材料費と当月に投入した直接材料費から仕損品評価額を控除した額をもとに月末仕掛品原価および完成品総合原価の計算を行います。

仕掛品－直接材料費

| | | |
|---|---|---|
| 1,080,000円＝ | 月初 4,500個 | 完成品 24,000個 |
| 8,550,000円＝<br>△180,000円 | 当月投入 27,000個 | 仕損 1,500個 |
| | | 月末 6,000個 |

①　月末仕掛品原価

$$\frac{1,080,000円+8,550,000円-180,000円}{24,000個+6,000個}\times 6,000個$$

＝1,890,000円

②　完成品総合原価

1,080,000円＋8,550,000円－180,000円－1,890,000円
＝7,560,000円

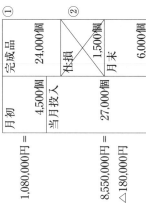

③ 加工費の計算

仕掛品－加工費

| | | |
|---|---|---|
| 756,000円＝ | 月初<br>4,500個×0.4<br>＝1,800個 | 完成品<br>24,000個 |
| 10,908,000円＝ | 当月投入<br>（差引）<br>？個 | 仕損<br>1,500個×？<br>＝？個 |
| | | 月末<br>6,000個×0.8<br>＝4,800個 |

① 月末仕掛品原価

$$\frac{756{,}000円＋10{,}908{,}000円}{24{,}000個＋4{,}800個}×4{,}800個＝1{,}944{,}000円$$

② 完成品総合原価

756,000円＋10,908,000円－1,944,000円＝9,720,000円

④ まとめ

完成品総合原価：7,560,000円＋9,720,000円＝17,280,000円

月末仕掛品原価：1,890,000円＋1,944,000円＝3,834,000円

2．等級別計算

全体の完成品総合原価を各等級製品の積数（完成量に等価係数を掛けたもの）の割合で按分することで、各等級製品ごとの完成品総合原価と完成品単位原価を求めます。

① 積数の計算

| 等級製品 | | 完成量 | | 等価係数 | | 積　数 |
|---|---|---|---|---|---|---|
| 製品A | ： | 6,000個 | × | 1 | ＝ | 6,000 |
| 製品B | ： | 12,000個 | × | 0.8 | ＝ | 9,600 |
| 製品C | ： | 6,000個 | × | 0.6 | ＝ | 3,600 |
| | | | | | | 19,200 |

② 等級製品ごとの完成品総合原価の計算

積数の割合で、完成品総合原価を等級製品ごとに按分します。

製品A：$17{,}280{,}000円×\frac{6{,}000}{19{,}200}＝5{,}400{,}000円$

製品B：$17{,}280{,}000円×\frac{9{,}600}{19{,}200}＝8{,}640{,}000円$

製品C：$17{,}280{,}000円×\frac{3{,}600}{19{,}200}＝3{,}240{,}000円$

③ 等級製品ごとの完成品単位原価の計算

製品A：5,400,000円÷6,000個＝900円/個

製品B：8,640,000円÷12,000個＝720円/個

製品C：3,240,000円÷6,000個＝540円/個



## 第5問

1．直接原価計算による損益計算書

(1) 製造間接費の計算

本問の場合、「変動費」のみで実際発生額を計算します。なお、「固定製造間接費」は製造原価とならないため、その実際発生額をもって、直接、「損益」勘定に振り替えます。

実際発生額：間接労務費112,800円＋間接経費(20,800円＋178,400円)＝312,000円

(2) 勘定連絡

本問における勘定連絡は、以下のようになります。

**仕　掛　品**

| | |
|---|---|
| 直接材料費 3,068,000円 | 完成品 4,780,800円 |
| 直接労務費 1,400,800円 | |
| 製造間接費 312,000円 | |
| 計：4,780,800円 | |

**製　　品**

| | |
|---|---|
| 期首有高 372,000円 | 差引：変動売上原価 4,802,400円 |
| 完成品 4,780,800円 | 期末有高 350,400円 |

**製 造 間 接 費**

| | |
|---|---|
| 変動費実際発生額<br>間賃金：112,800円<br>光熱費：　20,800円<br>その他：178,400円<br>計：　312,000円 | 変動費実際配賦額 312,000円 |
| 固定費実際発生額<br>間賃金：308,000円<br>工給料：418,400円<br>光熱費：126,400円<br>地　代：234,400円<br>減・費：132,000円<br>その他：　92,800円<br>計：　1,312,000円 | **固定費実際発生額 1,312,000円** |

**変 動 売 上 原 価**

| | |
|---|---|
| 変動売上原価 4,802,400円 | 変動売上原価 4,802,400円 |

**販売費・一般管理費**

| | |
|---|---|
| 変動販売費 446,400円 | 変動販売費 446,400円 |
| 固定販売費 83,200円<br>一般管理費 469,600円 | 固定販売費・一般管理費 552,800円 |

**損　　益** P/L

| | |
|---|---|
| 変動売上原価 4,802,400円 | 売上高 8,000,000円 |
| 変動販売費 446,400円 | |
| **固定費実際発生額 1,312,000円** | |
| 固定販売費・一般管理費 552,800円 | |
| **営業利益 886,400円** | |



2．財務報告用の損益計算書における営業利益の算定：固定費調整

「財務報告用の損益計算書」は全部原価計算方式による製造原価および売上原価にもとづき作成されます。

全部原価計算と直接原価計算の違いは、「製造固定費（＝固定製造間接費）」の取り扱いにあります。また、期首および期末の棚卸資産（仕掛品および製品）が存在しない場合、全部原価計算と直接原価計算の営業利益は必ず一致します。したがって、全部原価計算と直接原価計算の営業利益の違いは、全部原価計算において期首および期末の棚卸資産（仕掛品および製品）として計算される製造固定費（固定製造間接費）にあります。そこで、期首および期末の製造固定費の調整を行うことにより、直接原価計算の営業利益を全部原価計算の営業利益に変換することができます。これを固定費調整といいます。

これを本問にあてはめると、以下のようになります。

① 期末棚卸資産（製品）に含まれる固定製造間接費

544,000円－350,400円＝193,600円

② 期首棚卸資産（製品）に含まれる固定製造間接費

572,000円－372,000円＝200,000円

③ 固定費調整

| 全部原価計算の営業利益 | | 直接原価計算の営業利益 | | 期末棚卸資産(製品)の製造固定費 | | 期首棚卸資産(製品)の製造固定費 |
|---|---|---|---|---|---|---|
| (880,000円) | ＝ | (886,400円) | ＋ | (193,600円) | － | (200,000円) |

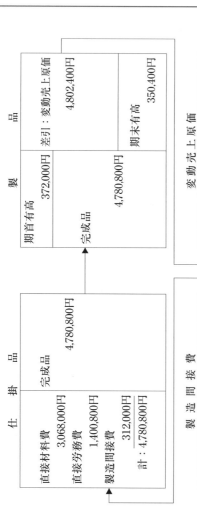

# 日商簿記検定試験対策
# まるっと完全予想問題集
# 第 7 回
## 解答・解説

| 出題論点 | | | 難易度 |
|---|---|---|---|
| 第1問 | 仕訳問題 | 株式申込証拠金 | A |
| | | ソフトウェア仮勘定 | A |
| | | リース料の支払い・利子込み法 | A |
| | | 連結修正仕訳（アップストリーム） | A |
| | | 事業譲受 | A |
| 第2問 | 株主資本等変動計算書＋連結修正仕訳 | | A |
| 第3問 | 決算整理後残高試算表 | | A |
| 第4問(1) | 仕訳問題 | 賃金の支払い | A |
| | | 労務費（直接工の消費賃金）の計算 | A |
| | | 賃金の消費（予定配賦）（賃率差異） | B |
| 第4問(2) | 勘定記入（総勘定元帳） | | A |
| 第5問 | 予算実績差異分析 | | B |

〔難易度〕 A：普通　B：やや難しい　C：難しい

# 第７回　解答

## 商業簿記

第１問（20点）

| | 借方 記号 | 借方 金額 | 貸方 記号 | 貸方 金額 |
|---|---|---|---|---|
| 1 | (エ) 別段預金 | 28,800,000 | (カ) 株式申込証拠金 | 28,800,000 |
| 2 | (エ) ソフトウェア | 2,250,000 | (カ) ソフトウェア仮勘定 | 2,650,000 |
| | (イ) 長期前払費用 | 400,000 | | |
| 3 | (ウ) リース資産 | 7,200,000 | (オ) リース債務 | 7,080,000 |
| | | | (イ) 当座預金 | 120,000 |
| 4 | (カ) 固定資産売却益 | 4,200,000 | (ウ) 土地 | 4,200,000 |
| | (オ) 非支配株主持分 | 1,050,000 | (イ) 非支配株主に帰属する当期純利益 | 1,050,000 |
| 5 | (イ) 売掛金 | 1,500,000 | (エ) 長期借入金 | 1,350,000 |
| | (ウ) 商品 | 600,000 | (ア) 現金 | 3,600,000 |
| | (カ) 建物 | 2,700,000 | | |
| | (オ) のれん | 150,000 | | |

仕訳一組につき４点を与える。合計20点。

※　問題文に相殺しない指示があった場合は、以下のとおりとなります。

| | 借方 記号 | 借方 金額 | 貸方 記号 | 貸方 金額 |
|---|---|---|---|---|
| 3 | (ウ) リース資産 | 7,200,000 | (オ) リース債務 | 7,200,000 |
| | (オ) リース債務 | 120,000 | (イ) 当座預金 | 120,000 |



第２問（20点）

問１

株主資本等変動計算書

自×2年４月１日　至×3年３月31日

（単位：千円）

| | 株主資本 資本金 | 株主資本 利益準備金 | 株主資本 別途積立金 | 株主資本 繰越利益剰余金 | その他有価証券評価差額金 |
|---|---|---|---|---|---|
| 当期首残高 | （ 300,000 ） | （ 60,000 ） | （ 51,000 ） | （ 77,100 ） | （ 300 ） |
| 当期変動額 | | | | | |
| 剰余金の配当 | | （ 3,600 ） | | （ △39,600 ） | |
| 別途積立金の積立 | | | （ 18,000 ） | （ △18,000 ） | |
| 当期純利益 | | | | （ 69,000 ） | |
| 株主資本以外の項目の当期変動額（純額） | | | | | （ 300 ） |
| 当期変動額合計 | ― | （ 3,600 ） | （ 18,000 ） | （ 11,400 ） | （ 300 ） |
| 当期末残高 | （ 300,000 ） | （ 63,600 ） | （ 69,000 ） | （ 88,500 ） | （ 600 ） |

問２

（単位：千円）

| | 借方 記号 | 借方 金額 | 貸方 記号 | 貸方 金額 |
|---|---|---|---|---|
| (1) | (ア) 資本金当期首残高 | 300,000 | (セ) 子会社株式 | 295,200 |
| | (イ) 利益剰余金当期首残高 | 188,100 | (カ) 非支配株主持分当期首残高 | 195,360 |
| | (エ) その他有価証券評価差額金当期首残高 | 300 | | |
| | (ク) のれん | 2,160 | | |
| (2) | (ケ) のれん償却 | 216 | (ク) のれん | 216 |
| (3) | (サ) 非支配株主に帰属する当期純利益 | 27,600 | (キ) 非支配株主持分当期変動額 | 27,600 |
| (4) | (オ) その他有価証券評価差額金当期変動額 | 120 | (キ) 非支配株主持分当期変動額 | 120 |
| (5) | (コ) 受取配当金 | 21,600 | (ウ) 利益剰余金・剰余金の配当 | 36,000 |
| | (キ) 非支配株主持分当期変動額 | 14,400 | | |

問１の□１つにつき２点、問２の仕訳一組につき２点を与える。合計20点。

第3問（20点）

決算整理後残高試算表

×8年3月31日 （単位：円）

| 借方科目 | 金額 | 貸方科目 | 金額 |
|---|---|---|---|
| 現金 | 780,696 | 買掛金 | 976,500 |
| 当座預金 | 3,374,000 | 未払法人税等 | 137,200 |
| 受取手形 | 1,067,500 | 未払費用 | 133,000 |
| 売掛金 | 1,207,500 | 繰延税金負債 | 1,400 |
| 繰越商品 | 767,200 | 貸倒引当金 | 165,500 |
| 前払費用 | 220,500 | 備品減価償却累計額 | 1,654,660 |
| 貸付金 | 525,000 | 資本金 | 7,000,000 |
| 備品 | 1,855,000 | 資本準備金 | 1,225,000 |
| その他有価証券 | 1,053,500 | 利益準備金 | 343,000 |
| 子会社株式 | 1,750,000 | 繰越利益剰余金 | 606,480 |
| 繰延税金資産 | 66,200 | その他有価証券評価差額金 | 2,100 |
| 仕入 | 7,836,500 | 売上 | 13,716,500 |
| 販売費 | 1,765,750 | 有価証券利息 | 63,000 |
| 一般管理費 | 2,990,400 | 受取利息 | 28,000 |
| 棚卸減耗損 | 100,800 | 為替差損益 | 3,500 |
| 貸倒引当金繰入 | 121,400 | 法人税等調整額 | 38,396 |
| 減価償却費 | 200,340 | | |
| 手形売却損 | 78,750 | | |
| 雑損 | 21,000 | | |
| 法人税等 | 312,200 | | |
| | 26,094,236 | | 26,094,236 |

□ 1つにつき2点を与える。合計20点。



## 工業簿記

第4問（28点）

（1）（12点）

| | 借方 記号 | 借方 金額 | 貸方 記号 | 貸方 金額 |
|---|---|---|---|---|
| 1 | （イ）賃金・給料 | 2,371,300 | （エ）預り金<br>（カ）現金 | 273,900<br>2,097,400 |
| 2 | （イ）仕掛品<br>（エ）製造間接費 | 4,956,600<br>125,400 | （カ）賃金・給料 | 5,082,000 |
| 3 | （カ）賃率差異 | 285,000 | （イ）賃金・給料 | 285,000 |

仕訳一組につき4点を与える。合計12点。

（2）（16点） （単位：円）

材料

| | | | |
|---|---|---|---|
| 月初有高 | （ 890,000） | 消費高 | （2,663,000） |
| 仕入高 | （2,938,000） | 月末有高 | （1,165,000） |
| | （3,828,000） | | （3,828,000） |

賃金

| | | | |
|---|---|---|---|
| 支払高 | （2,316,000） | 月初未払高 | （ 319,000） |
| 月末未払高 | （ 401,000） | 消費高 | （2,398,000） |
| | （2,717,000） | | （2,717,000） |

製造間接費

| | | | |
|---|---|---|---|
| 間接材料費 | （ 295,000） | 予定配賦額 | （1,581,000） |
| 間接労務費 | （ 423,000） | | |
| 間接経費 | （ 841,000） | | |
| 配賦差異 | 22,000 | | |
| | （1,581,000） | | （1,581,000） |

製品

| | | | |
|---|---|---|---|
| 月初有高 | 541,000 | 販売高 | （5,195,000） |
| 完成高 | （5,543,000） | 月末有高 | 889,000 |
| | （6,084,000） | | （6,084,000） |

仕掛品

| | | | |
|---|---|---|---|
| 月初有高 | 738,000 | 完成高 | （5,543,000） |
| 直接材料費 | （2,368,000） | 月末有高 | 1,119,000 |
| 直接労務費 | （1,975,000） | | |
| 製造間接費 | （1,581,000） | | |
| | （6,662,000） | | （6,662,000） |

売上原価

| | | | |
|---|---|---|---|
| 販売高 | （5,195,000） | 配賦差異 | 22,000 |
| | | 損益 | （5,173,000） |
| | （5,195,000） | | （5,195,000） |

□ 1つにつき2点を与える。合計16点。

第5問（12点）

| | | | | |
|---|---|---|---|---|
| 問1 | 予算売上高 | 80,000,000 円 | | |
| 問2 | 販売価格差異 | 3,920,000 円 | （有利・(不利)） | 差異 |
| | 販売数量差異 | 1,600,000 円 | （有利・(不利)） | 差異 |
| 問3 | 予算差異 | 20,000 円 | （有利・(不利)） | 差異 |
| | 能率差異 | 50,000 円 | （有利・(不利)） | 差異 |
| | 操業度差異 | 30,000 円 | （有利・(不利)） | 差異 |

問2、問3については、（　　）内の「有利」または「不利」を○で囲むこと。

□ 1つにつき2点を与える。合計12点。



# 第7回　解説

## 第1問

1．株式申込証拠金

株式会社が資金調達のために株式を発行するときは、払い込みを受けた金額を別段預金（銀行管理の預金）とするとともに株式申込証拠金勘定（純資産：いずれ資本金等に振り替える）の貸方に記帳します。募集した株数より多くの払い込みを受けた場合は、抽せん等による割り当てを行いますが、本問では解答不要です。なお、資本金等の勘定への振り替えは、割り当て等の手続きが終了した後、払込期日（払込期間の最終日）に行います。

株式申込証拠金：1株の払込金額48,000円×600株＝28,800,000円

2．ソフトウェア仮勘定の振り替えと長期前払費用の計上

ソフトウェア仮勘定の振り替えと長期前払費用の計上の処理をあわせて行います。

(1)　ソフトウェア代金の支払い時 ← すでにこの処理を行っていることが前提（4回の分割合計）

| | | | |
|---|---|---|---|
| (ソフトウェア仮勘定) | 2,650,000 | (現　金　預　金) | 2,650,000 |

ソフトウェアの開発等に係る代金を前払いした場合は、いったんソフトウェア仮勘定で処理しています。

(2)　本問の取引（以下、①と②の仕訳を合算したものが解答です）

①　ソフトウェア勘定への振り替え

| | | | |
|---|---|---|---|
| (ソフトウェア)(＊) | 2,250,000 | (ソフトウェア仮勘定) | 2,250,000 |

（＊）　2,650,000円－400,000円＝2,250,000円

ソフトウェアが完成し使用を開始した際にソフトウェア勘定へ振り替えます。

②　保守費用の計上

| | | | |
|---|---|---|---|
| (長期前払費用) | 400,000 | (ソフトウェア仮勘定) | 400,000 |

ソフトウェア仮勘定のなかに「今後5年間のシステムに関する保守費用400,000円」が含まれています。いったん保守費勘定を使って費用計上し、決算で未経過分を前払い計上する方法もありますが、勘定科目の指定に保守費勘定がないことと長期の保守費用という点から、いったん資産計上し、決算で経過分を費用に振り替える方法と考えます。したがって、最も望ましい勘定科目は「長期前払費用」となります。

3．リース取引・利子込み法

ファイナンス・リース取引におけるリース取引開始時とリース料1回目の支払い時の処理を同時に行います。利子込み法の場合、リース資産・リース債務の金額はリース料総額となります。また、リース料支払い時には、支払額分だけリース債務を減らします。

(1)　リース取引開始時

| | | | |
|---|---|---|---|
| (リ ー ス 資 産)(＊) | 7,200,000 | (リ ー ス 債 務) | 7,200,000 |

（＊）　120,000円×12か月×5年＝7,200,000円

(2)　リース料支払い時

| | | | |
|---|---|---|---|
| (リース債務) | 120,000 | (当座預金) | 120,000 |

4．連結会計：未実現利益の控除（アップ・ストリーム）

(1) 個別会計上の仕訳

① P商事株式会社（親会社）

| | | | |
|---|---|---|---|
| (土地) | 28,200,000 | (現金預金) | 28,200,000 |

② S商事株式会社（子会社）

| | | | |
|---|---|---|---|
| (現金預金) | 28,200,000 | (土地) | 24,000,000 |
| | | (固定資産売却益)(＊) | 4,200,000 |

（＊） 28,200,000円－24,000,000円＝4,200,000円

(2) 連結会計上の仕訳

S商事株式会社（子会社）が計上した固定資産売却益4,200,000円は、連結会計上、その土地が企業グループ内部に留まっているため、未実現利益となります。そこで、連結会計上、「固定資産売却益」を全額消去するとともに、同額について「土地」の取得原価を減額します。

| | | | |
|---|---|---|---|
| (固定資産売却益) | 4,200,000 | (土地) | 4,200,000 |

また、本問はアップ・ストリーム（子会社が親会社に土地等を売却すること）のケースなので、未実現利益の消去によって減少した子会社の当期純利益および利益剰余金の減少分を非支配株主の持分割合25％（＝1－75％）について「非支配株主持分」に負担させるため、その減額調整を行います。

| | | | |
|---|---|---|---|
| (非支配株主持分)(＊) | 1,050,000 | (非支配株主に帰属する当期純利益) | 1,050,000 |

（＊） 非支配株主持分の調整額：固定資産売却益4,200,000円×25％＝1,050,000円

5．事業譲受

事業譲受では、事業譲受会社は事業譲渡会社の資産および負債を引き継ぐため、これらを受け入れる仕訳を行います。このとき受け入れる資産および負債の価額は、時価などを基準とした公正な価値を用います。

(1) 現金対価

3,600,000円

(2) 受入純資産

売掛金1,500,000円＋商品600,000円＋建物2,700,000円－長期借入金1,350,000円＝3,450,000円

また、事業譲受により受け入れた純資産（資産－負債）と対価の現金とを比較して、受入純資産の額が少ないときは、その差額はのれん勘定（無形固定資産）で処理します。

の れ ん：現金対価3,600,000円－受入純資産3,450,000円＝150,000円

## 第2問

S社における個別会計上の純資産に関する取引を処理して、個別株主資本等変動計算書を作成します（問1）。これを基礎として連結修正仕訳を考えます（問2）。

株主資本等変動計算書とは、期中における純資産の変動を報告するための財務諸表であり、前期末のB/S純資産と当期末におけるB/S純資産を結びつける役割を果たすものです。その記載方法は、純資産の期首残高を基礎として、期中の変動額を加算または減算し、期末残高を明らかにします。

### Ⅰ S社における個別会計上の仕訳および個別株主資本等変動計算書

1．剰余金の配当・処分

株主総会において、利益剰余金の配当や任意積立金の積み立てなどの処分が承認されたときは、配当および処分した金額の合計を繰越利益剰余金勘定から減額し、該当する勘定へ振り替えます。

(1) 剰余金の配当および利益準備金の積み立て

| | | | |
|---|---|---|---|
| (繰越利益剰余金) | 39,600千円 | (未払配当金) | 36,000千円 |
| | | (利益準備金) | 3,600千円 |

〈利益準備金の積立額の計算〉

利益準備金は、利益の処分として支出する金額（配当金）の10分の1を、配当・処分時の資本準備金と利益準備金の合計額が資本金の4分の1に達するまで積み立てます。なお、本問では資本準備金の金額は記載されていないためゼロとして計算します。

① 積立限度額：資本金300,000千円×$\frac{1}{4}$－利益準備金60,000千円＝15,000千円

② 要積立額：配当金36,000千円×$\frac{1}{10}$＝3,600千円

③ ①と②のいずれか小さい方　∴3,600千円

(2) 別途積立金の積み立て

| | | | |
|---|---|---|---|
| (繰越利益剰余金) | 18,000千円 | (別途積立金) | 18,000千円 |

2．その他有価証券の時価評価

その他有価証券の時価評価に伴う評価差額は、純資産として処理し（純資産直入）、かつ洗替方式によって処理します。なお、本問において税効果会計の適用はありません。

(1) 前期末：時価評価

| | | | |
|---|---|---|---|
| (その他有価証券) | 300千円 | (その他有価証券評価差額金)(＊) | 300千円 |

（＊） 取得原価：19,800千円＋7,200千円＝27,000千円

前期末時価：18,900千円＋8,400千円＝27,300千円

評価差額：前期末時価27,300千円－取得原価27,000千円＝300千円（貸方）

(2) 当期首：再振替仕訳

| | | | |
|---|---|---|---|
| (その他有価証券評価差額金) | 300千円 | (その他有価証券) | 300千円 |

(3) 当期末：時価評価

当期末におけるその他有価証券評価差額金は、取得原価と当期末の時価を比較して求めます。

| | | | |
|---|---|---|---|
| (その他有価証券) | 600千円 | (その他有価証券評価差額金)(＊) | 600千円 |

(＊)　取得原価：19,800千円＋7,200千円＝27,000千円
当期末時価：21,360千円＋6,240千円＝27,600千円
評価差額：当期末時価27,600千円－取得原価27,000千円＝600千円（貸方）

3．当期純利益の計上

| | | | |
|---|---|---|---|
| (損　　益) | 69,000千円 | (繰越利益剰余金) | 69,000千円 |

## Ⅱ　連結修正仕訳：資本連結

連結会計において、「資本剰余金」および「利益剰余金」の内訳は示しません。したがって、「利益準備金」「別途積立金」および「繰越利益剰余金」は、まとめて「利益剰余金」として、その処理を考えます。以下、必要な連結修正仕訳を示します。

(1)　投資と資本の相殺消去：開始仕訳

本問は支配獲得後1年目の連結であり、「投資と資本の相殺消去」は開始仕訳として行われます。そこで、消去するS社の純資産（以下、S社資本という）は「株主資本等変動計算書」に記載される「当期首残高」となるため、消去するS社資本の項目は「○○当期首残高」とします。また、その他有価証券評価差額金もS社資本の1要素であり、連結会計上、利益剰余金と同様に扱うため、子会社の「その他有価証券評価差額金」は相殺消去の対象となります。

| | | | |
|---|---|---|---|
| (資本金 当期首残高) | 300,000千円 | (子会社株式) | 295,200千円 |
| (利益剰余金 当期首残高)(＊1) | 188,100千円 | (非支配株主持分 当期首残高)(＊2) | 195,360千円 |
| (その他有価証券評価差額金 当期首残高) | 300千円 | | |
| (の　れ　ん)(＊3) | 2,160千円 | | |

(＊1)　利益剰余金当期首残高：60,000千円＋51,000千円＋77,100千円
＝188,100千円

(＊2)　非支配株主持分当期首残高：(300,000千円＋188,100千円＋300千円)
×40％＝195,360千円

(＊3)　のれん：(300,000千円＋188,100千円＋300千円)×60％－295,200千円
＝△2,160千円

(2)　のれんの償却：期中仕訳

| | | | |
|---|---|---|---|
| (の れ ん 償 却)(＊) | 216千円 | (の　れ　ん) | 216千円 |

(＊)　のれん償却：2,160千円÷10年＝216千円



(3)　子会社当期純利益の非支配株主持分への振り替え

| | | | |
|---|---|---|---|
| (非支配株主に帰属する 当期純利益)(＊) | 27,600千円 | (非支配株主持分 当期変動額) | 27,600千円 |

(＊)　非支配株主持分への振替額：69,000千円×40％＝27,600千円

(4)　子会社その他有価証券評価差額金の増加額の非支配株主持分への振り替え

支配獲得後のその他有価証券評価差額金の当期増加分300千円のうち、非支配株主持分について非支配株主持分への振り替えを行います。

| | | | |
|---|---|---|---|
| (その他有価証券評価差額金 当期変動額)(＊) | 120千円 | (非支配株主持分 当期変動額) | 120千円 |

(＊)　非支配株主持分への振替額：300千円×40％＝120千円

(5)　子会社配当金の修正

| | | | |
|---|---|---|---|
| (受取配当金)(＊1) | 21,600千円 | (利益剰余金 剰余金の配当) | 36,000千円 |
| (非支配株主持分 当期変動額)(＊2) | 14,400千円 | | |

(＊1)　受取配当金：36,000千円×60％＝21,600千円
(＊2)　非支配株主持分当期変動額：36,000千円×40％＝14,400千円

## 第3問
### 決算整理後残高試算表の作成

決算整理仕訳を行い、これを集計して決算整理後残高試算表を作成します。以下、必要な仕訳を示します。

1．売掛金の回収

| | | | |
|---|---|---|---|
| (当座預金) | 350,000 | (売　掛　金) | 350,000 |

2．現金過不足

決算日に発生した現金の不足額は「雑損（費用）」として処理します。

| | | | |
|---|---|---|---|
| (雑　　損) | 21,000 | (現　　金) | 21,000 |

3．売上原価の算定および期末商品の評価

(1)　売上原価の算定

期末商品の帳簿棚卸高を計算し、仕入勘定により当期の売上原価を算定します。なお、外貨建て取引により生じたZ商品の金額は仕入時の為替相場140円/ドルにより換算します。また、商品は非貨幣項目であるため、換算替えは問題となりません。

| | | | |
|---|---|---|---|
| (仕　　入) | 896,000 | (繰越商品) | 896,000 |
| (繰越商品)(＊) | 868,000 | (仕　　入) | 868,000 |

(＊)　期末商品帳簿棚卸高：X商品395,500円＋Y商品178,500円
＋Z商品(2,100ドル×140円/ドル)＝868,000円

(2) 棚卸減耗損の計上

各商品の「帳簿棚卸高」と「実地棚卸高」の差額をもって棚卸減耗損を算定します。

| | | | |
|---|---|---|---|
| (棚卸減耗損)(＊) | 100,800 | (繰越商品) | 100,800 |

(＊) 棚卸減耗損

X商品：395,500円－395,500円＝0（棚卸減耗なし）
Y商品：178,500円－87,500円＝91,000円
Z商品：(2,100ドル－2,030ドル)
×仕入時の為替相場140円/ドル＝9,800円
合計 100,800円

(3) 商品評価損の計上

「実地棚卸高」と「正味売却価額」を比較し、正味売却価額が実地棚卸高より低い場合、その差額をもって商品評価損を算定します。なお、外貨建ての期末商品は仕入時の為替相場による換算後の「円」ベースで比較します。

仕訳なし

(＊) 商品評価損

X商品：実地棚卸高395,500円＜正味売却価額787,500円
→評価替え必要なし
Y商品：実地棚卸高87,500円＜正味売却価額133,000円
→評価替え必要なし
Z商品：実地棚卸高2,030ドル×仕入時の為替相場140円/ドル
＝284,200円＜正味売却価額307,020円
→評価替え必要なし

4．貸倒引当金の設定

(1) 売上債権に対する貸倒引当金の設定

売上債権（売掛金および受取手形）の残高に対して2％の貸倒れを見積もり、差額補充法により貸倒引当金を設定します。

| | | | |
|---|---|---|---|
| (貸倒引当金繰入)(＊) | 1,400 | (貸倒引当金) | 1,400 |

(＊) 貸倒見積高：(1,067,500円＋1,557,500円－350,000円)×2％＝45,500円
当期繰入額：45,500円－44,100円＝1,400円

(2) 貸付金に対する貸倒引当金の設定

貸付金の担保の処分見込額を差し引いた残高に対して個別に30％の貸倒れを見積もり、貸倒引当金を設定します。なお、貸付金は当期に発生したものであるため、これに対する貸倒引当金の残高はないものと考え、貸倒見積額の全額を繰入処理します。

| | | | |
|---|---|---|---|
| (貸倒引当金繰入)(＊) | 120,000 | (貸倒引当金) | 120,000 |

(＊) 貸倒見積高：(525,000円－125,000円)×30％＝120,000円

5．有価証券の期末評価

(1) 飛島商会株式：子会社株式

子会社株式は「原価法」により評価します。よって、評価替えはありません。



仕訳なし

(2) 姫路商事社債：その他有価証券

その他有価証券は「全部純資産直入法」による「時価評価」を行います。なお、その他有価証券の時価評価は洗替方式により行われるため、「取得原価」と「当期末時価」を比較して、評価差額を求めます。また、問題文の指示により、その評価差額（その他有価証券評価差額金）に対して税効果会計を適用します。

| | | | |
|---|---|---|---|
| (その他有価証券)(＊1) | 3,500 | (繰延税金負債)(＊2) | 1,400 |
| | | (その他有価証券評価差額金)(＊3) | 2,100 |

(＊1) 評価差額：時価1,053,500円－取得原価1,050,000円＝3,500円(貸方差額)
(＊2) 繰延税金負債：3,500円×40％＝1,400円
(＊3) その他有価証券評価差額金：3,500円－1,400円＝2,100円

6．備品の減価償却

200％定率法により減価償却を行います。本問では、本来の減価償却費が償却保証額(取得原価×保証率）を下回るため、改定償却率による均等償却に切り替えます。

| | | | |
|---|---|---|---|
| (減価償却費) | 200,340 | (備品減価償却累計額) | 200,340 |

※ 償却率：1÷耐用年数5年＝0.2（定額法の償却率）
0.2×200％＝0.4（200％定率法の償却率）

※ 減価償却費

① 本来の減価償却費：(1,855,000円－1,454,320円)×0.4＝160,272円
② 償却保証額：1,855,000円×0.108＝200,340円
③ 判定：①＜② よって切り替え
④ 減価償却費：(1,855,000円－1,454,320円)×0.500＝200,340円

7．買掛金の換算替え

外貨建ての買掛金について、取引時に適用した為替レート（140円/ドル）を決算時の為替レート（137円/ドル）に付け替えます。その差額は為替差損益として処理します。

| | | | |
|---|---|---|---|
| (買掛金) | 6,300 | (為替差損益)(＊) | 6,300 |

(＊) 外貨建て買掛金：294,000円÷140円/ドル＝2,100ドル
為替差損益：(137円/ドル－140円/ドル)×2,100ドル
＝△6,300円（買掛金の減少＝為替差益）

8．販売費の前払い

(1) 期首分：再振替仕訳

| | | | |
|---|---|---|---|
| (販売費) | 203,000 | (前払費用) | 203,000 |

(2) 期末分：前払処理

| | | | |
|---|---|---|---|
| (前払費用) | 220,500 | (販売費) | 220,500 |

9．一般管理費の未払い

(1) 期首分：再振替仕訳

| | | | |
|---|---|---|---|
| (未払費用) | 192,500 | (一般管理費) | 192,500 |

(2) 期末分：未払計上

| | | | |
|---|---|---|---|
| (一 般 管 理 費) | 133,000 | (未 払 費 用) | 133,000 |

10. 法人税等の計上

「法人税、住民税及び事業税」で処理します。また、仮払法人税等を精算し、差額を未払法人税等として計上します。

| | | | |
|---|---|---|---|
| (法人税、住民税及び事業税) | 312,200 | (仮払法人税等) | 175,000 |
| | | (未払法人税等) | 137,200 |

11. 税効果会計

将来減算一時差異がある場合、「繰延税金資産」を相手科目として法人税等の調整を行います。本問の場合、期首69,510円と期末165,500円との差額に税率40％を乗じて繰延税金資産を追加計上します。

| | | | |
|---|---|---|---|
| (繰延税金資産) | 38,396 | (法人税等調整額)(＊) | 38,396 |

(＊) 法人税等調整額：(期末165,500円－期首69,510円)×税率40％＝38,396円

## 第4問

### (1) 仕訳問題

1．賃金の支払い

賃金の支給総額2,371,300円を賃金・給料勘定の借方に記入します。貸方科目は預り金勘定と現金勘定で処理します。

2．労務費（直接工の消費賃金）の計算

予定賃率@1,320円を用いて計算し、直接労務費は仕掛品勘定へ、間接労務費は製造間接費勘定へ振り替えます。なお、直接工の間接作業賃金、手待賃金は間接労務費になります。

直接労務費：@1,320円×3,755時間＝4,956,600円
間接労務費：@1,320円×95時間＝125,400円

3．賃率差異の計上

直接工の予定消費額と実際消費額の差額が賃率差異になります。賃率差異は賃率差異勘定へ振り替えます。

直接労務費：予定賃率15,000円×直接作業時間320時間＝4,800,000円 } 予定消費額
間接労務費：予定賃率15,000円×(間接作業時間20時間＋手待時間1時間)＝315,000円 } 5,115,000円
実際消費額：当月賃金支払高5,460,000円－月初賃金未払高300,000円＋月末賃金未払高240,000円
＝5,400,000円
賃 率 差 異：予定消費額5,115,000円－実際消費額5,400,000円＝△285,000円（借方差異）



### (2) 勘定記入の一連の流れ

〔勘定連絡図〕(単位：円)

素材（材料a/c）

| | | | |
|---|---|---|---|
| 月初 | 711,000 | 消費 | 1,595,000 |
| 仕入 | 1,726,000 | 月末 | 842,000 |

部品（材料a/c）

| | | | |
|---|---|---|---|
| 月初 | 143,000 | 消費 | 773,000 |
| 仕入 | 926,000 | 月末 | 296,000 |

補修用材料（材料a/c）

| | | | |
|---|---|---|---|
| 月初 | 12,000 | 消費 | 64,000 |
| 仕入 | 67,000 | 月末 | 15,000 |

燃料（材料a/c）

| | | | |
|---|---|---|---|
| 月初 | 24,000 | 消費 | 194,000 |
| 仕入 | 182,000 | 月末 | 12,000 |

工場消耗品（材料a/c）

| | | | |
|---|---|---|---|
| 購入 | 37,000 | 消費 | 37,000 |

直接工賃金（賃金a/c）

| | | | |
|---|---|---|---|
| 支払 | 1,935,000 | 前月未払 | 272,000 |
| 当月未払 | 312,000 | 消費 | 1,975,000 |

間接工賃金（賃金a/c）

| | | | |
|---|---|---|---|
| 支払 | 381,000 | 前月未払 | 47,000 |
| 当月未払 | 89,000 | 消費 | 423,000 |

仕掛品

| | | | |
|---|---|---|---|
| 月初 | 738,000 | 完成 | 5,543,000 |
| 直接材料費 | 1,595,000<br>773,000 | | |
| 直接労務費 | 1,975,000 | | |
| 製造間接費 | 1,581,000 | 月末 | 1,119,000 |

製品

| | | | |
|---|---|---|---|
| 月初 | 541,000 | 販売 | 5,195,000 |
| 完成 | 5,543,000 | 月末 | 889,000 |

製造間接費

| | | | |
|---|---|---|---|
| 間接材料費 | 64,000<br>194,000<br>37,000 | 予定配賦額 | 1,581,000 |
| 間接労務費 | 423,000 | | |
| 間接経費 水道光熱費 | 98,000 | | |
| 保険料 | 153,000 | | |
| 減価償却費 | 590,000 | | |
| 配賦差異 | 22,000 | | |

売上原価

| | | | |
|---|---|---|---|
| 販売 | 5,195,000 | 配賦差異 | 22,000<br>(貸方) |
| | | 損益 | 5,173,000 |

配賦差異

| | | | |
|---|---|---|---|
| | 22,000 | | 22,000<br>(貸方) |

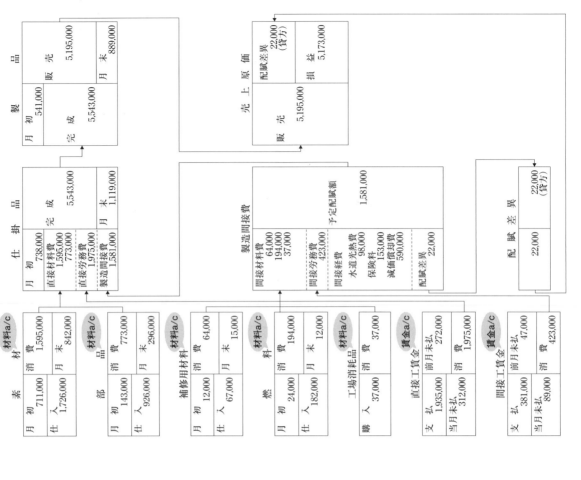

## （124）

総勘定元帳の記入

1. 材料勘定

月初有高：711,000円 + 143,000円 + 12,000円 + 24,000円 = 890,000円
素材　　　部品　　　補修材　　燃料

仕入高：1,726,000円 + 926,000円 + 67,000円 + 182,000円 + 37,000円 = 2,938,000円
素材　　　　部品　　　補修材　　燃料　　　消耗品

月末有高：842,000円 + 296,000円 + 15,000円 + 12,000円 = 1,165,000円
素材　　　部品　　　補修材　　燃料

消費高：1,595,000円 + 773,000円 + 64,000円 + 194,000円 + 37,000円 = 2,663,000円
素材　　　　部品　　　補修材　　燃料　　　消耗品

2. 賃金勘定

月初未払：272,000円 + 47,000円 = 319,000円
直接工　　間接工

支払高：1,935,000円 + 381,000円 = 2,316,000円
直接工　　　間接工

月末未払：312,000円 + 89,000円 = 401,000円
直接工　　間接工

消費高：1,975,000円 + 423,000円 = 2,398,000円
直接工　　　間接工

3. 製造間接費勘定

(1) 間接材料費
64,000円 + 194,000円 + 37,000円 = 295,000円
補修材　　燃料　　　消耗品

(2) 間接労務費
423,000円
間接工

(3) 間接経費
98,000円 + 153,000円 + 590,000円 = 841,000円
水道光熱費　保険料　　減価償却費

(4) 製造間接費実際発生額
295,000円 + 423,000円 + 841,000円 = 1,559,000円
間接材料費　間接労務費　間接経費

(5) 製造間接費予定配賦額
1,559,000円 + 22,000円 (貸方) = 1,581,000円
実際発生額　配賦差異

## （125）

4. 仕掛品勘定

(1) 直接材料費
1,595,000円 + 773,000円 = 2,368,000円
素材　　　　部品

(2) 直接労務費
1,975,000円
直接工

(3) 製造間接費
1,581,000円
予定配賦額

### 第5問

1. 予算売上高

資料の予算データにもとづいて、予算販売価格に予算販売量をかけて予算売上高を計算します。

予算売上高：@2,000円 × 40,000個 = 80,000,000円
予算販売価格　予算販売量

2. 売上高の予算実績差異分析

予算実績差異分析とは、予算と実績の差異を分析し、予算達成のために必要な要素を分析する手法です。売上高に関する予算実績差異分析では、予算売上高と実績売上高の差額を販売価格差異と販売数量差異に分析します。

予算売上高：80,000,000円

| | 予算売上高：80,000,000円 | |
|---|---|---|
| 予算販売価格@2,000円 | 販売価格差異 △3,920,000円 | 販売数量差異 △1,600,000円 |
| 実績販売価格@1,900円 | 実績売上高 74,480,000円 | |
| | 実績販売量 39,200個 | 予算販売量 40,000個 |
| | 実績販売価格 | 予算販売価格 |

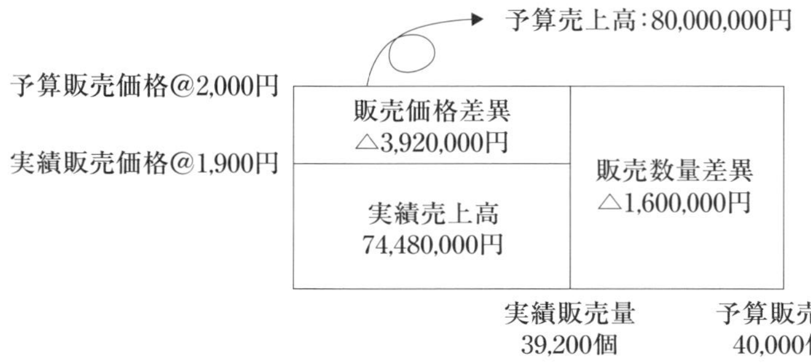

販売価格差異：(@1,900円 − @2,000円) × 39,200個 = △3,920,000円（不利差異）
実績販売価格　予算販売価格　実績販売量

販売数量差異：(39,200個 − 40,000個) × @2,000円 = △1,600,000円（不利差異）
実績販売量　予算販売量　予算販売価格

操業度差異：@300円×(9,900時間－10,000時間)＝△30,000円（不利差異）

---

3. 加工費の差異分析

標準原価計算では、実際生産量に対する標準原価と実際原価を比較することにより、原価差異の分析を行います。

(1) 標準操業度の算定

**仕掛品（加工費）**

| 月初仕掛品 | 0個 | 完成品 | 39,200個 |
|---|---|---|---|
| 当月投入分 | 39,200個 | 月末仕掛品 | 0個 |

標準操業度：39,200個×0.25時間＝9,800時間
　　　　　　　　　　製品1個あたりの
　　　　　　　　　　標準直接作業時間

(2) 加工費差異分析

加工費

実際発生額 5,000,000円
予算許容額 4,980,000円（*3）
標準配賦額 4,900,000円（*2）
変動費率@200円
固定費率@300円（*1）
予算差異△20,000円
能率差異△50,000円
操業度差異△30,000円
固定加工費 3,000,000円
標準操業度 9,800時間
実際操業度 9,900時間
基準操業度 10,000時間
操業度（直接作業時間）

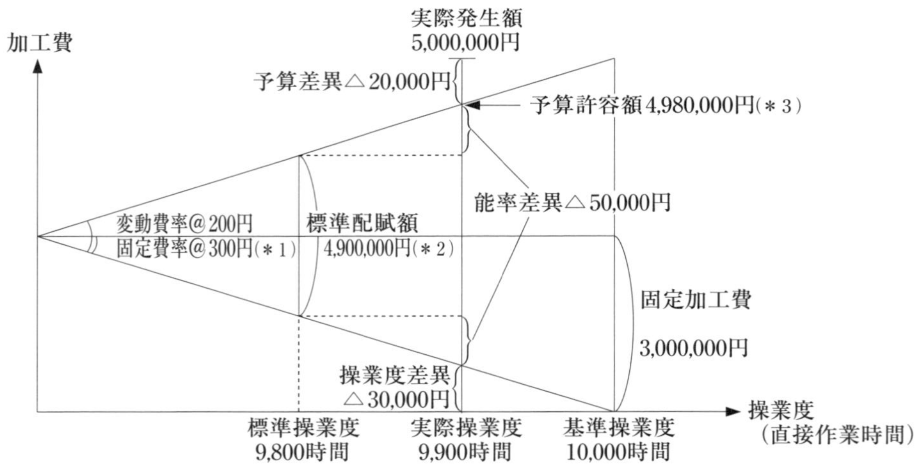

*1　固定費率：3,000,000円÷10,000時間＝@300円
　　　　　　　固定加工費　基準操業度

*2　標準配賦額：(@200円＋@300円)×9,800時間＝4,900,000円
　　　　　　　　　標準配賦率　　　標準操業度

*3　予算許容額：3,000,000円＋@200円×9,900時間＝4,980,000円
　　　　　　　　固定加工費　変動費率　実際操業率

予　算　差　異：4,980,000円－5,000,000円＝△20,000円（不利差異）
能　率　差　異：(@200円＋@300円)×(9,800時間－9,900時間)＝△50,000円（不利差異）

日商簿記検定試験対策

まるっと完全予想問題集

# 第 8 回

## 解答・解説

| 出題論点 | | | 難易度 |
|---|---|---|---|
| 第1問 | 仕訳問題 | 法定福利費 | A |
| | | 仕入返品（消費税あり） | A |
| | | 賞与引当金 | A |
| | | 固定資産の売却 | A |
| | | 法人税等の還付 | A |
| 第2問 | | 外貨建取引・商品有高帳 | A |
| 第3問 | | 精算表 | A |
| 第4問(1) | 仕訳問題 | 製造部門から仕掛品への予定配賦（部門別） | A |
| | | 等級別総合原価計算・完成品の計上 | A |
| | | 材料の購入（工場の仕訳） | A |
| 第4問(2) | | 継続記録法と棚卸計算法 | A |
| 第5問 | | 標準原価の差異分析 | B |

〔難易度〕 A：普通　B：やや難しい　C：難しい

# 第 8 回　解答

## 商業簿記

第 1 問（20点）

| | 借方 | | 貸方 | |
|---|---|---|---|---|
| | 記号 | 金額 | 記号 | 金額 |
| 1 | （ウ）社会保険料預り金 | 388,500 | （カ）現金 | 777,000 |
| | （イ）法定福利費 | 388,500 | | |
| 2 | （エ）買掛金 | 132,000 | （ア）仕入 | 120,000 |
| | | | （キ）仮払消費税 | 12,000 |
| 3 | （オ）賞与引当金 | 200,000 | （エ）所得税預り金 | 62,800 |
| | （ア）賞与 | 440,000 | （イ）普通預金 | 577,200 |
| 4 | （イ）現金 | 480,000 | （ア）備品 | 1,120,000 |
| | （ウ）備品減価償却累計額 | 647,500 | （オ）固定資産売却益 | 86,250 |
| | （エ）減価償却費 | 78,750 | | |
| 5 | （イ）普通預金 | 300,000 | （オ）還付法人税等 | 300,000 |

仕訳一組につき 4 点を与える。合計20点。

第 2 問（20点）

(1)

商品有高帳

移動平均法　　輸入商品A　　（単位：円）

| 日付 | | 摘要 | 受入 | | | 払出 | | | 残高 | | |
|---|---|---|---|---|---|---|---|---|---|---|---|
| 月 | 日 | | 数量 | 単価 | 金額 | 数量 | 単価 | 金額 | 数量 | 単価 | 金額 |
| 4 | 1 | 前期繰越 | 2,000 | 5,250 | 10,500,000 | | | | 2,000 | 5,250 | 10,500,000 |
| | 10 | 売上 | | | | 1,500 | 5,250 | 7,875,000 | 500 | 5,250 | 2,625,000 |
| 7 | 31 | 仕入 | 3,000 | 5,250 | 15,750,000 | | | | 3,500 | 5,250 | 18,375,000 |
| 8 | 16 | 売上 | | | | 1,500 | 5,250 | 7,875,000 | 2,000 | 5,250 | 10,500,000 |
| 11 | 30 | 仕入 | 3,000 | 5,180 | 15,540,000 | | | | 5,000 | 5,208 | 26,040,000 |
| 12 | 20 | 売上 | | | | 2,000 | 5,208 | 10,416,000 | 3,000 | 5,208 | 15,624,000 |
| 1 | 31 | 仕入 | 1,000 | 5,720 | 5,720,000 | | | | 4,000 | 5,336 | 21,344,000 |
| 2 | 1 | 売上 | | | | 2,000 | 5,336 | 10,672,000 | 2,000 | 5,336 | 10,672,000 |
| 3 | 31 | 棚卸減耗 | | | | 50 | 5,336 | 266,800 | 1,950 | 5,336 | 10,405,200 |

(2)

決算整理後残高試算表（一部）　　（単位：円）

| | | | |
|---|---|---|---|
| 繰越商品 | （10,405,200） | 買掛金 | （21,470,000） |
| 前払金 | （1,043,000） | 未払利息 | （393,750） |
| 仕入 | （36,838,000） | 長期借入金 | （26,250,000） |
| 支払利息 | （393,750） | 売上 | （45,150,000） |
| 棚卸減耗損 | （266,800） | | |
| 為替差損益 | （1,317,500） | | |

□ 1 つにつき 2 点を与える。20点。

第3問（20点）

## 精　　算　　表

（単位：円）

| 勘定科目 | 残高試算表 借方 | 残高試算表 貸方 | 修正記入 借方 | 修正記入 貸方 | 損益計算書 借方 | 損益計算書 貸方 | 貸借対照表 借方 | 貸借対照表 貸方 |
|---|---|---|---|---|---|---|---|---|
| 現金 | 1,281,000 | | | | | | 1,281,000 | |
| 当座預金 | 3,130,000 | | 18,000 | 100,000 | | | 3,088,000 | |
| | | | 40,000 | | | | | |
| 受取手形 | 210,000 | | | | | | 210,000 | |
| 電子記録債権 | 280,000 | | | | | | 280,000 | |
| 売掛金 | 680,000 | | | | | | 680,000 | |
| クレジット売掛金 | 280,000 | | | | | | 280,000 | |
| 売買目的有価証券 | 385,000 | | | 3,000 | | | 382,000 | |
| 繰越商品 | 138,000 | | 152,000 | 138,000 | | | 138,700 | |
| | | | | 6,000 | | | | |
| | | | | 7,300 | | | | |
| 建設仮勘定 | 400,000 | | | 400,000 | | | | |
| 建物 | 2,000,000 | | 500,000 | | | | 2,500,000 | |
| 備品 | 400,000 | | | | | | 400,000 | |
| 特許権 | 80,000 | | | 10,000 | | | 70,000 | |
| 買掛金 | | 354,000 | | 40,000 | | | | 394,000 |
| 借入金 | | 400,000 | | | | | | 400,000 |
| 未払保険料 | | 12,000 | | 2,400 | | | | 14,400 |
| 未払利息 | | 5,000 | | 1,000 | | | | 6,000 |
| 貸倒引当金 | | 6,000 | | 23,000 | | | | 29,000 |
| 退職給付引当金 | | 522,000 | | 2,000 | | | | 524,000 |
| 建物減価償却累計額 | | 360,000 | | 67,500 | | | | 427,500 |
| 備品減価償却累計額 | | 100,000 | | 75,000 | | | | 175,000 |
| 資本金 | | 5,000,000 | | | | | | 5,000,000 |
| 繰越利益剰余金 | | 750,000 | | | | | | 750,000 |
| 売上 | | 5,620,000 | | | | 5,620,000 | | |
| 受取家賃 | | 90,000 | | 18,000 | | 108,000 | | |
| 仕入 | 2,529,000 | | 138,000 | 152,000 | 2,528,300 | | | |
| | | | 6,000 | | | | | |
| | | | 7,300 | | | | | |
| 給料 | 957,400 | | | | 957,400 | | | |
| 営業費 | 289,200 | | | | 289,200 | | | |
| 保険料 | 48,000 | | 2,400 | | 50,400 | | | |
| 支払利息 | 11,000 | | 1,000 | | 12,000 | | | |
| 退職給付費用 | 22,000 | | 2,000 | | 24,000 | | | |
| 雑費 | 98,400 | | | | 98,400 | | | |
| | 13,219,000 | 13,219,000 | | | | | | |
| 貸倒引当金繰入 | | | 23,000 | | 23,000 | | | |
| 有価証券評価損 | | | 3,000 | | 3,000 | | | |
| 棚卸減耗損 | | | 6,000 | 6,000 | | | | |
| 商品評価損 | | | 7,300 | 7,300 | | | | |
| 減価償却費 | | | 142,500 | | 142,500 | | | |
| 特許権償却 | | | 10,000 | | 10,000 | | | |
| 当期純（**利益**） | | | | | 1,589,800 | | | 1,589,800 |
| | | | 1,058,500 | 1,058,500 | 5,728,000 | 5,728,000 | 9,309,700 | 9,309,700 |

□ 1つにつき2点を与える。合計20点。



# 工業簿記

第4問（28点）

（1）（12点）

| | 借方 記号 | 借方 金額 | 貸方 記号 | 貸方 金額 |
|---|---|---|---|---|
| 1 | （ア）仕掛品 | 1,251,000 | （カ）製造間接費 | 1,251,000 |
| 2 | （ア）1級製品 | 960,000 | （ウ）仕掛品 | 1,680,000 |
| | （エ）2級製品 | 720,000 | | |
| 3 | （カ）材料 | 640,000 | （オ）本社 | 640,000 |

仕訳一組につき4点を与える。合計12点。

（2）（16点）

材　　料　　（単位：円）

| | | | |
|---|---|---|---|
| 月初有高 | （ 292,600 ） | 製造直接費 | （ 1,288,000 ） |
| 当月仕入高 | （ 1,449,700 ） | 製造間接費 | （ 296,800 ） |
| | | 月末有高 | （ 157,500 ） |
| | （ 1,742,300 ） | | （ 1,742,300 ） |

製造間接費　　（単位：円）

| | | | |
|---|---|---|---|
| 間接材料費 | （ 233,800 ） | 予定配賦額 | （ 3,864,000 ） |
| 間接労務費 | 1,750,000 | 配賦差異 | （ 219,800 ） |
| 間接経費 | 2,100,000 | | （ ） |
| | （ 4,083,800 ） | | （ 4,083,800 ） |

□ 1つにつき2点を与える。合計16点。

第５問（12点）

標準製造原価差異分析表

| | | |
|---|---|---|
| 直接材料費差異 | 材料価格差異 | 1,760,000 円 （ 有利差異 ・ **不利差異** ） |
| | 材料数量差異 | 400,000 円 （ **有利差異** ・ 不利差異 ） |
| 直接労務費差異 | 労働賃率差異 | 840,000 円 （ **有利差異** ・ 不利差異 ） |
| | 労働時間差異 | 1,000,000 円 （ 有利差異 ・ **不利差異** ） |
| 製造間接費差異 | 予算差異 | 160,000 円 （ 有利差異 ・ **不利差異** ） |
| | 能率差異 | 1,200,000 円 （ 有利差異 ・ **不利差異** ） |
| | 操業度差異 | 640,000 円 （ 有利差異 ・ **不利差異** ） |

□ １つにつき２点を与える。合計12点。



# 第８回　解説

## 第１問

１．法定福利費

厚生年金や健康保険といった社会保険料は、企業と従業員が折半して支払うことになっています。このとき、企業負担分は法定福利費として処理します。

２．仕入返品（消費税の税抜処理）

引渡基準による仕入取引は、商品受け入れ時に記帳します。したがって、本問では「検収の結果、…返品する」とあり、すでに行われた仕入取引の記帳についての一部（５個分）の取消処理を行います。なお、消費税（本問では10％で計算）の税抜処理では、仕入計上を税抜金額で行い、別途、消費税額を仮払消費税勘定を用いて記帳します。

⑴　仕入時：この仕訳はすでに行われています。

| | | | |
|---|---|---|---|
| (仕　　入)(＊１) | 4,800,000 | (買　掛　金)(＊３) | 5,280,000 |
| (仮払消費税)(＊２) | 480,000 | | |

（＊１）　税抜仕入原価@24,000円×200個＝4,800,000円

（＊２）　4,800,000円×10％＝480,000円

（＊３）　4,800,000円＋480,000円＝5,280,000円

⑵　返品時：本問の解答です。

| | | | |
|---|---|---|---|
| (買　掛　金)(＊６) | 132,000 | (仕　　入)(＊４) | 120,000 |
| | | (仮払消費税)(＊５) | 12,000 |

（＊４）　税抜仕入原価@24,000円×５個＝120,000円

（＊５）　120,000円×10％＝12,000円

（＊６）　120,000円＋12,000円＝132,000円

３．賞与の支払い（賞与引当金）

従業員賞与を支給したときは、その計上額を賞与勘定（費用）を用いて処理します。また、源泉所得税の控除額は所得税預り金勘定（負債）で処理し、残額を支給します。

本問では、前期末決算において賞与引当金の計上が行われています。従業員に賞与を支給している場合、決算において、次期に予想される支払額のうち当期に属する分は、当期の費用とすることから、賞与引当金繰入勘定（費用）を用いて見積り計上した相手科目が賞与引当金です。賞与の支給時に賞与引当金があれば、これを取り崩して充当する仕訳を行います。

⑴　決算時（計上）：前期末においてこの仕訳が行われています。

| | | | |
|---|---|---|---|
| (賞与引当金繰入) | 200,000 | (賞与引当金) | 200,000 |

⑵　支給時：本問の解答です。

| | | | |
|---|---|---|---|
| (賞与引当金) | 200,000 | (所得税預り金) | 62,800 |
| (賞　　与)(＊１) | 440,000 | (普通預金)(＊２) | 577,200 |

（＊１）　640,000円－200,000円＝440,000円

（＊２） 640,000円－62,800円＝577,200円

4．固定資産の売却

(1) 減価償却累計額の計算

×4年３月31日：1,120,000円×0.25 ＝280,000円
×5年３月31日：（1,120,000円－280,000円）×0.25 ＝210,000円
×6年３月31日：（1,120,000円－280,000円－210,000円）×0.25＝157,500円
（以上合計）647,500円

(2) 当期の経過期間（４月１日から11月15日まで）に対する分は、減価償却費として計上します。

減価償却費：（1,120,000円－647,500円）×0.25×$\frac{8か月}{12か月}$＝78,750円

(3) 帳簿価額の計算

帳簿価額：1,120,000円－（647,500円＋78,750円）＝393,750円

(4) 売却損益の計算

固定資産売却損益：480,000円（売却価額）－393,750円（帳簿価額）＝ 86,250円（固定資産売却益）

5．法人税等の還付

法人税等の還付を受けたときは、還付法人税等勘定で処理します。

## 第２問

1．商品有高帳

移動平均法により払出単価を計算し、それをもとに売上原価を計算して仕訳します。外貨建て取引は原則として、取引発生時の為替レートをもって換算し、記録します。

移動平均法は商品を仕入れるつど、平均単価を計算し、その平均単価を商品の払出単価とする方法です。平均単価は、新しく仕入れた商品の仕入原価と、その商品を仕入れる直前の在庫商品の金額の合計を、新しく仕入れた商品の数量と在庫商品の数量の合計で割って計算します。



商品有高帳

移動平均法　　輸入商品A　　（単位：円）

| 日付 | | 摘要 | 受入 | | | 払出 | | | 残高 | | |
|---|---|---|---|---|---|---|---|---|---|---|---|
| 月 | 日 | | 数量 | 単価 | 金額 | 数量 | 単価 | 金額 | 数量 | 単価 | 金額 |
| 4 | 1 | 前期繰越 | 2,000 | 5,250 | 10,500,000 | | | | 2,000 | 5,250 | 10,500,000 |
| | 10 | 売上 | | | | 1,500 | 5,250 | 7,875,000 | 500 | 5,250 | 2,625,000 |
| 7 | 31 | 仕入 | 3,000 | 5,250 | 15,750,000 | | | | 3,500 | 5,250＊1 | 18,375,000 |
| 8 | 16 | 売上 | | | | 1,500 | 5,250 | 7,875,000 | 2,000 | 5,250 | 10,500,000 |
| 11 | 30 | 仕入 | 3,000 | 5,180 | 15,540,000 | | | | 5,000 | 5,208＊2 | 26,040,000 |
| 12 | 20 | 売上 | | | | 2,000 | 5,208 | 10,416,000 | 3,000 | 5,208 | 15,624,000 |
| 1 | 31 | 仕入 | 1,000 | 5,720 | 5,720,000 | | | | 4,000 | 5,336＊3 | 21,344,000 |
| 2 | 1 | 売上 | | | | 2,000 | 5,336 | 10,672,000 | 2,000 | 5,336 | 10,672,000 |
| 3 | 31 | 棚卸減耗 | | | | 50 | 5,336 | 266,800 | 1,950 | 5,336 | 10,405,200 |

**〈平均単価の計算〉**

＊1 ７月31日

$$\frac{2,625,000円+15,750,000円}{500個+3,000個}=@5,250円$$

＊2 11月30日

$$\frac{10,500,000円+15,540,000円}{2,000個+3,000個}=@5,208円$$

＊3 １月31日

$$\frac{15,624,000円+5,720,000円}{3,000個+1,000個}=@5,336円$$

2．取引の仕訳

前期繰越額と仕訳の金額を集計して決算整理後残高試算表に記入するため、以下に取引の仕訳を示します。

(1) ４月10日 売上げ

| | | | |
|---|---|---|---|
| （×　×　×） | 8,400,000 | （売　　上）（＊） | 8,400,000 |

（＊） @5,600円×1,500個＝8,400,000円

(2) ５月31日 買掛金の支払い

買掛金の前期繰越額と支払額の差額を為替差損益として計上します。

| | | | |
|---|---|---|---|
| （買　掛　金） | 9,450,000 | （×　×　×）（＊１） | 9,787,500 |
| （為替差損益）（＊２） | 337,500 | | |

（＊１） 9,450,000円÷140円/ドル×145円/ドル＝9,787,500円

（＊２） 貸借差額（借方差額＝為替差損）

⑶　7月31日　仕入れ

| | | | |
|---|---|---|---|
| (仕　　　入)(＊) | 15,750,000 | (買　掛　金) | 15,750,000 |

(＊)　150円/ドル×35ドル×3,000個＝15,750,000円

⑷　8月16日　売上げ

| | | | |
|---|---|---|---|
| (×　×　×) | 9,450,000 | (売　　　上)(＊) | 9,450,000 |

(＊)　@6,300円×1,500個＝9,450,000円

⑸　10月31日　買掛金の支払い

仕入時の為替レートで換算した買掛金と支払額の差額を為替差損益として計上します。

| | | | |
|---|---|---|---|
| (買　掛　金) | 15,750,000 | (×　×　×)(＊1) | 15,645,000 |
| | | (為替差損益)(＊2) | 105,000 |

(＊1)　149円/ドル×35ドル×3,000個＝15,645,000円

(＊2)　貸借差額（貸方差額＝為替差益）

⑹　11月30日　仕入れ

| | | | |
|---|---|---|---|
| (仕　　　入)(＊) | 15,540,000 | (買　掛　金) | 15,540,000 |

(＊)　148円/ドル×35ドル×3,000個＝15,540,000円

⑺　12月20日　売上げ

| | | | |
|---|---|---|---|
| (×　×　×) | 13,300,000 | (売　　　上)(＊) | 13,300,000 |

(＊)　@6,650円×2,000個＝13,300,000円

⑻　1月1日　借入れ

| | | | |
|---|---|---|---|
| (×　×　×) | 25,375,000 | (長期借入金)(＊) | 25,375,000 |

(＊)　145円/ドル×175,000ドル＝25,375,000円

⑼　1月31日　仕入れ

取引発生時に為替予約を締結している場合には、予約レートによる円換算額を付すことができます。この場合、実質的に円建ての取引となるため、決算日や決済日において為替差損益は生じません。

| | | | |
|---|---|---|---|
| (仕　　　入)(＊) | 5,720,000 | (買　掛　金) | 5,720,000 |

(＊)　143円/ドル×40ドル×1,000個＝5,720,000円

⑽　2月1日　売上げ

| | | | |
|---|---|---|---|
| (×　×　×) | 14,000,000 | (売　　　上)(＊) | 14,000,000 |

(＊)　@7,000円×2,000個＝14,000,000円

⑾　3月1日　手付金の支払い

| | | | |
|---|---|---|---|
| (前　払　金)(＊) | 1,043,000 | (×　×　×) | 1,043,000 |

(＊)　149円/ドル×7,000ドル＝1,043,000円

⑿　3月31日

外貨建て資産・負債のうち「貨幣項目」について、決算時の為替レートで換算替えします。なお、「繰越商品」および「前払金」は非貨幣項目のため、換算替えは必要ありません。



① 売上原価の算定

| | | | |
|---|---|---|---|
| (仕　　　入) | 10,500,000 | (繰越商品)(＊1) | 10,500,000 |
| (繰越商品)(＊2) | 10,672,000 | (仕　　　入) | 10,672,000 |

(＊1)　期首商品棚卸高

(＊2)　期末商品帳簿棚卸高

② 棚卸減耗損の計上

棚卸資産は非貨幣項目であるため換算替えは必要ありませんが、棚卸減耗が発生しているため棚卸減耗損勘定（費用）の借方に記入します。

| | | | |
|---|---|---|---|
| (棚卸減耗損)(＊) | 266,800 | (繰越商品) | 266,800 |

(＊)　(2,000個－1,950個)×@5,336円（1月31日の平均単価）＝266,800円

③ 買掛金の換算替え

| | | | |
|---|---|---|---|
| (為替差損益)(＊) | 210,000 | (買　掛　金) | 210,000 |

(＊)　(150円/ドル－148円/ドル)×35ドル×3,000個
＝210,000円（買掛金の増加＝為替差損）

④ 長期借入金の換算替え

| | | | |
|---|---|---|---|
| (為替差損益)(＊) | 875,000 | (長期借入金) | 875,000 |

(＊)　(150円/ドル－145円/ドル)×175,000ドル
＝875,000円（長期借入金の増加＝為替差損）

⑤ 未払利息の計上

未払利息は貨幣項目ですが決算日に計上されるため為替差損益は生じません。

| | | | |
|---|---|---|---|
| (支払利息) | 393,750 | (未払利息)(＊) | 393,750 |

(＊)　150円/ドル×175,000ドル×6％×$\frac{3か月}{12か月}$＝393,750円

## 第3問

資料〔Ⅰ〕および〔Ⅱ〕について、修正記入欄に行われる仕訳を示します。

〔Ⅰ〕未処理事項等

1．建設仮勘定（完成時の振り替え）

| | | | |
|---|---|---|---|
| (建　　　物) | 500,000 | (建設仮勘定) | 400,000 |
| | | (当座預金) | 100,000 |

2．当座預金に関する不一致の修正

a．仕訳不要（銀行側の加算処理）

b．仕訳不要（銀行側の減算処理）

c．

| | | | |
|---|---|---|---|
| (当座預金) | 18,000 | (受取家賃) | 18,000 |

d．

| | | | |
|---|---|---|---|
| (当座預金) | 40,000 | (買　掛　金) | 40,000 |

e．仕訳不要（銀行側の加算処理）

〔Ⅱ〕決算整理事項

1．貸倒引当金の設定（差額補充法）

| | | | |
|---|---|---|---|
| (貸倒引当金繰入)(＊) | 23,000 | (貸 倒 引 当 金) | 23,000 |

（＊）　(210,000円＋280,000円＋680,000円＋280,000円)×２％－6,000円
（受取手形、電子記録債権、売掛金、クレジット売掛金、貸倒引当金残高）
＝23,000円(貸倒引当金繰入額)

2．退職給付引当金の設定

| | | | |
|---|---|---|---|
| (退 職 給 付 費 用) | 2,000 | (退職給付引当金) | 2,000 |

3．売買目的有価証券の評価替え（時価法）

| | | | |
|---|---|---|---|
| (有価証券評価損)(＊) | 3,000 | (売買目的有価証券) | 3,000 |

（＊）　(260,000円＋122,000円)－(265,000円＋120,000円)＝△3,000円(評価損)
（時価、帳簿価額）

4．売上原価の計算および期末商品の評価(時価が下落しているため評価損を計上します)

| | | | |
|---|---|---|---|
| (仕　　　　入) | 138,000 | (繰 越 商 品) | 138,000 |
| (繰 越 商 品)(＊1) | 152,000 | (仕　　　　入) | 152,000 |
| (棚 卸 減 耗 損)(＊2) | 6,000 | (繰 越 商 品) | 6,000 |
| (商 品 評 価 損)(＊3) | 7,300 | (繰 越 商 品) | 7,300 |
| (仕　　　　入) | 6,000 | (棚 卸 減 耗 損) | 6,000 |
| (仕　　　　入) | 7,300 | (商 品 評 価 損) | 7,300 |

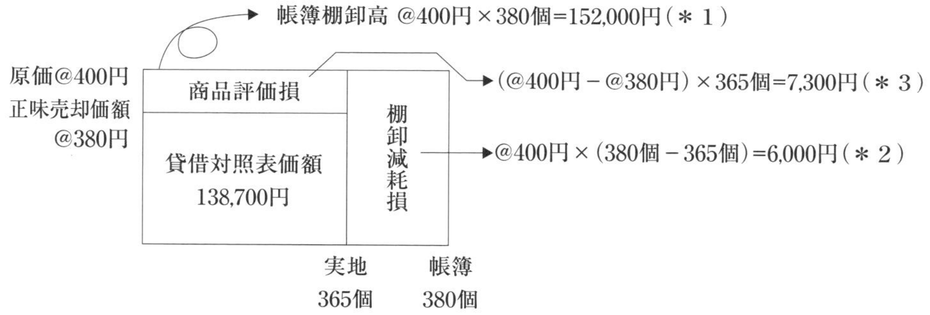
帳簿棚卸高 @400円×380個=152,000円(＊1)
原価@400円
正味売却価額
@380円
商品評価損
(@400円－@380円)×365個=7,300円(＊3)
貸借対照表価額
138,700円
棚卸減耗損
@400円×(380個－365個)=6,000円(＊2)
実地
365個
帳簿
380個

5．固定資産の減価償却

| | | | |
|---|---|---|---|
| (減 価 償 却 費) | 142,500 | (建物減価償却累計額)(＊1) | 67,500 |
| | | (備品減価償却累計額)(＊2) | 75,000 |

（＊1）　建物（定額法）

既存分：2,000,000円×0.9÷30年＝60,000円

期中取得分：500,000円×0.9÷30年×$\frac{6か月}{12か月}$＝7,500円

（合計）67,500円

（＊2）　備品（定率法）

(400,000円－100,000円)×25％＝75,000円

6．特許権の償却

| | | | |
|---|---|---|---|
| (特 許 権 償 却)(＊) | 10,000 | (特　　許　　権) | 10,000 |

（＊）　80,000円÷８年＝10,000円

7．保険料の計上

| | | | |
|---|---|---|---|
| (保　　険　　料) | 2,400 | (未 払 保 険 料) | 2,400 |

8．支払利息の計上

| | | | |
|---|---|---|---|
| (支 払 利 息) | 1,000 | (未 払 利 息) | 1,000 |



## 第4問

（1）仕訳問題

1．製造部門費の予定配賦

製造部門費を予定配賦したときには、仕掛品勘定の借方に記入します。なお、貸方について選択肢に各製造部門に関する勘定科目がないため、製造間接費勘定とします。

1,350円/時間×420機械運転時間＋2,850円/時間×240直接作業時間＝1,251,000円
（切削部門予定配賦額、組立部門予定配賦額）

2．等級別総合原価計算

等級製品が完成したときは、仕掛品勘定から各等級製品勘定に振り替えます。なお、各等級製品の製造原価は、積数にもとづいて総合原価を各等級製品に按分します。

① 積数の算定

1級製品の積数：2,000個×２＝4,000

2級製品の積数：3,000個×１＝3,000

② 総合原価の按分

1級製品：1,680,000円×$\frac{4,000}{4,000+3,000}$＝960,000円

2級製品：1,680,000円×$\frac{3,000}{4,000+3,000}$＝720,000円

3．本社工場会計・材料の購入

購入した材料は、工場に直接搬入されるため、工場側では材料の購入原価を材料勘定の借方に記入します。なお、材料の発注は本社が行うため、掛代金に関する記録は本社側の買掛金勘定に記録します。そのため、貸方は本社勘定とします。

① 工場側

| | | | |
|---|---|---|---|
| (材　　　料)(＊) | 640,000 | (本　　　社) | 640,000 |

（＊）　材料購入原価：@400円×1,600kg＝640,000円

② 本社側

| | | | |
|---|---|---|---|
| (工　　　場) | 640,000 | (買　掛　金) | 640,000 |

（2）継続記録法と棚卸計算法

1．材料勘定

(1)　P材料（継続記録法）

継続記録法では、原価計算期間を通して材料の受入・払出を材料元帳に記録しているため、月末帳簿棚卸高を明らかにすることができます。したがって、月末帳簿棚卸高と月末実地棚卸高の差額で材料棚卸減耗費を把握することができます。なお、材料棚卸減耗費は間接経費に分類されます。

P材料

| | | |
|---|---|---|
| 217,000円＝ | 月初　300個 | 消費　2,000個 |
| 1,260,000円＝ | 当月購入　2,000個（@630円） | 減耗　100個 |
| | | 月末実地　200個 |

①　消費高（直接材料費）
217,000円＋@630円×（2,000個－300個）
＝1,288,000円

②　材料棚卸減耗費（間接経費）
月末帳簿棚卸数量
月初300個＋購入2,000個－消費2,000個
＝300個
棚卸減耗費
@630円×（300個－200個）＝63,000円

③　月末有高
@630円×200個＝126,000円

(2)　Q材料（棚卸計算法）

棚卸計算法では、原価計算期間を通して材料の受入のみを材料元帳に記録し、払出数量は月末に実地棚卸を行い差額で算定するため、月末帳簿棚卸高を明らかにすることができません。したがって、材料棚卸減耗費を把握することはできません。

Q材料

| | | |
|---|---|---|
| 75,600円＝ | 月初　200kg | 消費　600kg |
| 157,500円＝ | 当月購入　500kg（@315円） | |
| | | 月末実地　100kg |

①　月末有高
@315円×100kg＝31,500円

②　消費高（間接材料費）
75,600円＋157,500円－31,500円
＝201,600円

(3)　工場消耗品

工場消耗品は重要性の乏しい材料であるため、材料元帳による出入記録は省略し、買入額32,200円をすべて間接材料費とします。



(4)　材料勘定の記入

①　月初有高
P材料217,000円＋Q材料75,600円＝292,600円

②　当月仕入高
P材料1,260,000円＋Q材料157,500円＋工場消耗品32,200円＝1,449,700円

③　製造直接費
P材料1,288,000円

④　製造間接費
Q材料201,600円＋工場消耗品32,200円＋材料棚卸減耗費63,000円＝296,800円

⑤　月末有高
P材料126,000円＋Q材料31,500円＝157,500円

2．製造間接費勘定

(1)　間接材料費

材料勘定から製造間接費へ振り替えられた金額の中には、材料棚卸減耗費が含まれています。材料棚卸減耗費は間接経費に分類されるため、間接材料費はQ材料の消費高と工場消耗品費の消費高の合計になります。

Q材料201,600円＋工場消耗品32,200円＝233,800円

(2)　予定配賦額

①　予定配賦率

$$\frac{\text{製造間接費の年間予算45,360,000円}}{\text{P材料年間予定消費高15,120,000円}}=@3\text{円}$$

②　予定配賦額
予定配賦率@３円×P材料消費高1,288,000円＝3,864,000円

(3)　配賦差異

①　実際発生額
間接材料費233,800円＋間接労務費1,750,000円＋間接経費2,100,000円＝4,083,800円

②　配賦差異
予定配賦額3,864,000円－実際発生額4,083,800円＝△219,800円（借方差異）

## 第5問

1．直接材料費の差異分析

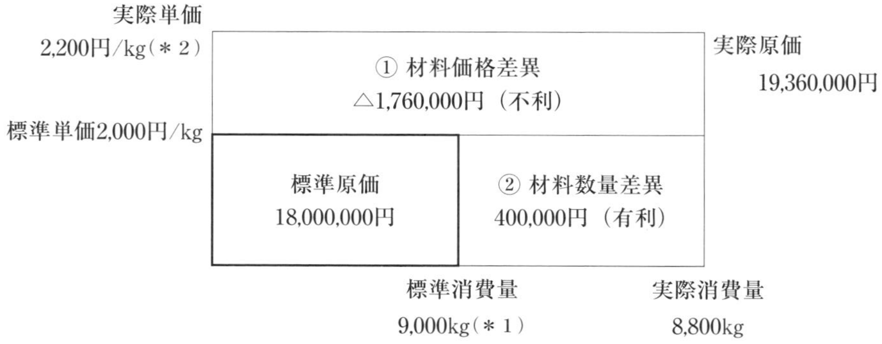


（＊1） 当月投入量：1,100個＋200個－400個＝900個
標準消費量：900個×10kg/個＝9,000kg

（＊2） 実際原価19,360,000円÷実際消費量8,800kg＝2,200円/kg

① 材料価格差異：(標準単価2,000円/kg－実際単価2,200円/kg)×実際消費量8,800kg
＝△1,760,000円（借方差異）

② 材料数量差異：(標準消費量9,000kg－実際消費量8,800kg)×標準単価2,000円/kg
＝400,000円（貸方差異）

2．直接労務費の差異分析

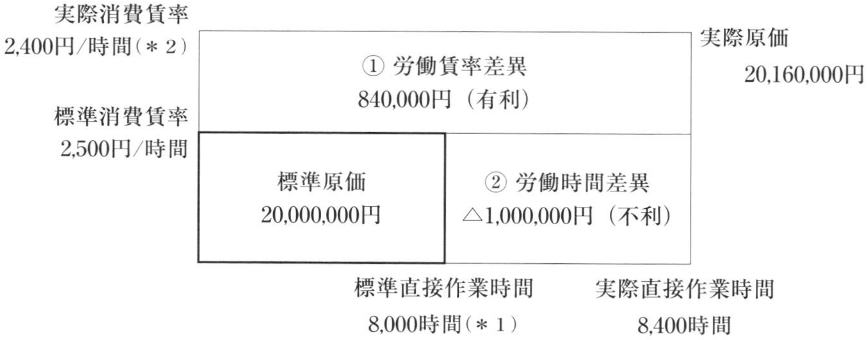


（＊1） 当月投入量（換算数量）：1,100個＋200個×50％－400個×50％＝1,000個
標準直接作業時間：1,000個×標準直接作業時間８時間/個＝8,000時間

（＊2） 実際原価20,160,000円÷実際直接作業時間8,400時間＝2,400円/時間

① 労働賃率差異：(標準賃率2,500円/時間－実際賃率2,400円/時間)
×実際直接作業時間8,400時間＝840,000円（貸方差異）



② 労働時間差異：(標準直接作業時間8,000時間－実際直接作業時間8,400時間)
×標準賃率2,500円/時間＝△1,000,000円（借方差異）

3．製造間接費の差異分析

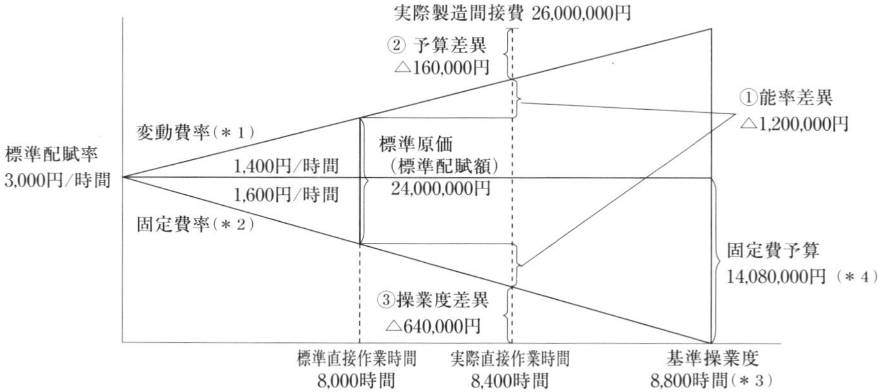


（＊1） 製造間接費年間予算・変動費147,840,000円÷年間正常直接作業時間105,600時間
＝1,400円/時間

（＊2） 製造間接費年間予算・固定費168,960,000円÷年間正常直接作業時間105,600時間
＝1,600円/時間

（＊3） 年間正常直接作業時間105,600時間÷12か月＝8,800時間

（＊4） 製造間接費年間予算・固定費168,960,000円÷12か月＝14,080,000円

① 能 率 差 異：(標準直接作業時間8,000時間－実際直接作業時間8,400時間)
×標準配賦率3,000円/時間＝△1,200,000円（借方差異）

② 予 算 差 異：固定費予算14,080,000円＋変動費予算（実際直接作業時間8,400時間
×変動費率1,400円/時間）＝25,840,000円（予算許容額）
予算許容額25,840,000円－実際製造間接費26,000,000円
＝△160,000円（借方差異）

③ 操業度差異：(実際直接作業時間8,400時間－基準操業度8,800時間)
×固定費率1,600円/時間＝△640,000円（借方差異）

日商簿記検定試験対策

まるっと完全予想問題集

# 第 9 回

## 解答・解説

| 出題論点 | | | 難易度 |
|---|---|---|---|
| 第 1 問 | 仕訳問題 | 差入保証金 | A |
| | | ソフトウェアの償却 | A |
| | | 不渡手形 | A |
| | | 商品保証引当金 | A |
| | | 有形固定資産の割賦購入（支払時） | A |
| 第 2 問 | | 株主資本等変動計算書 | A |
| 第 3 問 | | 貸借対照表 | A |
| 第 4 問（1） | 仕訳問題 | 本社工場会計・組別総合原価計算 | A |
| | | 原価差異の計上（部門別） | A |
| | | 外注加工賃の計上 | A |
| 第 4 問（2） | | 単純総合原価計算 | A |
| 第 5 問 | | 直接原価計算（CVP分析・利益計画） | B |

〔難易度〕 A：普通　B：やや難しい　C：難しい

# 第９回　解答

## 商業簿記

第１問（20点）

| | 借方 記号 | 借方 金額 | 貸方 記号 | 貸方 金額 |
|---|---|---|---|---|
| 1 | (カ) 差入保証金 | 1,200,000 | (ア) 普通預金 | 3,120,000 |
| | (エ) 支払家賃 | 1,800,000 | | |
| | (ウ) 支払手数料 | 120,000 | | |
| 2 | (オ) ソフトウェア償却 | 38,000 | (イ) ソフトウェア | 38,000 |
| 3 | (カ) 不渡手形 | 1,242,000 | (イ) 現金 | 1,242,000 |
| 4 | (ウ) 商品保証引当金 | 3,360,000 | (エ) 商品保証引当金戻入 | 3,360,000 |
| | (キ) 商品保証引当金繰入 | 4,620,000 | (ウ) 商品保証引当金 | 4,620,000 |
| 5 | (ウ) 営業外支払手形 | 180,000 | (イ) 当座預金 | 180,000 |
| | (カ) 支払利息 | 30,000 | (エ) 前払利息 | 30,000 |

仕訳一組につき４点を与える。合計20点。

第２問（20点）

株主資本等変動計算書

自×4年４月１日　至×5年３月31日　（単位：円）

| | 株主資本 資本金 | 資本剰余金 資本準備金 | 資本剰余金 その他資本剰余金 | 利益剰余金 利益準備金 | その他利益剰余金 別途積立金 | その他利益剰余金 繰越利益剰余金 | 純資産合計 |
|---|---|---|---|---|---|---|---|
| 当期首残高 | 70,000,000 | ( 12,000,000) | ( 3,000,000) | ( 3,600,000) | ( 2,880,000) | ( 6,800,000) | ( 98,280,000) |
| 当期変動額 | | | | | | | |
| 剰余金の配当 | | ( 80,000) | ( △880,000) | ( 240,000) | | (△2,640,000) | (△3,200,000) |
| 別途積立金の積み立て | | | | | ( 1,800,000) | (△1,800,000) | — |
| 吸収合併 | ( 24,000,000) | | ( 4,800,000) | | | | ( 28,800,000) |
| 当期純利益 | | | | | | ( 2,680,000) | ( 2,680,000) |
| 当期変動額合計 | ( 24,000,000) | ( 80,000) | ( 3,920,000) | ( 240,000) | ( 1,800,000) | (△1,760,000) | ( 28,280,000) |
| 当期末残高 | ( 94,000,000) | ( 12,080,000) | ( 6,920,000) | ( 3,840,000) | ( 4,680,000) | ( 5,040,000) | (126,560,000) |

□ １つにつき４点を与える。合計20点。



第３問（20点）

貸借対照表

×9年３月31日　（単位：円）

| 資産の部 | | |
|---|---|---|
| Ⅰ 流動資産 | | |
| 1 現金預金 | | ( 2,485,000) |
| 2 受取手形 | ( 385,000) | |
| 3 売掛金 | ( 875,000) | |
| 貸倒引当金 | (△ 42,000) | ( 1,218,000) |
| 4 有価証券 | | ( 560,000) |
| 5 商品 | | ( 462,000) |
| 6 未収収益 | | ( 3,500) |
| 7 前払費用 | | ( 63,000) |
| 流動資産合計 | | ( 4,791,500) |
| Ⅱ 固定資産 | | |
| 1 建物 | 6,300,000 | |
| 減価償却累計額 | (△1,260,000) | ( 5,040,000) |
| 2 備品 | 1,008,000 | |
| 減価償却累計額 | (△ 441,000) | ( 567,000) |
| 3 リース資産 | ( 700,000) | |
| 減価償却累計額 | (△ 140,000) | ( 560,000) |
| 4 商標権 | | ( 52,500) |
| 5 長期性預金 | | ( 1,050,000) |
| 6 投資有価証券 | | ( 808,500) |
| 7 長期前払費用 | | ( 42,000) |
| 8 繰延税金資産 | | ( 58,100) |
| 固定資産合計 | | ( 8,178,100) |
| 資産合計 | | ( 12,969,600) |

| 負債の部 | | |
|---|---|---|
| Ⅰ 流動負債 | | |
| 1 支払手形 | | ( 1,333,500) |
| 2 買掛金 | | ( 2,135,000) |
| 3 未払金 | | ( 175,000) |
| 4 リース債務 | | ( 140,000) |
| 5 未払法人税等 | | ( 156,100) |
| 6 未払費用 | | ( 31,500) |
| 流動負債合計 | | ( 3,971,100) |
| Ⅱ 固定負債 | | |
| 1 長期リース債務 | | ( 420,000) |
| 固定負債合計 | | ( 420,000) |
| 負債合計 | | ( 4,391,100) |
| **純資産の部** | | |
| Ⅰ 株主資本 | | |
| 1 資本金 | | 7,700,000 |
| 2 利益剰余金 | | |
| 利益準備金 | 262,500 | |
| 繰越利益剰余金 | ( 647,500) | ( 910,000) |
| 株主資本合計 | | ( 8,610,000) |
| Ⅱ 評価・換算差額等 | | |
| 1 その他有価証券評価差額金 | | (△ 31,500) |
| 評価・換算差額等合計 | | (△ 31,500) |
| 純資産合計 | | ( 8,578,500) |
| 負債及び純資産合計 | | ( 12,969,600) |

□ １つにつき２点を与える。合計20点。

## 工業簿記

第4問（28点）

（1）（12点）

| | 借方 | | 貸方 | |
|---|---|---|---|---|
| | 記号 | 金額 | 記号 | 金額 |
| 1 | （エ）本社 | 962,000 | （ア）A組製品<br>（ウ）B組製品 | 631,000<br>331,000 |
| 2 | （ウ）原価差異 | 300,000 | （イ）第1製造部門費 | 300,000 |
| 3 | （カ）仕掛品 | 400,000 | （オ）当座預金 | 400,000 |

仕訳一組につき4点を与える。合計12点。

（2）（16点）

月末仕掛品のA原料費 ＝ 896,000 円

月末仕掛品のB原料費 ＝ 224,000 円

月末仕掛品の加工費 ＝ 672,000 円

完成品総合原価 ＝ 14,096,000 円

完成品単位原価 ＝ 3,524 円/kg

□ 1つにつき4点を与える。合計16点。



第5問（12点）

問1 24 %

問2 6,900,000 円

問3 25 %

問4 9,400,000 円

問5 ① 70 %

② 6

□ 1つにつき2点を与える。合計12点。

# 第9回　解説

## 第1問

1．賃借契約に伴う費用

　賃借契約に伴って生じる費用のうち、敷金は差入保証金勘定、家賃は支払家賃勘定、仲介手数料は支払手数料勘定で処理します。なお、敷金は支払家賃の2か月分なので1か月分の支払家賃を求めてから計算します。

　1か月分の家賃：1,800,000円÷3か月＝600,000円

　敷金：600,000円×2か月＝1,200,000円

2．ソフトウェア償却

　自社利用のソフトウェアは、利用可能期間（原則として5年以内）にわたって、残存価額をゼロとした定額法で償却します。記帳方法は直接法なので、貸方はソフトウェア勘定（資産）で処理します。また、借方はソフトウェア償却勘定（費用）で処理します。

　ソフトウェア償却額：190,000円÷5年＝38,000円

3．不渡手形

　割り引いた手形が不渡りになったとき、銀行に割り引きを依頼したものは、支払人に代わって銀行に対して手形代金を支払う義務を負います。手形の不渡りは、貸倒れとは異なり、支払人や裏書人に対して請求の権利を有します。ただし、通常の手形債権とは異なることから、不渡手形勘定に振り替えます。また、延滞利息が生じた場合や、手形代金の請求にかかる諸費用（拒絶証書作成など）を支払った場合は、その金額もあわせて請求することから、不渡手形勘定に含める処理を行います。

4．商品保証引当金

　商品販売後の故障に対して、一定期間は無料で修理交換に応じることを条件としている場合に、販売後の修理交換のための費用を見積もっておき、商品保証引当金を計上することがあります。なお、引当金の計上には、(1)差額補充法と(2)洗替法の2通りの処理方法がありますが、本問では指示により、保証期間が経過した前期販売分に係る商品保証引当金の残高を戻し入れ、新たに当期販売分に係る商品保証引当金を設定する方法（洗替法）で解答します。

(1)　差額補充法

| | | | |
|---|---|---|---|
| (商品保証引当金繰入) | 1,260,000 | (商品保証引当金)(＊) | 1,260,000 |

　（＊）　繰入額：設定額4,620,000円－残高3,360,000円＝1,260,000円

(2)　洗替法 ← 本問の解答

5．有形固定資産の割賦購入（支払時）

　割賦金を支払ったときには、月々の返済時に営業外支払手形勘定（負債）を減少させます。また、本問では割賦金の支払時に定額法により利息を前払利息勘定（資産）から支払利息勘定（費用）に振り替えます。

①　総利息：180,000円×4枚－600,000円＝120,000円



②　支払利息：120,000円÷4枚＝30,000円

## 第2問

　株主資本等変動計算書の記載方法は、純資産の期首残高を基礎として、期中の変動額を加算または減算し、期末残高を記入します。

1．当期首残高

　資本金については、記入済みです。×4年3月31日における純資産の残高を、資本金以外の当期首残高として記入しましょう。

2．当期変動額

(1)　剰余金の配当と準備金の積み立て

　その他資本剰余金を財源に配当した場合には、会社法が規定する積立可能額に達するまで、配当金の10分の1に相当する金額を資本準備金として積み立てます。また、繰越利益剰余金を財源に配当した場合には、会社法が規定する積立可能額に達するまで、配当金の10分の1に相当する金額を利益準備金として積み立てます。

| | | | |
|---|---|---|---|
| (その他資本剰余金) | 880,000 | (未払配当金) | 3,200,000 |
| (繰越利益剰余金) | 2,640,000 | (資本準備金)(＊) | 80,000 |
| | | (利益準備金)(＊) | 240,000 |

（＊）　①　要積立額

$$70{,}000{,}000円\times\frac{1}{4}-(12{,}000{,}000円+3{,}600{,}000円)=1{,}900{,}000円$$

$$(800{,}000円+2{,}400{,}000円)\times\frac{1}{10}=320{,}000円$$

小さい方：320,000円

②　準備金の積立額

$$資本準備金：320{,}000円\times\frac{800{,}000円}{800{,}000円+2{,}400{,}000円}=80{,}000円$$

$$利益準備金：320{,}000円\times\frac{2{,}400{,}000円}{800{,}000円+2{,}400{,}000円}=240{,}000円$$

(2)　別途積立金の積み立て

　繰越利益剰余金勘定から別途積立金勘定へ振り替えます。

| | | | |
|---|---|---|---|
| (繰越利益剰余金) | 1,800,000 | (別途積立金) | 1,800,000 |

(3)　吸収合併

　吸収合併は、合併会社が被合併会社の資産および負債を引き継ぎます。引き継ぐには資産および負債は、「時価」などを基準とした公正な評価額とします。

| | | | |
|---|---|---|---|
| (諸資産) | 37,200,000 | (諸負債) | 12,000,000 |
| (のれん)(＊2) | 3,600,000 | (資本金) | 24,000,000 |
| | | (その他資本剰余金)(＊1) | 4,800,000 |

（＊１）　$\underbrace{(144{,}000円 \times 200株)}_{増加資本} - 24{,}000{,}000円 = 4{,}800{,}000円$

（＊２）　$\underbrace{(144{,}000円 \times 200株)}_{増加資本} - \underbrace{(37{,}200{,}000円 - 12{,}000{,}000円)}_{受入純資産} = 3{,}600{,}000円$

(4)　当期純損益の振り替え

当期純利益2,680,000円を繰越利益剰余金に振り替えます。

| | | | |
|---|---|---|---|
| （損　　　　益） | 2,680,000 | （繰越利益剰余金） | 2,680,000 |

３．当期末残高

各勘定の当期変動額合計を計算してから、当期首残高と合算することで、当期末残高を求めます。

## 第３問

決算整理前残高試算表および決算整理事項等をもとに、貸借対照表を完成させる問題です。以下、必要な仕訳を示します。

１．現金預金（当座預金の修正）

(1)　未取立小切手

未取立小切手とは、他人振出の小切手を銀行に預け入れて取り立てを依頼したにもかかわらず、銀行側が未だ取り立てていない小切手を意味します。これは銀行側の調整事項なので仕訳は不要です。

(2)　未記帳

当座預金に関する取引が未記帳であった場合、その未記帳であった仕訳を行います。

| | | | |
|---|---|---|---|
| （当　座　預　金） | 87,500 | （売　　掛　　金） | 87,500 |

※　売掛金：962,500円〈前Ｔ/Ｂ〉－87,500円＝875,000円

(3)　未取付小切手

未取付小切手とは、すでに振り出した小切手がいまだ銀行に呈示されていないことを意味します。これは銀行側の調整事項なので仕訳は不要です。

(4)　未渡小切手

広告宣伝費等の費用を支払うために振り出した小切手が未渡しだった場合、未払金を計上して修正します。

| | | | |
|---|---|---|---|
| （当　座　預　金） | 52,500 | （未　　払　　金） | 52,500 |

※　未払金：122,500円〈前Ｔ/Ｂ〉＋52,500円＝175,000円

※　当座預金：1,470,000円〈前Ｔ/Ｂ〉＋87,500円〈未記帳〉＋52,500円〈未渡小切手〉
＝1,610,000円

(5)　表示科目の振り替え

貸借対照表では、現金および当座預金を「現金預金」として流動資産の区分に表示します。



| | | | |
|---|---|---|---|
| （現　金　預　金） | 2,485,000 | （現　　　　金） | 875,000 |
| | | （当　座　預　金） | 1,610,000 |

※　現金預金：875,000円〈現金〉＋1,610,000円〈当座預金〉＝2,485,000円

２．定期預金

(1)　表示科目の振り替え

貸借対照表では、一年基準により満期日が決算日の翌日から起算して１年を超える定期預金を「長期性預金」として固定資産の区分に表示します。

| | | | |
|---|---|---|---|
| （長 期 性 預 金） | 1,050,000 | （定　期　預　金） | 1,050,000 |

(2)　受取利息の未収計上

| | | | |
|---|---|---|---|
| （未　収　収　益）(＊) | 3,500 | （受　取　利　息） | 3,500 |

（＊）　未収額：$1{,}050{,}000円 \times 1\% \times \dfrac{4か月}{12か月} = 3{,}500円$

３．外貨建取引

買掛金2,100ドル（＝304,500円÷１ドル145円）を決算日の為替相場で換算替えします。

| | | | |
|---|---|---|---|
| （為 替 差 損 益）(＊) | 10,500 | （買　　掛　　金） | 10,500 |

（＊）　決算日の円換算額：１ドル150円×2,100ドル＝315,000円
為替差損益：315,000円〈決算日の円換算額〉－304,500円〈仕入時の円換算額〉
＝10,500円（為替差損）

※　買掛金：2,124,500円〈前Ｔ/Ｂ〉＋10,500円＝2,135,000円

４．貸倒引当金の設定

(1)　見積額の計算

①　一括評価：(385,000円〈受取手形〉＋875,000円〈売掛金〉－35,000円〈甲社売掛金〉)×２％
＝24,500円

②　個別評価：35,000円〈甲社売掛金〉×50％＝17,500円

③　合　　計：24,500円＋17,500円＝42,000円〈Ｂ/Ｓ貸倒引当金〉

(2)　繰入額の計算：42,000円〈Ｂ/Ｓ貸倒引当金〉－28,000円〈前Ｔ/Ｂ貸倒引当金〉＝14,000円

| | | | |
|---|---|---|---|
| （貸倒引当金繰入） | 14,000 | （貸　倒　引　当　金） | 14,000 |

5．売上原価の計算と期末商品の評価

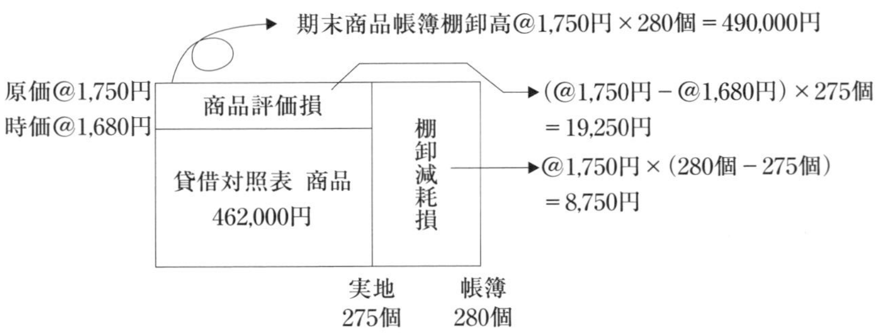
期末商品帳簿棚卸高@1,750円×280個＝490,000円
原価@1,750円
時価@1,680円
商品評価損
貸借対照表 商品
462,000円
棚卸減耗損
(@1,750円－@1,680円)×275個
＝19,250円
@1,750円×(280個－275個)
＝8,750円
実地
275個
帳簿
280個

(1) 売上原価の計算

| | | | |
|---|---|---|---|
| (仕　　　入) | 420,000 | (繰 越 商 品) | 420,000 |
| (繰 越 商 品) | 490,000 | (仕　　　入) | 490,000 |

(2) 棚卸減耗損および商品評価損の計上

| | | | |
|---|---|---|---|
| (棚 卸 減 耗 損) | 8,750 | (繰 越 商 品) | 8,750 |
| (商 品 評 価 損) | 19,250 | (繰 越 商 品) | 19,250 |

※　繰越商品：420,000円〈前T/B〉－420,000円＋490,000円－8,750円－19,250円
＝462,000円

(3) 表示科目の振り替え

貸借対照表では、繰越商品を「商品」として流動資産の区分に表示します。

| | | | |
|---|---|---|---|
| (商　　　品) | 462,000 | (繰 越 商 品) | 462,000 |

6．売買目的有価証券

(1) 時価評価

| | | | |
|---|---|---|---|
| (売買目的有価証券) | 56,000 | (有価証券評価損益)(＊) | 56,000 |

(＊)　560,000円〈時価〉－504,000円〈前T/B〉＝56,000円（評価益）

(2) 表示科目の振り替え

貸借対照表では、売買目的有価証券を「有価証券」として、時価により流動資産の区分に表示します。

| | | | |
|---|---|---|---|
| (有 価 証 券) | 560,000 | (売買目的有価証券) | 560,000 |

7．建物および備品の減価償却

建物および備品については、すでに4月から2月までの11か月分の減価償却費を計上済みであるため、決算月1か月分の減価償却費のみ計上します。

| | | | |
|---|---|---|---|
| (減 価 償 却 費) | 36,750 | (建物減価償却累計額) | 21,000 |
| | | (備品減価償却累計額) | 15,750 |

※　建物減価償却累計額：1,239,000円〈前T/B〉＋21,000円＝1,260,000円

※　備品減価償却累計額：425,250円〈前T/B〉＋15,750円＝441,000円



**〈参考〉**

決算月の減価償却費は、本来、以下のように年間の確定額と当期既償却額との差額を計上します。

① 建物（定額法）

年間の確定額：6,300,000円÷25年＝252,000円
当期既償却額：21,000円×11か月＝231,000円
償却不足額：252,000円－231,000円＝21,000円

② 備品（定率法）

試算表の備品減価償却累計額勘定には、2月までに減価償却した金額（11か月分）が含まれているため、これを控除してから減価償却費を計算します。

当期既償却額：15,750円×11か月＝173,250円
年間の確定額：{1,008,000円－(425,250円－173,250円)}×25％＝189,000円
償却不足額：189,000円－173,250円＝15,750円

8．リース資産

ファイナンス・リース取引では、借手はリース会社からリース物件を購入し、購入代金を分割払いする取引とみなして、売買取引と同様の会計処理を行います。

(1) リース取引開始時：利子抜き法（処理済み）

見積現金購入価額を取得原価相当額として、リース資産およびリース債務を計上します。

| | | | |
|---|---|---|---|
| (リ ー ス 資 産) | 700,000 | (リ ー ス 債 務) | 700,000 |

(2) リース料支払時（処理済み）

経過期間の利息に相当する額を支払利息として計上し、残額をリース債務の返済として処理します。

| | | | |
|---|---|---|---|
| (リ ー ス 債 務)(＊2) | 140,000 | (現　　　金) | 147,000 |
| (支 払 利 息)(＊1) | 7,000 | | |

(＊1)　リース料総額（5年分）：147,000円×5年＝735,000円
支払利息：(リース料総額735,000円－取得原価相当額700,000円)÷5年
＝7,000円

(＊2)　リース債務：リース料年額147,000円－支払利息7,000円＝140,000円

(3) 決算時（減価償却）

| | | | |
|---|---|---|---|
| (減 価 償 却 費)(＊) | 140,000 | (リース資産減価償却累計額) | 140,000 |

(＊)　減価償却費：700,000円÷5年＝140,000円

(4) 表示科目の振り替え

貸借対照表では、一年基準によりリース債務のうち決算日の翌日から起算して1年以内のものを「リース債務」として流動負債の区分に、1年を超えるものを「長期リース債務」として固定負債の区分に表示します。

| | | | |
|---|---|---|---|
| (リ ー ス 債 務) | 420,000 | (長期リース債務)(＊) | 420,000 |

（＊） 長期リース債務：560,000円〈前T／Bリース債務〉－140,000円〈1年以内分〉
＝420,000円〈1年超分〉

9．商標権の償却

商標権は×2年4月1日に取得しているので、償却期間10年のうち当期首までに6年分の償却が行われています。したがって、商標権の決算整理前の勘定残高は残り4年分の金額をあらわします。

| | | | |
|---|---|---|---|
| (商 標 権 償 却)(＊) | 17,500 | (商 標 権) | 17,500 |

（＊） 償却額：70,000円×$\frac{12\text{か月}}{48\text{か月(残り4年)}}$＝17,500円

※ 商標権：70,000円〈前T／B〉－17,500円＝52,500円

10．その他有価証券

(1) 時価評価および税効果会計

その他有価証券を全部純資産直入法により時価に評価替えし、税効果会計を適用します。なお、借方科目として仕訳されたその他有価証券評価差額金は純資産のマイナスとして貸借対照表に表示します。

| | | | |
|---|---|---|---|
| (繰 延 税 金 資 産)(＊2) | 21,000 | (その他有価証券)(＊1) | 52,500 |
| (その他有価証券評価差額金) | 31,500 | | |

（＊1） 808,500円〈時価〉－861,000円〈前T／B〉＝△52,500円（評価差損・借方差額）

（＊2） 繰延税金資産：52,500円×40％＝21,000円

(2) 表示科目の振り替え

貸借対照表では、その他有価証券を「投資有価証券」として、時価により固定資産の区分に表示します。

| | | | |
|---|---|---|---|
| (投 資 有 価 証 券) | 808,500 | (その他有価証券) | 808,500 |

11．費用の前払い

保険料のうち、当期の4か月分を除いた20か月分を前払処理します。なお、貸借対照表では、一年基準により前払費用のうち決算日の翌日から起算して1年以内のものを前払費用として流動資産の区分に、1年を超えるものを長期前払費用として固定資産の区分に表示します。

| | | | |
|---|---|---|---|
| (前 払 費 用)(＊1) | 63,000 | (保 険 料) | 105,000 |
| (長 期 前 払 費 用)(＊2) | 42,000 | | |

※ 1か月分の保険料：126,000円〈前T／B〉÷24か月＝5,250円

（＊1） 前払費用：5,250円×12か月〈1年以内〉＝63,000円

（＊2） 長期前払費用：126,000円〈前T／B〉－5,250円×4か月〈当期分〉
－63,000円〈1年以内〉＝42,000円〈1年超〉



12．費用の未払い

(1) 未処理（再振替仕訳）

| | | | |
|---|---|---|---|
| (未 払 費 用) | 21,000 | (広 告 宣 伝 費) | 21,000 |

(2) 未払計上

| | | | |
|---|---|---|---|
| (広 告 宣 伝 費) | 31,500 | (未 払 費 用) | 31,500 |

※ 未払費用：21,000円〈前T／B〉－21,000円＋31,500円＝31,500円

13．法人税、住民税及び事業税の計上

| | | | |
|---|---|---|---|
| (法人税、住民税及び事業税)(＊1) | 331,100 | (仮 払 法 人 税 等) | 175,000 |
| | | (未 払 法 人 税 等)(＊2) | 156,100 |

（＊1） 法人税、住民税及び事業税：課税所得827,750円×40％＝331,100円

（＊2） 未払法人税等：331,100円－175,000円〈前T／B仮払法人税等〉＝156,100円

14．税効果会計

税効果会計の仕訳には、複数の方法があります。

(1) 洗替方式

洗替方式では、期首の繰延税金資産についてその全額を消去し、期末の繰延税金資産についてその全額を計上します。

① 期首繰延税金資産の洗い替え

| | | | |
|---|---|---|---|
| (法人税等調整額) | 24,500 | (繰 延 税 金 資 産)(＊) | 24,500 |

（＊） 61,250円×40％＝24,500円

② 期末繰延税金資産の計上

| | | | |
|---|---|---|---|
| (繰 延 税 金 資 産)(＊) | 37,100 | (法人税等調整額) | 37,100 |

（＊） 92,750円×40％＝37,100円

※ 繰延税金資産：24,500円〈前T／B〉＋21,000円〈その他有価証券〉－24,500円〈期首〉
＋37,100円〈期末〉＝58,100円

(2) 差額補充方式

差額補充方式では、期首と期末の差額について繰延税金資産を新たに計上します。

| | | | |
|---|---|---|---|
| (繰 延 税 金 資 産)(＊) | 12,600 | (法人税等調整額) | 12,600 |

（＊） (92,750円－61,250円)×40％＝12,600円（繰延税金資産の増加）

15．繰越利益剰余金の計算

169,750円〈前T／B〉＋477,750円〈当期純利益〉＝647,500円

または、

12,969,600円〈B／S借方合計〉－12,322,100円〈B／S繰越利益剰余金以外の貸方合計〉＝647,500円

# 第4問

## (1) 仕訳問題

**1. 本社工場会計・組別総合原価計算**

工場から製品を発送したため、工場側では各組製品勘定の貸方に記入します。また、売上原価勘定は本社のみに設けてあるため、借方は本社勘定とします。

① 工場側

| (本　社) | 962,000 | (A 組 製 品) | 631,000 |
|---|---|---|---|
| | | (B 組 製 品) | 331,000 |

② 本社側

| (売 上 原 価) | 962,000 | (工　場) | 962,000 |
|---|---|---|---|

**2. 部門別個別原価計算・原価差異の計上**

第1製造部門費の予定配賦額に比べて第1製造部門費の実際発生額の方が多いため、原価差異は借方差異（不利差異）となります。したがって、第1製造部門費勘定から原価差異勘定の借方に振り替えます。

第1製造部門費の予定配賦額：(1,200時間＋800時間) ×500円＝1,000,000円

原価差異：第1製造部門費の予定配賦額1,000,000円－第1製造部門費の実際発生額1,300,000円＝300,000円（借方差異・不利差異）

**3. 外注加工賃**

外注加工賃は直接経費に該当するため、仕掛品勘定に記入します。

## (2) 単純総合原価計算

「平均法」により計算します。

**数量で按分**

仕掛品－A原料費

| 月初 | 400kg 448,000円 | 完成 | 4,000kg 4,704,000円 |
|---|---|---|---|
| 投入 | 4,600kg 5,152,000円 | 仕損 | 200kg |
| | | 月末 | 800kg 896,000円 |

**加工換算量で按分**

仕掛品－B原料費

| 月初 | (*1)200kg 104,000円 | 完成 | 4,000kg 2,352,000円 |
|---|---|---|---|
| 投入 | 4,400kg 2,472,000円 | 仕損 | 200kg |
| | | 月末 | (*2)400kg 224,000円 |

**加工換算量で按分**

仕掛品－加工費

| 月初 | (*1)200kg 320,000円 | 完成 | 4,000kg 7,056,000円 |
|---|---|---|---|
| 投入 | 4,400kg 7,408,000円 | 仕損 | 200kg |
| | | 月末 | (*2)400kg 672,000円 |

(*1) 400kg×50%＝200kg
(*2) 800kg×50%＝400kg

---

〈参考〉

損益計算書を示すと次のとおりです。なお、棚卸減耗損は販売費及び一般管理費、商品評価損は売上原価の内訳科目としています。

### 損 益 計 算 書
自×8年4月1日 至×9年3月31日　　　（単位：円）

| | | | |
|---|---|---:|---:|
| I | 売 上 高 | | 12,600,000 |
| II | 売 上 原 価 | | |
| 1 | 期 首 商 品 棚 卸 高 | 420,000 | |
| 2 | 当 期 商 品 仕 入 高 | 9,870,000 | |
| | 合 計 | 10,290,000 | |
| 3 | 期 末 商 品 棚 卸 高 | 490,000 | |
| | 差 引 | 9,800,000 | |
| 4 | 商 品 評 価 損 | 19,250 | 9,819,250 |
| | 売 上 総 利 益 | | 2,780,750 |
| III | 販 売 費 及 び 一 般 管 理 費 | | |
| 1 | 給 料 | 1,153,250 | |
| 2 | 減 価 償 却 費 | 581,000 | |
| 3 | 貸 倒 引 当 金 繰 入 | 14,000 | |
| 4 | 保 険 料 | 21,000 | |
| 5 | 広 告 宣 伝 費 | 231,000 | |
| 6 | 棚 卸 減 耗 損 | 8,750 | |
| 7 | 商 標 権 償 却 | 17,500 | 2,026,500 |
| | 営 業 利 益 | | 754,250 |
| IV | 営 業 外 収 益 | | |
| 1 | 受 取 利 息 | 3,500 | |
| 2 | 有 価 証 券 評 価 益 | 56,000 | 59,500 |
| V | 営 業 外 費 用 | | |
| 1 | 支 払 利 息 | 7,000 | |
| 2 | 為 替 差 損 | 10,500 | 17,500 |
| | 税 引 前 当 期 純 利 益 | | 796,250 |
| | 法人税、住民税及び事業税 | 331,100 | |
| | 法 人 税 等 調 整 額 | △ 12,600 | 318,500 |
| | 当 期 純 利 益 | | 477,750 |

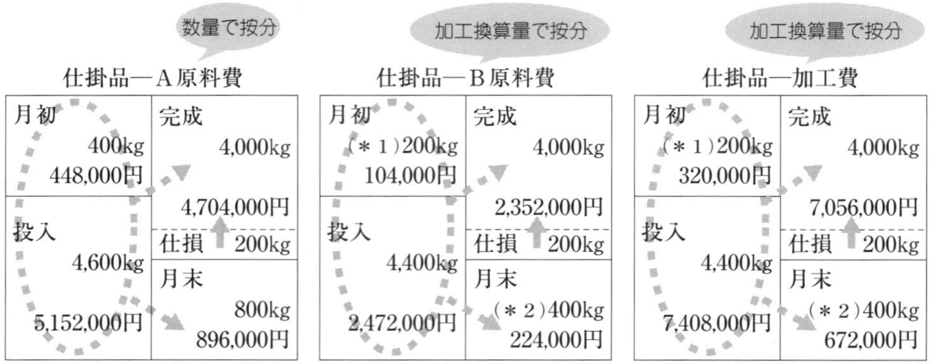

1．A原料費の計算（始点投入）

月末仕掛品原価：$\frac{448{,}000円 + 5{,}152{,}000円}{(4{,}000kg + 200kg) + 800kg} \times 800kg = 896{,}000円$

完成品総合原価：448,000円 + 5,152,000円 − 896,000円 = 4,704,000円

2．B原料費の計算（平均的投入）

B原料は工程を通じて平均的に投入されているため、加工費と同様に計算します。

月末仕掛品原価：$\frac{104{,}000円 + 2{,}472{,}000円}{(4{,}000kg + 200kg) + 400kg} \times 400kg = 224{,}000円$

完成品総合原価：104,000円 + 2,472,000円 − 224,000円 = 2,352,000円

3．加工費の計算

月末仕掛品原価：$\frac{320{,}000円 + 7{,}408{,}000円}{(4{,}000kg + 200kg) + 400kg} \times 400kg = 672{,}000円$

完成品総合原価：320,000円 + 7,408,000円 − 672,000円 = 7,056,000円

4．まとめ

月末仕掛品原価：$\underset{\text{A原料費}}{\underline{896{,}000円}} + \underset{\text{B原料費}}{\underline{224{,}000円}} + \underset{\text{加工費}}{\underline{672{,}000円}} = 1{,}792{,}000円$

仕損が「完成品のみ負担」の場合、仕損品評価額は完成品総合原価からマイナスします。

完成品総合原価：$\underset{\text{A原料費}}{\underline{4{,}704{,}000円}} + \underset{\text{B原料費}}{\underline{2{,}352{,}000円}} + \underset{\text{加工費}}{\underline{7{,}056{,}000円}} - \underset{\text{仕損品評価額}}{\underline{16{,}000円}} = 14{,}096{,}000円$

完成品単位原価：14,096,000円 ÷ 4,000kg = 3,524円/kg

## 第５問

### 問１　貢献利益率の計算

(1)　変動費率の計算

損益分岐点の計算で用いるため、変動費率を求めます。

変動費6,992,000円 ÷ 売上高9,200,000円 × 100 = 76%

(2)　貢献利益率の計算

貢献利益2,208,000円 ÷ 売上高9,200,000円 × 100 = 24%

### 問２　損益分岐点の売上高の計算

損益分岐点売上高とは営業利益がゼロとなる場合の売上高をいいます。したがって、損益計算書の営業利益を０円とおけば損益分岐点売上高を求めることができます。売上高を「S」とおいて直接原価計算方式による損益計算書を作成し計算します。



月次損益計算書　（単位：円）

| | |
|---|---|
| 売上高 | S |
| 変動費 | 0.76 S |
| 貢献利益 | 0.24 S |
| 固定費 | 1,656,000 |
| 営業利益 | 0.24 S − 1,656,000 |

0.24 S − 1,656,000円 = 0円

0.24 S = 1,656,000円

∴ S = 6,900,000円

### 問３　安全余裕率の計算

安全余裕率とは売上高（予想売上高または当期の売上高）が損益分岐点売上高をどれだけ上回っているかを示す比率です。したがって、３月の売上高9,200,000円と**問２**で求めた損益分岐点売上高6,900,000円を用いて下記の計算式により求めることができます。

安全余裕率の計算：

$$\frac{３月の売上高9{,}200{,}000円 - 損益分岐点売上高6{,}900{,}000円}{３月の売上高9{,}200{,}000円} \times 100 = 25\%$$

もしくは、$\left(1 - \frac{損益分岐点売上高6{,}900{,}000円}{３月の売上高9{,}200{,}000円}\right) \times 100 = 25\%$

### 問４　目標営業利益を達成するための売上高の計算

損益計算書の営業利益を600,000円とおけば目標営業利益を達成するための売上高を求めることができます。売上高を「S」とおいて直接原価計算方式による損益計算書を作成し計算します。

月次損益計算書　（単位：円）

| | |
|---|---|
| 売上高 | S |
| 変動費 | 0.76 S |
| 貢献利益 | 0.24 S |
| 固定費 | 1,656,000 |
| 営業利益 | 0.24 S − 1,656,000 |

0.24 S − 1,656,000円 = 600,000円

0.24 S = 600,000円 + 1,656,000円

∴ S = 9,400,000円

**問５　条件変更後の営業利益の計算**

売上高の減少を仮定すると、Ｒ社の売上高、変動費は次のようになります。

５％減少後の売上高：３月の売上高9,200,000円×（１－減少割合５％）＝8,740,000円

Ｒ社の変動費率：変動費5,888,000円÷売上高9,200,000円×100＝64％

売上高減少後の変動費：５％減少後の売上高8,740,000円×変動費率64％＝5,593,600円

計算した売上高、変動費をもとに、直接原価計算方式による月次損益計算書を作成し、月間営業利益を計算します。

月次損益計算書

| | |
|---|---|
| 売　上　高 | 8,740,000 円 |
| 変　動　費 | 5,593,600 |
| 　貢　献　利　益 | 3,146,400 円（＊１） |
| 固　定　費 | 2,760,000 |
| 　営　業　利　益 | 386,400 円（＊２） |

＊１　8,740,000円－5,593,600円＝3,146,400円

＊２　3,146,400円－2,760,000円＝386,400円

Ｒ社の売上高減少後の営業利益の割合：（386,400円÷552,000円）×100＝**70％**…①

経営レバレッジ係数は、営業利益の増減率が売上高の増減率の何倍に相当するかを表す数値であり、貢献利益を営業利益で除した数値となります。

経営レバレッジ係数＝3,312,000円÷552,000円＝**6**…②

日商簿記検定試験対策

# まるっと完全予想問題集

## 第10回

## 解答・解説

| 出題論点 | | | 難易度 |
|---|---|---|---|
| 第1問 | 仕訳問題 | 本支店会計（複数支店・本店集中計算制度） | A |
| | | 資本的支出と収益的支出 | A |
| | | 為替予約 | A |
| | | 当座預金の修正（銀行勘定調整） | A |
| | | 圧縮記帳（直接減額方式） | A |
| 第2問 | 連結精算表 | | A |
| 第3問 | 損益計算書 | | A |
| 第4問（1） | 仕訳問題 | 減価償却費の計上（工場の仕訳） | A |
| | | 当月製造費用の振り替え | A |
| | | 売上原価の計上（個別） | A |
| 第4問（2） | 標準原価計算（シングル・プラン） | | A |
| 第5問 | 直接原価計算と全部原価計算 | | B |

〔難易度〕A：普通　B：やや難しい　C：難しい

# 第10回　解答

## 商業簿記

第１問（20点）

| | 借方 記号 | 借方 金額 | 貸方 記号 | 貸方 金額 |
|---|---|---|---|---|
| 1 | （オ）買掛金 | 1,120,000 | （ア）本店 | 1,120,000 |
| 2 | （ア）建物 | 3,000,000 | （オ）当座預金 | 2,000,000 |
| | （ウ）修繕引当金 | 900,000 | （カ）未払金 | 2,000,000 |
| | （イ）修繕費 | 100,000 | | |
| 3 | （カ）為替差損益 | 97,500 | （イ）買掛金 | 97,500 |
| 4 | （イ）当座預金 | 32,000 | （カ）未払金 | 32,000 |
| 5 | （イ）備品 | 184,000 | （オ）当座預金 | 184,000 |
| | （エ）固定資産圧縮損 | 46,000 | （イ）備品 | 46,000 |

仕訳一組につき４点を与える。合計20点。

〈別解〉

| | 借方 記号 | 借方 金額 | 貸方 記号 | 貸方 金額 |
|---|---|---|---|---|
| 5 | （イ）備品 | 138,000 | （オ）当座預金 | 184,000 |
| | （エ）固定資産圧縮損 | 46,000 | | |



第２問（20点）

連　結　精　算　表

×3年３月31日　（単位：千円）

| 科目 | 個別財務諸表 P社 | 個別財務諸表 S社 | 連結修正仕訳 | 連結修正仕訳 | 連結財務諸表 |
|---|---|---|---|---|---|
| 貸借対照表 | | | | | |
| 現金預金 | 564,000 | 195,000 | | | 759,000 |
| 売掛金 | 1,440,000 | 660,000 | | 540,000 | 1,560,000 |
| 商品 | 1,110,000 | 495,000 | | 18,000 | 1,587,000 |
| 未収入金 | 240,000 | 39,000 | | 54,000 | 225,000 |
| 貸付金 | 450,000 | | | 180,000 | 270,000 |
| 未収収益 | 12,000 | | | 2,700 | 9,300 |
| 土地 | 495,000 | 108,000 | | 18,000 | 585,000 |
| 建物 | 150,000 | | | | 150,000 |
| 減価償却累計額 | △72,000 | | | | △　72,000 |
| のれん | — | | 228,000 | 12,000 | 216,000 |
| S社株式 | 600,000 | | | 600,000 | |
| 資産合計 | 4,989,000 | 1,497,000 | 228,000 | 1,424,700 | 5,289,300 |
| 買掛金 | 543,000 | 615,000 | 540,000 | | 618,000 |
| 借入金 | 375,000 | 210,000 | 180,000 | | 405,000 |
| 未払金 | 360,000 | 126,000 | 54,000 | | 432,000 |
| 未払費用 | 264,000 | 6,000 | 2,700 | | 267,300 |
| 資本金 | 678,000 | 300,000 | 300,000 | | 678,000 |
| 資本剰余金 | 369,000 | 60,000 | 60,000 | | 369,000 |
| 利益剰余金 | 2,400,000 | 180,000 | 1,651,700 | 1,603,100 | 2,415,600 |
| | | | 106,800 | 6,000 | |
| | | | 15,000 | | |
| 非支配株主持分 | | | 1,200 | 94,800 | 104,400 |
| | | | 3,600 | 14,400 | |
| 負債純資産合計 | 4,989,000 | 1,497,000 | 2,915,000 | 1,718,300 | 5,289,300 |
| 損益計算書 | | | | | |
| 売上高 | 4,698,000 | 3,222,000 | 1,580,000 | | 6,340,000 |
| 売上原価 | 3,042,000 | 2,301,000 | 18,000 | 1,580,000 | 3,766,000 |
| | | | | 15,000 | |
| 販売費及び一般管理費 | 1,399,800 | 864,000 | | | 2,263,800 |
| のれん償却 | | | 12,000 | | 12,000 |
| 受取配当金 | 4,800 | | 4,800 | | |
| 受取利息 | 15,600 | 2,400 | 4,500 | | 13,500 |
| 支払利息 | 12,000 | 5,400 | | 4,500 | 12,900 |
| 土地売却益 | | 18,000 | 18,000 | | |
| 当期純利益 | 264,600 | 72,000 | 1,637,300 | 1,599,500 | 298,800 |
| 非支配株主に帰属する当期純利益 | | | 14,400 | 3,600 | 10,800 |
| 親会社株主に帰属する当期純利益 | | | 1,651,700 | 1,603,100 | 288,000 |

□　１つにつき２点を与える。合計20点。

第3問（20点）

損益計算書

自×9年4月1日　至×10年3月31日　（単位：千円）

| | | | |
|---|---|---|---|
| Ⅰ | 役務収益 | | （5,587,660） |
| Ⅱ | 役務原価 | | |
| | 報酬 | （4,066,320） | |
| | その他 | （63,000） | （4,129,320） |
| | 売上総利益 | | （1,458,340） |
| Ⅲ | 販売費及び一般管理費 | | |
| 1 | 給料 | （450,000） | |
| 2 | 旅費交通費 | （3,750） | |
| 3 | 水道光熱費 | （4,875） | |
| 4 | 通信費 | （19,650） | |
| 5 | 支払家賃 | （264,000） | |
| 6 | 賞与引当金繰入 | （192,000） | |
| 7 | 貸倒損失 | （1,500） | |
| 8 | 貸倒引当金繰入 | （4,795） | |
| 9 | 減価償却費 | （34,500） | |
| 10 | 退職給付費用 | （10,500） | （985,570） |
| | 営業利益 | | （472,770） |
| Ⅳ | 営業外収益 | | |
| 1 | （**受取利息**） | | （480） |
| Ⅴ | 営業外費用 | | |
| 1 | （**支払利息**） | | （4,650） |
| | 経常利益 | | （468,600） |
| Ⅵ | 特別利益 | | |
| 1 | （**投資有価証券売却益**） | | （12,000） |
| | 税引前当期純利益 | | （480,600） |
| | 法人税、住民税及び事業税 | | （192,240） |
| | 当期純利益 | | （288,360） |

□ 1つにつき2点を与える。合計20点。



## 工業簿記

第4問（28点）

（1）（12点）

| | 借方 記号 | 借方 金額 | 貸方 記号 | 貸方 金額 |
|---|---|---|---|---|
| 1 | （エ）製造間接費 | 140,000 | （ウ）本社 | 140,000 |
| 2 | （エ）製品 | 5,080,000 | （ウ）仕掛品 | 5,080,000 |
| 3 | （ウ）売上原価 | 2,250,000 | （ア）製品 | 2,250,000 |

仕訳一組につき4点を与える。合計12点。

（2）（16点）

問1

仕掛品　（単位：円）

| | | | |
|---|---|---|---|
| 月初仕掛品原価 | （864,000） | 完成品原価 | （7,755,000） |
| 甲材料費 | （4,680,000） | 月末仕掛品原価 | （540,000） |
| 乙材料費 | （825,000） | | |
| 加工費 | （1,926,000） | | |
| | （8,295,000） | | （8,295,000） |

問2

| | |
|---|---|
| 甲材料費差異 | 90,000 円（有利差異・~~不利差異~~） |
| 乙材料費差異 | 3,000 円（~~有利差異~~・不利差異） |
| 加工費差異 | 69,000 円（~~有利差異~~・不利差異） |

「有利差異」「不利差異」については、いずれか不要な方を二重線で消去しなさい。

問3

| | |
|---|---|
| 営業利益 | 1,800,000 円 |

□ 1つにつき2点を与える。合計16点。

第5問（12点）

損益計算書（全部原価計算）　（単位：円）

| | 第 1 期 | 第 2 期 | 第 3 期 |
|---|---|---|---|
| 売上高 | （5,000,000） | （4,000,000） | （4,000,000） |
| 売上原価 | （3,600,000） | （2,880,000） | （2,880,000） |
| 原価差異 | （—） | （240,000） | （240,000） |
| 計 | （3,600,000） | （3,120,000） | （2,640,000） |
| 売上総利益 | （1,400,000） | （880,000） | （1,360,000） |
| 販売費・一般管理費 | （600,000） | （560,000） | （560,000） |
| 営業利益 | （800,000） | （320,000） | （800,000） |

（注）原価差異がゼロの場合は「—」を記入し、それ以外の場合は、原価差異の有利不利に関わらず符号や記号を付さない絶対値のみを記入すること。

損益計算書（直接原価計算）　（単位：円）

| | 第 1 期 | 第 2 期 | 第 3 期 |
|---|---|---|---|
| 売上高 | （5,000,000） | （4,000,000） | （4,000,000） |
| 変動売上原価 | （1,200,000） | （960,000） | （960,000） |
| 変動製造マージン | （3,800,000） | （3,040,000） | （3,040,000） |
| 変動販売費 | （200,000） | （160,000） | （160,000） |
| 貢献利益 | （3,600,000） | （2,880,000） | （2,880,000） |
| 固定費 | （2,800,000） | （2,800,000） | （2,800,000） |
| 営業利益 | （800,000） | （80,000） | （80,000） |

□ 1つにつき2点を与える。合計12点。



# 第10回　解説

**第1問**

1．本支店会計

本店集中計算制度とは、支店が複数あるとき、支店相互間の取引を本店と各支店の取引とみなして処理する方法であり、各支店では本店勘定のみが設けられ、本店では各支店の勘定が設けられます。

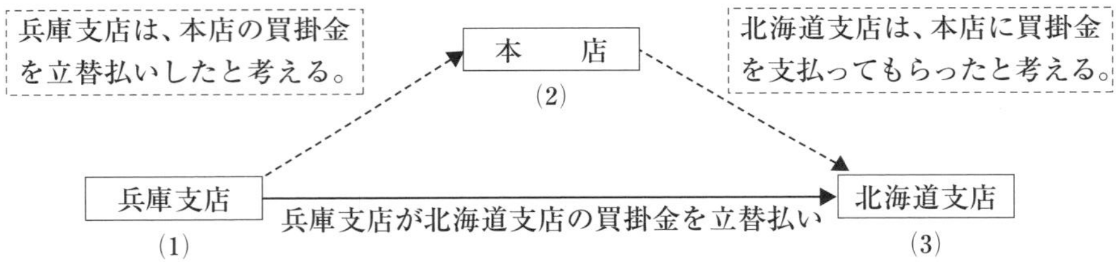

兵庫支店は、本店の買掛金を立替払いしたと考える。
本　店
(2)
北海道支店は、本店に買掛金を支払ってもらったと考える。
兵庫支店
(1)
兵庫支店が北海道支店の買掛金を立替払い
北海道支店
(3)


(1) 兵庫支店の仕訳

| | | | |
|---|---|---|---|
| （本　店） | 1,120,000 | （現　金） | 1,120,000 |

(2) 本店の仕訳

| | | | |
|---|---|---|---|
| （北海道支店） | 1,120,000 | （兵庫支店） | 1,120,000 |

(3) 北海道支店の仕訳　←本問

| | | | |
|---|---|---|---|
| （買掛金） | 1,120,000 | （本　店） | 1,120,000 |

2．改良・修繕（資本的支出と収益的支出）

修繕等の名目で固定資産に対して支出した金額がある場合、そのうちの資産価値を高める内容についてのもの（たとえば耐用年数の延長など）を資本的支出といい、費用処理せずにその資産の取得原価（本問では社屋および倉庫とあることから建物勘定）に加算します。修繕とは壊れた部分を元通りにするなど、資産の価値を維持するために行われるものであり、これを収益的支出といい、修繕費勘定（費用）を用いて仕訳します。

ただし、前期末決算において修繕費の見積計上を行い、修繕引当金がある場合はこれを優先して取り崩します。

3．為替予約

振当処理とは、外貨建取引と為替予約を一体のものとして処理する方法であり、為替予約により確定した「先物為替相場」によって外貨建取引および外貨建金銭債権債務を換算します。本問のように、取引発生後に為替予約を付した場合は、外貨建金銭債権債務について、為替予約時に為替予約にもとづく先物為替相場（予約レート）による円換算額に換算替えします。なお、それにともない生じた差額は「為替差損益」とします。

(1) 仕入時（×2年7月1日）← すでにこの処理は行われています

取引全体を輸入時の直物為替相場で換算します。

| | | | |
|---|---|---|---|
| （仕　入） | 1,950,000 | （買掛金）(＊) | 1,950,000 |

（＊）　100円/ドル×19,500ドル＝1,950,000円

(2)　予約時（×2年８月１日）← 本問

買掛金を予約した先物為替相場で換算替えします。

| | | | |
|---|---|---|---|
| (為 替 差 損 益)(＊) | 97,500 | (買　掛　金) | 97,500 |

（＊）　105円/ドル×19,500ドル－1,950,000円＝97,500円(買掛金の増加＝為替差損)

4．銀行勘定調整（未渡小切手）

未渡小切手がある場合、当座預金勘定と当座預金口座の残高を一致させるため、振出時の処理を修正する必要があります。修正にあたって、未渡小切手が、買掛金などの負債の支払いのために振り出されている場合は、振出時の仕訳の逆仕訳をしますが、広告費などの費用の支払いのために振り出されている場合は、振出時の逆仕訳をしてしまうと、費用が発生していない（広告してもらっていない）ことになってしまいます。したがって、当座預金勘定は逆仕訳しますが、広告宣伝費勘定は逆仕訳せず未払金勘定で処理します。

5．固定資産の圧縮記帳

国庫補助金を受け取り、固定資産を取得したときは、いったん購入価額を取得原価として記帳します。そして、受け取った国庫補助金の金額分、固定資産の取得原価を減額するとともに、相手科目を固定資産圧縮損勘定（費用）で処理します。

## 第２問

本問では連結第２年度について問われていますが、連結株主資本等変動計算書については問われていないため、連結貸借対照表上の純資産項目で処理します（以下、仕訳の金額の単位は千円）。

### Ⅰ．タイムテーブル（単位：千円）

| | ×1年３月末 | | ×2年３月末 | | ×3年３月末 |
|---|---|---|---|---|---|
| Ｐ社持分割合 | 80% | | 80% | | 80% |
| 資本金 | 300,000 | | 300,000 | | 300,000 |
| 資本剰余金 | 60,000 | | 60,000 | | 60,000 |
| 利益剰余金 | 90,000＊1 | 19,200＊5 / 4,800＊5 → | 114,000＊4 | 57,600＊6　△4,800＊7 / 14,400＊6　△1,200＊7 → | 180,000＊3 |
| 非支配株主持分 | 90,000＊8 | | 94,800 | | 108,000 |
| のれん | 240,000＊8 | △12,000＊2 | | △12,000 | |

（＊1）　問題資料１より

（＊2）　240,000千円÷20年＝12,000千円

（＊3）　精算表Ｓ社Ｂ/Ｓ欄より

（＊4）　×2年度末Ｓ社利益剰余金180,000千円－精算表Ｓ社当期純利益72,000千円



＋×2年度Ｓ社配当金6,000千円＝114,000千円

（＊5）　Ｐ　社　分：(×1年度末Ｓ社利益剰余金114,000千円－支配獲得時Ｓ社利益剰余金90,000千円)×80%
＝19,200千円

被支配株主持分：　〃　×20%
＝ 4,800千円

（＊6）　Ｐ　社　分：精算表Ｓ社当期純利益72,000千円×80%＝57,600千円

被支配株主持分：　〃　72,000千円×20%＝14,400千円

（＊7）　Ｐ　社　分：問題資料１よりＳ社配当金6,000千円×80%＝4,800千円

被支配株主持分：　〃　6,000千円×20%＝1,200千円

（＊8）　下記Ⅱ１．(1)参照

### Ⅱ．連結修正仕訳

1．開始仕訳

連結第２年度の連結決算日において連結財務諸表を作成する場合の開始仕訳は、前期までに行った連結修正仕訳を累積したものになります。

(1)　支配獲得時の仕訳（×1年３月31日）

Ｐ社の投資（Ｓ社株式）とＳ社の資本（純資産）を相殺消去します。投資と資本に差額が生じる場合（投資＞資本）は「のれん」として処理します。なお、相殺消去するＳ社資本のうち20%は非支配株主持分とします。

| | | | |
|---|---|---|---|
| (資　本　金) | 300,000 | (Ｓ 社 株 式) | 600,000 |
| (資 本 剰 余 金) | 60,000 | (非支配株主持分)(＊1) | 90,000 |
| (利 益 剰 余 金) | 90,000 | | |
| (の　れ　ん)(＊2) | 240,000 | | |

（＊1）　非支配株主持分：(資本金300,000千円＋資本剰余金60,000千円
＋利益剰余金90,000千円）×20%＝90,000千円

（＊2）　のれん：Ｓ社株式600,000千円－(資本金300,000千円
＋資本剰余金60,000千円＋利益剰余金90,000千円)×80%
＝240,000千円

(2)　×1年度期中仕訳（×2年３月31日）

①　のれんの償却

のれんは、問題の指示により20年間で均等償却します。

| | | | |
|---|---|---|---|
| (利 益 剰 余 金)(＊) | 12,000 | (の　れ　ん) | 12,000 |

（＊）　$240{,}000千円 \times \frac{1年}{20年} = 12{,}000千円$

②　子会社当期純利益の振り替え

子会社の当期純利益のうち非支配株主に帰属する部分は、連結上の利益（利益剰余金）から控除し、非支配株主持分を増額させます。

| | | | |
|---|---|---|---|
| (利益剰余金)(＊) | 4,800 | (非支配株主持分) | 4,800 |

(＊)　(×1年度末Ｓ社利益剰余金114,000千円
　　　－支配獲得時Ｓ社利益剰余金90,000千円)×20％＝4,800千円

(3)　×2年度の開始仕訳（×3年３月31日）← 上記(1)＋(2)

| | | | |
|---|---|---|---|
| (資本金) | 300,000 | (Ｓ社株式) | 600,000 |
| (資本剰余金) | 60,000 | (非支配株主持分)(＊3) | 94,800 |
| (利益剰余金)(＊1) | 106,800 | | |
| (のれん)(＊2) | 228,000 | | |

(＊1)　利益剰余金：支配獲得時90,000千円＋非支配株主に帰属する当期純利益4,800千円＋のれん償却12,000千円＝106,800千円

(＊2)　のれん：240,000千円－12,000千円＝228,000千円

(＊3)　非支配株主持分：90,000千円＋4,800千円＝94,800千円

2．期中仕訳

(1)　のれんの償却

| | | | |
|---|---|---|---|
| (のれん償却)(＊) | 12,000 | (のれん) | 12,000 |

(＊)　$240{,}000\text{千円} \times \frac{1\text{年}}{20\text{年}} = 12{,}000\text{千円}$

(2)　子会社当期純利益の振り替え

| | | | |
|---|---|---|---|
| (非支配株主に帰属する当期純利益)(＊) | 14,400 | (非支配株主持分) | 14,400 |

(＊)　Ｓ社当期純利益72,000千円×20％＝14,400千円

(3)　子会社配当金の修正

Ｓ社の配当金のうち親会社に帰属する部分は受取配当金と相殺し、非支配株主に帰属する部分は非支配株主持分から減額します。

| | | | |
|---|---|---|---|
| (受取配当金)(＊1) | 4,800 | (利益剰余金) | 6,000 |
| (非支配株主持分)(＊2) | 1,200 | | |

(＊1)　受取配当金：6,000千円×80％＝4,800千円

(＊2)　非支配株主持分：6,000千円×20％＝1,200千円

(4)　売掛金・買掛金の相殺消去

| | | | |
|---|---|---|---|
| (買掛金) | 540,000 | (売掛金) | 540,000 |

(5)　貸付金・借入金の相殺消去

| | | | |
|---|---|---|---|
| (借入金) | 180,000 | (貸付金) | 180,000 |

(6)　未収入金・未払金の相殺消去

| | | | |
|---|---|---|---|
| (未払金) | 54,000 | (未収入金) | 54,000 |

(7)　未収収益・未払費用の相殺消去

| | | | |
|---|---|---|---|
| (未払費用) | 2,700 | (未収収益) | 2,700 |



(8)　売上高・売上原価の相殺消去

内部取引であるＰ社のＳ社に対する売上高とＳ社の仕入高（売上原価）を相殺します。

| | | | |
|---|---|---|---|
| (売上高) | 1,580,000 | (売上原価) | 1,580,000 |

(9)　受取利息・支払利息の相殺消去

| | | | |
|---|---|---|---|
| (受取利息) | 4,500 | (支払利息) | 4,500 |

(10)　期首商品と期末商品に含まれる未実現利益の消去（ダウン・ストリーム）

①　期首商品の未実現利益の消去

連結会社相互間の取引によって取得した商品を買い手側が当期首に保有している場合には、期首商品に含まれている未実現利益を消去します。なお、この前期末実現利益は、当期において利益剰余金の減額という形で修正します。また期首商品はすべて当期に販売されたものとされるので、売上原価の額を修正します。

| | | | |
|---|---|---|---|
| (利益剰余金)(＊) | 15,000 | (売上原価) | 15,000 |

(＊)　Ｓ社期首商品のうちＰ社からの仕入分50,000千円×売上総利益30％
　　＝15,000千円

②　期末商品の未実現利益の消去

連結会社相互間の取引によって取得した商品を買い手側が当期末に保有している場合には、期末商品に含まれている未実現利益を消去するために、未実現利益の分だけ商品の価額を減らし、売上原価の額を修正します。

| | | | |
|---|---|---|---|
| (売上原価)(＊) | 18,000 | (商品) | 18,000 |

(＊)　Ｓ社期末商品のうちＰ社からの仕入分60,000千円×売上総利益30％
　　＝18,000千円

(11)　土地売却益の消去（アップ・ストリーム）

①　未実現利益の消去

Ｓ社が計上したＰ社に対する土地売却益は未実現のため消去します。また、Ｐ社はＳ社が計上した土地売却益の分だけ過大に土地を計上していることになるため、これを修正します。

| | | | |
|---|---|---|---|
| (土地売却益)(＊) | 18,000 | (土地) | 18,000 |

(＊)　未実現利益：売却価額108,000千円－Ｓ社の帳簿価額90,000千円
　　＝18,000千円

②　非支配株主持分の調整

未実現利益として消去したＳ社の土地売却益のうち、非支配株主に帰属する分については、非支配株主に負担させます。したがって、消去した未実現利益に非支配株主持分割合を乗じた分だけ、非支配株主に帰属する当期純利益を減額します。

| | | | |
|---|---|---|---|
| (非支配株主持分)(＊) | 3,600 | (非支配株主に帰属する当期純利益) | 3,600 |

(＊)　非支配株主持分の調整：18,000千円×20％＝3,600千円

## 第3問

決算整理仕訳は以下のとおりです。

1．貸倒処理

| | | | |
|---|---|---|---|
| (貸倒引当金) | 900 | (売掛金) | 2,400 |
| (貸倒損失) | 1,500 | | |

2．役務原価の仕掛品処理

サービス業において、役務収益（売上）に先行して、その役務原価となる費用を支出した場合には、「仕掛品」として計上しておき、後に役務収益が計上された時に「役務原価」へ振り替えます。

| | | | |
|---|---|---|---|
| (役務原価) | 2,100 | (仕掛品) | 2,100 |
| (仕掛品) | 2,400 | (役務原価) | 2,400 |

3．役務収益、役務原価の追加計上

①のサービスでは、あらかじめ請求金額（売上高）が契約によって定められており、スタッフの勤務時間にもとづいて顧客に対価を請求できるため、役務の提供によって売上が計上されます。よって、未処理となっていた勤務報告書の勤務時間にもとづいて、役務原価・役務収益を追加計上します。

なお、〔資料Ⅱ〕２、３の役務原価は給与支払いの形をとるものであるため、P/L上の「役務原価（報酬）」に加減します。

| | | | |
|---|---|---|---|
| (売掛金)(＊1) | 160 | (役務収益) | 160 |
| (役務原価)(＊2) | 120 | (未払金) | 120 |

(＊1)　120千円(＊2)÷75%＝160千円

(＊2)　@1,200円×100時間＝120千円

4．貸倒引当金の設定

| | | | |
|---|---|---|---|
| (貸倒引当金繰入)(＊) | 4,795 | (貸倒引当金) | 4,795 |

(＊)　(1,111,240千円－2,400千円＋160千円)×0.5%＝5,545千円
　　5,545千円－(1,650千円－900千円)＝4,795千円

5．経過勘定

| | | | |
|---|---|---|---|
| (支払家賃) | 19,500 | (前払家賃) | 19,500 |
| (前払家賃) | 25,500 | (支払家賃) | 25,500 |
| (未払水道光熱費) | 600 | (水道光熱費) | 600 |
| (水道光熱費) | 675 | (未払水道光熱費) | 675 |

6．減価償却

| | | | |
|---|---|---|---|
| (減価償却費)(＊) | 34,500 | (備品減価償却累計額) | 34,500 |

(＊)　276,000千円÷８年＝34,500千円

7．有価証券

①　A社株式（子会社株式）

子会社株式は、売却益を得るための頻繁な売買をせず、長期間保有するものなので、



決算時に評価替えをしません。

| |
|---|
| 仕訳なし |

②　B社社債（その他有価証券）

その他有価証券は、売買目的有価証券とは異なり、すぐに売却しません。そのため、評価差額は原則として損益計算書には計上せず、純資産に計上します。

| | | | |
|---|---|---|---|
| (その他有価証券)(＊) | 200 | (その他有価証券評価差額金) | 200 |

(＊)　24,900千円（時価）－24,700千円（帳簿価額）＝200千円

8．退職給付引当金、賞与引当金

| | | | |
|---|---|---|---|
| (退職給付費用) | 10,500 | (退職給付引当金) | 10,500 |
| (賞与引当金繰入)(＊) | 27,000 | (賞与引当金) | 27,000 |

(＊)　翌期支給見込額192,000千円－既計上額165,000千円(＝15,000千円×11回)
　　＝27,000千円

9．法人税等

前T/Bには法人税等と未払法人税等75,000千円が計上されており、既に法人税等を計上していますが、金額が不足しているため追加計上します。

| | | | |
|---|---|---|---|
| (法人税、住民税及び事業税)(＊) | 117,240 | (未払法人税等) | 117,240 |

(＊)　P/L税引前当期純利益：480,600千円×40%＝192,240千円
　　192,240千円－既計上法人税等75,000千円＝117,240千円

## 第4問

（1）仕訳問題

1．本社工場会計（減価償却）

機械装置減価償却費の年間見積額のうち、当月分を間接経費として製造間接費勘定へ振り替えます。

なお、機械装置減価償却累計額勘定は本社で設定されているため、工場側では貸方を本社勘定とします。

当月の減価償却費：1,680,000円÷12か月＝140,000円

①　工場側　←本問

| | | | |
|---|---|---|---|
| (製造間接費) | 140,000 | (本社) | 140,000 |

②　本社側

| | | | |
|---|---|---|---|
| (工場) | 140,000 | (機械装置減価償却累計額) | 140,000 |

2．完成品原価の計上

①　製造間接費予定配賦額

予定配賦率：年間製造間接費予算額24,000,000円÷年間予定直接作業時間12,000時間
　　＝@2,000円

製造指図書＃103：@2,000円×380時間＝760,000円

製造指図書＃201：@2,000円×420時間＝840,000円

② 完成品原価

当月に完成した製造指図書＃103および製造指図書＃201の原価を仕掛品勘定から製品勘定へ振り替えます。

製造指図書＃103：月初仕掛品397,500円＋直接材料費262,500円
＋直接労務費912,000円＋製造間接費760,000円＝2,332,000円

製造指図書＃201：直接材料費637,500円＋直接労務費1,008,000円
＋直接経費262,500円＋製造間接費840,000円＝2,748,000円

完成品原価：2,332,000円＋2,748,000円＝5,080,000円

3．売上原価の計上

製品を販売したときには、製品勘定から売上原価勘定へ振り替えます。

（2）標準原価計算（シングル・プラン）

1．標準原価の計算

原価要素ごとに生産データを整理し、標準原価を算出します。

(1) 甲材料費について

工程の始点ですべて投入される甲材料は、仕掛品に対する進捗度（原価の投入割合）が100％となります。よって、生産データの数値をそのまま乗じて甲材料費の標準原価を計算することができます。

甲材料費：生産データ

| | |
|---|---|
| 月初仕掛品 800個 | 完成品 5,500個 |
| 当月投入 差引 5,200個 | 月末仕掛品 500個 |

① 完成品原価：@900円/個×5,500個＝4,950,000円
② 月末仕掛品原価：@900円/個×500個＝450,000円
③ 月初仕掛品原価：@900円/個×800個＝720,000円
④ 当月甲材料費：@900円/個×5,200個＝4,680,000円

(2) 乙材料費について

工程の80％ですべて投入される乙材料は、加工進捗度50％の仕掛品に対する進捗度（原価の投入割合）が、0％（完成品1個を製造するために必要な乙材料はまったく投入されていない）となります。よって、月初仕掛品および月末仕掛品について、乙材料費の標準原価は計算されません。



乙材料費：生産データ

| | |
|---|---|
| 月初仕掛品 800個×0％ ＝0個分 | 完成品 5,500個×100％ ＝5,500個分 |
| 当月投入 差引 5,500個分 | 月末仕掛品 500個×0％ ＝0個分 |

① 完成品原価：@150円/個×5,500個分＝825,000円
② 月末仕掛品原価：@150円/個×0個分＝0円
③ 月初仕掛品原価：@150円/個×0個分＝0円
④ 当月乙材料費：@150円/個×5,500個分＝825,000円

(3) 加工費について

加工に応じて投入される加工費は、仕掛品に対する進捗度（原価の投入割合）が加工進捗度と等しくなります。よって、数量に加工進捗度を掛けた、いわゆる「完成品換算量」を基礎として加工費の標準原価を計算します。

加工費：生産データ

| | |
|---|---|
| 月初仕掛品 800個×50％ ＝400個分 | 完成品 5,500個×100％ ＝5,500個分 |
| 当月投入 差引 5,350個分 | 月末仕掛品 500個×50％ ＝250個分 |

① 完成品原価：@360円/個×5,500個分＝1,980,000円
② 月末仕掛品原価：@360円/個×250個分＝90,000円
③ 月初仕掛品原価：@360円/個×400個分＝144,000円
④ 当月加工費：@360円/個×5,350個分＝1,926,000円

(4) 合計

① 完成品原価：甲材料4,950,000円＋乙材料825,000円＋加工費1,980,000円＝7,755,000円
② 月末仕掛品原価：甲材料450,000円＋乙材料0円＋加工費90,000円＝540,000円
③ 月初仕掛品原価：甲材料720,000円＋乙材料0円＋加工費144,000円＝864,000円
④ 当月製造費用：甲材料4,680,000円＋乙材料825,000円＋加工費1,926,000円＝7,431,000円

2．標準原価差異の計算

当月投入（当月製造費用）に対する標準原価と実際原価を比較して標準原価差異を算出します。

(1) 甲材料費差異

標準甲材料費4,680,000円－実際発生額4,590,000円＝90,000円（有利差異）

(2) 乙材料費差異

標準乙材料費825,000円－実際発生額828,000円＝△3,000円（不利差異）

(3) 加工費差異

標準加工費1,926,000円－実際発生額1,995,000円＝△69,000円（不利差異）

3．製品勘定

すべて標準原価で計算され、記入されます。

(1) 借方

① 月初製品原価：1,410円/個×300個＝423,000円

② 完成品原価：1,410円/個×5,500個＝7,755,000円

(2) 貸方

① 売上原価：1,410円/個×5,600個＝7,896,000円

② 月末製品原価：1,410円/個×200個＝282,000円

4．勘定連絡

シングル・プランの場合、仕掛品勘定および製品勘定の内容は、すべて標準原価で記録されます。なお、標準原価差異は、各費目の勘定において把握されることになります。

以下、網掛けの部分が「標準原価」での記入となります。

甲材料

| | |
|---|---|
| 実際発生額 4,590,000 | 差異 90,000<br>標準 4,680,000 |

乙材料

| | |
|---|---|
| 実際発生額 828,000 | 標準 825,000<br>差異 3,000 |

加工費

| | |
|---|---|
| 実際発生額 1,995,000 | 標準 1,926,000<br>差異 69,000 |

仕掛品

| | |
|---|---|
| 月初 864,000 | 完成 7,755,000 |
| 甲材 4,680,000 | |
| 乙材 825,000 | |
| 加工 1,926,000 | 月末 540,000 |

製品

| | |
|---|---|
| 月初 423,000 | 売原 7,896,000 |
| 完成 7,755,000 | 月末 282,000 |

原価差異

| | |
|---|---|
| 乙材 3,000 | 甲材 90,000 |
| 加工 69,000 | |
| 有利 18,000 | |

5．営業利益の計算

(1) 売上高

2,700円/個×5,600個＝15,120,000円

(2) 売上原価

① 原価差異賦課前の売上原価：1,410円/個×5,600個＝7,896,000円

② 原価差異：甲材90,000円(有利)－乙材3,000円(不利)－加工69,000円(不利)
＝18,000円(有利差異)

③ 原価差異賦課後の売上原価：7,896,000円－原価差異18,000円(有利)＝7,878,000円



(3) 損益計算書

月次損益計算書　(単位：円)

| | | |
|---|---|---|
| Ⅰ 売上高 | | 15,120,000 |
| Ⅱ 売上原価 | | |
| 1 月初製品棚卸高 | 423,000 | |
| 2 当月製品製造原価 | 7,755,000 | |
| 合計 | 8,178,000 | |
| 3 月末製品棚卸高 | 282,000 | |
| 差引 | 7,896,000 | |
| 4 原価差異 | 18,000 | 7,878,000 |
| 売上総利益 | | 7,242,000 |
| Ⅲ 販売費及び一般管理費 | | 5,442,000 |
| 営業利益 | | 1,800,000 |

**第5問**

1．生産・販売・在庫量

製品(第1期)

| | |
|---|---|
| 期首 0個 | 販売 1,000個 |
| 生産 1,000個 | 期末 0個 |

製品(第2期)

| | |
|---|---|
| 期首 0個 | 販売 800個 |
| 生産 900個 | 期末 100個 |

製品(第3期)

| | |
|---|---|
| 期首 100個 | 販売 800個 |
| 生産 1,100個 | 期末 400個 |

2．全部原価計算による損益計算書

(1) 売上高の計算

第1期：@5,000円×1,000個＝5,000,000円

第2期：@5,000円× 800個＝4,000,000円

第3期：@5,000円× 800個＝4,000,000円

(2) 売上原価の計算

本問では、製造間接費を予定配賦しているため、各期の売上原価は単位あたりの変動製造原価（@1,200円）と固定製造間接費（@2,400円）を合計し、それに各期の販売量を掛けることによって求めることができます。

第1期：(@1,200円〈変動製造原価〉＋@2,400円〈固定製造間接費〉)×1,000個＝3,600,000円

第2期：(@1,200円〈変動製造原価〉＋@2,400円〈固定製造間接費〉)× 800個＝2,880,000円

第3期：(@1,200円〈変動製造原価〉＋@2,400円〈固定製造間接費〉)× 800個＝2,880,000円

(3) 原価差異の計算

第１期：@2,400円 × (1,000個 − 1,000個) = 0円（原価差異はゼロ）
実際操業度　基準操業度

第２期：@2,400円 × ( 900個 − 1,000個) = △240,000円（不利差異→売上原価に加算）
実際操業度　基準操業度

第３期：@2,400円 × (1,100個 − 1,000個) = 240,000円（有利差異→売上原価から減算）
実際操業度　基準操業度

(4) 販売費・一般管理費の計算

第１期：@200円 × 1,000個 + 400,000円 = 600,000円
第２期：@200円 × 800個 + 400,000円 = 560,000円
第３期：@200円 × 800個 + 400,000円 = 560,000円

3．直接原価計算による損益計算書

(1) 売上高の計算

全部原価計算と同様（２．(1)参照）

(2) 変動売上原価の計算

第１期：@1,200円〈変動製造原価〉× 1,000個 = 1,200,000円
第２期：@1,200円〈変動製造原価〉× 800個 = 960,000円
第３期：@1,200円〈変動製造原価〉× 800個 = 960,000円

(3) 変動販売費の計算

第１期：@200円 × 1,000個 = 200,000円
第２期：@200円 × 800個 = 160,000円
第３期：@200円 × 800個 = 160,000円

(4) 固定費の計算

各期とも2,400,000円〈固定製造間接費〉+ 400,000円〈固定販売費及び一般管理費〉= 2,800,000円となります。

# 日商簿記検定試験対策
# まるっと完全予想問題集

## 第11回

## 解答・解説

| 出題論点 | | | 難易度 |
|---|---|---|---|
| 第1問 | 仕訳問題 | 収益認識（売上割戻し） | A |
| | | 電子記録債権の発生・手形の裏書き | A |
| | | クレジット売掛金＋消費税 | A |
| | | 債券の購入（端数利息） | A |
| | | 銀行残高調整 | A |
| 第2問 | 商品売買取引・税効果会計 | | A |
| 第3問 | 損益勘定・繰越利益剰余金勘定・貸借対照表 | | A |
| 第4問（1） | 仕訳問題 | 直接工賃金の支払い | A |
| | | 材料価格差異・消費数量差異の計上（標準） | A |
| | | 組別総合原価計算（売上高・売上原価） | A |
| 第4問（2） | 本社工場会計（総勘定元帳） | | A |
| 第5問 | 標準原価計算（差異分析）（パーシャル・プラン） | | B |

〔難易度〕A：普通　B：やや難しい　C：難しい

# 第11回　解答

## 商業簿記

第１問（20点）

| | 借方 記号 | 借方 金額 | 貸方 記号 | 貸方 金額 |
|---|---|---|---|---|
| 1 | （ウ）売掛金 | 800,000 | （カ）売上 | 720,000 |
| | | | （イ）返金負債 | 80,000 |
| 2 | （オ）電子記録債権 | 300,000 | （ウ）売掛金 | 520,000 |
| | （イ）受取手形 | 220,000 | | |
| 3 | （ウ）支払手数料 | 400 | （ア）売上 | 20,000 |
| | （カ）クレジット売掛金 | 21,600 | （エ）仮受消費税 | 2,000 |
| 4 | （ウ）その他有価証券 | 7,402,500 | （カ）当座預金 | 7,431,000 |
| | （オ）有価証券利息 | 28,500 | | |
| 5 | （イ）当座預金 | 500,000 | （エ）未払金 | 500,000 |

仕訳一組につき４点を与える。合計20点。



第２問（20点）

問１

繰越商品

| 日付 | 摘要 | 金額 | 日付 | 摘要 | 金額 |
|---|---|---|---|---|---|
| 9/1 | 前期繰越 | （3,600） | 9/30 | （仕入） | （3,600） |
| 30 | （仕入） | （5,250） | | | |

仕入

| 日付 | 摘要 | 金額 | 日付 | 摘要 | 金額 |
|---|---|---|---|---|---|
| 9/7 | （買掛金） | （12,000） | 9/14 | （買掛金） | （1,200） |
| 21 | （当座預金） | （9,600） | 30 | （繰越商品） | （5,250） |
| 25 | （現金） | （4,500） | 〃 | （損益） | （23,250） |
| 30 | （繰越商品） | （3,600） | | | |

損益

| 日付 | 摘要 | 金額 | 日付 | 摘要 | 金額 |
|---|---|---|---|---|---|
| 9/30 | （仕入） | （23,250） | 9/30 | 売上 | 27,900 |

問２

| ①課税所得 | ②法人税、住民税及び事業税 | ③未払法人税等 |
|---|---|---|
| ¥ 1,106,000 | ¥ 331,800 | ¥ 271,800 |

| ④繰延税金資産または繰延税金負債 | | ⑤法人税等調整額 |
|---|---|---|
| 繰延税金資産（○印）<br>繰延税金負債（○をつけること） | ¥ 640,500 | ¥ △46,800 |

問１は□１つにつき２点、問２は①〜③、⑤に各２点を与える。④は科目名と金額が共に正解の場合に２点を与える。合計20点。

## 第3問（20点）

損　　益

| | | | | | |
|---|---|---|---|---|---|
| 3/31 | 仕入 | 1,860,460 | 3/31 | 売上 | 2,991,400 |
| 〃 | 給料 | 269,000 | 〃 | 受取手数料 | 349,000 |
| 〃 | 貸倒引当金繰入 | 92,096 | 〃 | 有価証券評価益 | 110,000 |
| 〃 | 商品評価損 | 8,120 | 〃 | 固定資産売却益 | 2,500 |
| 〃 | 棚卸減耗損 | 24,740 | 〃 | 為替差損益 | 3,200 |
| 〃 | 減価償却費 | 151,500 | 〃 | 法人税等調整額 | 5,120 |
| 〃 | 保険料 | 2,400 | | | |
| 〃 | 支払地代 | 4,800 | | | |
| 〃 | 法人税、住民税及び事業税 | 422,313 | | | |
| 〃 | 繰越利益剰余金 | 625,791 | | | |
| | | 3,461,220 | | | 3,461,220 |

繰越利益剰余金

| | | | | | |
|---|---|---|---|---|---|
| 6/28 | 利益準備金 | 30,000 | 4/1 | 前期繰越 | 506,000 |
| 〃 | 未払配当金 | 300,000 | 3/31 | 損益 | 625,791 |
| 〃 | 別途積立金 | 80,000 | | | |
| 3/31 | 次期繰越 | 721,791 | | | |
| | | 1,131,791 | | | 1,131,791 |



貸借対照表

×4年3月31日　　（単位：円）

| 借方科目 | 金額 | 貸方科目 | 金額 |
|---|---|---|---|
| 現金預金 | 3,486,000 | 支払手形 | 2,585,600 |
| 受取手形 | 3,020,000 | 買掛金 | 1,786,500 |
| 売掛金 | 583,200 | 未払法人税等 | 222,313 |
| 貸倒引当金 | △ 108,096 | 未払費用 | 1,200 |
| 有価証券 | 4,260,000 | 資本金 | 7,019,200 |
| 繰越商品 | 453,380 | 利益準備金 | 578,000 |
| 前払費用 | 4,800 | 別途積立金 | 880,000 |
| 建物 | 2,400,000 | 繰越利益剰余金 | 721,791 |
| 建物減価償却累計額 | △ 594,000 | | |
| 備品 | 400,000 | | |
| 備品減価償却累計額 | △ 175,000 | | |
| 繰延税金資産 | 64,320 | | |
| | 13,794,604 | | 13,794,604 |

□ 1つにつき2点を与える。合計20点。

## 工業簿記

第4問（28点）

（1）（12点）

| | 借方 記号 | 借方 金額 | 貸方 記号 | 貸方 金額 |
|---|---|---|---|---|
| 1 | （ウ）仕掛品 | 1,040,000 | （イ）賃金・給料 | 1,430,000 |
| | （エ）製造間接費 | 390,000 | | |
| 2 | （オ）材料価格差異 | 1,200,000 | （イ）仕掛品 | 4,200,000 |
| | （エ）材料消費数量差異 | 3,000,000 | | |
| 3 | （ア）売掛金 | 5,550,000 | （オ）売上 | 5,550,000 |
| | （ウ）売上原価 | 3,900,000 | （エ）A組製品 | 1,800,000 |
| | | | （イ）B組製品 | 2,100,000 |

仕訳一組につき4点を与える。合計12点。

（2）（16点）

材料

| 借方 | 金額 | 貸方 | 金額 |
|---|---|---|---|
| 前月繰越 | （6,120） | エ（仕掛品） | （192,000） |
| 諸口 | （237,600） | ウ（製造間接費） | （30,000） |
| オ（原価差異） | （2,040） | ウ（製造間接費） | （1,188） |
| | | 次月繰越 | （22,572） |
| | （245,760） | | （245,760） |

賃金（直接工）

| 借方 | 金額 | 貸方 | 金額 |
|---|---|---|---|
| 諸口 | （332,100） | 月初未払 | （55,200） |
| 月末未払 | （56,100） | エ（仕掛品） | （313,200） |
| | | ウ（製造間接費） | （10,800） |
| | | オ（原価差異） | （9,000） |
| | （388,200） | | （388,200） |

賃金（間接工）

| 借方 | 金額 | 貸方 | 金額 |
|---|---|---|---|
| 諸口 | （75,600） | 月初未払 | （12,600） |
| 月末未払 | （13,800） | ウ（製造間接費） | （76,800） |
| | （89,400） | | （89,400） |

（182）

仕掛品

| 借方 | 金額 | 貸方 | 金額 |
|---|---|---|---|
| 前月繰越 | （138,000） | コ（製品） | （1,011,000） |
| ア（材料） | （192,000） | 次月繰越 | （136,200） |
| イ（賃金） | （313,200） | | |
| ウ（製造間接費） | （469,800） | | |
| キ（現金） | （34,200） | | |
| | （1,147,200） | | （1,147,200） |

製造間接費

| 借方 | 金額 | 貸方 | 金額 |
|---|---|---|---|
| ア（材料） | （30,000） | エ（仕掛品） | （469,800） |
| イ（賃金） | （10,800） | 次月繰越 | （1,200） |
| ア（材料） | （1,188） | | |
| イ（賃金） | （76,800） | | |
| サ（減価償却費） | （352,212） | | |
| | （471,000） | | （471,000） |

原価差異

| 借方 | 金額 | 貸方 | 金額 |
|---|---|---|---|
| イ（賃金） | （9,000） | ア（材料） | （2,040） |
| ウ（製造間接費） | （1,200） | | |

□ 1つにつき2点を与える。合計16点。

（183）

第５問（12点）

問１

| | |
|---|---|
| Ａ材料費：価格差異 | 278,400　円　（~~有利差異~~・不利差異） |
| Ｂ材料費：消費数量差異 | 30,000　円　（~~有利差異~~・不利差異） |

「有利差異」「不利差異」については、いずれか不要な方を二重線で消去しなさい。

問２

| | | |
|---|---|---|
| 予算差異 | 変動費 | 36,000　円　（有利差異・~~不利差異~~） |
| | 固定費 | 60,000　円　（~~有利差異~~・不利差異） |
| 能率差異 | 変動費 | 104,400　円　（~~有利差異~~・不利差異） |
| | 固定費 | 174,000　円　（~~有利差異~~・不利差異） |
| 操業度差異 | | 120,000　円　（~~有利差異~~・不利差異） |

「有利差異」「不利差異」については、いずれか不要な方を二重線で消去しなさい。

□　１つにつき２点を与える。合計12点。



# 第11回　解説

## 第１問

１．収益認識（売上割戻）

売り上げた商品Ｃのうち割戻しが予想される金額については、売上に含めず返金負債勘定（負債）で処理します。

| | | | |
|---|---|---|---|
| （売　　掛　　金）（＊３） | 800,000 | （売　　　　上）（＊２） | 720,000 |
| | | （返　金　負　債）（＊１） | 80,000 |

（＊１）　@100円×800個＝80,000円（予想される割戻額）

（＊２）　（@1,000円－@100円）×800個＝720,000円

（＊３）　@1,000円×800個＝800,000円

２．電子記録債権の発生と約束手形の裏書き

電子記録債権の発生記録を行ったときは、電子記録債権勘定で処理します。また、他社が振り出した約束手形を裏書譲渡されたときは、受取手形勘定で処理します。

受取手形：520,000円－300,000円＝220,000円

３．クレジット売掛金

商品を売り上げ、代金の支払いがクレジット・カードで行われ、商品を売り上げたときに決済手数料を計上する場合、消費税込みの商品代金から決済手数料を差し引いた金額をクレジット売掛金勘定として処理します。なお、受け取った消費税については、仮受消費税勘定として処理します。

支払手数料：20,000円×２％＝400円

仮受消費税：20,000円×10％＝2,000円

クレジット売掛金：20,000円＋2,000円－400円＝21,600円

４．債券の購入（端数利息）

長期利殖目的で公社債を購入した場合、取得原価をその他有価証券勘定で処理します。また、購入時にいったん立替えて支払う端数利息は有価証券利息勘定（収益）の借方に記入しておきます。なお、裸相場とは端数利息を含まない金額をあらわします。

取得原価：$7,500,000円 \times \frac{@98.20円}{@100円}$＋売買手数料37,500円＝7,402,500円

日　　数：30日（４月）＋31日（５月）＋30日（６月）＋４日（７月）＝95日

端数利息：$7,500,000円 \times 1.46\% \times \frac{95日}{365日}$＝28,500円

５．銀行勘定の調整（未渡小切手）

未渡小切手がある場合、当座預金勘定と当座預金口座の残高を一致させるため、振出時の処理を修正する必要があります。修正にあたって、未渡小切手が、買掛金などの負債の支払いのために振り出されている場合は、振出時の仕訳の逆仕訳をしますが、通信費などの費用の支払いのために振り出されている場合は、振出時の逆仕訳をしてしまうと、費用

が発生していないことになってしまいます。したがって、当座預金勘定は逆仕訳しますが、通信費勘定は逆仕訳せず未払金勘定で処理します。なお、銀行への時間外預入は、銀行側の修正事項であるため、修正仕訳は不要です。

## 第2問

### 問1

三分法では商品を仕入れたときに原価を仕入勘定（費用）の借方に記入し、販売したときに売価を売上勘定（収益）の貸方に記入し、繰越商品勘定（資産）で期末の商品を次期に繰り越します。

また、決算時には売上原価（費用）を仕入勘定で計算するため、決算整理仕訳が必要となります。

三分法で処理した場合の仕訳は次のようになります（解答に必要な仕訳のみを示しています）。

9/7　商品の掛仕入

| | | | |
|---|---|---|---|
| （仕　　入） | 12,000 | （買　掛　金） | 12,000 |

9/14　仕入戻し

| | | | |
|---|---|---|---|
| （買　掛　金） | 1,200 | （仕　　入） | 1,200 |

9/21　商品の当座による仕入

| | | | |
|---|---|---|---|
| （仕　　入） | 9,600 | （当　座　預　金） | 9,600 |

9/25　商品の現金による仕入

| | | | |
|---|---|---|---|
| （仕　　入） | 4,500 | （現　　金） | 4,500 |

9/30　決算整理

| | | | |
|---|---|---|---|
| （仕　　入）（＊1） | 3,600 | （繰　越　商　品） | 3,600 |
| （繰　越　商　品） | 5,250 | （仕　　入）（＊2） | 5,250 |

（＊1）　前期繰越

（＊2）　3,600円（期首商品）＋12,000円－1,200円＋9,600円＋4,500円（当期仕入）－23,250円（売上原価）＝5,250円

9/30　決算振替

| | | | |
|---|---|---|---|
| （売　　上） | 27,900 | （損　　益） | 27,900 |
| （損　　益） | 23,250 | （仕　　入） | 23,250 |

### 問2　課税所得の算定・税効果会計

1．課税所得の算定

課税所得は、税引前当期純利益に損金不算入額などを調整して求めます。なお、減価償却費の損金不算入額は前期末と当期末における「償却限度超過額の累計額」の差額となります。



| | |
|---|---|
| 税引前当期純利益 | 950,000円 |
| 貸倒引当金（前期末）の損金算入 | △ 304,000円 |
| 貸倒引当金（当期末）の損金不算入 | 360,000円 |
| 減価償却費の損金不算入 | （＊）100,000円 |
| 課税所得 | 1,106,000円 |

（＊）　減価償却費の損金不算入額：1,800,000円－1,700,000円＝100,000円

2．法人税、住民税及び事業税の算定

法人税、住民税及び事業税は、課税所得に税率を乗じて求めます。

1,106,000円×30％＝331,800円

3．未払法人税等の算定

331,800円－60,000円〈中間納付額〉＝271,800円

4．貸借対照表に計上される繰延税金資産または繰延税金負債の算定

(1)　繰延税金資産

①　その他有価証券に関するもの以外

(360,000円〈当期末に設定した貸倒引当金に係る損金不算入額〉

＋1,800,000円〈当期末の減価償却費の償却限度超過額の累計額〉)×30％＝648,000円

②　その他有価証券（甲社株式）に関するもの

その他有価証券評価差額金：425,000円－450,000円＝△25,000円（評価損）

繰延税金資産：25,000円×30％＝7,500円

③　①＋②＝655,500円

(2)　繰延税金負債（乙社株式分）

その他有価証券評価差額金：600,000円－550,000円＝50,000円（評価益）

繰延税金負債：50,000円×30％＝15,000円

(3)　貸借対照表の表示金額

貸借対照表には、繰延税金資産と繰延税金負債を相殺して表示します。

繰延税金資産：655,500円－15,000円＝640,500円

5．損益計算書に計上される法人税等調整額の算定

法人税等調整額は、当期末の貸倒引当金に係る損金不算入額と減価償却費の償却限度超過額の累計額の合計と前期末の貸倒引当金に係る損金不算入額と減価償却費の償却限度超過額の累計額の合計との差額に税率を乗じて求めます。なお、その他有価証券評価差額金からは、法人税等調整額は生じません。

当期末合計：360,000円＋1,800,000円＝2,160,000円

前期末合計：304,000円＋1,700,000円＝2,004,000円

法人税等調整額：(2,160,000円－2,004,000円)×30％

＝46,800円（法人税等に対してマイナスの影響）

| | | | |
|---|---|---|---|
| （繰延税金資産） | 46,800 | （法人税等調整額） | 46,800 |

**第3問**

**1. 売掛金の貸倒れ**

（貸倒引当金）60,000　（売　掛　金）60,000

**2. 当座預金の修正**

c. 連絡未通知

（当座預金）60,000　（売　掛　金）60,000

d. 未渡小切手

（当座預金）82,500　（買　掛　金）82,500

※　買掛金：1,704,000円＋82,500円＝1,786,500円

a、bは銀行側の不一致原因であり、企業側では期中に適正に処理済みのため、決算整理は必要ありません。

**3. 外貨建て売掛金の換算**

売掛金は、決算時の為替相場で換算替えします。なお、換算差額については、為替差損益で処理します。

（売　掛　金）(*)3,200　（為　替　差　損　益）3,200

(*)①　200,000円÷125円〈輸出時の為替相場〉＝1,600ドル

②　1,600ドル×127円〈期末の為替相場〉＝203,200円

③　203,200円－200,000円＝3,200円→売掛金の増加

※　売掛金：700,000円〈前T/B〉－60,000円－60,000円＋3,200円＝583,200円

**4. 貸倒引当金の設定**

（貸倒引当金繰入）92,096　（貸倒引当金）92,096

設定額：(3,020,000円〈受取手形〉＋700,000円〈売掛金〉－60,000円〈上記1〉－60,000円〈上記2〉＋3,200円〈上記3〉)×3％＝108,096円

繰入額：108,096円〈上記3〉－(76,000円〈前T/B〉－60,000円〈上記1〉)＝92,096円

**5. 売上原価の計算および商品の評価**

(1) A商品の評価

| 帳簿価額@356円 | 商品評価損 | 棚卸減耗損 |
|---|---|---|
| 正味売却価額@350円 | 期末実地棚卸高 | |

期末帳簿棚卸高

実地 750個　帳簿 790個

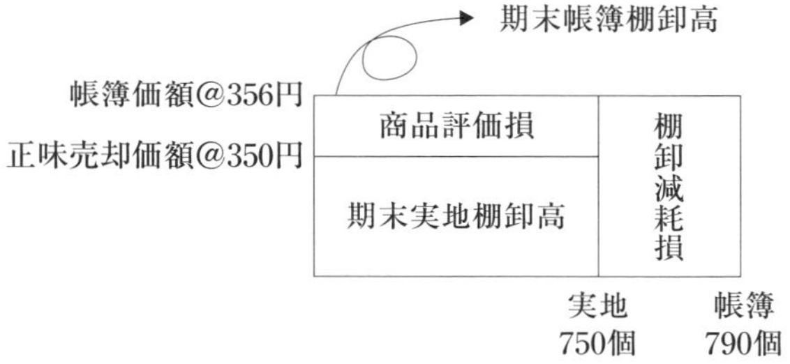

期末帳簿棚卸高：@356円×790個＝281,240円

棚卸減耗損：(790個－750個)×@356円＝14,240円

商品評価損：(@356円－@350円)×750個＝4,500円

期末実地棚卸高：@350円×750個＝262,500円

(2) B商品の評価

| 帳簿価額@500円 | 商品評価損 | 棚卸減耗損 |
|---|---|---|
| 正味売却価額@319円 | 期末実地棚卸高 | |

期末帳簿棚卸高

実地 389個(*)　369個　帳簿 410個

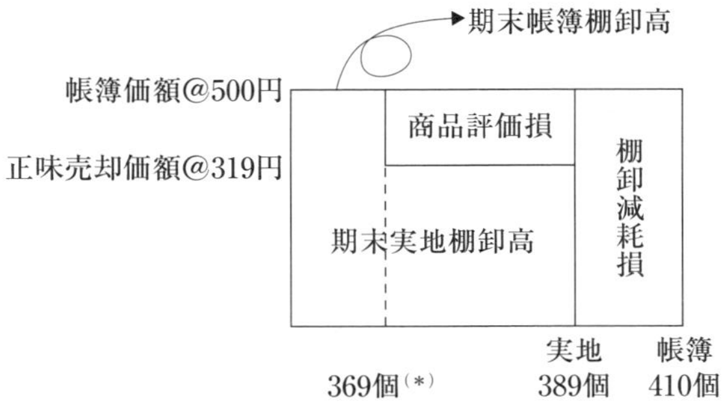

期末帳簿棚卸高：@500円×410個＝205,000円

棚卸減耗損：(410個－389個)×@500円＝10,500円

商品評価損：(@500円－@319円)×20個＝3,620円

(*)369個は帳簿価額より正味売却価額が高くなっているため、評価替えは行いません。

期末実地棚卸高：@500円×369個＋@319円×20個＝190,880円

（仕　　入）376,880　（繰越商品）376,880

（繰越商品）(*1)486,240　（仕　　入）486,240

（棚卸減耗損）(*2)24,740　（繰越商品）24,740

（商品評価損）(*3)8,120　（繰越商品）8,120

(*1)　期末帳簿棚卸高：281,240円〈A商品〉＋205,000円〈B商品〉＝486,240円

(*2)　棚卸減耗損：14,240円〈A商品〉＋10,500円〈B商品〉＝24,740円

(*3)　商品評価損：4,500円〈A商品〉＋3,620円〈B商品〉＝8,120円

※　B/S商品：262,500円＋190,880円＝453,380円

※　仕入：1,969,820円〈前T/B〉＋376,880円－486,240円＝1,860,460円

**6. 売買目的有価証券**

（売買目的有価証券）110,000　（有価証券評価益）(*)110,000

(*)　甲社株式：(@1,100円〈時価〉－@1,150円〈帳簿価額〉)×1,000株＝△50,000円

乙社株式：(@1,580円〈時価〉－@1,500円〈帳簿価額〉)×2,000株＝160,000円

評価損益：△50,000円〈甲社株式〉＋160,000円〈乙社株式〉＝110,000円〈評価益〉

※　B/S有価証券：@1,100円×1,000株＋@1,580円×2,000株＝4,260,000円

7．固定資産

(1) 期中売却

| | | | |
|---|---|---|---|
| (現　　　金) | 160,000 | (備　　　品) | 320,000 |
| (備品減価償却累計額) | 140,000 | (固定資産売却益)(＊2) | 2,500 |
| (減 価 償 却 費)(＊1) | 22,500 | | |

※　現金預金：2,346,000円〈前T/B現金〉＋160,000円＋837,500円〈前T/B当座預金〉＋60,000円
＋82,500円＝3,486,000円

※　備品：720,000円〈前T/B〉－320,000円＝400,000円

(2) 減価償却費の計上

| | | | |
|---|---|---|---|
| (減 価 償 却 費) | 129,000 | (建物減価償却累計額)(＊3) | 54,000 |
| | | (備品減価償却累計額)(＊4) | 75,000 |

(＊1)　備品減価償却費（期中売却分）：(320,000円－140,000円)×0.25×$\frac{6か月}{12か月}$＝22,500円

(＊2)　固定資産売却益：160,000円－{320,000円－(140,000円＋22,500円)}＝2,500円

(＊3)　建物減価償却費：2,400,000円×0.9÷40年＝54,000円

(＊4)　備品減価償却費：{(720,000円－320,000円)－(240,000円－140,000円)}×0.25＝75,000円

※　減価償却費：22,500円＋129,000円＝151,500円

※　建物減価償却累計額：540,000円〈前T/B〉＋54,000円＝594,000円

※　備品減価償却累計額：240,000円〈前T/B〉－140,000円＋75,000円＝175,000円

8．保険料の前払い

| | | | |
|---|---|---|---|
| (前 払 保 険 料)(＊) | 4,800 | (保　険　料) | 4,800 |

(＊)　前払保険料：7,200円×$\frac{8か月}{12か月}$＝4,800円

※　保険料：7,200円〈前T/B〉－4,800円＝2,400円

9．地代の未払い

毎年、3か月分（1/1～3/31）の地代を未払計上しているため、残高試算表の支払地代3,600円は、期首の再振替3か月分（1/1～3/31）と、当期支払分（1/1～12/31）の差の9か月分になります。

| | | | |
|---|---|---|---|
| (支 払 地 代) | 1,200 | (未 払 地 代)(＊) | 1,200 |

(＊)　未払地代：3,600円×$\frac{3か月}{9か月}$＝1,200円

※　支払地代：3,600円〈前T/B〉＋1,200円＝4,800円

10．法人税等の計上

| | | | |
|---|---|---|---|
| (法人税、住民税及び事業税)(＊1) | 422,313 | (仮払法人税等) | 200,000 |
| | | (未払法人税等)(＊2) | 222,313 |

(＊1)　法人税等：1,055,784円〈課税所得〉×40%≒422,313円（円未満切り捨て）

(＊2)　貸借差額



11．税効果会計

将来減算一時差異の増加分12,800円（＝160,800円－148,000円）に法定実効税率を掛けた金額だけ繰延税金資産を追加計上します。なお、相手勘定は法人税等調整額とします。

| | | | |
|---|---|---|---|
| (繰延税金資産)(＊) | 5,120 | (法人税等調整額) | 5,120 |

(＊)（160,800円－148,000円）×40%＝5,120円

※　繰延税金資産：59,200円〈前T/B〉＋5,120円＝64,320円

12．繰越利益剰余金勘定の記入

前期繰越：(30,000円〈利益準備金〉＋300,000円〈未払配当金〉＋80,000円〈別途積立金〉)
＋96,000円〈試算表〉＝506,000円

次期繰越：96,000円〈試算表〉＋625,791円〈当期純利益〉＝721,791円

## 第4問

（1）仕訳問題

1．賃金の消費額（予定賃率）

直接工の作業時間のうち、製造指図書の番号が記入された作業は直接作業時間として仕掛品勘定に振り替え、製造指図書の番号が記入されていない作業は間接作業時間として製造間接費勘定に振り替えます。また、間接工賃金の当月消費高は製造間接費勘定に振り替えます。

| | | | |
|---|---|---|---|
| (仕　掛　品)(＊1) | 1,040,000 | (賃 金 ・ 給 料) | 1,430,000 |
| (製 造 間 接 費)(＊2) | 390,000 | | |

(＊1)　@1,300円×800時間＝1,040,000円

(＊2)　@1,300円×150時間＝195,000円（直接工）
当月賃金支払高180,000円－前月賃金未払高20,000円
＋当月賃金未払高35,000円＝195,000円（間接工）
直接工の製造間接費195,000円＋間接工の製造間接費195,000円
＝390,000円

2．材料価格差異と材料消費数量差異の計上

パーシャル・プランを採用しているため、直接材料費差異は仕掛品勘定に記帳されます。したがって、材料価格差異と材料消費数量差異は仕掛品勘定から振り替えます。

材料価格差異：(@1,500円－@1,600円)×12,000kg＝△1,200,000円（借方差異・不利差異）

材料消費数量差異：@1,500円×(10,000kg－12,000kg)
＝△3,000,000円（借方差異・不利差異）

材料価格差異と材料消費数量差異は、ともに借方差異なので、仕掛品勘定からそれぞれの勘定の借方に振り替えます。

3．製品の販売（組別総合原価計算）

製品を掛けにより販売したときには、売価合計を売上勘定と売掛金勘定に記入します。また、組別総合原価計算の完成品原価は各組製品勘定へ集計されているため、製品を販売

したときには各組製品勘定から売上原価勘定へ振り替えます。

売価合計：2,850,000円＋2,700,000円＝5,550,000円

（2）本社工場会計

工場会計を独立させていないため、本社元帳勘定は使用しません。

1．材料の購入

材料の購入原価は、購入代価に引取運賃（材料副費）を加算して求めます。なお、工場会計が独立していない場合は、貸方科目を買掛金勘定と現金勘定で処理します。

| | | | |
|---|---|---|---|
| （材　　料）（＊） | 237,600 | （買　掛　金） | 234,000 |
| | | （現　　金） | 3,600 |

（＊）　購入原価：@39円×6,000kg＋3,600円＝237,600円

2．材料費の計算

予定消費単価@40円を用いて計算し、直接材料費は仕掛品勘定へ、間接材料費は製造間接費勘定へ振り替えます。

| | | | |
|---|---|---|---|
| （仕　掛　品）（＊1） | 192,000 | （材　　料） | 222,000 |
| （製造間接費）（＊2） | 30,000 | | |

（＊1）　直接材料費：@40円×4,800kg＝192,000円

（＊2）　間接材料費：@40円×750kg＝30,000円

3．賃金の支払い

賃金の支給総額407,700円を賃金勘定の借方に記入します。なお、工場会計が独立していない場合は、貸方科目を預り金勘定と現金勘定で処理します。

| | | | |
|---|---|---|---|
| （賃　　金） | 407,700 | （預　り　金） | 47,100 |
| | | （現　　金） | 360,600 |

4．労務費（直接工の消費賃金）の計算

予定賃率@240円を用いて計算し、直接労務費は仕掛品勘定へ、間接労務費は製造間接費勘定へ振り替えます。なお、直接工の間接作業賃金、手待賃金は間接労務費になります。

| | | | |
|---|---|---|---|
| （仕　掛　品）（＊1） | 313,200 | （賃　　金） | 324,000 |
| （製造間接費）（＊2） | 10,800 | | |

（＊1）　直接労務費：@240円×1,305時間＝313,200円

（＊2）　間接労務費：@240円×45時間＝10,800円



5．製造間接費の予定配賦

製造間接費の予定配賦額を計算し、製造間接費勘定から仕掛品勘定へ振り替えます。

(1)　予定配賦率の算定

予定配賦率：$\frac{6,220,800円}{17,280時間}$＝@360円

(2)　予定配賦額の算定

| | | | |
|---|---|---|---|
| （仕　掛　品）（＊） | 469,800 | （製造間接費） | 469,800 |

（＊）　予定配賦額：@360円×1,305時間＝469,800円

6．外注加工費の計上

外注加工賃は直接経費として、その消費額を仕掛品勘定の借方に記入します。

| | | | |
|---|---|---|---|
| （仕　掛　品） | 34,200 | （現　　金） | 34,200 |

7．完成品原価の振り替え

当月の完成品原価（当月製品製造原価）を仕掛品勘定から製品勘定へ振り替えます。

| | | | |
|---|---|---|---|
| （製　　品） | 1,011,000 | （仕　掛　品）（＊） | 1,011,000 |

（＊）　完成品原価＝月初仕掛品原価＋当月製造費用－月末仕掛品原価

＝月初138,000円＋直材192,000円＋直労313,200円＋直経34,200円

＋製間469,800円－月末136,200円

＝1,011,000円

8．材料の棚卸減耗費の計上および材料消費価格差異（原価差異）の計上

(1)　棚卸減耗

材料の棚卸減耗費は、間接経費として材料勘定から製造間接費勘定へ振り替えます。

| | | | |
|---|---|---|---|
| （製造間接費）（＊） | 1,188 | （材　　料） | 1,188 |

（＊）　棚卸減耗費：帳簿23,760円－実地22,572円＝1,188円

(2)　材料消費価格差異（原価差異）の計上

材料消費価格差異を算定し、材料勘定から原価差異勘定へ振り替えます。

| | | | |
|---|---|---|---|
| （材　　料） | 2,040 | （原価差異）（＊） | 2,040 |

（＊）　①　予定消費額：@40円×5,550kg＝222,000円

②　実際消費額：月初6,120円＋当月購入237,600円－月末23,760円＝219,960円

③　材料消費価格差異：222,000円－219,960円＝2,040円（貸方差異）

9．間接工の消費賃金（間接労務費）および直接工の消費賃金にかかる賃率差異（原価差異）の計上

(1) 間接工の消費賃金

間接工の消費賃金を算定し、賃金勘定から製造間接費勘定へ振り替えます。

| | | | |
|---|---|---|---|
| （製造間接費） | 76,800 | （賃　　金）(＊) | 76,800 |

（＊） 間接工消費賃金：支払75,600円－月初未払12,600円＋月末未払13,800円
＝76,800円

(2) 直接工の実際消費賃金の算定および賃率差異（原価差異）の計上

| | | | |
|---|---|---|---|
| （原価差異）(＊) | 9,000 | （賃　　金） | 9,000 |

（＊） ① 予定消費額：@240円×1,350時間＝324,000円
② 実際消費額：支払332,100円－月初未払55,200円＋月末未払56,100円
＝333,000円
③ 賃率差異：324,000円－333,000円＝△9,000円（借方差異）

10．その他の間接経費の計上および製造間接費配賦差異（原価差異）の計上

(1) その他の間接経費の計上

工場設備の減価償却費を、間接経費として減価償却費勘定から製造間接費勘定へ振り替えます。

| | | | |
|---|---|---|---|
| （製造間接費） | 352,212 | （減価償却費） | 352,212 |

(2) 製造間接費配賦差異（原価差異）の計上

| | | | |
|---|---|---|---|
| （原価差異）(＊) | 1,200 | （製造間接費） | 1,200 |

（＊） ① 予定配賦額：@360円×1,305時間＝469,800円
② 実際発生額：間材30,000円＋間労10,800円＋間労76,800円＋間経1,188円
＋間経352,212円＝471,000円
③ 製造間接費配賦差異：469,800円－471,000円＝△1,200円（借方差異）



〈参考〉本問の勘定連絡図を作成すると以下のようになります。

材　　料

| | | | |
|---|---|---|---|
| 前月繰越 | 6,120 | 仕掛品 | 192,000 |
| 諸口 | 237,600 | 製造間接費 | 30,000 |
| 原価差異 | 2,040 | 製造間接費 | 1,188 |
| | | 次月繰越 | 22,572 |
| | 245,760 | | 245,760 |

賃　金（直接工）

| | | | |
|---|---|---|---|
| 諸口 | 332,100 | 月初未払 | 55,200 |
| 月末未払 | 56,100 | 仕掛品 | 313,200 |
| | | 製造間接費 | 10,800 |
| | | 原価差異 | 9,000 |
| | 388,200 | | 388,200 |

賃　金（間接工）

| | | | |
|---|---|---|---|
| 諸口 | 75,600 | 月初未払 | 12,600 |
| 月末未払 | 13,800 | 製造間接費 | 76,800 |
| | 89,400 | | 89,400 |

仕　掛　品

| | | | |
|---|---|---|---|
| 前月繰越 | 138,000 | 製品 | 1,011,000 |
| 材料 | 192,000 | 次月繰越 | 136,200 |
| 賃金 | 313,200 | | |
| 製造間接費 | 469,800 | | |
| 現金 | 34,200 | | |
| | 1,147,200 | | 1,147,200 |

製造間接費

| | | | |
|---|---|---|---|
| 材料 | 30,000 | 仕掛品 | 469,800 |
| 賃金 | 10,800 | 原価差異 | 1,200 |
| 材料 | 1,188 | | |
| 賃金 | 76,800 | | |
| 減価償却費 | 352,212 | | |
| | 471,000 | | 471,000 |

原価差異

| | | | |
|---|---|---|---|
| 賃金 | 9,000 | 材料 | 2,040 |
| 製造間接費 | 1,200 | | |

## 第5問

1．標準原価の計算

原価要素毎に生産データを整理し、標準原価を算出します。

(1) A材料費（標準原価）について

A材料費：生産データ（数量）

| | |
|---|---|
| 月初仕掛品<br>400個×100%<br>＝400個分 | 完成品<br>6,000個×100%<br>＝6,000個分 |
| 当月投入<br>差引<br>5,850個分 | 月末仕掛品<br>250個×100%<br>＝250個分 |

① 完成品原価：@3,000円×6,000個分
＝18,000,000円
② 月末仕掛品原価：@3,000円×250個分
＝750,000円
③ 月初仕掛品原価：@3,000円×400個分
＝1,200,000円
④ 当月A材料費：@3,000円×5,850個分
＝17,550,000円

(2) B材料費（標準原価）について

工程の50%ですべて投入されるB材料の仕掛品に対する進捗度は、加工進捗度が60%

である月初仕掛品については100%となりますが、加工進捗度が20%である月末仕掛品については0%となります。よって、月初仕掛品については400個分（400個×100%）のB材料費の標準原価が計算されますが、月末仕掛品についてはB材料費の標準原価は計算されません（250個×0%）。

B材料費：生産データ（数量）

| | |
|---|---|
| 月初仕掛品<br>400個×100%<br>=400個分 | 完成品<br>6,000個×100%<br>=6,000個分 |
| 当月投入<br>差引<br>5,600個分 | 月末仕掛品<br>250個×0%<br>=0個分 |

① 完成品原価：@600円×6,000個分
=3,600,000円
② 月末仕掛品原価：@600円×0個分=0円
③ 月初仕掛品原価：@600円×400個分
=240,000円
④ 当月B材料費：@600円×5,600個分
=3,360,000円

(3) 加工費（標準原価）について

加工費:生産データ(完成品換算量)

| | |
|---|---|
| 月初仕掛品<br>400個×60%<br>=240個分 | 完成品<br>6,000個×100%<br>=6,000個分 |
| 当月投入<br>差引<br>5,810個分 | 月末仕掛品<br>250個×20%<br>=50個分 |

① 完成品原価：@960円×6,000個分
=5,760,000円
② 月末仕掛品原価：@960円×50個分
=48,000円
③ 月初仕掛品原価：@960円×240個分
=230,400円
④ 当月加工費：@960円×5,810個分
=5,577,600円

2．A材料費の差異分析

実際A材料費　17,678,400円

| | | |
|---|---|---|
| 実際単価3,048円/個 | 価格差異 | |
| 標準単価3,000円/個 | 標準A材料費　17,550,000円 | 消費数量差異 |
| | 標準消費量 5,850個 | 実際消費量 5,800個 |

A材料の当月投入量：6,000個＋250個－400個＝5,850個
標準消費量：当月投入量5,850個×製品甲1個あたりの標準消費量1個＝5,850個



(1) 価格差異
(@3,000円－@3,048円)×実際消費量5,800個＝△278,400円〔不利〕
(2) 消費数量差異
@3,000円×(5,850個－5,800個)＝150,000円〔有利〕

3．B材料費の差異分析

実際B材料費　3,593,400円

| | | |
|---|---|---|
| 実際単価318円/kg | 価格差異 | |
| 標準単価300円/kg | 標準B材料費　3,360,000円 | 消費数量差異 |
| | 標準消費量 11,200kg | 実際消費量 11,300kg |

B材料の当月投入量：6,000個＋0個－400個＝5,600個
標準消費量：当月投入量5,600個×製品甲1個あたりの標準消費量2kg＝11,200kg

(1) 価格差異
(@300円－@318円)×実際消費量11,300kg＝△203,400円〔不利〕
(2) 消費数量差異
@300円×(11,200kg－11,300kg)＝△30,000円〔不利〕

4．加工費の差異分析

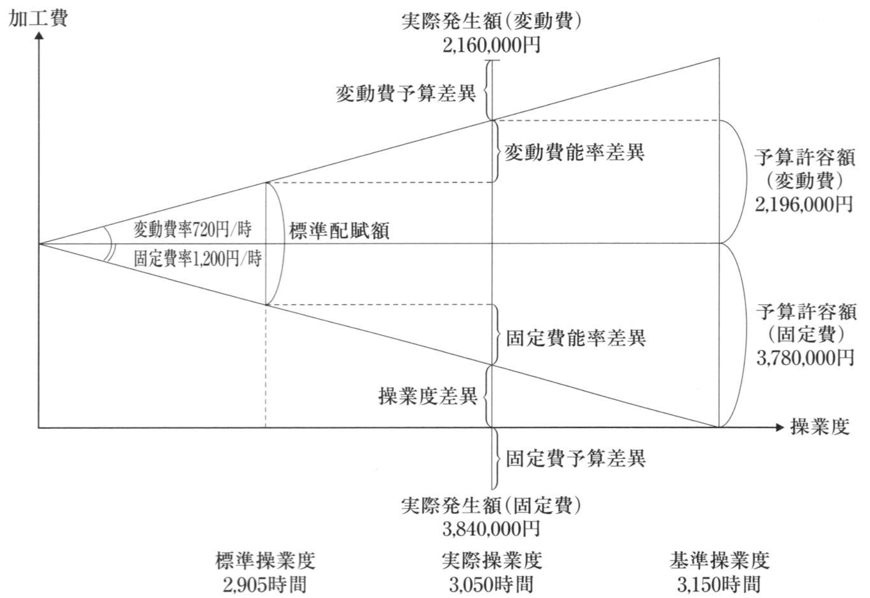


変動費率：（年間製造間接費予算72,576,000円－年間固定費予算45,360,000円）

÷37,800時間＝720円/時

固定費率：標準配賦率1,920円/時－変動費率720円/時＝1,200円/時

予算許容額（変動費）：変動費率720円/時×実際操業度3,050時間＝2,196,000円

予算許容額（固定費）：年間固定費予算45,360,000円÷12か月＝3,780,000円

基準操業度（月間）：年間正常直接作業時間37,800時間÷12か月＝3,150時間

標準操業度：0.5時間（１個あたりの標準作業時間）×当月投入換算量5,810個＝2,905時間

(1) 予算差異

本問の場合、実際発生額が「変動費」と「固定費」に区別して示されているため、「予算差異」は変動費と固定費に区別して求めることが出来ます。

| | 予算許容額 | | 実際発生額 | | 予算差異 |
|---|---|---|---|---|---|
| 変動費： | 2,196,000円 | － | 2,160,000円 | ＝ | 36,000円〔有利〕 |
| 固定費： | 3,780,000円 | － | 3,840,000円 | ＝ | △60,000円〔不利〕 |
| 計 | 5,976,000円 | | 6,000,000円 | | △24,000円〔不利〕 |



(2) 能率差異

① 変動費

720円/時（変動費率）×（2,905時間（標準操業度）－3,050時間（実際操業度））＝△104,400円〔不利〕

② 固定費

1,200円/時（固定費率）×（2,905時間（標準操業度）－3,050時間（実際操業度））＝△174,000円〔不利〕

(3) 操業度差異

1,200円/時（固定費率）×（3,050時間（実際操業度）－3,150時間（基準操業度））＝△120,000円〔不利〕

# 日商簿記検定試験対策
# まるっと完全予想問題集

## 第12回

## 解答・解説

| 出題論点 | | | 難易度 |
|---|---|---|---|
| 第1問 | 仕訳問題 | 研究開発費（給料と特定目的） | A |
| | | 外貨建取引 | A |
| | | 税効果会計（減価償却費） | A |
| | | 固定資産の買い替え | A |
| | | 賞与引当金の税効果会計 | A |
| 第2問 | | 穴埋め問題（語群あり） | A |
| 第3問 | | 決算整理後残高試算表 | A |
| 第4問（1） | 仕訳問題 | 本社工場会計・間接経費 | A |
| | | 労務費の計上 | B |
| | | 製造間接費差異（予算差異、操業度差異） | A |
| 第4問（2） | | 標準原価計算（パーシャル・プラン、シングル・プラン） | A |
| 第5問 | | 直接原価計算（直接原価計算方式の損益計算書） | B |

〔難易度〕 A：普通　B：やや難しい　C：難しい

# 第12回　解答

## 商業簿記

第1問（20点）

| | 借方 記号 | 借方 金額 | 貸方 記号 | 貸方 金額 |
|---|---|---|---|---|
| 1 | （ウ）研究開発費 | 850,000 | （カ）普通預金 | 850,000 |
| 2 | （ア）仕入 | 39,300 | （カ）前払金 | 4,200 |
| | | | （ウ）買掛金 | 35,100 |
| 3 | （イ）減価償却費 | 100,000 | （ウ）備品減価償却累計額 | 100,000 |
| | （オ）繰延税金資産 | 8,000 | （エ）法人税等調整額 | 8,000 |
| 4 | （ア）備品 | 1,464,000 | （ア）備品 | 492,000 |
| | （カ）固定資産売却損 | 212,000 | （エ）未払金 | 1,184,000 |
| 5 | （イ）賞与引当金 | 6,600,000 | （エ）当座預金 | 9,900,000 |
| | （ア）賞与 | 3,300,000 | （オ）繰延税金資産 | 1,980,000 |
| | （キ）法人税等調整額 | 1,980,000 | | |

仕訳一組につき4点を与える。合計20点。

※　問題文に相殺指示があった場合は、以下のとおりとなります。

| | 借方 記号 | 借方 金額 | 貸方 記号 | 貸方 金額 |
|---|---|---|---|---|
| 4 | （ア）備品 | 972,000 | （エ）未払金 | 1,184,000 |
| | （カ）固定資産売却損 | 212,000 | | |

第2問（20点）

| ① | ② | ③ | ④ | ⑤ |
|---|---|---|---|---|
| オ（事業税） | イ（益金） | ア（税効果） | キ（無形固定資産） | イ（定額） |

| ⑥ | ⑦ | ⑧ | ⑨ | ⑩ |
|---|---|---|---|---|
| カ（販売費及び一般管理費） | エ（決算） | 9,500 | ウ（為替差損） | 500 |

各2点を与える。合計20点。



第3問（20点）

決算整理後残高試算表

x7年3月31日　（単位：円）

| 借方 | 勘定科目 | 貸方 |
|---|---|---|
| 7,651,800 | 現金預金 | |
| 2,592,000 | 受取手形 | |
| 3,888,000 | 売掛金 | |
| 1,436,400 | 繰越商品 | |
| 11,250,000 | 未収入金 | |
| 10,800 | 未収収益 | |
| 2,983,500 | 売買目的有価証券 | |
| 16,200,000 | 建物 | |
| 4,320,000 | 備品 | |
| 12,600,000 | 土地 | |
| 81,000 | のれん | |
| 2,700,000 | 長期貸付金 | |
| 993,600 | 繰延税金資産 | |
| | 支払手形 | 3,348,000 |
| | 買掛金 | 4,957,200 |
| | 未払法人税等 | 2,758,680 |
| | 長期未払金 | 1,080,000 |
| | 建物減価償却累計額 | 7,290,000 |
| | 備品減価償却累計額 | 1,890,000 |
| | 貸倒引当金 | 264,600 |
| | 資本金 | 32,940,000 |
| | 資本準備金 | 2,700,000 |
| | 利益準備金 | 1,080,000 |
| | 繰越利益剰余金 | 2,154,600 |
| | 売上 | 54,000,000 |
| | 受取利息 | 27,000 |
| | 有価証券評価益 | 688,500 |
| | 固定資産売却益 | 2,250,000 |
| 29,748,600 | 仕入 | |
| 5,189,400 | 給料 | |
| 9,720,000 | 支払地代 | |
| 1,296,000 | 減価償却費 | |
| 16,200 | 為替差損益 | |
| 81,000 | 棚卸減耗損 | |
| 27,000 | のれん償却 | |
| 270,000 | 貸倒損失 | |
| 210,600 | 貸倒引当金繰入 | |
| 4,378,680 | 法人税、住民税及び事業税 | |
| | 法人税等調整額 | 216,000 |
| 117,644,580 | | 117,644,580 |

□ 1つにつき2点を与える。合計20点。

## 工業簿記

第4問（28点）

（1）（12点）

| | 借方 記号 | 借方 金額 | 貸方 記号 | 貸方 金額 |
|---|---|---|---|---|
| 1 | （オ）製造間接費 | 275,000 | （ウ）本社 | 275,000 |
| 2 | （カ）仕掛品<br>（イ）製造間接費 | 2,700,000<br>4,500,000 | （オ）賃金・給料 | 7,200,000 |
| 3 | （ウ）予算差異<br>（エ）操業度差異 | 12,000<br>18,000 | （イ）製造間接費 | 30,000 |

仕訳一組につき4点を与える。合計12点。



（2）（16点）

問1

材料

| 借方 | 金額 | 貸方 | 金額 |
|---|---|---|---|
| 買掛金 | （793,500） | 仕掛品 | （793,500） |
| | | （　） | （　） |
| | （793,500） | | （793,500） |

賃金

| 借方 | 金額 | 貸方 | 金額 |
|---|---|---|---|
| 現金 | （454,500） | 仕掛品 | （454,500） |
| （　） | （　） | | |
| | （454,500） | | （454,500） |

製造間接費

| 借方 | 金額 | 貸方 | 金額 |
|---|---|---|---|
| 諸口 | （936,000） | 仕掛品 | （936,000） |
| | | （　） | （　） |
| | （936,000） | | （936,000） |

仕掛品

| 借方 | 金額 | 貸方 | 金額 |
|---|---|---|---|
| 前月繰越 | 57,000 | 製品 | （2,100,000） |
| 材料 | （793,500） | 次月繰越 | （114,000） |
| 賃金 | （454,500） | （ア（直接材料費差異）） | （13,500） |
| 製造間接費 | （936,000） | （ウ（製造間接費差異）） | （18,000） |
| （イ（直接労務費差異）） | （4,500） | | |
| | （2,245,500） | | （2,245,500） |

問2

**材　料**

| | | | |
|---|---|---|---|
| 買掛金 | ( 793,500 ) | 仕掛品 | ( 780,000 ) |
| | | (ア(直接材料費差異)) | ( 13,500 ) |
| | ( 793,500 ) | | ( 793,500 ) |

**賃　金**

| | | | |
|---|---|---|---|
| 現金 | ( 454,500 ) | 仕掛品 | ( 459,000 ) |
| (イ(直接労務費差異)) | ( 4,500 ) | | |
| | ( 459,000 ) | | ( 459,000 ) |

**製造間接費**

| | | | |
|---|---|---|---|
| 諸口 | ( 936,000 ) | 仕掛品 | ( 918,000 ) |
| | | (ウ(製造間接費差異)) | ( 18,000 ) |
| | ( 936,000 ) | | ( 936,000 ) |

**仕掛品**

| | | | |
|---|---|---|---|
| 前月繰越 | 57,000 | 製品 | ( 2,100,000 ) |
| 材料 | ( 780,000 ) | 次月繰越 | ( 114,000 ) |
| 賃金 | ( 459,000 ) | (　　) | (　　) |
| 製造間接費 | ( 918,000 ) | (　　) | (　　) |
| (　　) | (　　) | | |
| | ( 2,214,000 ) | | ( 2,214,000 ) |

□ 1つにつき2点を与える。合計16点。



第5問（12点）

問1

全部原価計算方式の損益計算書（単位：円）

| | | |
|---|---|---|
| Ⅰ 売上高 | | 19,200,000 |
| Ⅱ 売上原価 | | ( 8,304,000 ) |
| 売上総利益 | | ( 10,896,000 ) |
| Ⅲ 販売費及び一般管理費 | | ( 5,712,000 ) |
| 営業利益 | | ( 5,184,000 ) |

問2

(1) 売上高の増加率：20 %

(2) 削減すべき固定費：1,440,000 円

問3

| | |
|---|---|
| 販売価格差異 | 300,000 円 （ 有利差異 ・ 不利差異（○） ） |
| 販売数量差異 | 650,000 円 （ 有利差異（○） ・ 不利差異 ） |

いずれかを○で囲むこと

□ 1つにつき2点を与える。合計12点。

# 第12回　解説

## 第1問

1．研究開発費

研究開発費は、支出をしたときに全額を研究開発費勘定（費用）で処理します。

2．前払金の支払いのある商品を輸入したとき

商品の輸入に先立ち前払金を支払っているので、まず、計上している前払金勘定（資産）を減らします。そして、外貨建ての輸入金額と外貨建ての前払金の額との差額を取引発生時の為替相場によって換算した金額を買掛金勘定（負債）の増加として処理します。

なお、仕入勘定の金額は、支払済みの前払金と取引発生日に計算した買掛金の合計額とします。仕入を、取引発生日の為替相場を用いて一括して換算しないよう注意しましょう。

前払金：30ドル×140円＝4,200円

買掛金：（300ドル－30ドル）×130円＝35,100円

仕入：4,200円＋35,100円＝39,300円

3．税効果会計（減価償却費）

会計上と税務上の減価償却費の差異は将来減算一時差異です。したがって税効果会計を適用し、繰延税金資産（資産）を計上します。

| | | |
|---|---|---|
| 会計上の減価償却費 | ：400,000円÷４年　＝ | 100,000円 |
| 税法上の減価償却費 | ：400,000円÷５年　＝ | 80,000円 |
| 損金不算入額（将来減算一時差異） | ： | 20,000円 |

繰延税金資産：20,000円×40％＝8,000円

4．固定資産の買い換え

固定資産の買い換えは、まず⑴旧固定資産を下取価額で売却したものとして仕訳し、次に⑵新固定資産の購入の仕訳を行います。したがって、以下の仕訳をまとめたものが解答となります。なお、購入の際に下取価額は新固定資産の購入代金として充当しますので、ここでは仮に「未収入金」としています。

⑴　旧備品の売却

減価償却の記帳方法が「直接法」であることに注意します。

| | | | |
|---|---|---|---|
| （未　収　入　金） | 280,000 | （備　　　　品）(＊) | 492,000 |
| （固定資産売却損） | 212,000 | | |

（＊）　備品：取得原価960,000円－期首減価償却累計額468,000円
＝492,000円（帳簿価額）

⑵　新備品の購入

新備品の取得原価をもって、「備品」を計上します。

| | | | |
|---|---|---|---|
| （備　　　　品）(＊) | 1,464,000 | （未　収　入　金） | 280,000 |
| | | （未　　払　　金） | 1,184,000 |

（＊）　新備品の取得原価：購入価額1,440,000円＋設置費用24,000円＝1,464,000円



5．賞与引当金

⑴　前期末の決算整理仕訳

前期末の決算において賞与引当金を計上し、税効果会計を適用しています。

| | | | |
|---|---|---|---|
| （賞与引当金繰入）(＊１) | 6,600,000 | （賞　与　引　当　金） | 6,600,000 |
| （繰延税金資産）(＊２) | 1,980,000 | （法人税等調整額） | 1,980,000 |

（＊１）　$9{,}900{,}000円 \times \dfrac{4か月（12月〜3月）}{6か月（12月〜5月）} = 6{,}600{,}000円$

（＊２）　6,600,000円×30％＝1,980,000円

⑵　当期の仕訳

賞与の支給額から賞与引当金を差し引いた金額を賞与勘定として計上します。また、前期末に計上した税効果会計を相殺して取り消します。

| | | | |
|---|---|---|---|
| （賞　与　引　当　金） | 6,600,000 | （当　座　預　金） | 9,900,000 |
| （賞　　　　　与）(＊) | 3,300,000 | | |
| （法人税等調整額） | 1,980,000 | （繰延税金資産） | 1,980,000 |

（＊）　9,900,000円－6,600,000円＝3,300,000円

## 第2問

会計理論の用語の穴埋め問題です。近年になって出題されるようになった形式ですが、普段帳簿上で処理すべき内容を文章で説明しているにすぎません。なお、語句については記号で答えることに注意してください。各文章の空欄を埋めると、次のようになります。

⑴　法人税等と税効果会計

企業の所得に課税される税金には、法人税、住民税のほかに（①**事業税・オ**）がある。課税所得は１年間に得られた（②**益金・イ**）から（**損金・ウ**）を差し引いて求め、これに税率をかけたものが納税額となる。また、企業会計上の「収益・費用」と法人税法上の「（②**益金・イ**）・（**損金・ウ**）」の認識時点の相違により、企業会計上の「資産・負債」の額と法人税法上の「資産・負債」の額に相違が生じた場合に、利益の金額をもとに課税される法人税等の額を適切に期間配分することにより、「法人税等」の金額を「税引前当期純利益」に合理的に対応させるための手続きを（③**税効果・ア**）会計という。

⑵　合併（のれんと負ののれん発生益）

合併の対価が合併によって受け入れた資産から負債を差し引いた純資産額を上回る場合、その超過額である（**のれん・ウ**）は、貸借対照表の（④**無形固定資産・キ**）の区分に記載し、（**20・カ**）年以内に（⑤**定額・イ**）法その他合理的な方法によって規則的に償却しなければならない。これに対し、合併の対価が合併によって受け入れられた純資産額を下回る場合、その不足額は、（**負ののれん発生益・ク**）として損益計算書の（**特別利益・ア**）の区分に記載されることになる。

(3)　貸倒引当金

債権に対して貸倒引当金を設定する場合、その繰入額の表示区分は設定対象により区別しなければならない。売上債権に係る繰入額は（**営業費用・エ**）の性質を有するため、「（**⑥販売費及び一般管理費・カ**）」の区分に、貸付金に係る繰入額は（**営業外費用・イ**）の性質を有するため、「（**営業外費用・イ**）」の区分に表示する。

(4)　外貨建て取引

期末において外貨建ての資産および負債のうち、貨幣性資産と貨幣性負債は、（**⑦決算・エ**）時の為替相場による円換算額に換算替えをする必要があり、換算時に生じた差額は、為替差損益とする。

例えば、直物為替相場が１ドルあたり100円の時点において、商品100ドルを米国のＸ社に販売して代金を掛けとし、期末時点まで当該売掛金について（**決済・キ**）が行われていない場合、期末時点で換算替えを要する。なお、期末の直物為替相場が１ドルあたり95円の場合、当該売掛金の貸借対照表価額は（**⑧9,500**）円、当該換算差額のみ生じている場合、損益計算書には、営業外費用として（**⑨為替差損・ウ**）が（**⑩500**）円表示される。

（注）期末未決済の売掛金の換算替え（仕訳の単位：円）

・商品販売時

| | | | |
|---|---|---|---|
| （売　　掛　　金）(＊１) | 10,000 | （売　　　　上） | 10,000 |

（＊１）　100ドル×100円/ドル＝10,000円

・期末決算時

| | | | |
|---|---|---|---|
| （為 替 差 損 益）(＊２) | 500 | （売　　掛　　金） | 500 |

（＊２）　100ドル×(95円/ドル－100円/ドル)＝△500円（為替差損）

**第３問**

**決算整理後残高試算表の作成**

決算整理前残高試算表の各勘定残高に、未処理事項および決算整理事項の仕訳の金額を加減算して決算整理後の残高を求め、決算整理後残高試算表を作成します。以下に仕訳を示しておきます。

［決算整理事項等］

１．貸倒れ

当期の販売から生じた売掛金が回収不能となった場合は、貸倒引当金の取り崩しは行わず、貸倒損失（費用）を計上します。

| | | | |
|---|---|---|---|
| （貸　倒　損　失） | 270,000 | （売　　掛　　金） | 270,000 |



２．土地の売却

未記帳であった土地売却の取引を仕訳します。代金は翌月に受け取るため、借方に未収入金（資産）を計上します。

| | | | |
|---|---|---|---|
| （未　収　入　金） | 11,250,000 | （土　　　　地） | 9,000,000 |
| | | （固定資産売却益）(＊) | 2,250,000 |

（＊）　貸借差額

３．売上原価の計算と期末商品の評価

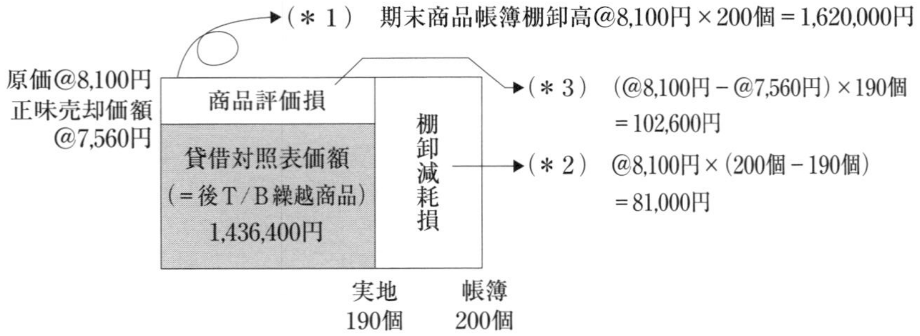

（＊１）　期末商品帳簿棚卸高@8,100円×200個＝1,620,000円
原価@8,100円
正味売却価額
@7,560円
商品評価損
貸借対照表価額
（＝後Ｔ/Ｂ繰越商品）
1,436,400円
棚卸減耗損
（＊３）　(@8,100円－@7,560円)×190個
＝102,600円
（＊２）　@8,100円×(200個－190個)
＝81,000円
実地
190個
帳簿
200個


(1)　売上原価の計算（仕入勘定で売上原価を計算する場合）

| | | | |
|---|---|---|---|
| （仕　　　　入） | 1,296,000 | （繰　越　商　品） | 1,296,000 |
| （繰　越　商　品）(＊１) | 1,620,000 | （仕　　　　入） | 1,620,000 |

(2)　棚卸減耗損および商品評価損の計上

| | | | |
|---|---|---|---|
| （棚 卸 減 耗 損）(＊２) | 81,000 | （繰　越　商　品） | 81,000 |
| （商 品 評 価 損）(＊３) | 102,600 | （繰　越　商　品） | 102,600 |

(3)　商品評価損の売上原価への算入

| | | | |
|---|---|---|---|
| （仕　　　　入） | 102,600 | （商 品 評 価 損） | 102,600 |

４．売上債権に対する貸倒引当金の設定

受取手形や売掛金などの売上債権に対する貸倒引当金の繰入額は、販売費及び一般管理費の区分に表示します。なお、長期貸付金はすべて当期に生じたものであるため、前期末に貸倒引当金の設定は行われていません。したがって、貸倒引当金の期末残高54,000円は、すべて売上債権に対するものであると判断できます。

| | | | |
|---|---|---|---|
| （貸倒引当金繰入）(＊) | 75,600 | （貸 倒 引 当 金） | 75,600 |

（＊）　見積額：(2,592,000円〈前Ｔ/Ｂ受取手形〉＋4,158,000円〈前Ｔ/Ｂ売掛金〉
－270,000円〈未処理〉)×２％＝129,600円
繰入額：129,600円〈見積額〉－54,000円〈前Ｔ/Ｂ貸倒引当金〉＝75,600円

5．営業外債権に対する貸倒引当金の設定

貸付金などの営業外債権に対する貸倒引当金の繰入額は、営業外費用の区分に表示します。なお、営業外債権に対する貸倒引当金の決算整理前の残高はありませんので、貸倒引当金の見積額がそのまま繰入額となります。

| | | | |
|---|---|---|---|
| (貸倒引当金繰入)(＊) | 135,000 | (貸　倒　引　当　金) | 135,000 |

(＊)　見積額・繰入額：2,700,000円〈前T／B長期貸付金〉× 5 %＝135,000円

※　貸倒引当金繰入：75,600円＋135,000円＝210,600円

6．有形固定資産の減価償却

建物および備品については、すでに４月から２月までの11か月分の減価償却費を計上済みであるため、年間確定額と当期既償却額の差額を決算月の減価償却費として計上します。

(1)　建物

①　当期既償却額：40,500円/月×11か月＝445,500円

②　年間確定額：16,200,000円×0.9÷30年＝486,000円

③　決算月の減価償却費：486,000円－445,500円＝40,500円

(2)　備品

①　償却率：１÷８年×200％＝0.25

②　当期既償却額：67,500円/月×11か月＝742,500円

③　期首備品減価償却累計額：1,822,500円〈前T／B備品減価償却累計額〉－742,500円
＝1,080,000円

④　年間確定額：(4,320,000円〈前T／B備品〉－1,080,000円〈期首備品減価償却累計額〉)×0.25
＝810,000円

⑤　決算月の減価償却費：810,000円－742,500円＝67,500円

| | | | |
|---|---|---|---|
| (減　価　償　却　費) | 108,000 | (建物減価償却累計額) | 40,500 |
| | | (備品減価償却累計額) | 67,500 |

※　減価償却費：1,188,000円〈前T／B減価償却費〉＋108,000円＝1,296,000円

7．売買目的有価証券の評価替え

売買目的有価証券は、期末時価を貸借対照表価額とします。したがって、その帳簿価額と期末時価との差額を有価証券評価損益として計上します。

| | | | |
|---|---|---|---|
| (売買目的有価証券) | 688,500 | (有価証券評価益)(＊) | 688,500 |

(＊)　評価損益：2,983,500円〈期末時価〉－2,295,000円〈前T／B売買目的有価証券〉
＝688,500円（評価益）

8．のれんの償却

のれんは前期の期首に取得しているので、償却期間５年のうちすでに１年分の償却が行われています。したがって、のれんの決算整理前の勘定残高は残り４年分の金額となります。

| | | | |
|---|---|---|---|
| (の　れ　ん　償　却)(＊) | 27,000 | (の　　れ　　ん) | 27,000 |

(＊)　償却額：108,000円〈前T／Bのれん〉×$\frac{12か月}{48か月}$＝27,000円

9．外貨建取引

買掛金2,160ドルを決算日の為替相場で換算替えします。

| | | | |
|---|---|---|---|
| (買　　掛　　金) | 10,800 | (為　替　差　損　益)(＊) | 10,800 |

(＊)　決算日の円換算額：１ドル145円×2,160ドル＝313,200円
為替差損益：313,200円〈決算日〉－324,000円〈仕入時〉
＝△10,800円（買掛金の減少→為替差益）

※　為替差損益：27,000円〈前T／B・借方〉－10,800円〈貸方〉＝16,200円〈借方残高〉

10．未収収益の計上

| | | | |
|---|---|---|---|
| (未　収　収　益) | 10,800 | (受　取　利　息) | 10,800 |

※　受取利息：16,200円〈前T／B受取利息〉＋10,800円＝27,000円

11．法人税、住民税及び事業税の計上

課税所得にもとづいて法人税、住民税及び事業税を計上します。仮払法人税等を充当し残額を未払法人税等として計上します。

| | | | |
|---|---|---|---|
| (法人税、住民税及び事業税)(＊1) | 4,378,680 | (仮　払　法　人　税　等) | 1,620,000 |
| | | (未　払　法　人　税　等)(＊2) | 2,758,680 |

(＊1)　法人税、住民税及び事業税：10,946,700円〈課税所得〉×40％〈法定実効税率〉
＝4,378,680円

(＊2)　未払法人税等：4,378,680円－1,620,000円〈前T／B仮払法人税等〉
＝2,758,680円

12．税効果会計

当期の課税所得の計算において加算調整され、将来の差異の解消年度における課税所得の計算において減算調整される将来減算一時差異の発生は、当期においての法人税等の「前払い」を意味するため、差異の金額に法定実効税率を乗じた金額を法人税等調整額として計上し、損益計算書の末尾で法人税、住民税及び事業税を調整します。

| | | | |
|---|---|---|---|
| (繰　延　税　金　資　産)(＊) | 216,000 | (法人税等調整額) | 216,000 |

(＊)　(2,484,000円〈期末〉－1,944,000円〈期首〉)×40％〈法定実効税率〉＝216,000円

〈参考〉

本問の資料をもとに貸借対照表と損益計算書を作成すると下記のようになります。

貸借対照表

×7年３月31日　(単位：円)

| 資産の部 | | | 負債の部 | | |
|---|---|---|---|---|---|
| Ⅰ 流動資産 | | | Ⅰ 流動負債 | | |
| 1 現金預金 | | 7,651,800 | 1 支払手形 | | 3,348,000 |
| 2 受取手形 | 2,592,000 | | 2 買掛金 | | 4,957,200 |
| 3 売掛金 | 3,888,000 | | 3 未払法人税等 | | 2,758,680 |
| 貸倒引当金 | 129,600 | 6,350,400 | 流動負債合計 | | 11,063,880 |
| 4 有価証券 | | 2,983,500 | Ⅱ 固定負債 | | |
| 5 商品 | | 1,436,400 | 1 長期未払金 | | 1,080,000 |
| 6 未収入金 | | 11,250,000 | 固定負債合計 | | 1,080,000 |
| 7 未収収益 | | 10,800 | 負債合計 | | 12,143,880 |
| 流動資産合計 | | 29,682,900 | 純資産の部 | | |
| Ⅱ 固定資産 | | | Ⅰ 資本金 | | 32,940,000 |
| 1 有形固定資産 | | | Ⅱ 資本剰余金 | | |
| (1)建物 | 16,200,000 | | 1 資本準備金 | | 2,700,000 |
| 減価償却累計額 | 7,290,000 | 8,910,000 | Ⅲ 利益剰余金 | | |
| (2)備品 | 4,320,000 | | 1 利益準備金 | 1,080,000 | |
| 減価償却累計額 | 1,890,000 | 2,430,000 | 2 繰越利益剰余金 | 8,398,620 | 9,478,620 |
| (3)土地 | | 12,600,000 | 純資産合計 | | 45,118,620 |
| 2 無形固定資産 | | | | | |
| (1)のれん | | 81,000 | | | |
| 3 投資その他の資産 | | | | | |
| (1)長期貸付金 | 2,700,000 | | | | |
| 貸倒引当金 | 135,000 | 2,565,000 | | | |
| (2)繰延税金資産 | | 993,600 | | | |
| 固定資産合計 | | 27,579,600 | | | |
| 資産合計 | | 57,262,500 | 負債及び純資産合計 | | 57,262,500 |

損益計算書

自×6年４月１日　至×7年３月31日　(単位：円)

| | | |
|---|---|---|
| Ⅰ 売上高 | | 54,000,000 |
| Ⅱ 売上原価 | | |
| 1 期首商品棚卸高 | 1,296,000 | |
| 2 当期商品仕入高 | 29,970,000 | |
| 合計 | 31,266,000 | |
| 3 期末商品棚卸高 | 1,620,000 | |
| 差引 | 29,646,000 | |
| 4 商品評価損 | 102,600 | 29,748,600 |
| 売上総利益 | | 24,251,400 |
| Ⅲ 販売費及び一般管理費 | | |
| 1 給料 | 5,189,400 | |
| 2 減価償却費 | 1,296,000 | |
| 3 貸倒損失 | 270,000 | |
| 4 貸倒引当金繰入 | 75,600 | |
| 5 支払地代 | 9,720,000 | |
| 6 棚卸減耗損 | 81,000 | |
| 7 のれん償却 | 27,000 | 16,659,000 |
| 営業利益 | | 7,592,400 |
| Ⅳ 営業外収益 | | |
| 1 受取利息 | 27,000 | |
| 2 有価証券評価益 | 688,500 | 715,500 |
| Ⅴ 営業外費用 | | |
| 1 貸倒引当金繰入 | 135,000 | |
| 2 為替差損 | 16,200 | 151,200 |
| 経常利益 | | 8,156,700 |
| Ⅵ 特別利益 | | |
| 1 固定資産売却益 | 2,250,000 | 2,250,000 |
| 税引前当期純利益 | | 10,406,700 |
| 法人税、住民税及び事業税 | 4,378,680 | |
| 法人税等調整額 | 216,000 | 4,162,680 |
| 当期純利益 | | 6,244,020 |

## 第4問

（1）仕訳問題

1．本社工場会計（間接経費の支払い）

外部への支払いはすべて本社が行っているとの指示から、間接経費の支払いは本社が行っていることがわかります。したがって、工場側の仕訳は、支払額を製造間接費勘定として借方に記入し、相手勘定には本社勘定を記入します。

| | | | |
|---|---|---|---|
| （製造間接費） | 275,000 | （本　　社） | 275,000 |

2．労務費の計上

直接工の直接作業に対する賃金・給料のみが直接労務費になるため仕掛品勘定へ振り替えます。それ以外の賃金・給料は、すべて間接労務費になるため製造間接費勘定へ振り替えます。

| | | | |
|---|---|---|---|
| （仕　掛　品）（＊1） | 2,700,000 | （賃金・給料） | 7,200,000 |
| （製造間接費）（＊2） | 4,500,000 | | |

（＊1）　直接労務費：予定総平均賃率@1,800円×直接作業時間1,500時間
＝2,700,000円

（＊2）　間接労務費：予定総平均賃率@1,800円×（間接作業時間130時間
＋手待時間20時間）＋間接工賃金4,230,000円（＊3）
＝4,500,000円

（＊3）　間接工賃金の計算：当月支払高4,080,000円－前月未払高900,000円
＋当月未払高1,050,000円＝4,230,000円

3．製造間接費差異の分析（予算差異と操業度差異）

製造間接費の実際発生額と予定配賦額との差異を予算差異と操業度差異に分析します。予算差異は、実際発生額と製造間接費予算（1か月分）の差額となります。また、操業度差異は、予定直接作業時間と実際直接作業時間の差に予定配賦率をかけた金額となります。

| | | | |
|---|---|---|---|
| （予算差異）（＊1） | 12,000 | （製造間接費） | 30,000 |
| （操業度差異）（＊2） | 18,000 | | |

（＊1）　8,640,000円÷12か月＝720,000円（製造間接費予算の1か月分）
720,000円－732,000円＝△12,000円（借方差異）

（＊2）　8,640,000円÷9,600時間＝@900円（予定配賦率）
9,600時間÷12か月＝800時間（予定直接作業時間の1か月分）
@900円×（780時間－800時間）＝△18,000円（借方差異）

（2）標準原価計算の勘定記入

1．パーシャル・プランを採用した場合

パーシャル・プランでは、仕掛品勘定の当月製造費用を実際発生額で記入します。そのため、原価差異は仕掛品勘定で把握されます。

〔勘定連絡図（単位：円）〕

材　料

| 借方 | 貸方 |
|---|---|
| 買掛金 793,500 | 仕掛品 （＊1）793,500 |

賃　金

| 借方 | 貸方 |
|---|---|
| 現金 454,500 | 仕掛品 （＊1）454,500 |

製造間接費

| 借方 | 貸方 |
|---|---|
| 諸口 936,000 | 仕掛品 （＊1）936,000 |

仕　掛　品

| 借方 | 貸方 |
|---|---|
| 月初 57,000 | 当月製品製造原価 2,100,000 |
| 材料 793,500 | |
| 賃金 454,500 | 月末 114,000 |
| 製造間接費 936,000 | 直接材料費差異 （＊2）13,500 |
| 直接労務費差異 （＊3）4,500 | 製造間接費差異 （＊4）18,000 |

（＊1）　実際発生額

（＊2）　標準原価：@1,500円×｛（500台＋40台）－20台｝＝780,000円
直接材料費差異：780,000円（標準原価）－793,500円（実際発生額）＝△13,500円（借方差異）

（＊3）　標準原価：@900円×｛（500台＋40台×50%）－20台×50%｝＝459,000円
直接労務費差異：459,000円（標準原価）－454,500円（実際発生額）＝4,500円（貸方差異）

（＊4）　標準原価：@1,800円×｛（500台＋40台×50%）－20台×50%｝＝918,000円
製造間接費差異：918,000円（標準原価）－936,000円（実際発生額）＝△18,000円（借方差異）

2．シングル・プランを採用した場合

シングル・プランでは、仕掛品勘定の当月製造費用は標準原価で記入されます。そのため、原価差異は材料勘定、賃金勘定、製造間接費勘定のそれぞれで把握されます。

〔勘定連絡図（単位：円）〕

材　料

| 借方 | 貸方 |
|---|---|
| 買掛金 793,500 | 仕掛品 （＊1）780,000 |
| | 直接材料費差異 13,500 |

賃　金

| 借方 | 貸方 |
|---|---|
| 現金 454,500 | 仕掛品 （＊2）459,000 |
| 直接労務費差異 4,500 | |

製造間接費

| 借方 | 貸方 |
|---|---|
| 諸口 936,000 | 仕掛品 （＊3）918,000 |
| | 製造間接費差異 18,000 |

仕　掛　品

| 借方 | 貸方 |
|---|---|
| 月初 57,000 | 当月製品製造原価 2,100,000 |
| 材料 780,000 | |
| 賃金 459,000 | |
| 製造間接費 918,000 | 月末 114,000 |

（＊1）標準原価（直接材料費）：@1,500円×｛(500台＋40台)－20台｝＝780,000円
（＊2）標準原価（直接労務費）：@900円×｛(500台＋40台×50%)－20台×50%｝＝459,000円
（＊3）標準原価（製造間接費）：@1,800円×｛(500台＋40台×50%)－20台×50%｝＝918,000円

**第5問**

問1　直接原価計算と全部原価計算

全部原価計算では変動費と固定費を区別することなく、そのすべてを製造原価として取り扱います。対して、直接原価計算では、製造原価（売上原価）を変動費だけで計算し、固定製造原価をすべて当期の費用とします。両者の勘定連絡の相違は以下のとおりです。「固定費」の処理の違いを確認してください。



1．全部原価計算

仕　掛　品（変動費 → 投入：（＊）7,500,000円、**固定費** → 2,880,000円）

| 借方 | 貸方 |
|---|---|
| 期首 — | 完成：3,750個 |
| 投入：3,750個 | 変：7,500,000円 |
| （＊）7,500,000円 | **固：2,880,000円** |
| **2,880,000円** | 期末 — |

製　　品

| 借方 | 貸方 |
|---|---|
| 期首 — | 販売：3,000個 |
| | 変：6,000,000円 |
| 完成：3,750個 | **固：2,304,000円** |
| | 期末：750個 |
| 変：7,500,000円 | 変：1,500,000円 |
| **固：2,880,000円** | **固：576,000円** |

損益計算書

売上原価
　変：6,000,000円
　**固：2,304,000円**

（＊）当月投入分の変動費：変動売上原価6,000,000円÷3,000個×3,750個＝7,500,000円

2．直接原価計算

仕　掛　品（変動費 → 7,500,000円）

| 借方 | 貸方 |
|---|---|
| 期首 — | 完成：3,750個 |
| 投入：3,750個 | 変：7,500,000円 |
| 7,500,000円 | 期末 — |

製　　品

| 借方 | 貸方 |
|---|---|
| 期首 — | 販売：3,000個 |
| | 変：6,000,000円 |
| 完成：3,750個 | 期末：750個 |
| 変：7,500,000円 | 変：1,500,000円 |

損益計算書

変動売上原価
　変：6,000,000円
固定製造原価
　**固：2,880,000円**

**固定費**
**2,880,000円** → 損益計算書（固定製造原価）

3．全部原価計算方式の損益計算書

| | | | |
|---|---|---|---|
| Ⅰ | 売　上　高 | 19,200,000 円 | |
| Ⅱ | 売 上 原 価 | 8,304,000 | ←変：6,000,000円＋固：2,304,000円 |
| | 売上総利益 | 10,896,000 | |
| Ⅲ | 販売費及び一般管理費 | 5,712,000 | ←変：1,680,000円＋固：4,032,000円 |
| | 営 業 利 益 | 5,184,000 円 | |

〈参考〉固定費調整

直接原価計算の営業利益を基礎として、全部原価計算の営業利益のみを求める問題であれば「固定費調整」の方法により求めることができます。すなわち、直接原価計算と全部原価計算の営業利益の違いは、期首および期末の製品原価および仕掛品原価として計算される「製造固定費」の違いとなって現れます。よって、これを調整することにより直接原価計算の営業利益を全部原価計算の営業利益に修正することができます。

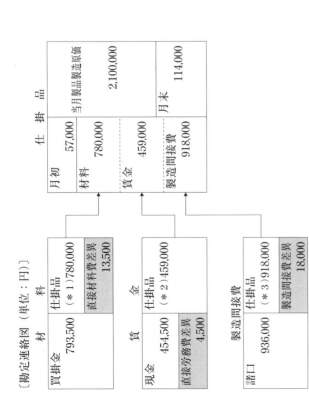

全部原価計算の営業利益 = 直接原価計算の営業利益 − 期首仕掛品・製品として計算される製造固定費 + 期末仕掛品・製品として計算される製造固定費

(1) 期末製品に含まれる製造固定費の計算

本問の場合、期首製品および期首・期末の仕掛品はありません。よって、期末製品に関する製造固定費を計算します。

期末製品に含まれる製造固定費 = 製造固定費2,880,000円 × $\dfrac{\text{期末製品750個}}{\text{販売量3,000個＋期末製品750個}}$ = 576,000円

(2) 固定費調整

全部原価計算の営業利益 = 直接原価計算の営業利益4,608,000円 − 期首仕掛品・製品として計算される製造固定費0円 + 期末仕掛品・製品として計算される製造固定費576,000円

= 5,184,000円

問２　ＣＶＰ分析

直接原価計算は、製造原価（売上原価）を変動費だけで計算し、固定製造原価をすべて当期の費用とします。また、その損益計算書では、売上高から変動費（変動費のみで計算した売上原価と変動販売費の合計）を差し引いて貢献利益を表示し、そこから固定費（固定製造原価と固定販売費および一般管理費の合計）を差し引いて営業利益を表示します。直接原価計算の損益計算書はＣＶＰ分析の基礎資料となります。

ＣＶＰ分析の問題は、「販売量をＸ」または「売上高をＳ」とおいて、直接原価計算方式の損益計算書を作成し、解答します。

本問は「売上高をＳ」とおいて解答すると良いでしょう。この場合、「変動費」を「売上高(Ｓ)×変動費率」で考えていきます。「変動費率」とは売上高に含まれる変動費の割合をいい、「変動費÷売上高」で求めた数値をいいます。

(1) 変動費および変動費率

変動費：6,000,000円＋1,680,000円＝7,680,000円

変動費率：$\dfrac{\text{変動費7,680,000円}}{\text{売上高19,200,000円}}$ ＝0.4

(2) 固定費

2,880,000円＋4,032,000円＝6,912,000円

(3) 「売上高をＳ」とおいた場合の直接原価計算方式の損益計算書



| | | |
|---|---|---|
| 売　上　高＝ | Ｓ円 | |
| 変　動　費＝ | 0.4Ｓ円 | ←売上高Ｓ×変動費率0.4 |
| 貢 献 利 益＝ | 0.6Ｓ円 | ←Ｓ－0.4Ｓ |
| 固　定　費＝ | 6,912,000円 | ←営業量が変化しても固定費は一定です。 |
| 営 業 利 益＝ | 0.6Ｓ－6,912,000円 | |

以上より、本問の条件で製品を製造・販売した場合、ある売上高が「Ｓ」のとき営業利益が「0.6Ｓ－6,912,000円」獲得できることがわかります。

1．目標売上高営業利益率30％を確保するために必要な売上高の増加率

(1) 目標売上高営業利益率30％を確保するために必要な売上高

売上高営業利益率を30％確保するということは、「売上高×30％」の金額が営業利益になればよいことになります。よって、上記損益計算書の営業利益「0.6Ｓ－6,912,000円」を「0.3Ｓ」と結んで方程式を立て、解答します。

0.6Ｓ－6,912,000円＝0.3Ｓ
0.6Ｓ－0.3Ｓ＝6,912,000円
0.3Ｓ＝6,912,000円
Ｓ＝6,912,000円÷0.3
Ｓ＝23,040,000円

(2) 売上高の増加率

当期の19,200,000円を基準として、その増加率を求めます。

23,040,000円－19,200,000円＝3,840,000円
3,840,000円÷19,200,000円×100＝20％

2．損益分岐点売上高を2,400,000円引き下げるための固定費の削減額

(1) 損益分岐点売上高11,520,000円から2,400,000円を差し引いた9,120,000円が損益分岐点売上高となる固定費の金額を求めます。

したがって、9,120,000円×0.6－固定費＝０
固定費＝9,120,000円×0.6
固定費＝5,472,000円

(2) 削減すべき固定費

6,912,000円－5,472,000円＝1,440,000円

問3　予算実績差異分析

販売価格差異は、実績販売量における実績の販売価格と予算の販売価格の差額で算定します。

販売価格差異：(@6,400円－@6,500円)×3,000個＝△300,000円（不利差異）

販売数量差異は、予算販売価格における実績の販売量と予算の販売量の差額で算定します。

販売数量差異：@6,500円×(3,000個－2,900個)＝650,000円（有利差異）

# 2024年《ねん》度《ど》版《ばん》
# 日商《にっしょう》簿《ぼ》記《き》２級《きゅう》　まるっと完全《かんぜん》予《よ》想《そう》問《もん》題《だい》集《しゅう》

（2012年度版日商簿記２級網羅型完全予想問題集　2012年10月１日　初　版　第１刷発行）
2024年３月15日　初　版　第１刷発行

編　著　者　ＴＡＣ株式会社
（簿記検定講座）
発　行　者　多　田　敏　男
発　行　所　TAC株式会社　出版事業部
（TAC出版）

〒101-8383
東京都千代田区神田三崎町3-2-18
電　話 03（5276）9492（営業）
FAX 03（5276）9674
https://shuppan.tac-school.co.jp

組　版　株式会社　グ　ラ　フ　ト
印　刷　今　家　印　刷　株　式　会　社
製　本　東京美術紙工協業組合


ISBN 978-4-300-11013-3
N.D.C. 336



乱丁・落丁による交換，および正誤のお問合せ対応は，該当書籍の改訂版刊行月末日までといたします。なお，交換につきましては，書籍の在庫状況等により，お受けできない場合もございます。
また，各種本試験の実施の延期，中止を理由とした本書の返品はお受けいたしません。返金もいたしかねますので，あらかじめご了承くださいますようお願い申し上げます。

# 簿記検定講座のご案内

## 選べる学習メディアでご自身に合うスタイルでご受講ください！

## 通学講座

3級コース　3・2級コース　2級コース　1級コース　1級上級コース

### 教室講座　通って学ぶ

定期的な日程で通学する学習スタイル。常に講師と接することができるという教室講座の最大のメリットがありますので、疑問点はその日のうちに解決できます。また、勉強仲間との情報交換も積極的に行えるのが特徴です。

### ビデオブース講座　通って学ぶ　予約制

ご自身のスケジュールに合わせて、TACのビデオブースで学習するスタイル。日程を自由に設定できるため、忙しい社会人に人気の講座です。

**直前期教室出席制度**
直前期以降、教室受講に振り替えることができます。

**無料体験入学**
ご自身の目で、耳で体験し納得してご入学いただくために、無料体験入学をご用意しました。

**無料講座説明会**
もっとTACのことを知りたいという方は、無料講座説明会にご参加ください。

**無　料**
**予約不要**※

※ビデオブース講座の無料体験入学は要予約。
無料講座説明会は一部校舎では要予約。

## 通信講座

3級コース　3・2級コース　2級コース　1級コース　1級上級コース

### Web通信講座　スマホやタブレットにも対応　見て学ぶ

教室講座の生講義をブロードバンドを利用し動画で配信します。ご自身のペースに合わせて、24時間いつでも何度でも繰り返し受講することができます。また、講義動画はダウンロードして2週間視聴可能です。有効期間内は何度でもダウンロード可能です。

※Web通信講座の配信期間は、お申込コースの目標月の翌月末までです。

**TAC WEB SCHOOL ホームページ**
URL https://portal.tac-school.co.jp/

※お申込み前に、左記のサイトにて必ず動作環境をご確認ください。

### DVD通信講座　見て学ぶ

講義を収録したデジタル映像をご自宅にお届けします。講義の臨場感をクリアな画像でご自宅にて再現することができます。

※DVD-Rメディア対応のDVDプレーヤーでのみ受講が可能です。
パソコンやゲーム機での動作保証はいたしておりません。

### 資料通信講座（1級のみ）

テキスト・添削問題を中心として学習します。

Webでも無料配信中！　スマホ タブレット　パソコン

## 「TAC動画チャンネル」

- 講座説明会　※収録内容の変更のため、配信されない期間が生じる場合がございます。
- 1回目の講義（前半分）が視聴できます

詳しくは、TACホームページ
「TAC動画チャンネル」をクリック！

TAC動画チャンネル　簿記　検索

**コースの詳細は、簿記検定講座パンフレット・TACホームページをご覧ください。**

パンフレットのご請求・お問い合わせは、TACカスタマーセンターまで

通話無料　0120-509《ゴウカク》-117《イイナ》

受付時間　月～金 9:30～19:00
土・日・祝 9:30～18:00

※携帯電話からもご利用になれます。

TAC簿記検定講座ホームページ
TAC 簿記　検索

# TAC出版 書籍のご案内

TAC出版では、資格の学校TAC各講座の定評ある執筆陣による資格試験の参考書をはじめ、資格取得者の開業法や仕事術、実務書、ビジネス書、一般書などを発行しています！

## TAC出版の書籍

＊一部書籍は、早稲田経営出版のブランドにて刊行しております。

### 資格・検定試験の受験対策書籍

- 日商簿記検定
- 建設業経理士
- 全経簿記上級
- 税　理　士
- 公認会計士
- 社会保険労務士
- 中小企業診断士
- 証券アナリスト
- ファイナンシャルプランナー(FP)
- 証券外務員
- 貸金業務取扱主任者
- 不動産鑑定士
- 宅地建物取引士
- 賃貸不動産経営管理士
- マンション管理士
- 管理業務主任者
- 司法書士
- 行政書士
- 司法試験
- 弁理士
- 公務員試験(大卒程度・高卒者)
- 情報処理試験
- 介護福祉士
- ケアマネジャー
- 社会福祉士　ほか

### 実務書・ビジネス書

- 会計実務、税法、税務、経理
- 総務、労務、人事
- ビジネススキル、マナー、就職、自己啓発
- 資格取得者の開業法、仕事術、営業術
- 翻訳ビジネス書

### 一般書・エンタメ書

- ファッション
- エッセイ、レシピ
- スポーツ
- 旅行ガイド（おとな旅プレミアム/ハルカナ）
- 翻訳小説

# 日商簿記検定試験対策書籍のご案内

TAC出版の日商簿記検定試験対策書籍は、学習の各段階に対応していますので、あなたのステップに応じて、合格に向けてご活用ください！

## 3タイプのインプット教材

### 1

簿記を専門的な知識にしていきたい方向け

**満点合格を目指し 次の級への土台を築く**

**「合格テキスト」**

**「合格トレーニング」**

- 大判のB5判、3級～1級累計300万部超の、信頼の定番テキスト&トレーニング！TACの教室でも使用している公式テキストです。3級のみオールカラー。
- 出題論点はすべて網羅しているので、簿記をきちんと学んでいきたい方にぴったりです！

◆3級　□2級 商簿、2級 工簿　■1級 商・会 各3点、1級 工・原 各3点

### 2

スタンダードにメリハリつけて学びたい方向け

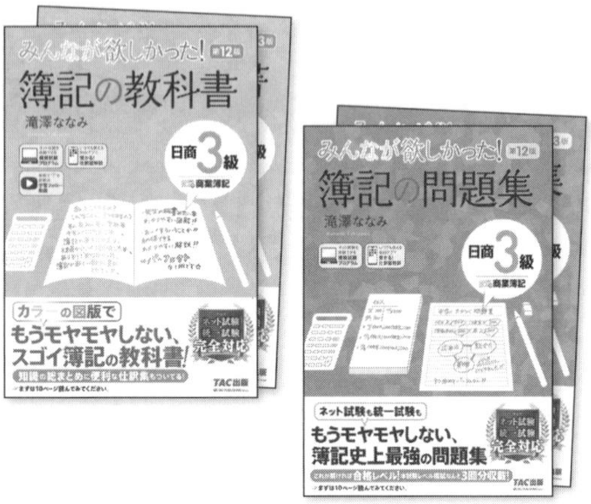


**教室講義のような わかりやすさでしっかり学べる**

**「簿記の教科書」**

**「簿記の問題集」**　　滝澤 ななみ 著

- A5判、4色オールカラーのテキスト（2級・3級のみ）&模擬試験つき問題集！
- 豊富な図解と実例つきのわかりやすい説明で、もうモヤモヤしない!!

◆3級　□2級 商簿、2級 工簿　■1級 商・会 各3点、1級 工・原 各3点

### 3

気軽に始めて、早く全体像をつかみたい方向け

**初学者でも楽しく続けられる！**

**「スッキリわかる」**

**テキスト／問題集一体型**

滝澤 ななみ 著（1級は商・会のみ）

- 小型のA5判（4色オールカラー）によるテキスト／問題集一体型。これ一冊でOKの、圧倒的に人気の教材です。
- 豊富なイラストとわかりやすいレイアウト！かわいいキャラの「ゴエモン」と一緒に楽しく学べます。

◆3級　□2級 商簿、2級 工簿

■1級 商・会 4点、1級 工・原 4点

**「スッキリうかる本試験予想問題集」**

滝澤 ななみ 監修　TAC出版開発グループ 編著

- 本試験タイプの予想問題9回分を掲載

◆3級　□2級

## コンセプト問題集

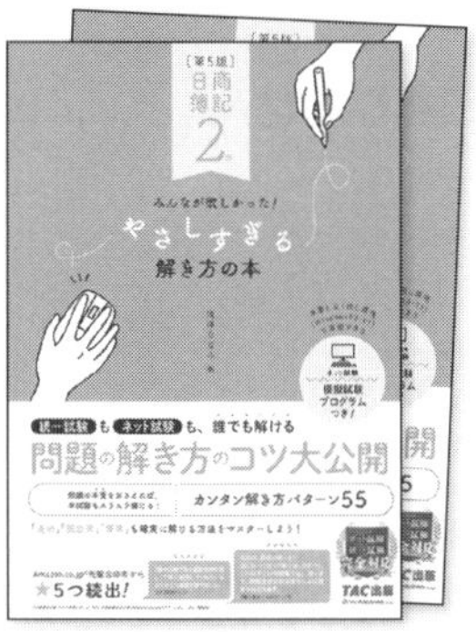


### 得点力をつける!

**『みんなが欲しかった! やさしすぎる解き方の本』**

B5判　滝澤 ななみ 著

- 授業で解き方を教わっているような新感覚問題集。再受験にも有効。

◆3級　□2級

## 本試験対策問題集

### 本試験タイプの問題集

**『合格するための本試験問題集』**
（1級は過去問題集）

B5判

- 12回分（1級は14回分）の問題を収載。ていねいな「解答への道」、各問対策が充実
- 年２回刊行。

◆3級　□2級　■1級

### 知識のヌケをなくす!

**『まるっと完全予想問題集』**
（1級は網羅型完全予想問題集）

A4判

- オリジナル予想問題（3級10回分、2級12回分、1級8回分）で本試験の重要出題パターンを網羅。
- 実力養成にも直前の本試験対策にも有効。

◆3級　□2級　■1級

## 直前予想

**『○年度試験をあてるTAC予想模試＋解き方テキスト○～○月試験対応』**
（1級は第○回試験をあてるTAC直前予想模試）

A4判

- TAC講師陣による4回分の予想問題で最終仕上げ。
- 2級・3級は、第1部解き方テキスト編、第2部予想模試編の2部構成。
- 年3回（1級は年2回）、各試験に向けて発行します。

◆3級　□2級　■1級

## あなたに合った合格メソッドをもう一冊!

仕訳 **『究極の仕訳集』**
B6変型判
- 悩む仕訳をスッキリ整理。ハンディサイズ、一問一答式で基本の仕訳を一気に覚える。

◆3級　□2級

仕訳 **『究極の計算と仕訳集』**
B6変型判　境 浩一朗 著
- 1級商会で覚えるべき計算と仕訳がすべてつまった１冊!

■1級 商・会

理論 **『究極の会計学理論集』**
B6変型判
- 会計学の理論問題を論点別に整理、手軽なサイズが便利です。

■1級 商・会、全経上級

電卓 **『カンタン電卓操作術』**
A5変型判　TAC電卓研究会 編
- 実践的な電卓の操作方法について、丁寧に説明します!

:ネット試験の演習ができる模擬試験プログラムつき（2級・3級）

:スマホで使える仕訳Webアプリつき（2級・3級）

・2024年２月現在　・刊行内容、表紙等は変更することがあります　・とくに記述がある商品以外は、TAC簿記検定講座編です

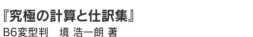

# 書籍の正誤に関するご確認とお問合せについて

書籍の記載内容に誤りではないかと思われる箇所がございましたら、以下の手順にてご確認とお問合せをしてくださいますよう、お願い申し上げます。
なお、正誤のお問合せ以外の**書籍内容に関する解説および受験指導などは、一切行っておりません。**
そのようなお問合せにつきましては、お答えいたしかねますので、あらかじめご了承ください。

## 1 「Cyber Book Store」にて正誤表を確認する

TAC出版書籍販売サイト「Cyber Book Store」のトップページ内「正誤表」コーナーにて、正誤表をご確認ください。

CYBER TAC出版書籍販売サイト
BOOK STORE

**URL:https://bookstore.tac-school.co.jp/**

## 2 1の正誤表がない、あるいは正誤表に該当箇所の記載がない ⇒ 下記①、②のどちらかの方法で文書にて問合せをする

★ご注意ください★

**お電話でのお問合せは、お受けいたしません。**
①、②のどちらの方法でも、お問合せの際には、「お名前」とともに、
「対象の書籍名(○級・第○回対策も含む)およびその版数(第○版・○○年度版など)」
「お問合せ該当箇所の頁数と行数」
「誤りと思われる記載」
「正しいとお考えになる記載とその根拠」
を明記してください。
なお、回答までに1週間前後を要する場合もございます。あらかじめご了承ください。

**① ウェブページ「Cyber Book Store」内の「お問合せフォーム」より問合せをする**

【お問合せフォームアドレス】

**https://bookstore.tac-school.co.jp/inquiry/**

**② メールにより問合せをする**

【メール宛先　TAC出版】

**syuppan-h@tac-school.co.jp**

**※土日祝日はお問合せ対応をおこなっておりません。**
**※正誤のお問合せ対応は、該当書籍の改訂版刊行月末日までといたします。**

乱丁・落丁による交換は、該当書籍の改訂版刊行月末日までといたします。なお、書籍の在庫状況等により、お受けできない場合もございます。
また、各種本試験の実施の延期、中止を理由とした本書の返品はお受けいたしません。返金もいたしかねますので、あらかじめご了承くださいますようお願い申し上げます。

TACにおける個人情報の取り扱いについて
■お預かりした個人情報は、TAC(株)で管理させていただき、お問合せへの対応、当社の記録保管にのみ利用いたします。お客様の同意なしに業務委託先以外の第三者に開示、提供することはございません(法令等により開示を求められた場合を除く)。その他、個人情報保護管理者、お預かりした個人情報の開示等及びTAC(株)への個人情報の提供の任意性については、当社ホームページ(https://www.tac-school.co.jp)をご覧いただくか、個人情報に関するお問い合わせ窓口(E-mail:privacy@tac-school.co.jp)までお問合せください。

(2022年7月現在)

別冊①

# 問題用紙

## 第１回～第12回

※使い方は中面をご覧ください。

※答案用紙は別冊②にとじ込まれています。

答案用紙はダウンロードもご利用いただけます。

TAC出版書籍販売サイト・サイバーブックストアにアクセスしてください。

https://bookstore.tac-school.co.jp/

# 問題用紙の使い方

この冊子には、問題用紙がとじ込まれています。下記を参考に、第１回から第12回までの問題用紙に分けてご利用ください。

## STEP1

**一番外側の色紙を残して、問題用紙の冊子を取り外してください。**

## STEP2

**取り外した冊子を開いて真ん中にあるホチキスの針を、定規やホチキスの針外し（ステープルリムーバーなど）を利用して取り外してください。**

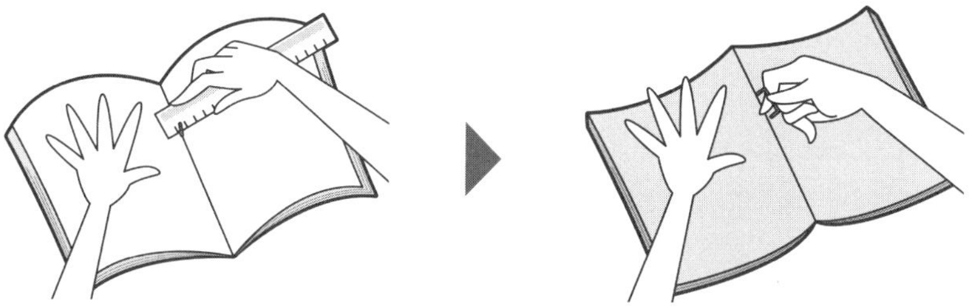

ホチキスの針を引き起こして

ホチキスの針を２つとも外す

## STEP3

**第１回から第12回までに分ければ準備完了です。**

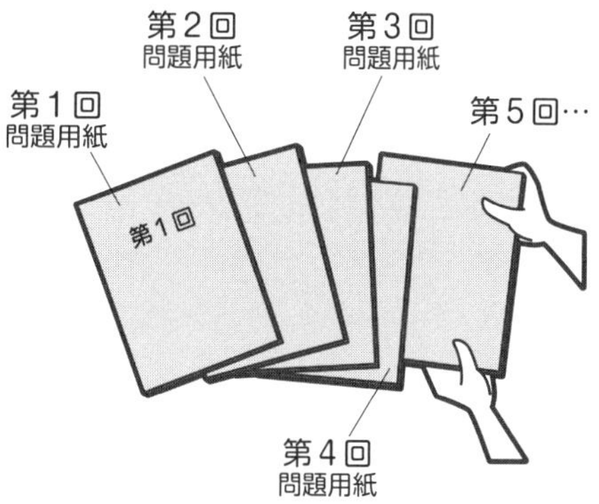
第２回
問題用紙
第３回
問題用紙
第１回
問題用紙
第５回…
第１回
第４回
問題用紙

- 作業中のケガには十分お気をつけください。
- 取り外しの際の損傷についてのお取り替えはご遠慮願います。
- 答案用紙は別冊②にとじ込まれています。

**答案用紙はダウンロードもご利用いただけます。**

TAC出版書籍販売サイト、サイバーブックストアにアクセスしてください。

TAC出版　検索

# 2級

# 日商簿記検定試験対策
# まるっと完全予想問題集
# 問題用紙

（制限時間　90分）

## 第１回

TAC簿記検定講座

# 商　業　簿　記

**第1問（20点）**

次の取引について仕訳しなさい。ただし、勘定科目は、各取引の下の勘定科目の中から最も適当と思われるものを選び、記号で解答すること。

1．その他資本剰余金￥50,000、繰越利益剰余金￥20,000をそれぞれ準備金へ振り替えることを株主総会で決議し、その効力が生じた。

ア．資本金　イ．資本準備金　ウ．その他資本剰余金　エ．利益準備金　オ．繰越利益剰余金　カ．損益
キ．非支配株主持分　ク．株式申込証拠金

2．当社の当座預金勘定の残高と銀行からの残高証明書の残高に不一致があったため原因を調査したところ、備品の購入にともない生じた未払金の支払いのために振り出した小切手￥600,000が金庫に保管されたままであり未渡しの状況であったことがわかった。なお、小切手を振り出したさいに当座預金の減少の記帳が行われている。

ア．営業外支払手形　イ．当座預金　ウ．備品　エ．現金　オ．未払金　カ．受取手形　キ．支払手形
ク．雑損

3．埼玉株式会社に対する買掛金￥1,500,000の支払いにあたり、取引銀行を通じて電子債権記録機関に電子記録債権の譲渡記録を行った。

ア．電子記録債権　イ．売掛金　ウ．電子記録債務　エ．買掛金　オ．電子記録債権売却損
カ．有価証券売却損　キ．支払手形　ク．仕入

4．CAT株式会社から商品￥470,000を仕入れ、代金のうち￥450,000は得意先振り出しの約束手形￥450,000を裏書譲渡し、残額は現金で支払った。なお、当社では商品売買取引について、商品の販売のつど売上原価勘定に振り替える方法を用いて記帳している。

ア．仕入　イ．商品　ウ．現金　エ．受取手形　オ．売上原価　カ．繰越商品　キ．買掛金　ク．売掛金

5．海老名株式会社は、川崎株式会社より仕入れた商品￥5,000（原価）を品川株式会社に￥8,000で売り上げ、代金を掛けとした。なお、海老名株式会社は、販売のつど商品勘定から売上原価勘定に振り替える方法により商品の記帳を行っている。

ア．売上　イ．売上原価　ウ．売掛金　エ．支払手形　オ．商品　カ．受取手形　キ．仕入　ク．損益

**第２問**（20点）

次に示したＰ社の［資料］にもとづいて、答案用紙の連結精算表を作成しなさい。なお、当期は×5年４月１日から×6年３月31日までの１年間である。

［資　料］

１．Ｐ社は×4年３月31日にＳ社の発行済株式数の60％を￥4,000,000で取得し、支配を獲得した。

２．×4年３月31日のＳ社の貸借対照表上、資本金￥4,000,000、資本剰余金￥800,000、利益剰余金￥1,800,000が計上されていた。

３．のれんは発生年度の翌年から10年にわたり定額法により償却する。

４．Ｓ社は前期・当期ともに剰余金の配当は行っていない。

５．×5年３月31日のＳ社の貸借対照表上、資本金￥4,000,000、資本剰余金￥800,000、利益剰余金￥2,300,000が計上されていた。

６．前期よりＰ社は商品をＳ社に販売しており、前期・当期ともに原価に20％の利益を加算している。当期におけるＰ社のＳ社への売上高は￥3,600,000であった。

７．Ｓ社の期首商品のうち￥300,000、期末商品のうち￥450,000はＰ社から仕入れたものである。

８．Ｐ社の売掛金のうち￥600,000はＳ社に対するものである。

９．Ｐ社は保有している土地￥1,000,000を決算日に￥1,500,000でＳ社に売却して代金の受払いは後日行う。Ｓ社は当該土地をそのまま保有している。なお、土地の売買にともなう債権債務については、諸資産・諸負債に含まれている。

## 第3問（20点）

次の〔資料Ⅰ〕決算整理前残高試算表および〔資料Ⅱ〕決算整理事項等にもとづいて、答案用紙の貸借対照表を完成しなさい。なお、会計期間は×6年4月1日から×7年3月31日までの1年である。

〔資料Ⅰ〕決算整理前残高試算表

残 高 試 算 表

×7年3月31日　　（単位：円）

| 借　方 | 勘定科目 | 貸　方 |
|---:|---|---:|
| 702,000 | 現金 | |
| | 当座預金甲銀行 | 40,000 |
| 996,000 | 当座預金乙銀行 | |
| 408,000 | 受取手形 | |
| 652,000 | 売掛金 | |
| 99,000 | 売買目的有価証券 | |
| 256,000 | 繰越商品 | |
| | 貸倒引当金 | 10,000 |
| 60,000 | 前払費用 | |
| 30,000 | 仮払法人税等 | |
| 3,600,000 | 建物 | |
| | 建物減価償却累計額 | 1,200,000 |
| 1,800,000 | 備品 | |
| | 備品減価償却累計額 | 360,000 |
| 64,000 | ソフトウェア | |
| 24,000 | 繰延税金資産 | |
| | 支払手形 | 235,000 |
| | 買掛金 | 440,000 |
| | 仮受金 | 500,000 |
| | 借入金 | 500,000 |
| | 未払費用 | 105,000 |
| | 資本金 | 3,524,000 |
| | 利益準備金 | 450,000 |
| | 別途積立金 | 153,500 |
| | 繰越利益剰余金 | 258,990 |
| | 売上 | 4,498,000 |
| | 有価証券売却益 | 200,010 |
| 2,745,000 | 仕入 | |
| 680,000 | 給料 | |
| 141,000 | 広告宣伝費 | |
| 80,000 | 通信費 | |
| 82,500 | 保険料 | |
| 50,000 | 修繕費 | |
| 5,000 | 支払利息 | |
| 12,474,500 | | 12,474,500 |

# 2級

# 日商簿記検定試験対策
# まるっと完全予想問題集
# 問題用紙

（制限時間　90分）

## 第2回

TAC簿記検定講座

# 商　業　簿　記

**第１問（20点）**

次の取引について仕訳しなさい。ただし、勘定科目は、各取引の下の勘定科目の中から最も適当と思われるものを選び、記号で解答すること。

1．当社は、愛知商事との間で商品Ａ￥20,000および商品Ｂ￥45,000を販売する契約を締結した。商品Ａはただちに引き渡し、商品Ｂを月末に引き渡すこととし、代金は商品Ａと商品Ｂの両方の引き渡しを条件として支払われる。この場合における当社の商品A引き渡し時の仕訳を示しなさい。なお、商品Ａと商品Ｂの引き渡しは、それぞれ独立した履行義務として識別する。

ア．契約負債　イ．現金　ウ．売掛金　エ．契約資産　オ．売上　カ．未払金　キ．返金負債
ク．未収入金

2．当社は米国のＢ商事より商品7,700ドルを仕入れた。この商品については、注文時に手付金として2,700ドルを現金で支払っており、残額は月末に支払う予定である。なお、商品仕入時の為替相場は１ドル￥141、手付金支払時の為替相場は１ドル￥146であった。

ア．仕入　イ．買掛金　ウ．未払金　エ．前払金　オ．仮払金　カ．為替差損益　キ．前受金　ク．現金

3．当期首において建物（取得原価￥36,000,000、減価償却累計額￥17,280,000、間接法で記帳）および商品￥12,000,000が火災で焼失した。焼失した資産には総額￥30,000,000の火災保険が掛けられており、保険会社に保険金の請求を行ったが、保険で補填されない分は損失として計上する。なお、商品売買の記帳は売上原価対立法によっている。

ア．建物　イ．建物減価償却累計額　ウ．減価償却費　エ．未決算　オ．保険差益　カ．火災損失
キ．商品　ク．保険料

4．所有する島根商店振出の約束手形￥1,600,000について、同店より手形の更改の申し入れを受けたので、これを了承し、旧手形と交換して新手形を受け取った。なお、新手形には支払期日の延長にともなう利息￥13,000を含めることにした。

ア．現金　イ．受取手形　ウ．短期貸付金　エ．支払手形　オ．受取利息　カ．支払利息　キ．手形売却損
ク．不渡手形

5．新潟株式会社は、当座預金口座に、西南商会の株式に対する期末配当金￥552,000（源泉所得税20％控除後）の入金があった旨の通知を受けた。

ア．仮払法人税等　イ．受取配当金　ウ．普通預金　エ．受取利息　オ．未払法人税等　カ．当座預金
キ．未払配当金　ク．租税公課

**第２問（20点）**

筑波商事株式会社の第16期（×6年４月１日より×7年３月31日）における次の〔資料〕にもとづき、答案用紙の株主資本等変動計算書を完成しなさい。その他有価証券評価差額金に関しては税効果会計を適用するものとし、法人税等の法定実効税率は40％である。なお、純資産がマイナスとなる場合には、金額の前に△印を付すこと。

〔資　料〕

１．第15期末における純資産の残高は次のとおりである。

資　本　金　￥18,000,000　　資本準備金　￥3,000,000　　利益準備金　￥900,000

別途積立金　￥720,000　　繰越利益剰余金　￥1,698,000　　その他有価証券評価差額金　￥120,000（貸方）

２．×6年６月28日に開催された第15期株主総会で、次のように繰越利益剰余金の配当および処分を行った。

配　当　金　￥600,000　　別途積立金　￥450,000　　利益準備金　会社法の定める必要額

３．×6年10月１日に秋葉原商事を吸収合併し、新たに当社の株式200株（時価@￥36,000）を同社の株主に交付した。同社から引き継いだ諸資産、諸負債は次のとおりである。なお、株式の交付にともなって増加する株主資本のうち、資本金組入額は￥6,000,000とし、残額は資本準備金とした。

諸　資　産：　帳簿価額　￥7,200,000　　時価　￥9,300,000

諸　負　債：　帳簿価額　￥3,300,000　　時価　￥3,000,000

４．目白株式会社の株式（取得原価￥600,000）をその他有価証券として保有している。なお、前期末の時価は￥800,000、当期末の時価は￥1,000,000である。

## 第3問（20点）

次の秋田商事株式会社（会計期間は×4年4月1日から×5年3月31日までの1年間）の［資料］にもとづいて、答案用紙の損益計算書を完成させなさい。なお、税効果会計は考慮しないものとする。

［資料1］決算整理前残高試算表

残　高　試　算　表

×5年3月31日　　（単位：円）

| 借　　方 | 勘定科目 | 貸　　方 |
|---|---|---|
| 5,996,000 | 現金預金 | |
| 2,160,000 | 受取手形 | |
| 4,365,000 | 売掛金 | |
| 2,250,000 | 売買目的有価証券 | |
| 1,080,000 | 繰越商品 | |
| 1,240,000 | 仮払金 | |
| 1,350,000 | 仮払法人税等 | |
| 2,400,000 | 未決算 | |
| 13,500,000 | 建物 | |
| 3,600,000 | 備品 | |
| 2,250,000 | 長期貸付金 | |
| 2,137,500 | 満期保有目的債券 | |
| | 支払手形 | 2,700,000 |
| | 買掛金 | 3,492,000 |
| | 長期未払金 | 1,950,000 |
| | 貸倒引当金 | 45,000 |
| | 商品保証引当金 | 90,000 |
| | 建物減価償却累計額 | 6,712,500 |
| | 備品減価償却累計額 | 1,518,750 |
| | 資本金 | 17,370,000 |
| | 資本準備金 | 675,000 |
| | 利益準備金 | 450,000 |
| | 繰越利益剰余金 | 634,500 |
| | 売上 | 45,900,000 |
| | 受取利息 | 13,500 |
| | 有価証券利息 | 27,000 |
| | 土地売却益 | 40,500 |
| 29,475,000 | 仕入 | |
| 4,369,500 | 給料 | |
| 1,984,500 | 広告宣伝費 | |
| 2,430,000 | 保険料 | |
| 1,031,250 | 減価償却費 | |
| 81,618,750 | | 81,618,750 |

［資料2］決算修正事項等

1．未決算¥2,400,000は、火災保険金の請求にかかわるものである。保険会社より火災保険¥2,100,000の支払いが決定した旨の通知があったが未処理であったため、適切な処理を行う。

2．受取手形¥225,000を取引銀行に売却し、割引料¥9,000が差し引かれた残額が当座預金口座に振り込まれていたが未処理である。

3．仮払金は、当期の10月1日に完了した建物の改良と修繕の代金であったが、その振り替えが未処理である。代金の60％が改良のための支出とみなされた。

［資料3］決算整理事項

1．商品の期末棚卸高は次のとおりである。商品評価損は売上原価の内訳科目として処理する。

　　帳簿棚卸数量600個　帳簿価額（原価）＠¥2,250

　　実地棚卸数量570個　正味売却価額　　＠¥2,100

2．受取手形および売掛金の期末残高に対して差額補充法により2％の貸倒れを見積もる。

3．長期貸付金の期末残高に対して5％の貸倒れを見積もる。当該貸付金はすべて当期に生じたものであり、前期までに資金の貸し付けは行っていない。

4．建物は定額法（耐用年数30年、残存価額はゼロ）、備品は200％定率法（耐用年数8年、残存価額はゼロ）により減価償却を行う。減価償却費は、概算額で建物¥37,500、備品¥56,250を4月から2月までの月次決算で各月に計上してきており、決算月も同様の処理を行う。

　なお、上記［資料2］3．にかかる改良部分は、改良時点における建物の耐用年数の残存期間（186か月）にわたって月割で減価償却を行う。

5．売買目的有価証券の期末時価は¥2,358,000である。

6．満期保有目的債券（年利1.2％、利払日は3月末と9月末の年2回、償還期間5年）は、当期首に額面総額¥2,250,000を発行と同時に額面¥100につき¥95で購入したものであり、取得原価と額面金額との差額はすべて金利調整差額と認められるため、償却原価法（定額法）を適用する。なお、期末時価は¥2,164,500である。

7．保険料は毎期同額を10月1日に向こう1年分として支払っているものである。

8．前期に販売した商品の保証期限が経過したため、洗替法により商品保証引当金の残高¥90,000を取り崩すとともに、当期に販売した商品の保証費用を¥135,000と見積もり、新たに商品保証引当金を設定する。

9．課税所得¥7,553,250の40％を法人税、住民税及び事業税に計上する。

# 2級

## 日商簿記検定試験対策
## まるっと完全予想問題集
## 問　題　用　紙

（制限時間　90分）

第３回

TAC簿記検定講座

**第1問（20点）**

次の取引について仕訳しなさい。ただし、勘定科目は、各取引の下の勘定科目の中から最も適当と思われるものを選び、記号で解答すること。

1．決算日に当座預金口座の残高証明書と帳簿残高を照合したところ、帳簿残高が¥1,134,000少ないことが判明した。原因を調べたところ、仕入先に振り出した小切手¥350,000が銀行に未呈示であったほか、消耗品の購入代金¥168,000および商品の仕入代金¥616,000を支払うために振り出し記帳済みの小切手が、金庫に保管されたままであった。

ア．現金　イ．当座預金　ウ．売掛金　エ．買掛金　オ．未払金　カ．仕入　キ．消耗品費　ク．支払手形

2．広島商事株式会社は、会社設立にあたり、株式150株を1株あたりの払込金額¥80,000で発行し、全額の払い込みを受け普通預金とした。なお、発行にあたって株式の発行費用¥125,000を現金で支払った。

ア．現金　イ．資本準備金　ウ．普通預金　エ．株式交付費　オ．創立費　カ．資本金　キ．別途積立金　ク．預り保証金

3．東北商事株式会社は、青森本店の他に埼玉支店を有している。埼玉支店が本店に対し現金¥500,000を送付した取引について、埼玉支店で行われる仕訳を示しなさい。

ア．支店　イ．前払金　ウ．本店　エ．現金　オ．当座預金　カ．通信費　キ．未払金　ク．損益

4．将来の経費削減が確実であると見込まれるソフトウェア¥2,560,000および研究開発目的にのみ使用するソフトウェア¥600,000を購入し、あわせた金額を月末に支払うこととした。

ア．備品　イ．当座預金　ウ．研究開発費　エ．ソフトウェア　オ．普通預金　カ．未払金　キ．買掛金　ク．契約負債

5．決算において、納付すべき消費税の額を算定した。本年度の消費税の仮払額は¥600,000、仮受額は¥850,000であり、税抜方式により処理している。

ア．未払消費税　イ．未収還付消費税　ウ．仮受消費税　エ．仮払消費税　オ．租税公課　カ．未払法人税等　キ．現金　ク．法人税等調整額

**第2問（20点）**

次の固定資産に関連する取引（×9年４月１日から×10年３月31日までの会計期間）の［資料］にもとづいて、問１～問３に答えなさい。なお、減価償却に係る記帳は直接法によることとし、決算にあたっては英米式決算法にもとづき締め切ること。ただし、勘定記入や仕訳を行うにあたり、勘定科目等は、各問の下から最も適当と思われるものを選び、記号で解答すること。

［資料］ 固定資産関連取引

| 取引日 | 摘　要 | 内　容 |
| --- | --- | --- |
| ４月１日 | 前期繰越 | 建物（取得：×0年４月１日　取得価額：￥43,200,000<br>残存価額：ゼロ　耐用年数：50年） |
| 同　上 | リース取引開始 | 自動車のリース契約を締結し、ただちに引渡しを受け、使用を開始した。<br>・年間リース料：￥576,000（後払い）<br>・見積現金購入価額：￥2,400,000<br>・リース期間：５年<br>・減価償却：残存価額ゼロ　定額法<br>・リース取引の会計処理：ファイナンス・リース取引に該当し、利子込み法を適用する。 |
| ６月７日 | 国庫補助金受入 | 機械装置の購入に先立ち、国から補助金￥3,600,000が交付され、同額が当社の普通預金口座に振り込まれた。 |
| ７月28日 | 修繕工事完了 | 建物の修繕工事が完了し、工事代金￥840,000は小切手を工事業者に振り出して支払った。なお、前期末に修繕引当金￥504,000を設定している。 |
| ９月１日 | 機械装置購入 | 機械装置（残存価額：ゼロ　200％定率法（償却率0.400））￥7,200,000を購入し、ただちに使用を開始した。代金のうち、￥1,440,000は現金で支払い、残額は小切手を振り出して支払った。 |
| ９月２日 | 圧縮記帳処理 | 上記機械装置に関し、６月７日に受け取った国庫補助金に係る圧縮記帳を直接控除方式にて行った。 |
| 12月１日 | 土地購入 | 子会社（当社の持株割合75％）から土地（子会社の帳簿価額：￥10,800,000）を￥16,800,000で購入した。代金は後日２回に分けて支払うこととした。 |
| ２月１日 | 土地代金一部支払 | 上記の土地代金のうち￥8,400,000を子会社に小切手を振り出して支払った。 |
| ３月31日 | リース料支払 | 上記のリース取引につき、年間のリース料を普通預金から振り込んだ。 |
| 同　上 | 決算整理手続 | 決算に際して、固定資産の減価償却を行う。ただし、期中に取得した機械装置については月割計算にて減価償却費を算定すること。 |

**問１**　総勘定元帳における建物勘定、機械装置勘定およびリース資産勘定への記入を行いなさい。

ア．リース債務　イ．減価償却費　ウ．固定資産圧縮損　エ．次期繰越　オ．諸口

**問２**　上記機械装置の会計上の耐用年数は５年であるが、税法上は８年（償却率0.250）である。そのため、税効果会計を適用した場合に必要となる仕訳を示しなさい。法人税、住民税及び事業税の実効税率は30％である。

ア．繰延税金資産　イ．繰延税金負債　ウ．法人税等調整額

**問３**　×10年３月期の連結財務諸表を作成するにあたり、親子会社間における土地の売買取引に係る連結修正仕訳を、⑴未実現損益の消去と⑵債権債務の相殺消去に分けて示しなさい。

ア．未収入金　イ．土地　ウ．未払金　エ．非支配株主持分　オ．固定資産売却益

カ．非支配株主に帰属する当期純利益

**第3問（20点）**

次に示した江東ガレージ株式会社の［資料］にもとづいて、答案用紙の決算整理後残高試算表を完成させなさい。なお、会計期間は、×5年４月１日から×6年３月31日までであり、江東ガレージ株式会社は、自動車部品販売を主たる業務としている。また、法人税等は考慮外とする。

［資料Ⅰ］決算整理前残高試算表

決算整理前残高試算表
×6年３月31日
（単位：円）

| 借　方 | 勘定科目 | 貸　方 |
|---:|---|---:|
| 100,900 | 現金 | |
| 527,000 | 当座預金 | |
| 100,000 | 受取手形 | |
| 170,000 | 売掛金 | |
| 226,200 | 繰越商品 | |
| 1,500,000 | 仮払金 | |
| 25,000 | 前払保険料 | |
| 1,500,000 | 建物 | |
| 300,000 | 備品 | |
| | 買掛金 | 318,300 |
| | 未払金 | 80,000 |
| | 貸倒引当金 | 14,000 |
| | 建物減価償却累計額 | 341,250 |
| | 備品減価償却累計額 | 60,000 |
| | 資本金 | 1,827,000 |
| | 資本準備金 | 500,000 |
| | 繰越利益剰余金 | 538,000 |
| | 売上 | 5,431,800 |
| | 受取手数料 | 80,000 |
| 2,934,000 | 仕入 | |
| 1,100,000 | 給料 | |
| 565,000 | 水道光熱費 | |
| 38,000 | 発送費 | |
| 55,000 | 保険料 | |
| 8,000 | 貸倒損失 | |
| 41,250 | 減価償却費 | |
| 9,190,350 | | 9,190,350 |

# 2級

## 日商簿記検定試験対策
## まるっと完全予想問題集
## 問　題　用　紙

（制限時間　90分）

### 第４回

TAC簿記検定講座

# 商　業　簿　記

**第１問（20点）**

次の取引について仕訳しなさい。ただし、勘定科目は、各取引の下の勘定科目の中から最も適当と思われるものを選び、記号で解答すること。

1．和歌山株式会社は、得意先愛知株式会社から商品を売り上げた際に裏書譲渡された滋賀株式会社振出、愛知株式会社宛の約束手形￥730,000を銀行で割り引き、割引料を差し引かれた手取金が当座預金口座へ振り込まれた。なお、割引日数は80日（１年を365日として計算する）で利率は年４％である。

ア．普通預金　イ．当座預金　ウ．支払手数料　エ．手形売却損　オ．受取手形　カ．支払手形　キ．現金
ク．受取利息

2．京都商事株式会社（決算日×21年３月31日）は、当期の10月１日に向こう２年分の火災保険料￥240,000を現金で支払い、全額保険料として処理していた。本日決算にあたり前払分を振り替える。なお、前払費用については一年基準を適用する。

ア．未払保険料　イ．保険料　ウ．前払保険料　エ．当座預金　オ．長期前払費用　カ．未収入金
キ．現金　ク．普通預金

3．宮城商事株式会社（年１回決算、３月31日）の６月28日の株主総会において繰越利益剰余金￥4,760,000を財源として、次のとおり処分することが承認された。

①株主配当金：１株につき￥600　②利益準備金：会社法で定める必要額　③別途積立金：￥700,000

なお、株主総会時における資本金は￥10,000,000、資本準備金は￥2,000,000、利益準備金は￥470,000であり、発行済株式数は5,000株である。

ア．現金　イ．未払配当金　ウ．資本金　エ．資本準備金　オ．利益準備金　カ．別途積立金
キ．繰越利益剰余金　ク．損益

4．支店を開設するさいに、本店から現金￥1,500,000、商品（原価：￥300,000、売価：￥450,000、記帳方法：販売のつど商品勘定から売上原価勘定に振り替える方法）および備品（取得原価￥600,000、減価償却累計額￥150,000、記帳方法：間接法）が移管された。支店独立会計制度を採用している場合における支店側の仕訳を示しなさい。

ア．減価償却費　イ．商品　ウ．備品　エ．備品減価償却累計額　オ．のれん　カ．本店　キ．現金
ク．支店

5．得意先北西物産株式会社が倒産し、同社に対する売掛金￥1,050,000が回収不能となった。同社に対する売掛金のうち￥385,000は前期に商品を掛けにより売り渡したときに生じたものであり、残額は当期に商品を掛けにより売り渡したときに生じたものである。なお、貸倒引当金の残高は￥175,000である。

ア．売掛金　イ．貸倒引当金戻入　ウ．貸倒損失　エ．貸倒引当金　オ．貸倒引当金繰入　カ．仕入
キ．売上　ク．受取手形

**第2問（20点）**

次の神楽坂商事（株）の資料にもとづき、以下の設問に答えなさい。当社が保有および売買している有価証券は次の資料に示したもののみである。

条　件

⑴　当社の会計期間は３月末日を決算日とする１年間である。

⑵　その他有価証券の時価評価は全部純資産直入法を採用しており、法定実効税率25％とする税効果会計を適用する。

⑶　第×1期期末に保有する有価証券の内容は次のとおりである。

| | 発行済株式総数 | 分　　類 | 取得原価 | 期末時価 | 所有株数 |
|---|---|---|---|---|---|
| X社株式 | 30,000株 | その他有価証券 | @￥2,340 | @￥2,640 | 1,000株 |
| Y社株式 | 6,000株 | 関連会社株式 | @￥5,760 | @￥6,000 | 2,000株 |

第×2期期中取引（×2年４月１日から×3年３月31日までの１年間）

| 取引日 | 内容 |
|---|---|
| ５月１日 | X社株式3,000株を@￥2,490にて追加購入した。購入代価と購入手数料￥90,000の合計は後日支払うこととした。 |
| ６月４日 | Y社株式1,500株を@￥6,810にて追加購入した。購入代価と購入手数料￥135,000の合計は後日支払うこととした。 |
| ９月１日 | 満期保有の目的でZ社社債（額面￥1,800,000、償還日：×5年６月30日、利率：年3.65％、利払日：毎年６月30日と12月31日の年２回）を、額面@￥100あたり@￥96.60（裸相場）で購入し、前利払日の翌日から売買日当日までの端数利息を含む代金を普通預金口座より支払った。端数利息は１年を365日として日割計算する。 |
| ９月26日 | X社株式2,000株を@￥2,700で売却し、代金は後日受け取ることにした。 |
| 12月31日 | Z社社債の半年分の利息が普通預金口座へ振り込まれた。 |

第×2期期末の資料

期末の時価は次のとおりである。

X社株式：@￥2,550　　Y社株式：@￥6,060　　Z社社債：@￥97.22

なお、Z社社債の取得差額は金利調整差額と認められるため償却原価法（定額法）を適用する。

設　問

**問１**　総勘定元帳のその他有価証券勘定、満期保有目的債券勘定および有価証券利息勘定への記入を行いなさい。摘要欄で使用する勘定科目等は次のものを使用すること。

| | | | |
|---|---|---|---|
| 当座預金 | 満期保有目的債券 | 現金 | 未払金 |
| 売買目的有価証券 | 未収入金 | 損益 | 諸口 |
| 普通預金 | その他有価証券 | 未収有価証券利息 | 未払有価証券利息 |
| 次期繰越 | 前期繰越 | 有価証券利息 | |

**問２**　第×1期期末の貸借対照表における「その他有価証券評価差額金」の金額を答えなさい。なお、評価益相当と評価損相当のいずれかに○をつけて答えること。

**問３**　第×2期期末の損益計算書におけるその他有価証券の売却損益の金額を答えなさい。なお、売却益相当と売却損相当のいずれかに○をつけて答えること。

**問４**　第×2期期末の貸借対照表における「投資有価証券」および「関係会社株式」の金額を答えなさい。

**問５**　第×2期期末において神楽坂商事（株）が連結財務諸表を作成した場合、そこに記載される「投資有価証券」および「関係会社株式」の金額を答えなさい。連結子会社はいずれも有価証券を所有していないものとする。

**第3問**（20点）

次の［資料Ⅰ］、［資料Ⅱ］および［資料Ⅲ］にもとづいて、答案用紙の損益計算書を完成しなさい。ただし、売上原価の内訳は表示しなくてよい。なお、会計期間は×2年４月１日から×3年３月31日までの１年間である。

［資料Ⅰ］決算整理前残高試算表

残高試算表

×3年３月31日　（単位：円）

| 借方 | 勘定科目 | 貸方 |
|---:|---|---:|
| 8,404,000 | 現金 | |
| 12,290,000 | 当座預金 | |
| 7,300,000 | 受取手形 | |
| 9,740,000 | 売掛金 | |
| 1,350,000 | 電子記録債権 | |
| | 貸倒引当金 | 40,000 |
| 630,000 | 前払費用 | |
| 2,352,000 | 商品 | |
| 4,500,000 | 仮払法人税等 | |
| 1,000,000 | 貸付金 | |
| 22,500,000 | 建物 | |
| | 建物減価償却累計額 | 6,750,000 |
| 8,000,000 | 備品 | |
| | 備品減価償却累計額 | 2,000,000 |
| 1,080,000 | ソフトウェア仮勘定 | |
| 3,940,000 | 満期保有目的債券 | |
| 870,000 | 繰延税金資産 | |
| | 支払手形 | 1,980,000 |
| | 買掛金 | 3,800,000 |
| | 未払費用 | 2,000 |
| | 退職給付引当金 | 1,650,000 |
| | 資本金 | 30,000,000 |
| | 資本準備金 | 5,000,000 |
| | 利益準備金 | 1,200,000 |
| | 繰越利益剰余金 | 4,430,000 |
| | 売上 | 88,200,000 |
| | 受取利息 | 48,000 |
| | 有価証券利息 | 20,000 |
| 52,500,000 | 売上原価 | |
| 8,037,000 | 給料 | |
| 24,000 | 水道光熱費 | |
| 90,000 | 保険料 | |
| 513,000 | 広告宣伝費 | |
| 145,120,000 | | 145,120,000 |

# 2級

日 商 簿 記 検 定 試 験 対 策

まるっと完全予想問題集

問　題　用　紙

（制限時間　90分）

第 5 回

TAC簿記検定講座

# 商　業　簿　記

**第1問（20点）**

次の取引について仕訳しなさい。ただし、勘定科目は、各取引の下の勘定科目の中から最も適当と思われるものを選び、記号で解答すること。

1．神戸株式会社（決算年１回、３月31日）は決算につき、社用車￥900,000（取得原価）について、生産高比例法により減価償却を行う。この社用車の総走行可能距離は30万km、残存価額ゼロ、記帳方法は間接法であり、前期末までの実際走行距離は12万km、当期の実際走行距離は２万kmである。

ア．車両運搬具　イ．減価償却費　ウ．未払費用　エ．車両運搬具減価償却累計額　オ．現金
カ．当座預金　キ．固定資産圧縮損　ク．旅費交通費

2．湘南株式会社は、当期の10月に倉庫としての建物（帳簿価額￥27,800,000）を火災により焼失していた。この建物には火災保険契約￥30,000,000が結んであったため、焼失時にただちに保険会社に請求を行うとともに、焼失した資産の簿価総額を未決算勘定で処理していたところ、本日、保険会社の査定の結果￥25,000,000の保険金を支払う旨の連絡があった。

ア．未決算　イ．未収入金　ウ．保険差益　エ．火災損失　オ．未払金　カ．建物　キ．保険料
ク．固定資産圧縮損

3．当社では、当期中に２回に分けて長崎株式会社の株式を売買目的で購入した。１回目は１株￥1,000で300株を、２回目は１株￥1,250で200株を購入している。当期中の購入分以外に長崎株式会社の株式は所有していない。本日、長崎株式会社の株式500株のうち450株を１株￥1,200で売却し、代金は後日受け取ることとした。このときの仕訳を示しなさい。なお、株式の１株当たり単価は総平均法によっている。

ア．売買目的有価証券　イ．満期保有目的債券　ウ．その他有価証券　エ．有価証券売却益
オ．有価証券売却損　カ．有価証券評価益　キ．未収入金　ク．未払金

4．当社は、×1年４月１日に、リース契約（所有権移転外ファイナンス・リース取引に該当、リース期間：５年、見積現金購入価額：￥9,600、年間リース料：￥2,000（普通預金口座から毎年３月31日に後払い））を結んでおり、本日、第１回のリース料を支払った。なお、リース取引については、利子抜き法により処理しており、リース料に含まれている利息は、定額法の計算により費用として処理する。

ア．リース資産　イ．リース債務　ウ．普通預金　エ．当座預金　オ．支払利息　カ．支払手数料
キ．支払リース料　ク．未払リース料

5．当社の決算における税引前当期純利益は、￥750,000であった。しかし、損金不算入額￥150,000がある。当期の法人税、住民税及び事業税の実効税率を35％として、決算日に未払法人税等を計上する際の仕訳を示しなさい。なお、決算整理前残高試算表に仮払法人税等￥150,000が計上されている。

ア．追徴法人税等　イ．法人税、住民税及び事業税　ウ．還付法人税等　エ．仮払法人税等
オ．未払法人税等　カ．法人税等調整額　キ．租税公課　ク．繰越利益剰余金

**第2問（20点）**

次の資料にもとづいて、連結第２年度（×8年４月１日から×9年３月31日）における連結損益計算書と連結貸借対照表を完成させなさい。

［資料Ⅰ］　解答上の留意事項

(1)　のれんは発生年度の翌年から10年で定額法により償却する。

(2)　Ｓ社はＰ社に対し、連結第２年度から原価に25％の利益を加算して商品を販売している。

［資料Ⅱ］　支配獲得日の資料

(1)　Ｐ社は×7年３月31日にＳ社の発行済株式総数の80％を120,000千円で取得して支配を獲得した。

(2)　×7年３月31日におけるＳ社の個別貸借対照表は次のとおりである。

貸　借　対　照　表

×7年３月31日　　　　（単位：千円）

| 資　　産 | 金　　額 | 負債・純資産 | 金　　額 |
|---|---|---|---|
| 諸　資　産 | 90,000 | 諸　負　債 | 60,000 |
| 売　掛　金 | 60,000 | 資　本　金 | 120,000 |
| 商　　品 | 50,000 | 利益剰余金 | 20,000 |
| | 200,000 | | 200,000 |

［資料Ⅲ］　連結第１年度（×7年４月１日から×8年３月31日）の資料

(1)　×8年３月31日におけるＳ社の個別貸借対照表は次のとおりである。

貸　借　対　照　表

×8年３月31日　　　　（単位：千円）

| 資　　産 | 金　　額 | 負債・純資産 | 金　　額 |
|---|---|---|---|
| 諸　資　産 | 117,000 | 諸　負　債 | 100,000 |
| 売　掛　金 | 78,000 | 資　本　金 | 120,000 |
| 商　　品 | 65,000 | 利益剰余金 | 40,000 |
| | 260,000 | | 260,000 |

(2)　Ｓ社の連結第１年度における当期純利益は32,000千円であった。

(3)　Ｓ社は連結第１年度において配当金12,000千円を支払っている。

［資料Ⅳ］　当期（×8年４月１日から×9年３月31日）の資料

(1)　当期のＰ社およびＳ社の貸借対照表および損益計算書は次のとおりである。

貸　借　対　照　表

×9年３月31日　　　　（単位：千円）

| 資　　産 | Ｐ　社 | Ｓ　社 | 負債・純資産 | Ｐ　社 | Ｓ　社 |
|---|---|---|---|---|---|
| 諸　資　産 | 100,000 | 144,000 | 諸　負　債 | 31,200 | 27,600 |
| 売　掛　金 | 96,000 | 88,000 | 買　掛　金 | 76,000 | 72,000 |
| （貸倒引当金） | △4,800 | △4,400 | 資　本　金 | 180,000 | 120,000 |
| 商　　品 | 80,000 | 72,000 | 利益剰余金 | 104,000 | 80,000 |
| Ｓ社株式 | 120,000 | － | | | |
| | 391,200 | 299,600 | | 391,200 | 299,600 |

損　益　計　算　書

自×8年４月１日　至×9年３月31日　　　（単位：千円）

| | Ｐ　社 | Ｓ　社 |
|---|---|---|
| Ⅰ．売　上　高 | 248,000 | 148,000 |
| Ⅱ．売上原価 | 198,400 | 103,600 |
| 売上総利益 | 49,600 | 44,400 |
| Ⅲ．販売費及び一般管理費 | 9,600 | 4,400 |
| 営業利益 | 40,000 | 40,000 |
| Ⅳ．営業外収益 | 32,000 | 20,000 |
| 当期純利益 | 72,000 | 60,000 |

(2)　Ｓ社は連結第２年度において配当金20,000千円を支払っている。

(3)　当期におけるＳ社からＰ社への売上高は80,000千円である。

(4)　Ｓ社の売掛金の期末残高のうち25,000千円はＰ社に対するものであった。なお、Ｓ社は売掛金に対して５％の貸倒引当金を差額補充法により設定している。

(5)　Ｐ社の期末商品残高には、Ｓ社から仕入れた商品20,000千円が含まれている。

**第3問（20点）**

池袋商会株式会社の第24期（自×21年４月１日　至×22年３月31日）の（Ⅰ）決算整理前残高試算表および（Ⅱ）決算整理事項等は次のとおりである。答案用紙に示した貸借対照表を完成させるとともに、損益計算書の売上総利益および当期純利益を求めなさい。なお、繰延税金資産と繰延税金負債は相殺すること。

（Ⅰ）　決算整理前残高試算表

残　高　試　算　表

×22年３月31日　　（単位：円）

| 借　　方 | 勘定科目 | 貸　　方 |
|---:|---|---:|
| 2,392,000 | 現金預金 | |
| 396,000 | 受取手形 | |
| 164,000 | 売掛金 | |
| 430,000 | 満期保有目的債券 | |
| 200,000 | 子会社株式 | |
| 230,000 | その他有価証券 | |
| 269,000 | 繰越商品 | |
| 100,000 | 仮払法人税等 | |
| 1,200,000 | 建物 | |
| 1,000,000 | 備品 | |
| 36,250 | 繰延税金資産 | |
| | 支払手形 | 267,800 |
| | 買掛金 | 158,200 |
| | 貸倒引当金 | 10,000 |
| | 仮受金 | 70,000 |
| | 長期借入金 | 300,000 |
| | 建物減価償却累計額 | 360,000 |
| | 備品減価償却累計額 | 257,600 |
| | 退職給付引当金 | 500,000 |
| | 資本金 | 3,036,650 |
| | 利益準備金 | 150,000 |
| | 別途積立金 | 80,000 |
| | 繰越利益剰余金 | 30,000 |
| | 売上 | 3,920,000 |
| | 有価証券利息 | 2,500 |
| 2,300,000 | 仕入 | |
| 410,000 | 給料 | |
| 10,000 | 支払家賃 | |
| 5,500 | 支払利息 | |
| 9,142,750 | | 9,142,750 |

（Ⅱ）　決算整理事項等

１．当座預金について次の事実が判明した。

⑴　売掛金￥40,000の振り込みが未記帳であった。

⑵　買掛金￥15,000の決済のために振り出した小切手がいまだ銀行に支払呈示されていなかった。

⑶　家賃￥10,000の支払いのため振り出した小切手が未渡しであった（振出時に減額記帳している）。

２．売上債権の期末残高に対して、２％の貸倒引当金を差額補充法によって計上する。

３．期末商品棚卸高の内訳は次のとおりである。

商品A

| | | | |
|---|---|---|---|
| 帳簿棚卸数量 | 400個 | 帳簿価額 | @￥540 |
| 実地棚卸数量 | 350個 | 正味売却価額 | @￥500 |

商品B

| | | | |
|---|---|---|---|
| 帳簿棚卸数量 | 300個 | 帳簿価額 | @￥400 |
| 実地棚卸数量 | 290個 | 正味売却価額 | @￥430 |

商品評価損は売上原価に算入するが、棚卸減耗損は売上原価に算入しない。

４．満期保有目的債券はすべて当期の10月１日に発行と同時に購入したもので、額面総額￥500,000、償還期間は５年、利率年１％、利払日は９月末、３月末の年２回の条件で割引発行されたものである。償却原価法（定額法）により評価を行う。

５．その他有価証券（取得原価￥230,000）の当期末時価は￥250,000である。なお、その他有価証券の評価差額の計上は全部純資産直入法による（法定実効税率は25％である）。

６．子会社株式（取得原価￥200,000）の当期末の時価は￥180,000である。

７．固定資産の減価償却を次のとおり行う。

| | | | |
|---|---|---|---|
| 建　物 | 定額法 | 耐用年数　30年 | |
| | | 残存価額　取得原価の10％ | |
| 備　品 | 定率法 | 償却率　年20％ | |

なお、備品のうち一部を当期の12月30日に￥70,000で売却した際、受取額を仮受金で処理している。当該備品の取得原価は￥200,000、期首減価償却累計額は￥97,600である。当期の減価償却費については月割計算により計上すること。

８．退職給付引当金への当期繰入額は￥50,000である。

９．長期借入金は×21年３月１日に借入期間５年、年利率２％、利払日年１回２月末日の条件で借り入れたものである。決算にあたって利息の未払分を計上する。

10．当期の法人税等の額は￥248,150である。

11．その他有価証券を除いた、税効果会計上の将来減算一時差異は次のとおりである（法定実効税率25％）。

期首　￥145,000　期末　￥158,900

# 2級

## 日商簿記検定試験対策
## まるっと完全予想問題集
## 問題用紙

（制限時間　90分）

**第6回**

TAC簿記検定講座

# 商　業　簿　記

**第1問（20点）**

次の取引について仕訳しなさい。ただし、勘定科目は、各取引の下の勘定科目の中から最も適当と思われるものを選び、記号で解答すること。

1．香川株式会社は、九州に拠点を築くため長崎商事株式会社を吸収合併することになり、議決権株式10,000株（合併時点の時価@￥900）を長崎商事株式会社の株主へ交付した。合併時の長崎商事株式会社の貸借対照表は、次に示すとおりである。合併にあたり、長崎商事株式会社の諸資産・諸負債を評価したところ、帳簿価額と一致していた。また、長崎商事株式会社の株主に対して交付した株式の時価評価額のうち、1株につき￥800を資本金に組み入れることとし、残額はすべて資本準備金とする。

貸　借　対　照　表

長崎商事株式会社　　×1年3月31日　　（単位：円）

| | | | |
|---|---|---|---|
| 当座預金 | 750,000 | 買掛金 | 1,050,000 |
| 売掛金 | 1,350,000 | 資本金 | 6,000,000 |
| 商品 | 7,500,000 | 繰越利益剰余金 | 2,550,000 |
| | 9,600,000 | | 9,600,000 |

ア．のれん　イ．資本金　ウ．資本準備金　エ．買掛金　オ．売掛金　カ．仕入　キ．当座預金
ク．繰越利益剰余金

2．当社は保険会社と保険に関する契約を行い、今後6か月分の保険料￥600,000を当座預金口座から支払った。なお、保険料については、総額をいったん資産計上し、資産計上した保険料のうち当月分（1か月分）については費用計上した。

ア．保険料　イ．未払保険料　ウ．長期前払費用　エ．前払保険料　オ．普通預金　カ．当座預金
キ．契約資産　ク．契約負債

3．山梨株式会社は、顧客に対するサービス提供が完了したため、契約額￥570,000（支払いは翌月末）を収益に計上した。これにともない、それまでに仕掛品に計上されていた諸費用￥285,000と追加で発生した外注費￥133,000（支払いは翌月30日）との合計額を原価に計上した。

ア．保守費　イ．給料　ウ．売掛金　エ．役務収益　オ．仕掛品　カ．役務原価　キ．未払金　ク．買掛金

4．沖縄株式会社（年1回、9月末決算）は、×7年10月1日に、それまで使用していた備品を事業の用から外し不用品として売却することとした。売却先が未定のため、見積売却価額￥150,000をもって貯蔵品勘定に計上する。なお、この備品は、×4年10月1日に購入（取得原価￥500,000）した資産であり、残存価額はゼロ、耐用年数は5年、償却方法は定額法、記帳方法は間接法によっている。なお、10月1日分の減価償却費については解答上考慮する必要はないものとする。

ア．備品　イ．減価償却費　ウ．備品減価償却累計額　エ．固定資産売却損　オ．固定資産除却損
カ．貯蔵品　キ．固定資産売却益　ク．未収入金

5．従業員1名が退職し、退職一時金として￥1,500,000を現金で支払った。なお、退職給付規定にしたがって適正に処理された退職給付引当金の残高が￥6,000,000ある。

ア．退職給付費用　イ．現金　ウ．普通預金　エ．当座預金　オ．退職給付引当金　カ．給料
キ．従業員貸付金　ク．賞与引当金

## 第2問（20点）

日商商事株式会社（会計期間は1年、決算日は3月31日）の×9年4月における商品売買および関連取引に関する次の［資料］にもとづいて、下記の［設問］に答えなさい。なお、払出単価の計算には先入先出法を用い、商品売買取引の記帳には「販売のつど売上原価勘定に振り替える方法」を用いている。また、月次決算を行い、月末には英米式決算法によって総勘定元帳を締め切っている。

［資　料］　×9年4月における商品売買および関連取引

4月1日　商品の期首棚卸高は、数量1,500個、原価@￥9,000、総額￥13,500,000である。

4日　商品600個を@￥9,300で仕入れ、代金のうち￥450,000は以前に支払っていた手付金を充当し、残額は掛けとした。

5日　4日に仕入れた商品のうち150個を品違いのため仕入先に返品し、掛代金の減額を受けた。

8日　商品1,350個を@￥18,000で販売し、代金は掛けとした。

10日　商品600個を@￥9,600で仕入れ、代金は手許にある他人振出の約束手形を裏書譲渡して支払った。

12日　8日の掛けの代金が決済され、当座預金口座に振り込まれた。

15日　商品900個を@￥9,900で仕入れ、代金は掛けとした。

18日　商品1,260個を@￥18,900で販売し、代金は掛けとした。また、当社負担の発送運賃￥24,000は小切手を振り出して支払った。

22日　売掛金￥2,400,000の決済として、電子債権記録機関から取引銀行を通じて債権の発生記録の通知を受けた。

30日　月次決算の手続として商品の実地棚卸を行ったところ、実地棚卸数量は840個、正味売却価額は@￥16,500であった。

［設　問］

問1　答案用紙の売掛金勘定および商品勘定への記入を完成しなさい。なお、摘要欄へ記入する相手科目等は、下から最も適当と思われるものを選び、記号で解答すること。

ア．当座預金　イ．電子記録債権　ウ．受取手形　エ．買掛金　オ．電子記録債務

カ．支払手形　キ．売上　ク．仕入　ケ．売上原価　コ．諸口

問2　4月の売上高および4月の売上原価を答えなさい。

**第3問（20点）**

埼玉商事株式会社は、越谷の本店のほかに春日部に支店を有し、商品販売業を営んでいる。下記の［資料Ⅰ］～［資料Ⅲ］にもとづいて、答案用紙に示した、当期（×4年4月1日から×5年3月31日）の本支店合併損益計算書を作成しなさい。なお、本問において、法人税等の税金および税効果会計は考慮しなくてよい。

［資料Ⅰ］×5年3月31日現在の決算整理前残高試算表

残　高　試　算　表

（単位：円）

| 借　　方 | 本　店 | 支　店 | 貸　　方 | 本　店 | 支　店 |
|---|---|---|---|---|---|
| 現金預金 | 22,845,000 | 9,750,000 | 買掛金 | 10,446,000 | 2,400,000 |
| 売掛金 | 11,550,000 | 4,950,000 | 借入金 | 7,200,000 | — |
| 繰越商品 | 4,920,000 | 2,520,000 | 仮受金 | 1,500,000 | — |
| 備品 | 16,500,000 | 2,160,000 | 貸倒引当金 | 189,000 | 90,000 |
| 支店 | 12,000,000 | — | 商品保証引当金 | 450,000 | 186,000 |
| 仕入 | 54,990,000 | 23,490,000 | 備品減価償却累計額 | 7,680,000 | 864,000 |
| 支払家賃 | 19,140,000 | 2,490,000 | 本店 | — | 12,000,000 |
| 給料 | 15,640,000 | 3,870,000 | 資本金 | 30,000,000 | — |
| 広告宣伝費 | 14,360,000 | 1,110,000 | 繰越利益剰余金 | 7,980,000 | — |
| 支払利息 | 300,000 | — | 売上 | 106,800,000 | 34,800,000 |
| | 172,245,000 | 50,340,000 | | 172,245,000 | 50,340,000 |

［資料Ⅱ］未処理事項等

1．本店から支店へ発送したA商品￥1,980,000（仕入価額）が、本店・支店ともに未処理であった。

2．本店の仮受金￥1,500,000は、当期の1月5日に取得し、使用を開始した備品￥4,500,000に関する国庫補助金の受取額であることが判明した。なお、この備品につき、直接減額方式による圧縮記帳を行う。

3．本店の広告宣伝費のうち、￥660,000を支店に負担させることが確定した。

［資料Ⅲ］決算整理事項

1．期末商品棚卸高（上記、資料Ⅱの1．処理後）は次のとおりである。なお、本店は一部の商品を支店へ仕入価額をもって振り替えている。

⑴　本店

| | 原　価 | 正味売却価額 | 帳簿数量 | 実地数量 |
|---|---|---|---|---|
| A 商 品 | @￥7,500 | @￥9,000 | 600個 | 576個 |

⑵　支店

| | 原　価 | 正味売却価額 | 帳簿数量 | 実地数量 |
|---|---|---|---|---|
| A 商 品 | @￥7,500 | @￥9,000 | 330個 | 318個 |

2．本店・支店ともに売掛金残高に対して2％の貸倒引当金を差額補充法により設定する。

3．本店・支店ともに当期に販売した商品の保証費用を売上高の0.5％と見積もり、商品保証引当金を洗替法により設定する。

4．本店・支店ともに備品に対して200％定率法（耐用年数5年）により減価償却を行う。なお、本店が当期に取得した備品については月割計算する。

5．経過勘定項目

⑴　本　店：給料の未払分￥180,000　　広告宣伝費の前払分￥120,000

⑵　支　店：給料の未払分￥30,600　　支払家賃の前払分￥75,000

# 2級

## 日商簿記検定試験対策
## まるっと完全予想問題集
## 問　題　用　紙

（制限時間　90分）

**第７回**

TAC簿記検定講座

## 商　業　簿　記

**第1問（20点）**

下記の取引について仕訳しなさい。ただし、勘定科目は、各取引の下の勘定科目の中から最も適当と思われるものを選び、記号で解答すること。

1．取締役会において新たに株式1,000株の発行（1株の払込金額￥48,000）を決議し募集していたが、本日（払込期日前）、600株分の払い込みを受け別段預金とした。なお、すでに500株分の払い込みを受けていたが、割り当て等の手続きは行われていない。

ア．資本金　イ．資本準備金　ウ．当座預金　エ．別段預金　オ．その他資本剰余金　カ．株式申込証拠金
キ．利益準備金　ク．繰越利益剰余金

2．他社に開発を依頼していた自社利用目的のソフトウェアが当月に完成し使用を開始したため、ソフトウェア勘定に振り替えることにした。なお、当該ソフトウェアの開発費用は￥2,650,000であり、4回の分割払いとしていたが、すでに全額支払済みである。また、開発費用￥2,650,000の中には、今後5年間のシステムに関する保守費用￥400,000が含まれている。

ア．ソフトウェア償却　イ．長期前払費用　ウ．研究開発費　エ．ソフトウェア　オ．仮払金
カ．ソフトウェア仮勘定　キ．修繕費　ク．役務原価

3．リース会社から備品をリースする契約を、リース期間5年、リース料月額￥120,000の条件で締結し、当該備品が納品されるのと同時に第1回目のリース料￥120,000を当座預金口座から支払った。当該リース契約は、ファイナンス・リース取引であり利子込み法で処理している。なお、リース取引開始の仕訳とリース料支払いの仕訳は1つのまとまった取引の仕訳として記帳し、同じ勘定科目の貸方と借方の金額は相殺する。

ア．普通預金　イ．当座預金　ウ．リース資産　エ．未払金　オ．リース債務　カ．支払利息　キ．現金
ク．支払リース料

4．P商事株式会社は、S商事株式会社の発行済株式総数の75%を取得し、同社を連結子会社として支配している。当期においてP商事株式会社は、S商事株式会社から土地を￥28,200,000で購入しており、期末現在もこの土地を所有している。なお、購入時のS商事株式会社における土地の帳簿価額は￥24,000,000であった。連結会計上、必要な連結修正仕訳を示しなさい。

ア．のれん　イ．非支配株主に帰属する当期純利益　ウ．土地　エ．固定資産売却損　オ．非支配株主持分
カ．固定資産売却益　キ．当座預金　ク．のれん償却

5．当社は、熊本商事から甲事業を現金￥3,600,000で譲り受けた。同社から引き継いだ甲事業の資産（時価）は、売掛金￥1,500,000、商品￥600,000および建物￥2,700,000であり、負債は3年後に返済期限を迎える借入金￥1,350,000である。

ア．現金　イ．売掛金　ウ．商品　エ．長期借入金　オ．のれん　カ．建物　キ．負ののれん発生益
ク．資本金

**第２問（20点）**

Ｓ販売株式会社（以下、Ｓ社という）の×2年度（×2年４月１日から×3年３月31日まで）における純資産の取引に関する次の資料にもとづいて、以下の小問に答えなさい。

［資　料］

１．前期末における純資産の残高

資本金：300,000千円　　利益準備金：60,000千円　　別途積立金：51,000千円

繰越利益剰余金：77,100千円　　その他有価証券評価差額金：300千円（貸方）

２．Ｓ社は、×2年６月28日に開催された定時株主総会において繰越利益剰余金を財源として、以下のとおり配当および処分を行った。

配　当　金：36,000千円　　別途積立金：18,000千円　　利益準備金：会社法の定める必要額

３．Ｓ社は以下の株式をその他有価証券として所有している。なお、当期にその他有価証券の売買は行われておらず、毎期末において全部純資産直入法による時価評価を行っている。また、税効果会計について考慮する必要はない。

| 銘柄 | 保有目的 | 取得原価 | 前期末時価 | 当期末時価 |
|---|---|---|---|---|
| Ａ社株式 | 長期利殖 | 19,800千円 | 18,900千円 | 21,360千円 |
| Ｂ社株式 | 長期利殖 | 7,200千円 | 8,400千円 | 6,240千円 |

４．決算の結果、当期純利益69,000千円を計上した。

問１　答案用紙に示したＳ社の株主資本等変動計算書を完成しなさい。なお、金額が負の値であるときは、金額の前に△を記すこと。

問２　Ｐ製造株式会社（以下、Ｐ社という）は前期末にＳ社の発行済議決権付株式の60％を295,200千円で取得し、Ｓ社の支配を獲得した。そのため、Ｓ社は当期よりＰ社の子会社として活動し、個別財務諸表をＰ社に提出している。よって、Ｐ社が連結財務諸表を作成する場合に必要な連結修正仕訳（Ｓ社に対するものに限る）を示しなさい。なお、のれんは発生年度の翌年より10年間で均等償却する。使用する科目は［科目群］から最も適当と思われるものを選び、（　　）の中に記号で答えること。

⑴　投資と資本の相殺消去

⑵　のれんの償却

⑶　子会社当期純利益に関する修正

⑷　子会社その他有価証券評価差額金に関する修正

⑸　子会社の配当に関する修正

［科目群］

ア．資本金当期首残高　　イ．利益剰余金当期首残高　　ウ．利益剰余金・剰余金の配当

エ．その他有価証券評価差額金当期首残高　　オ．その他有価証券評価差額金当期変動額

カ．非支配株主持分当期首残高　　キ．非支配株主持分当期変動額　　ク．のれん

ケ．のれん償却　　コ．受取配当金　　サ．非支配株主に帰属する当期純利益

シ．親会社株主に帰属する当期純利益　　ス．その他有価証券　　セ．子会社株式

## 第3問（20点）

次に示した新潟商事の［資料Ⅰ］決算整理前残高試算表、［資料Ⅱ］決算整理事項等にもとづいて、答案用紙の決算整理後残高試算表を完成させなさい。なお、会計期間は×7年4月1日から×8年3月31日までの1年間である。税効果会計の適用における実効税率は40％とする。また、決算日における為替相場は1ドルあたり￥137として解答すること。

［資料Ⅰ］決算整理前残高試算表

残高試算表

×8年3月31日　　（単位：円）

| 借方 | 勘定科目 | 貸方 |
|---|---|---|
| 801,696 | 現金 | |
| 3,024,000 | 当座預金 | |
| 1,067,500 | 受取手形 | |
| 1,557,500 | 売掛金 | |
| | 貸倒引当金 | 44,100 |
| 175,000 | 仮払法人税等 | |
| 896,000 | 繰越商品 | |
| 203,000 | 前払費用 | |
| 525,000 | 貸付金 | |
| 1,855,000 | 備品 | |
| | 備品減価償却累計額 | 1,454,320 |
| 1,050,000 | その他有価証券 | |
| 1,750,000 | 子会社株式 | |
| 27,804 | 繰延税金資産 | |
| | 買掛金 | 982,800 |
| | 未払費用 | 192,500 |
| | 資本金 | 7,000,000 |
| | 資本準備金 | 1,225,000 |
| | 利益準備金 | 343,000 |
| | 繰越利益剰余金 | 606,480 |
| | 売上 | 13,716,500 |
| | 有価証券利息 | 63,000 |
| | 受取利息 | 28,000 |
| 7,808,500 | 仕入 | |
| 1,783,250 | 販売費 | |
| 3,049,900 | 一般管理費 | |
| 78,750 | 手形売却損 | |
| 2,800 | 為替差損益 | |
| 25,655,700 | | 25,655,700 |

# 2級

## 日商簿記検定試験対策
## まるっと完全予想問題集
## 問　題　用　紙

（制限時間　90分）

第８回

TAC簿記検定講座

# 商業簿記

**第１問（20点）**

次の取引について仕訳しなさい。ただし、勘定科目は、各取引の下の勘定科目の中から最も適当と思われるものを選び、記号で解答すること。

1．給料から控除した社会保険料の従業員負担分￥388,500を、当社負担分と合わせて年金事務所に現金で支払った。なお、当社は社会保険料を従業員と同額負担している。

ア．当座預金　イ．法定福利費　ウ．社会保険料預り金　エ．普通預金　オ．従業員立替金　カ．現金
キ．租税公課　ク．給料

2．先に掛けにより仕入れた商品200個（税抜仕入原価@￥24,000）のうち５個について、「検収の結果、品質不良であるため返品する。代替品は不要」との連絡を行い、仕入先の了解を得た上で返送の手続きを行った。当社は仕入の計上基準として引渡基準（到着日基準）を採用し、三分法により記帳している。なお、本問については、消費税率を10％としてその処理（税抜方式による）も併せて示すこと。

ア．仕入　イ．前払金　ウ．仮受消費税　エ．買掛金　オ．現金　カ．当座預金　キ．仮払消費税
ク．商品

3．株式会社東京商会は、前期末決算において賞与引当金￥200,000を計上していたが、本日、従業員に賞与￥640,000を支給し、源泉所得税￥62,800を控除した残額を普通預金より支払った。

ア．賞与　イ．普通預金　ウ．従業員立替金　エ．所得税預り金　オ．賞与引当金　カ．当座預金
キ．仮払金　ク．法定福利費

4．別府株式会社（年１回３月末日決算）は、×3年４月１日に買い入れた備品（取得原価￥1,120,000）を×6年11月15日に売却し、代金￥480,000を現金で受け取った。なお、この備品については、定率法（償却率0.25）によって償却し、間接法で記帳している。また、当期分の減価償却費を月割計算で計上する。

ア．備品　イ．現金　ウ．備品減価償却累計額　エ．減価償却費　オ．固定資産売却益
カ．固定資産売却損　キ．固定資産除却損　ク．貯蔵品

5．博多株式会社は、過年度分の法人税等について更正を受け、税金の還付額￥300,000が普通預金口座に振り込まれた。

ア．当座預金　イ．普通預金　ウ．現金　エ．法人税、住民税及び事業税　オ．還付法人税等
カ．租税公課　キ．未払法人税等　ク．受取利息

## 第2問（20点）

次に示した［資料1］外貨建取引および［資料2］商品販売取引にもとづいて、答案用紙の⑴商品有高帳、および、⑵決算整理後残高試算表（一部）を完成させなさい。当社（会計期間は4月1日から3月31日の1年間）は棚卸資産の払出単価の決定方法として移動平均法、商品売買の記帳に関しては三分法を採用している。なお、与えられている資料以外は考慮する必要はないものとする。

［資料1］外貨建取引

| 取引日 | 摘　要 | 内　容 |
| --- | --- | --- |
| 4月1日 | 前期繰越 | 輸入商品A　数量2,000個　@￥5,250<br>買掛金（ドル建て）￥9,450,000　前期末の為替レート￥140/ドル |
| 5月31日 | 買掛金支払 | 期首の買掛金（ドル建て）を全額支払い。<br>支払時の為替レート￥145/ドル |
| 7月31日 | 輸　入 | 輸入商品A3,000個を@35ドルで、3か月後の後払いの条件で輸入。<br>輸入時の為替レート￥150/ドル |
| 10月31日 | 買掛金支払 | 7月31日の買掛金（ドル建て）を全額支払い。<br>支払時の為替レート￥149/ドル |
| 11月30日 | 輸　入 | 輸入商品A3,000個を@35ドルで、6か月後の後払いの条件で輸入。<br>輸入時の為替レート￥148/ドル |
| 1月1日 | 借　入 | 外貨建長期借入金175,000ドル（利払日：12月31日、利子率：年6％）。<br>借入時の為替レート￥145/ドル |
| 1月31日 | 輸　入 | 輸入商品A1,000個を@40ドルで、3か月後の後払いの条件で輸入と同時に為替予約。<br>輸入時の為替レート￥140/ドル<br>予約レート￥143/ドル |
| 3月1日 | 手付金支払 | 翌期に仕入れる商品の手付金7,000ドルを支払い。<br>支払時の為替レート￥149/ドル |
| 3月31日 | 決　算 | 決算日の為替レートが￥150/ドルとなった。 |
| 3月31日 | 決　算 | 実地棚卸を行ったところ、輸入商品Aの実地棚卸数量は1,950個であった。 |

［資料2］商品販売取引

| 取引日 | 数　量 | 販売単価 |
| --- | --- | --- |
| 4月10日 | 1,500個 | @￥5,600 |
| 8月16日 | 1,500個 | @￥6,300 |
| 12月20日 | 2,000個 | @￥6,650 |
| 2月1日 | 2,000個 | @￥7,000 |

**第3問（20点）**

次の資料〔Ⅰ〕および〔Ⅱ〕にもとづいて、精算表を完成しなさい。会計期間は×20年4月1日から×21年3月31日までとする。

〔Ⅰ〕決算に際して、以下の事項が判明した。これらの事項にかかわる修正は、決算整理に先立って修正記入欄で行われるものとする。

1．建設仮勘定￥400,000は、東京建設に建設を依頼していた建物（請負代金￥500,000）に対するものである。同建物は当期10月1日に完成し引き渡しを受け、同日より使用しており、請負代金と建設仮勘定との差額は小切手を振り出して支払っていたが、未処理であった。

2．当座預金口座の残高について銀行に問い合わせたところ、帳簿残高との不一致が明らかとなった。差異の原因を調べたところ、以下の事実が判明した。

a．銀行の営業時間外の入金が￥20,000あった。

b．仕入代金として振り出していた小切手￥50,000が銀行に未呈示であった。

c．受取家賃￥18,000の当座預金口座への振り込みが当社に未達であった。

d．買掛金￥40,000の決済のために作成した小切手が未渡しであったが、当社ではすでに当座預金の減少として記帳されていた。

e．かねて預け入れしていた他人振出小切手￥20,000が未取立てであった。

〔Ⅱ〕決算整理事項は次のとおりである。

1．売上債権（受取手形、電子記録債権、売掛金、クレジット売掛金）の期末残高に対し、差額補充法により2%の貸倒引当金を設定する。

2．退職給付費用については、￥2,000を4月から2月までの11か月間に毎月見積計上しているため、3月分についても同額を計上する。

3．売買目的有価証券の内訳は以下のとおりである。時価法による評価替えを行う。

| | 帳簿価額 | 時　価 |
|---|---|---|
| A社株式 | ￥ 265,000 | ￥ 260,000 |
| B社株式 | ￥ 120,000 | ￥ 122,000 |

4．期末商品棚卸高は次のとおりである。なお、売上原価は仕入の行で計算し、棚卸減耗損および商品評価損はともに売上原価に算入する。

| | | | | | |
|---|---|---|---|---|---|
| 帳簿棚卸高 | 帳簿棚卸数量 | 380個 | 原　　価 | @￥400 |
| 実地棚卸高 | 実地棚卸数量 | 365個 | 正味売却価額 | @￥380 |

5．固定資産の減価償却を次のとおり行う。なお、期中取得の建物については、既存の建物と同様の条件で月割償却を行う。

建　　物：定額法、耐用年数は30年、残存価額は取得原価の10%

備　　品：定率法、償却率は年25%

6．特許権は当期の期首に取得したものであり、定額法により償却する。なお、償却期間は8年である。

7．保険料のうち￥12,000は当期に引き渡しを受けた建物につき、引き渡しと同時に保険に加入し、￥2,400を10月から2月までの5か月間に毎月見積計上したものである。よって、3月分についても同額を計上する。なお、当該保険料については1年分を後払いする契約である。

8．借入金は×19年10月1日に以下の条件で借り入れたものである。支払利息については、￥1,000を10月から2月までの5か月間に毎月見積計上しているため、3月分についても同額を計上する。

期間：5年

年利：3%

利払日：毎年9月末の年1回

# 2級

## 日商簿記検定試験対策
## まるっと完全予想問題集
## 問題用紙

（制限時間　90分）

## 第9回

TAC簿記検定講座

# 商　業　簿　記

**第1問（20点）**

次の取引について仕訳しなさい。ただし、勘定科目は、各取引の下の勘定科目の中から最も適当と思われるものを選び、記号で解答すること。

1．栃木株式会社は、事務所として利用する目的でビルの１フロアについて賃借契約を締結した。なお、事務所を借り入れた際に敷金（家賃の支払い額２か月分）、３か月分の家賃￥1,800,000（支払時に費用として処理する）および仲介手数料￥120,000を普通預金口座から支払った。

ア．普通預金　イ．当座預金　ウ．支払手数料　エ．支払家賃　オ．建物　カ．差入保証金　キ．仮払金
ク．借地権

2．新宿株式会社は、決算において当期首に購入した自社利用のソフトウェア￥190,000を利用可能期間５年で償却する。

ア．研究開発費　イ．ソフトウェア　ウ．ソフトウェア仮勘定　エ．減価償却費　オ．ソフトウェア償却
カ．現金　キ．備品　ク．未払金

3．長崎株式会社は、取引銀行で割り引いていた約束手形（佐賀株式会社振出）￥1,200,000について、満期日に佐賀株式会社に支払いを拒絶されたため、取引銀行より償還請求を受けた。そこで、手形額面に延滞利息￥12,000と拒絶証書作成等の諸費用￥30,000を取引銀行に現金で支払うとともに、取引銀行に支払った金額すべてを佐賀株式会社に請求した。

ア．当座預金　イ．現金　ウ．支払手形　エ．受取手形　オ．支払手数料　カ．不渡手形　キ．借入金
ク．貸付金

4．千葉商店は、決算に際し前期に販売した商品に付した品質保証期限が経過したため、商品保証引当金の残高￥3,360,000を取り崩すとともに、当期に品質保証付きで販売した商品の保証費用を￥4,620,000と見積もり、新たに商品保証引当金を設定した（洗替法）。なお、同一科目を相殺しないで解答すること。

ア．当座預金　イ．商品　ウ．商品保証引当金　エ．商品保証引当金戻入　オ．売上　カ．仕入
キ．商品保証引当金繰入　ク．売掛金

5．渋谷株式会社は、×4年９月１日に購入した車両運搬具について、第１回目の割賦金￥180,000を当座預金口座から支払った。なお、当該車両運搬具は現金販売価額￥600,000で割賦契約により購入し、代金は毎月末に支払期限の到来する額面￥180,000の約束手形４枚を振り出して支払ったものである。また、利息分については取得時に前払利息で処理し、割賦金の支払時に定額法により配分する。

ア．車両運搬具　イ．当座預金　ウ．営業外支払手形　エ．前払利息　オ．支払手形　カ．支払利息
キ．リース債務　ク．車両運搬具減価償却累計額

**第2問（20点）**

次に示した福井物産株式会社の［資料］にもとづき、答案用紙の株主資本等変動計算書について、(　　　)に適切な金額を記入して完成しなさい。金額が負の値のときは、金額の前に△を付すこと。なお、会計期間は×4年4月1日から×5年3月31日までの1年間である。

［資　料］

1．×4年3月31日の決算において作成した貸借対照表の純資産の残高は次のとおりである。
　資本金　¥70,000,000、資本準備金　¥12,000,000、その他資本剰余金　¥3,000,000、
　利益準備金　¥3,600,000、別途積立金　¥2,880,000、繰越利益剰余金　¥6,800,000

2．×4年6月28日に開催された株主総会で、次のように剰余金の配当および処分を行った。
　(1)　その他資本剰余金を財源とした配当金¥800,000
　(2)　繰越利益剰余金を財源とした配当金¥2,400,000
　(3)　(1)および(2)の配当について会社法の定める必要額を準備金として積み立てる。
　(4)　繰越利益剰余金を処分して、別途積立金¥1,800,000を積み立てる。

3．×4年9月1日に南東株式会社を吸収合併し、合併の対価として新株200株（1株当たりの時価は¥144,000）を発行し同社の株主に交付した。同社から引き継いだ諸資産の時価総額は¥37,200,000、諸負債の時価総額は¥12,000,000であった。なお、株式の交付にともなって増加する株主資本のうち、資本金組入額は¥24,000,000とし、残額はその他資本剰余金とした。

4．当期における当期純利益は¥2,680,000である。

**第3問（20点）**

次に示した埼玉商事株式会社（会計期間は×8年4月1日から×9年3月31日までの1年間）の［資料Ⅰ］および［資料Ⅱ］にもとづいて、答案用紙の貸借対照表を完成しなさい。なお、法定実効税率を40％として税効果会計を適用する。

［資料Ⅰ］決算整理前残高試算表

残高試算表

×9年3月31日　　　　（単位：円）

| 借方 | 勘定科目 | 貸方 |
|---:|---|---:|
| 875,000 | 現金 | |
| 1,470,000 | 当座預金 | |
| 385,000 | 受取手形 | |
| 962,500 | 売掛金 | |
| | 貸倒引当金 | 28,000 |
| 504,000 | 売買目的有価証券 | |
| 420,000 | 繰越商品 | |
| 175,000 | 仮払法人税等 | |
| 6,300,000 | 建物 | |
| | 建物減価償却累計額 | 1,239,000 |
| 1,008,000 | 備品 | |
| | 備品減価償却累計額 | 425,250 |
| 700,000 | リース資産 | |
| 70,000 | 商標権 | |
| 1,050,000 | 定期預金 | |
| 861,000 | その他有価証券 | |
| 24,500 | 繰延税金資産 | |
| | 支払手形 | 1,333,500 |
| | 買掛金 | 2,124,500 |
| | 未払金 | 122,500 |
| | 未払費用 | 21,000 |
| | リース債務 | 560,000 |
| | 資本金 | 7,700,000 |
| | 利益準備金 | 262,500 |
| | 繰越利益剰余金 | 169,750 |
| | 売上 | 12,600,000 |
| 9,870,000 | 仕入 | |
| 1,153,250 | 給料 | |
| 404,250 | 減価償却費 | |
| 126,000 | 保険料 | |
| 220,500 | 広告宣伝費 | |
| 7,000 | 支払利息 | |
| 26,586,000 | | 26,586,000 |

# 2級

# 日商簿記検定試験対策
# まるっと完全予想問題集
# 問　題　用　紙

（制限時間　90分）

## 第10回

TAC簿記検定講座

# 商　業　簿　記

## 第１問（20点）

次の取引について仕訳しなさい。ただし、勘定科目は、各取引の下の勘定科目の中から最も適当と思われるものを選び、記号で解答すること。

1．当社は本店集中計算制度により会計処理を行っている。当社の兵庫支店が北海道支店の買掛金￥1,120,000を他社振出の小切手で支払った取引について、北海道支店で行われる仕訳を示しなさい。

ア．本店　イ．現金　ウ．兵庫支店　エ．北海道支店　オ．買掛金　カ．支払手形　キ．当座預金
ク．仕入

2．滋賀物販株式会社は、自社所有の社屋および倉庫の定期修繕とともに改修工事を行い、工事代金￥4,000,000のうち半額は小切手を振り出して支払い、残りは月末に支払うこととした。この工事代金のうち￥3,000,000分は耐用年数を延長させる効果のある支出であり、資本的支出として資産価値を増加させる処理を行う。残額は毎期通常行われる定期修繕の範囲内の支出であるが、前期末において￥900,000を修繕引当金として計上している。

ア．建物　イ．修繕費　ウ．修繕引当金　エ．現金　オ．当座預金　カ．未払金　キ．構築物
ク．建設仮勘定

3．×2年７月１日アメリカの仕入先より、掛け代金の決済日を×2年９月30日として商品19,500ドルを購入していたが、本日（×2年８月１日）、取引銀行との間で、買掛金の支払いに備え19,500ドルを１ドル￥105で購入する為替予約を結んだ。×2年７月１日の為替相場による円換算額と、予約した為替相場による円換算額との差額は、振当処理を適用し、すべて当期の為替差損益として処理する。なお、×2年７月１日の為替相場は１ドル￥100、本日の為替相場は１ドル￥107であった。

ア．仕入　イ．買掛金　ウ．前払金　エ．未払利息　オ．損益　カ．為替差損益　キ．現金
ク．契約資産

4．決算に際し、当座預金口座と当座預金勘定の残高を照合したところ、￥32,000の差異が生じていた。原因を調査した結果、広告費の支払いのために振り出した同額の小切手が手許に残っていることが判明した。

ア．普通預金　イ．当座預金　ウ．広告宣伝費　エ．支払手形　オ．前払金　カ．未払金　キ．現金過不足
ク．受取手形

5．当社は、国から受け取っていた国庫補助金￥46,000に自己資金￥138,000を加えて備品￥184,000を購入し、代金は当座預金口座から支払った。なお、同時にこの備品については補助金に相当する額の圧縮記帳（直接減額方式）を行った。

ア．国庫補助金受贈益　イ．備品　ウ．現金　エ．固定資産圧縮損　オ．当座預金　カ．普通預金
キ．資本金　ク．備品減価償却累計額

**第２問（20点）**

次の［資料］にもとづいて、×2年度（会計期間×2年４月１日～×3年３月31日）の連結精算表（連結貸借対照表と連結損益計算書の部分）を作成しなさい。

［資　料］

1．Ｐ社は×1年３月31日にＳ社の発行済株式総数の80％を600,000千円で取得して支配を獲得し、Ｓ社を連結子会社として連結財務諸表を作成している。×1年３月31日のＳ社の純資産は次のとおりであった。

| | |
|---|---|
| 資　本　金 | 300,000千円 |
| 資本剰余金 | 60,000千円 |
| 利益剰余金 | 90,000千円 |

Ｓ社は×1年度に配当は行っておらず、×2年度に6,000千円の配当を行っている。

のれんは発生年度の翌年より20年にわたり定額法で償却を行っている。

2．連結会社間（Ｐ社およびＳ社）の債権債務残高および取引高は次のとおりであった。

| Ｐ社のＳ社に対する債権債務 | | Ｓ社のＰ社に対する債権債務 | |
|---|---|---|---|
| 売　掛　金 | 540,000千円 | 買　掛　金 | 540,000千円 |
| 貸　付　金 | 180,000千円 | 借　入　金 | 180,000千円 |
| 未 収 入 金 | 54,000千円 | 未　払　金 | 54,000千円 |
| 未 収 収 益 | 2,700千円 | 未 払 費 用 | 2,700千円 |
| 売　上　高 | 1,580,000千円 | 仕　入　高 | 1,580,000千円 |
| 受 取 利 息 | 4,500千円 | 支 払 利 息 | 4,500千円 |

3．×2年度において、Ｓ社保有の期首商品にはＰ社からの仕入額が50,000千円含まれており、また、期末商品にはＰ社からの仕入額が60,000千円含まれている。Ｐ社がＳ社に対して商品を販売する際の売上総利益率は30％であり、利益率は各期とも一定である。

4．Ｐ社は当年度中にＳ社から土地（Ｓ社の帳簿価額90,000千円）を108,000千円で購入し、Ｐ社はそのまま保有している。

## 第3問（20点）

〔資料Ⅰ〕決算整理前残高試算表と、次の事業の内容の説明および〔資料Ⅱ〕決算整理事項にもとづいて、損益計算書を作成しなさい。会計期間は、×9年４月１日から×10年３月31日までである。なお、本問において税効果会計は考慮外とする。

〔資料Ⅰ〕決算整理前残高試算表

残高試算表
×10年３月31日　　（単位：千円）

| 借方 | 勘定科目 | 貸方 |
|---|---|---|
| 1,326,440 | 現金預金 | |
| 1,111,240 | 売掛金 | |
| 2,100 | 仕掛品 | |
| 74,750 | 子会社株式 | |
| 24,700 | その他有価証券 | |
| 19,500 | 前払費用 | |
| | 貸倒引当金 | 1,650 |
| 276,000 | 備品 | |
| | 備品減価償却累計額 | 138,000 |
| | 借入金 | 330,000 |
| | 未払金 | 312,000 |
| | 未払法人税等 | 75,000 |
| | 未払費用 | 600 |
| | 賞与引当金 | 165,000 |
| | 退職給付引当金 | 49,500 |
| | 資本金 | 150,000 |
| | 資本準備金 | 157,500 |
| | 利益準備金 | 7,500 |
| | 繰越利益剰余金 | 970,350 |
| | 役務収益 | 5,587,500 |
| | 受取利息 | 480 |
| 4,066,500 | 役務原価（報酬） | |
| 63,000 | 役務原価（その他） | |
| 450,000 | 給料 | |
| 3,750 | 旅費交通費 | |
| 4,800 | 水道光熱費 | |
| 19,650 | 通信費 | |
| 270,000 | 支払家賃 | |
| 165,000 | 賞与引当金繰入 | |
| 4,650 | 支払利息 | |
| | 投資有価証券売却益 | 12,000 |
| 75,000 | 法人税、住民税及び事業税 | |
| 7,957,080 | | 7,957,080 |

# 2級

## 日商簿記検定試験対策
## まるっと完全予想問題集
## 問　題　用　紙

（制限時間　90分）

第11回

TAC簿記検定講座

# 商 業 簿 記

## 第1問（20点）

次の取引について仕訳しなさい。ただし、勘定科目は、各取引の下の勘定科目の中から最も適当と思われるものを選び、記号で解答すること。

1．沖縄株式会社は香川株式会社に対して商品Ｃ800個を１個あたり1,000円で販売した。同社との間には、１か月あたりの販売個数が1,500個に達した場合、毎月末において１個あたり100円の金額をリベートとして支払う契約をしており、翌月末に支払う予定である。この条件が達成される可能性は高い。

ア．契約資産　イ．返金負債　ウ．売掛金　エ．契約負債　オ．未収入金　カ．売上　キ．仕入
ク．未払金

2．岩手株式会社は、秋田株式会社に商品を売り上げた際に発生していた売掛金￥520,000のうち、￥300,000については秋田株式会社の承諾を得て電子記録債権の発生記録を行った。また、残額については、群馬株式会社振出、秋田株式会社宛の約束手形を裏書譲渡された。

ア．支払手形　イ．受取手形　ウ．売掛金　エ．買掛金　オ．電子記録債権　カ．電子記録債権売却損
キ．電子記録債務　ク．売上

3．商品￥20,000（税抜金額）をクレジット払いの条件で販売した（三分法により記帳）。また、信販会社への手数料（販売代金の２％）は販売時に計上する。なお、消費税の税率は10％とし、税抜方式で処理するが、クレジット手数料には消費税は課税されない。

ア．売上　イ．売掛金　ウ．支払手数料　エ．仮受消費税　オ．仮払消費税　カ．クレジット売掛金
キ．未払消費税　ク．受取利息

4．×1年７月４日に長期利殖目的のため社債（額面総額￥7,500,000、利率年1.46％、利払日３月末と９月末の年２回）を額面￥100につき￥98.20の裸相場で購入し、代金は売買手数料￥37,500および売買日当日までの端数利息を含め小切手を振り出して支払った。端数利息は１年を365日として日割計算すること。

ア．普通預金　イ．売買目的有価証券　ウ．その他有価証券　エ．支払手数料　オ．有価証券利息
カ．当座預金　キ．支払利息　ク．満期保有目的債券

5．決算に際して、当座預金口座と当座預金勘定の残高を確認したところ、差異が生じていた。原因を調査した結果、次の事由が明らかになったので必要な修正仕訳を行う。

① 決算日に売上代金￥600,000を銀行の夜間金庫に預け入れていたが、銀行の営業時間を過ぎていたため、当日の入金としては処理されていなかった。

② 通信費の支払いのために振り出した￥500,000の小切手が手許に残っていることが判明した。

ア．普通預金　イ．当座預金　ウ．通信費　エ．未払金　オ．現金　カ．現金過不足　キ．雑損　ク．雑益

## 第2問（20点）

**問1**　当期における商品売買取引を販売のつど商品勘定から売上原価勘定に振り替える方法による勘定記入は次のとおりである。この記入にもとづいて、三分法によった場合の勘定記入を答案用紙に示しなさい。なお、解答の便宜上、月次で決算を行っているものとする。

商　品

| | | | | | |
|---|---|---|---|---|---|
| 9/1 | 前期繰越 | 3,600 | 9/9 | 売上原価 | 6,000 |
| 7 | 買掛金 | 12,000 | 14 | 買掛金 | 1,200 |
| 16 | 売上原価 | 1,500 | 15 | 売上原価 | 4,500 |
| 21 | 当座預金 | 9,600 | 23 | 売上原価 | 9,000 |
| 25 | 現金 | 4,500 | 29 | 売上原価 | 5,250 |

売上原価

| | | | | | |
|---|---|---|---|---|---|
| 9/9 | 商品 | 6,000 | 9/16 | 商品 | 1,500 |
| 15 | 商品 | 4,500 | 30 | 損益 | 23,250 |
| 23 | 商品 | 9,000 | | | |
| 29 | 商品 | 5,250 | | | |

**問2**　千葉株式会社第29期末における次の資料にもとづいて、①課税所得の金額、②法人税、住民税及び事業税の金額、③未払法人税等の金額、④貸借対照表に計上される繰延税金資産または繰延税金負債について◯を囲み、純額を記載すること、⑤損益計算書に計上される法人税等調整額の金額（法人税等に対してプラスの影響なら＋を、マイナスの影響なら△を付すこと）を求めなさい。

［資料］

1．損益計算書において計上された税引前当期純利益は￥950,000であり、以下の差異を加減した課税所得に対して30％の法人税等を計上する。

2．会計上と税務上の差異

⑴　前期末に設定した貸倒引当金に係る損金算入額：￥304,000

⑵　当期末に設定した貸倒引当金に係る損金不算入額：￥360,000

⑶　前期末における減価償却費の償却限度超過額の累計額：￥1,700,000

⑷　当期末における減価償却費の償却限度超過額の累計額：￥1,800,000

⑸　当期に取得した、その他有価証券の内訳は次のとおりである。また、当社はその他有価証券の評価方法について、全部純資産直入法を採用している。

| 銘柄 | 時価 | 取得原価 | 期末時価 |
|---|---|---|---|
| 甲社株式 | 有 | ￥450,000 | ￥425,000 |
| 乙社株式 | 有 | ￥550,000 | ￥600,000 |

3．当期における法人税等の中間納付額：￥60,000

**第３問（20点）**

以下に示した〔資料１〕決算整理前残高試算表ならびに〔資料２〕決算整理事項およびその他の修正事項にもとづいて、答案用紙の損益勘定、繰越利益剰余金勘定および貸借対照表の記入を行いなさい。なお、会計期間は×3年４月１日から×4年３月31日までの１年である。

〔資料１〕

残　高　試　算　表

×4年３月31日

（単位：円）

| 借　　方 | 金　額 | 貸　　方 | 金　額 |
|---|---|---|---|
| 現　　　　　金 | 2,346,000 | 支　払　手　形 | 2,585,600 |
| 当　座　預　金 | 837,500 | 買　　掛　　金 | 1,704,000 |
| 受　取　手　形 | 3,020,000 | 貸　倒　引　当　金 | 76,000 |
| 売　　掛　　金 | 700,000 | 建物減価償却累計額 | 540,000 |
| 売買目的有価証券 | 4,150,000 | 備品減価償却累計額 | 240,000 |
| 繰　越　商　品 | 376,880 | 資　　本　　金 | 7,019,200 |
| 仮払法人税等 | 200,000 | 利　益　準　備　金 | 578,000 |
| 建　　　　　物 | 2,400,000 | 別　途　積　立　金 | 880,000 |
| 備　　　　　品 | 720,000 | 繰越利益剰余金 | 96,000 |
| 繰延税金資産 | 59,200 | 売　　　　　上 | 2,991,400 |
| 仕　　　　　入 | 1,969,820 | 受　取　手　数　料 | 349,000 |
| 給　　　　　料 | 269,000 | | |
| 保　　険　　料 | 7,200 | | |
| 支　払　地　代 | 3,600 | | |
| | 17,059,200 | | 17,059,200 |

〔資料２〕決算整理事項およびその他の修正事項

1．前期に発生した売掛金のうち￥60,000は、得意先が倒産したため回収不能であることが判明したので、貸倒れとして処理する。

2．当座預金口座の残高を銀行に問い合わせたところ￥930,000とのことであったので、当座預金勘定の残高との差異の原因を調べたところ、以下の事実が判明した。

　a．銀行の営業時間外の入金が￥100,000あった。

　b．買掛金支払いのため振り出した小切手￥50,000が銀行に未呈示であった。

　c．売掛金￥60,000の当座預金口座への振り込みが当社に未達であった。

　d．買掛金支払いのため振り出した小切手￥82,500が、まだ金庫に保管されていた。

3．以下の事項にもとづき、売掛金の換算を行う。なお、決算時の為替相場は１ドル￥127である。

　売掛金期末残高のうち、期中にドル建てで生じた売掛金￥200,000（輸出時の為替相場は１ドル￥125）がある。

4．売上債権の期末残高に対し３％の貸倒引当金を見積る。差額補充法により処理すること。

5．期末商品棚卸高は以下のとおりであり商品ごとに評価する。売上原価の計算は仕入勘定で行い、棚卸減耗損および商品評価損は独立の科目で損益勘定に記入すること。

| 品　名 | 帳簿棚卸数量 | 実地棚卸数量 | 帳簿価額 | 正味売却価額 |
|---|---|---|---|---|
| A 商 品 | 790個 | 750個 | @￥356 | @￥350 |
| B 商 品 | 410個 | 389個 | @￥500 | @￥515 |

　なお、B商品のうち20個は品質低下を原因とする収益性の低下が発生しており、その正味売却価額は@￥319である。

# 2級

# 日商簿記検定試験対策
# まるっと完全予想問題集
# 問　題　用　紙

（制限時間　90分）

## 第12回

TAC簿記検定講座

# 商　業　簿　記

**第1問（20点）**

次の取引について仕訳しなさい。ただし、勘定科目は、各取引の下の勘定科目の中から最も適当と思われるものを選び、記号で解答すること。

1．研究・開発のみに使用する器具を¥50,000で購入し、その代金と研究開発に従事する職員の給料¥800,000について普通預金口座から支払った。

ア．備品　イ．未払金　ウ．研究開発費　エ．給料　オ．当座預金　カ．普通預金　キ．ソフトウェア　ク．消耗品費

2．当社は、×1年6月20日（直物為替相場：1ドル¥130）に、商品300ドルを輸入した。なお、当該取引に先立ち×1年6月10日（直物為替相場：1ドル¥140）に前払金30ドルを支払っており、差額270ドルについては、翌月末日に支払うこととした。

ア．仕入　イ．未払金　ウ．買掛金　エ．為替差損益　オ．当座預金　カ．前払金　キ．現金　ク．売上

3．決算にあたり、当期首に取得した備品（取得原価¥400,000、残存価額ゼロ、耐用年数4年、間接法）について、定額法により減価償却を行う。なお、税法上の耐用年数は5年で、税法で認められる償却額を超過する部分は損金に算入できない。この状況下における減価償却と税効果会計に関する仕訳を示しなさい。法人税等の実効税率は40%とする。

ア．備品　イ．減価償却費　ウ．備品減価償却累計額　エ．法人税等調整額　オ．繰延税金資産　カ．繰延税金負債　キ．固定資産圧縮損　ク．租税公課

4．佐賀商事株式会社は、当期首に取得原価¥960,000、期首減価償却累計額¥468,000の備品を¥280,000で下取りに出し、新たに備品¥1,440,000を購入した。なお、購入価額と下取価額との差額および新備品の設置手数料¥24,000については翌月末に支払うこととした。減価償却は直接法で記帳している。

ア．備品　イ．備品減価償却累計額　ウ．固定資産売却益　エ．未払金　オ．買掛金　カ．固定資産売却損　キ．未収入金　ク．現金

5．当社では、年に2回（6月と12月）の賞与が支給され、6月賞与の支給対象期間は12月から5月である。前期末（×1年3月31日）の決算において、当期の6月に予定している賞与の支給見込総額¥9,900,000に対して賞与引当金を設定したが、税法上は損金算入が認められなかったため、税効果会計を適用した。法定実効税率は30%である。×1年6月30日に、予定通り¥9,900,000を賞与として当座預金口座より支給され、賞与引当金全額を取り崩し、賞与引当金の損金算入が税法上認められた。

ア．賞与　イ．賞与引当金　ウ．現金　エ．当座預金　オ．繰延税金資産　カ．繰延税金負債　キ．法人税等調整額　ク．損益

## 第２問（20点）

下記(1)〜(4)の文章のうち①〜⑩に入る語句あるいは数値を答えなさい。ただし、語句については、各問題の下の選択肢の中から最も適当なものを選び、記号で答えなさい。

(1) 企業の所得に課税される税金には、法人税、住民税のほかに（　①　）がある。課税所得は１年間に得られた（　②　）から（　　　）を差し引いて求め、これに税率をかけたものが納税額となる。また、企業会計上の「収益・費用」と法人税法上の「（　②　）・（　　　）」の認識時点の相違により、企業会計上の「資産・負債」の額と法人税法上の「資産・負債」の額に相違が生じた場合に、利益の金額をもとに課税される法人税等の額を適切に期間配分することにより、「法人税等」の金額を「税引前当期純利益」に合理的に対応させるための手続きを（　③　）会計という。

ア．税効果　イ．益金　ウ．損金　エ．取得原価　オ．事業税　カ．所得税　キ．純資産　ク．固定資産税

(2) 合併の対価が合併によって受け入れた資産から負債を差し引いた純資産額を上回る場合、その超過額である（　　　）は、貸借対照表の（　④　）の区分に記載し、（　　　）年以内に（　⑤　）法その他合理的な方法によって規則的に償却しなければならない。これに対し、合併の対価が合併によって受け入れられた純資産額を下回る場合、その不足額は、（　　　）として損益計算書の（　　　）の区分に記載されることになる。

ア．特別利益　イ．定額　ウ．のれん　エ．定率　オ．繰延資産　カ．20　キ．無形固定資産
ク．負ののれん発生益

(3) 債権に対して貸倒引当金を設定する場合、その繰入額の表示区分は設定対象により区別しなければならない。売上債権に係る繰入額は（　　　）の性質を有するため、「（　⑥　）」の区分に、貸付金に係る繰入額は（　　　）の性質を有するため、「（　　　）」の区分に表示する。

ア．営業外収益　イ．営業外費用　ウ．特別利益　エ．営業費用　オ．特別損失
カ．販売費及び一般管理費　キ．売上原価　ク．負債

(4) 期末において外貨建ての資産および負債のうち、貨幣性資産と貨幣性負債は、（　⑦　）時の為替相場による円換算額に換算替えをする必要があり、換算時に生じた差額は、為替差損益とする。

例えば、直物為替相場が１ドルあたり100円の時点において、商品100ドルを米国のＸ社に販売して代金を掛けとし、期末時点まで当該売掛金について（　　　）が行われていない場合、期末時点で換算替えを要する。なお、期末の直物為替相場が１ドルあたり95円の場合、当該売掛金の貸借対照表価額は（　⑧　）円、当該換算差額のみ生じている場合、損益計算書には、営業外費用として（　⑨　）が（　⑩　）円表示される。

ア．為替予約　イ．取引発生　ウ．為替差損　エ．決算　オ．為替差益　カ．仕入　キ．決済　ク．未決算

**第3問（20点）**

次に示した長野商事株式会社（以下、当社という）の［資料1］および［資料2］にもとづいて、決算整理後残高試算表を作成しなさい。なお、会計期間は×6年4月1日から×7年3月31日までの1年間である。

［資料1］決算整理前残高試算表

残高試算表

×7年3月31日　　（単位：円）

| 借方 | 勘定科目 | 貸方 |
|---|---|---|
| 7,651,800 | 現金預金 | |
| 2,592,000 | 受取手形 | |
| 4,158,000 | 売掛金 | |
| | 貸倒引当金 | 54,000 |
| 1,296,000 | 繰越商品 | |
| 1,620,000 | 仮払法人税等 | |
| 2,295,000 | 売買目的有価証券 | |
| 16,200,000 | 建物 | |
| | 建物減価償却累計額 | 7,249,500 |
| 4,320,000 | 備品 | |
| | 備品減価償却累計額 | 1,822,500 |
| 21,600,000 | 土地 | |
| 108,000 | のれん | |
| 2,700,000 | 長期貸付金 | |
| 777,600 | 繰延税金資産 | |
| | 支払手形 | 3,348,000 |
| | 買掛金 | 4,968,000 |
| | 長期未払金 | 1,080,000 |
| | 資本金 | 32,940,000 |
| | 資本準備金 | 2,700,000 |
| | 利益準備金 | 1,080,000 |
| | 繰越利益剰余金 | 2,154,600 |
| | 売上 | 54,000,000 |
| | 受取利息 | 16,200 |
| 29,970,000 | 仕入 | |
| 5,189,400 | 給料 | |
| 9,720,000 | 支払地代 | |
| 1,188,000 | 減価償却費 | |
| 27,000 | 為替差損益 | |
| 111,412,800 | | 111,412,800 |

［資料2］決算整理事項等

1．当期の販売から生じた売掛金のうち￥270,000が回収不能であることが判明した。

2．×7年3月15日に、土地（取得原価￥9,000,000）を￥11,250,000で売却し、代金は翌月15日に受け取ることとしたが未記帳である。

3．商品の期末棚卸高は次のとおりである。商品評価損は売上原価の内訳科目として処理する。

帳簿棚卸高：数量200個、
　　帳簿価額（原価）@￥8,100

実地棚卸高：数量190個、
　　正味売却価額（時価）@￥7,560

4．受取手形および売掛金の期末残高に対して2％の貸倒れを見積もる。貸倒引当金は差額補充法によって設定する。

5．長期貸付金の期末残高に対して5％の貸倒れを見積もる。当該貸付金はすべて当期に生じたものであり、前期までに資金の貸付けは行っていない。

6．有形固定資産の減価償却は次の要領で行う。

建物：耐用年数は30年、残存価額は取得原価の10％として、定額法を用いる。

備品：耐用年数は8年、残存価額はゼロとして、200％定率法を用いる。

減価償却費は、概算額で建物￥40,500、備品￥67,500を4月から2月までの月次決算で各月に計上してきており、減価償却費の年間確定額との差額を決算月で計上する。

7．売買目的有価証券はすべて当期に取得したものであり、期末時点の時価は￥2,983,500である。

8．のれんは前期の期首に京都商事株式会社を吸収合併した際に計上したもので、償却期間5年で毎期均等償却している。なお、過年度の償却は適正に行われている。

9．買掛金のうち￥324,000（2,160ドル）は、米国の仕入先から商品を仕入れた際に計上したドル建てのものである。仕入時の為替相場は1ドル￥150、決算日の為替相場は1ドル￥145であった。

10．受取利息の未収分が￥10,800ある。

11．課税所得￥10,946,700にもとづいて法人税、住民税及び事業税を計上する。法定実効税率は40％である。

12．税効果会計上の一時差異は、次のとおりである。

| | 期首 | 期末 |
|---|---|---|
| 将来減算一時差異 | ￥1,944,000 | ￥2,484,000 |

# 工　業　簿　記

## 第４問（28点）

（１）（12点）

次の取引について仕訳しなさい。ただし、勘定科目は、各取引の下の勘定科目から最も適当と思われるものを選び、記号で解答すること。

1．当社では、本社会計から工場会計を独立させている。工場会計の勘定科目は、材料、賃金・給料、製造間接費、仕掛品、本社である。外部への支払いはすべて本社が行っている。当月の水道料、ガス代275,000円を間接経費として現金で支払った。工場での仕訳を示しなさい。

ア．材料　イ．賃金・給料　ウ．本社　エ．仕掛品　オ．製造間接費　カ．現金

2．当月、直接工および間接工による賃金の消費額を計上した。直接工の総就業時間の内訳は、直接作業時間1,500時間、間接作業時間130時間、手待時間20時間であった。予定総平均賃率は1,800円である。また、間接工については、前月賃金未払高900,000円、当月賃金支払高4,080,000円、当月賃金未払高1,050,000円であった。

ア．現金　イ．製造間接費　ウ．工場　エ．従業員賞与　オ．賃金・給料　カ．仕掛品

3．当月の製造間接費実際発生額は732,000円であったので、製造間接費予定配賦額との差額を予算差異と操業度差異に振り替える。なお、製造間接費の配賦基準は直接作業時間であり、当月の実際直接作業時間は780時間であった。また、年間の製造間接費予算は固定予算で8,640,000円、年間の予定直接作業時間は9,600時間である。

ア．仕掛品　イ．製造間接費　ウ．予算差異　エ．操業度差異　オ．賃金・給料　カ．製品

（2）（16点）

当社は製品Xを量産しており、標準原価計算を採用している。次の〔資料〕にもとづいて、各問に答えなさい。

**問1**　答案用紙に記載されている諸勘定への記入を行いなさい。なお、勘定の記入方法はパーシャル・プランを採用する。

**問2**　答案用紙に記載されている諸勘定への記入を行いなさい。なお、勘定の記入方法はシングル・プランを採用する。

（解答上の留意事項）

1．勘定科目の空欄は以下の用語の中から適切な用語を選び、記号で解答すること。

ア．直接材料費差異　イ．直接労務費差異　ウ．製造間接費差異

2．答案用紙の空欄はすべて埋まるとは限らない。

〔資　料〕

1．製品Xの原価標準

直接材料費：@750円×2kg　＝1,500円

直接労務費：@300円×3時間＝　900円

製造間接費：@600円×3時間＝1,800円

4,200円

2．直接材料はすべて工程の始点で投入する。

3．製造に関するデータ

月初仕掛品：20台（50%）　当月完成品：500台　月末仕掛品：40台（50%）

なお、（　　）内は加工進捗度を示す。

4．実際原価データ

直接材料費：793,500円

直接労務費：454,500円

製造間接費：936,000円

5．各費目のデータ

材料：月初、月末棚卸高はなかった。

賃金：月初、月末の前払い、未払いはなかった。

**第５問（12点）**

江ノ島工業は、当期より製品Ａの製造・販売を行っており、当年度の予算実績データおよび直接原価計算方式による損益計算書は次のとおりであった。次年度における平均変動費率および年間固定費額は当年度と同様であると予測されるとして、以下の問に答えなさい。

〔資　料〕

１．予算データ

販売価格：6,500円/個

生産・販売量：2,900個

２．実績データ

販売価格：6,400円/個

生産・販売量：3,000個

直接原価計算方式の損益計算書

| | |
|---|---|
| Ⅰ　売上高 | 19,200,000 円 |
| Ⅱ　変動費 | |
| 　変動売上原価 | 6,000,000 |
| 　　変動製造マージン | 13,200,000 |
| 　変動販売費 | 1,680,000 |
| 　　貢献利益 | 11,520,000 |
| Ⅲ　固定費 | |
| 　固定製造原価 | 2,880,000 |
| 　固定販売費・一般管理費 | 4,032,000 |
| 　　営業利益 | 4,608,000 円 |

**問１**　当期の期末製品が750個であるとき、答案用紙に示した全部原価計算方式の損益計算書を完成させなさい。なお、期首製品および期首・期末の仕掛品はないものとする。

**問２**　以下、直接原価計算を前提に各問に答えなさい。

⑴　売上高営業利益率30％を達成するためには当期の売上高を何％増やす必要があるか。その増加率を求めなさい。

⑵　当年度の損益分岐点の売上高11,520,000円を2,400,000円引き下げるため、削減すべき固定費の金額を求めなさい。

**問３**　売上高の予算実績差異分析を行いなさい。なお、月初・月末ともに仕掛品と製品の在庫はなかった。

6．売買目的有価証券の内訳は以下のとおりである。決算にあたって時価により評価替えをする。

| 銘　柄 | 帳簿価額 | 時　価 | 株　数 |
|---|---|---|---|
| 甲社株式 | @¥1,150 | @¥1,100 | 1,000株 |
| 乙社株式 | @¥1,500 | @¥1,580 | 2,000株 |

7．固定資産の減価償却を次のとおり行う。

建　　物　：　定額法、耐用年数　40年、残存価額　取得原価の10%

備　　品　：　定率法、償却率　25%

備品（取得原価¥320,000、期首減価償却累計額¥140,000）を当期の９月30日に¥160,000で売却し小切手を受け取っていたが未処理である。

8．保険料は当期の12月１日に向こう１年分の保険料を一括して支払ったものである。

9．地代は過去１年分として毎年同額を12月末に一括して支払っている。

10．当期の課税所得¥1,055,784に対して40%相当額を法人税、住民税及び事業税として計上する。なお、円未満の端数は切り捨てること。

11．当期の税効果会計上の一時差異は、次のとおりである（法定実効税率は40%である）。

| | 期　首 | 期　末 |
|---|---|---|
| 貸倒引当金損金算入限度超過額 | ¥　40,000 | ¥　42,000 |
| 減価償却費限度超過額 | ¥108,000 | ¥118,800 |
| 合　　計 | ¥148,000 | ¥160,800 |

# 工　業　簿　記

**第4問（28点）**

（1）（12点）

次の取引について仕訳しなさい。ただし、勘定科目は、各取引の下の勘定科目から最も適当と思われるものを選び、記号で解答すること。

1．当月の直接工の作業時間報告書によれば、製造指図書の番号が記入された作業は800時間であり、製造指図書の番号が記入されていない作業は150時間であった。直接工の予定賃率は１時間あたり1,300円である。また、間接工については、前月賃金の未払高が20,000円、当月の賃金支払高が180,000円、当月賃金の未払高が35,000円であった。このとき、賃金の消費額を計上する。

ア．材料　イ．賃金・給料　ウ．仕掛品　エ．製造間接費　オ．未払金　カ．現金

2．当月において材料価格差異と材料消費数量差異を計上した。当社では標準原価計算を採用しておりパーシャル・プランにより記帳している。直接材料費の標準消費価格は材料１kgあたり1,500円であり、標準材料消費量は10,000kgである。また、直接材料費の実際消費価格は材料１kgあたり1,600円であり、実際材料消費量は12,000kgである。

ア．売上原価　イ．仕掛品　ウ．製品　エ．材料消費数量差異　オ．材料価格差異　カ．材料

3．組別総合原価計算を採用している山梨製作所においてＡ組製品（売価：2,850,000円、売上製品製造原価：1,800,000円）およびＢ組製品（売価：2,700,000円、売上製品製造原価：2,100,000円）を掛けにより販売した。よって、売上高と売上原価を計上する。

ア．売掛金　イ．Ｂ組製品　ウ．売上原価　エ．Ａ組製品　オ．売上　カ．仕掛品

（2）（16点）

田辺製作所は遠隔地に工場を所有しているが、工場会計は独立させずに処理を行っている。下記に示した11月中の一連の取引について、答案用紙に示した工場側の総勘定元帳を完成しなさい。なお、勘定科目は次のア～サから記号で解答すること。

| | | | |
|---|---|---|---|
| ア．材　　　料 | イ．賃　　　金 | ウ．製造間接費 | エ．仕　掛　品 |
| オ．原価差異 | カ．本社元帳 | キ．現　　　金 | ク．買　掛　金 |
| ケ．預　り　金 | コ．製　　　品 | サ．減価償却費 | |

1．掛けで購入した素材6,000kg（購入代価@39円）を検査のうえで倉庫に受け入れた。なお、購入に際して、3,600円の引取運賃を現金で支払っている。

2．予定消費単価@40円を用いて材料費を計算した。当月の実際消費量は5,550kgであり、うち直接材料としての消費分は4,800kg、間接材料としての消費分は750kgであった。

3．当月の賃金の支給総額は407,700円であり、内訳は直接工332,100円、間接工75,600円であった。源泉所得税、社会保険料の従業員負担分47,100円を差し引き、残額を現金で支給した。

4．予定賃率@240円をもって工場での賃金の消費額を計上した。直接工の当月実際作業時間は1,350時間であり、うち実際直接作業時間は1,305時間、実際間接作業時間および手待時間が45時間であった。

5．直接作業時間を配賦基準として、製造間接費を予定配賦した。なお、年間製造間接費予算は6,220,800円であり、年間の予定総直接作業時間は17,280時間である。

6．当月の外注加工賃34,200円を現金で支払った。

7．当月における月初仕掛品原価は138,000円、月末仕掛品原価は136,200円であった。

8．月末における材料の帳簿棚卸高は23,760円（600kg）、実地棚卸高は22,572円（570kg）であった。なお、材料勘定の借方に前月繰越高6,120円（150kg）が記録されている。材料の棚卸減耗費を計上し、あわせて材料消費価格差異を計上する。

9．直接工の未払賃金は、月初に55,200円、月末に56,100円であった。間接工の未払賃金は、月初に12,600円、月末に13,800円であった。間接工の消費賃金に関しては、要支払額を計上し、あわせて直接工の消費賃金について賃率差異を計上する。

10．当月における工場設備の減価償却費は352,212円であることが判明した。間接経費の計上を行い、あわせて製造間接費配賦差異を計上する。

**第5問（12点）**

佐賀工業は製品甲を量産しており、パーシャル・プランによる標準原価計算制度を採用している。次の［資料］にもとづき下記の問に答えなさい。なお、材料Aは主要材料であり、工程の始点ですべて投入される。材料Bは買入部品であり、工程の50％の地点ですべて投入される直接材料である。

［資　料］

1．製品甲1個あたりの標準原価

| | | | | | |
|---|---|---|---|---|---|
| A 材 料 費 | 標 準 単 価 | 3,000円/個 | 標 準 消 費 量 | 1 個 | 3,000円 |
| B 材 料 費 | 標 準 単 価 | 300円/kg | 標 準 消 費 量 | 2 kg | 600円 |
| 加　工　費 | 標準配賦率 | 1,920円/時間 | 標準作業時間 | 0.5時間 | 960円 |
| | | | | | 4,560円 |

加工費は変動予算を設定している。年間加工費予算は72,576,000円（うち固定費予算は45,360,000円）、年間正常直接作業時間は37,800時間である。

2．当月の生産データ

月初仕掛品：400個　　月末仕掛品：250個　　完成品：6,000個

なお、月初仕掛品の加工進捗度は60％、月末仕掛品の加工進捗度は20％である。

3．当月の実際直接作業時間　　3,050時間

4．当月の実際製造費用

A 材 料 費：17,678,400円（3,048円/個×5,800個）

B 材 料 費： 3,593,400円（318円/kg×11,300kg）

加　工　費： 6,000,000円（うち、固定費は3,840,000円）

**問1**　A材料費の差異として計算される価格差異、およびB材料費の差異として計算される消費数量差異を答えなさい。

**問2**　加工費の差異として計算される予算差異、能率差異および操業度差異を答えなさい。なお、予算差異および能率差異は変動費と固定費を区別して解答すること。

〔事業の内容〕

株式会社関東サービスは、コールセンター業務等を中心とした人材派遣業を営んでいる。

顧客への請求と役務収益の計上方法は、次の２通りがある。

① １時間当たりの請求額が契約上定められており勤務報告書に記入された時間にもとづき請求・計上する。

なお、１時間当たりの給与額は顧客への請求額の75％で設定されている。

② 一定の作業が完了後に一括して契約額総額を請求・計上する。

また、いずれの方法であっても、派遣スタッフの給与は、「勤務報告書で報告された時間×１時間当たりの給与額」で算出された金額が支払われ、役務原価（報酬）に計上される。

〔資料Ⅱ〕決算整理事項

1．前期発生の売掛金900千円と当期発生の売掛金1,500千円が未回収となっていたが、得意先が倒産したため貸倒れ処理することとした。

2．２月末に〔事業の内容〕に記述された②の方法の給与を前もって支払った分が仕掛品として計上されており、３月に請求（売上計上）したため、役務原価に振り替える。

また、②の方法で、３月給与の支払額2,400千円は４月以降に請求（売上計上）される部分に対するものであり、役務原価に計上されている。

3．〔事業の内容〕に記述された①の方法で、勤務報告書（勤務総時間100時間、１時間当たり給与1,200円）が提出されていたにもかかわらず未処理であった。

4．貸倒引当金を期末時点の売掛債権残高に対して0.5％計上する（差額補充法）。

5．決算整理前試算表に計上されている前払費用と未払費用の内訳は、それぞれ前払家賃と未払水道光熱費であり、当期首に再振替仕訳が行われていない。なお、当期末に計上すべき金額は、それぞれ25,500千円と675千円であった。

6．備品について、以下の方法で減価償却を行う。

定額法、耐用年数８年、残存価額ゼロ

なお、当該備品はすべて×5年４月１日に取得したものである。

7．子会社株式としてＡ社株式（帳簿価額74,750千円）、その他有価証券としてＢ社社債（帳簿価額24,700千円）を保有しており、期末時の時価はそれぞれ41,500千円、24,900千円である。

なお、その他有価証券の評価差額金は、全部純資産直入法によるものとする。

8．引当金の処理は次のとおりである。

(1) 退職給付引当金を10,500千円追加計上する。

(2) 賞与は年１回決算後に支払われるため、月次決算において２月まで毎月各15,000千円を計上してきたが、期末になり支給見込み額が192,000千円と見積もられた。

9．税引前当期純利益に対して、法人税、住民税及び事業税を40％となるように追加計上する。

**第４問（28点）**

（１）（12点）

次の取引について仕訳しなさい。ただし、勘定科目は、各取引の下の勘定科目から最も適当と思われるものを選び、記号で解答すること。

1．本社から工場会計を独立させている大分製作所では、当月の機械装置の減価償却を行った。機械装置の減価償却費の年間見積額は1,680,000円である。なお、機械装置の減価償却累計額の勘定は本社で設定している。工場の仕訳を示しなさい。

ア．機械装置減価償却累計額　イ．売上原価　ウ．本社　エ．製造間接費　オ．当座預金　カ．工場

2．当月に製造指図書＃103（月初仕掛品397,500円、直接材料費262,500円、直接労務費912,000円、直接作業時間380時間）および製造指図書＃201（直接材料費637,500円、直接労務費1,008,000円、直接経費262,500円、直接作業時間420時間）が完成した。なお、製造間接費は直接作業時間を基準に予定配賦しており、年間製造間接費予算額は24,000,000円であり、年間予定直接作業時間は12,000時間である。

ア．現金　イ．材料　ウ．仕掛品　エ．製品　オ．製造間接費　カ．賃金・給料

3．当月において製造指図書＃001を販売した。当社では単純個別原価計算を採用しており、製造指図書＃001に集計された製造原価は2,250,000円である。売上原価に関する仕訳を示しなさい。

ア．製品　イ．仕掛品　ウ．売上原価　エ．売掛金　オ．売上　カ．材料

（2）（16点）

X社は製品Yを量産しており、シングル･プランによる標準原価計算制度を採用している。よって、以下の［資料］にもとづいて、問に答えなさい。標準原価差異は月ごとに損益計算に反映させており、その全額を売上原価に賦課する。

［資　料］

1．製品Yの1個あたりの標準原価

| | | | | | |
|---|---|---|---|---|---|
| 甲材料費 | 標準単価 | 900円/個 | 標準消費量 | 1個 | 900円 |
| 乙材料費 | 標準単価 | 300円/kg | 標準消費量 | 0.5kg | 150円 |
| 加工費 | 標準配賦率 | 720円/時間 | 標準作業時間 | 0.5時間 | 360円 |
| | | | | | 1,410円 |

（注）甲材料は直接材料であり、工程の始点ですべて投入される。

乙材料は直接材料であり、工程の80％の地点ですべて投入される。

2．当月の生産データおよび販売データ

| | | | | |
|---|---|---|---|---|
| 月初仕掛品 | 800個（0.5） | | 月初製品 | 300個 |
| 当月投入 | 5,200 | | 完成品 | 5,500 |
| 合計 | 6,000個 | | 合計 | 5,800個 |
| 月末仕掛品 | 500（0.5） | | 月末製品 | 200 |
| 完成品 | 5,500個 | | 販売品 | 5,600個 |

（注）（　）内の数値は加工進捗度を示している。

3．当月の原価実績

⑴　製造費用

| | |
|---|---|
| 甲材料費 | 4,590,000円 |
| 乙材料費 | 828,000円 |
| 加工費 | 1,995,000円 |

⑵　販売費及び一般管理費　5,442,000円

4．製品Yの販売単価　@2,700円

問1　答案用紙の仕掛品勘定を完成させなさい。

問2　答案用紙に示した標準原価差異を求めなさい。

問3　当月の営業利益を求めなさい。

## 第5問（12点）

製造間接費を予定配賦しているＭＩ製作所の以下の資料にもとづき、全部原価計算による損益計算書と、直接原価計算による損益計算書をそれぞれ３期分作成しなさい。なお、原価差異は各期の売上原価に賦課すること。

〔資　料〕

１．販売単価　@5,000円

２．製造原価

①　変動製造原価　@1,200円

②　固定製造間接費　@2,400円（期間総額2,400,000円、正常生産量1,000個）

３．販売費及び一般管理費

①　変動販売費　@200円

②　固定販売費及び一般管理費　400,000円（期間総額）

４．生産・販売数量等

| | 第１期 | 第２期 | 第３期 |
|---|---|---|---|
| 期首製品在庫量 | 0個 | 0個 | 100個 |
| 当期製品生産量 | 1,000個 | 900個 | 1,100個 |
| 当期製品販売量 | 1,000個 | 800個 | 800個 |

（注）各期首・期末に仕掛品は存在しない。

［資料Ⅱ］決算整理事項等

1．銀行残高証明書残高との不一致の原因を調査したところ、当座預金について次の事実が判明した。

⑴　売掛金の回収として受け取った先方振出の小切手￥105,000が銀行において未取立であった。

⑵　売掛金￥87,500の振り込みが未記帳であった。

⑶　買掛金￥94,500の支払いのために振り出した小切手が銀行に未呈示であった。

⑷　広告宣伝費￥52,500の支払いのために振り出した小切手が記帳のみ行い未渡しとなっていた。

2．定期預金は、当期の12月1日に期間5年、利率年1％、利息は満期日に受け取る条件で預け入れたものである。利息を月割計算により計上する。

3．買掛金のうち￥304,500は、当期の2月1日に米国の仕入先から商品を仕入れた際に計上したドル建てのものである。仕入時の為替相場は1ドル￥145、決算日の為替相場は1ドル￥150であった。

4．受取手形および売掛金の期末残高に対して、2％の貸倒引当金を差額補充法により設定する。ただし、売掛金のうち￥35,000は甲社に対するものであり、貸倒れの危険性が高いため、個別に債権金額の50％の貸倒れを見積もる。

5．商品の期末棚卸高は次のとおりである。

帳簿棚卸数量：280個、帳簿価額（原価）：@￥1,750

実地棚卸数量：275個、正味売却価額（時価）：@￥1,680

6．売買目的有価証券はすべて当期中に取得したものであり、時価は￥560,000であった。

7．固定資産の減価償却を次のとおり行う。

建　物：定額法、耐用年数25年、残存価額ゼロ　　　　備　品：定率法、償却率25％

なお、減価償却については、固定資産の期首残高を基礎として、建物は￥21,000、備品は￥15,750を4月から2月までの11か月間に毎月見積計上してきており、決算月も同様の処理を行う。

8．リース資産の減価償却を定額法、耐用年数5年、残存価額ゼロにより行う。なお、当該リース資産は、当期の期首に見積現金購入価額￥700,000の備品をリース期間5年、リース料年額￥147,000（毎年3月末日に現金払い）の条件でリース契約したものである。この取引はファイナンス・リース取引であり、利子抜き法により処理している。

9．商標権は×2年4月1日に取得したもので、償却期間10年で償却している。なお、過年度の償却は適正に行われている。

10．その他有価証券はすべて当期中に取得したものであり、時価は￥808,500であった。全部純資産直入法で処理する。

11．保険料は、当期の12月1日に2年分を前払いしたものであり、未経過分を次期以降の費用とする。

12．未払費用の残高は前期末の決算整理により計上された広告宣伝費の未払額であり、再振替仕訳は行われていない。また、当期の広告宣伝費の未払額は￥31,500であった。

13．課税所得￥827,750に対して40％を法人税、住民税及び事業税として計上する。

14．税効果会計上の将来減算一時差異（その他有価証券を除く）が発生しており、その金額は期首時点で￥61,250、期末時点で￥92,750である。

# 工　業　簿　記

## 第4問（28点）

（1）（12点）

次の取引について仕訳しなさい。ただし、勘定科目は、各取引の下の勘定科目から最も適当と思われるものを選び、記号で解答すること。

1．工場会計を独立させている青森工業株式会社は、工場では製品に関する勘定、本社では売上原価勘定と売上勘定を設けており、原価計算方法として組別総合原価計算を採用している。A組製品（製造原価631,000円）とB組製品（製造原価331,000円）を工場から得意先の徳島商店に発送し、同日、本社はその連絡を受けた。工場側の仕訳を示しなさい。

ア．A組製品　イ．売上　ウ．B組製品　エ．本社　オ．売上原価　カ．工場

2．当工場では、部門別個別原価計算を採用しており、第1製造部門の予定配賦率は500円/時間であり、直接作業時間を基準として予定配賦している。当月の第1製造部門の直接作業時間は、製造指図書＃001が1,200時間、製造指図書＃002が800時間であった。なお、第1製造部門費の実際発生額は1,300,000円であった。そこで、第1製造部門費の配賦差異を原価差異勘定へ振り替えた。

ア．製品　イ．第1製造部門費　ウ．原価差異　エ．売上原価　オ．動力部門費　カ．仕掛品

3．外注業者に対して、加工賃400,000円を小切手を振り出して支払った。

ア．売上原価　イ．現金　ウ．製造間接費　エ．製品　オ．当座預金　カ．仕掛品

（2）（16点）

当社は製品Xを製造・販売し、製品原価の計算は単純総合原価計算により行っている。次の［資料］にもとづいて、月末仕掛品の原料費と加工費、完成品総合原価、完成品単位原価を計算しなさい。ただし、原価投入額合計を完成品総合原価と月末仕掛品原価に配分する方法として平均法を用いること。

［資　料］

［生産データ］

| | | |
|---|---|---|
| 月初仕掛品 | 400 kg | （50%） |
| 当月投入量 | 4,600 | |
| 合　計 | 5,000 kg | |
| 正常仕損品 | 200 | |
| 月末仕掛品 | 800 | （50%） |
| 完　成　品 | 4,000 kg | |

［原価データ］

| | |
|---|---|
| 月初仕掛品原価 | |
| A原料費 | 448,000 円 |
| B原料費 | 104,000 |
| 加　工　費 | 320,000 |
| 小　計 | 872,000 円 |
| 当月製造費用 | |
| A原料費 | 5,152,000 円 |
| B原料費 | 2,472,000 |
| 加　工　費 | 7,408,000 |
| 小　計 | 15,032,000 円 |
| 合　計 | 15,904,000 円 |

（注）A原料は工程の始点、B原料は工程を通じて平均的に投入しており、（　　）内は加工費の進捗度である。なお、正常仕損は工程の終点で発生し、その処分価額は16,000円である。正常仕損費はすべて完成品に負担させる。

**第5問**（12点）

S株式会社（以下S社）は都内にレストランチェーンを展開しており、現在、新宿店の3月の実績データをもとに、4月の利益計画を作成している。3月の利益計画は次の［資料］のとおりであった。4月の利益計画は、変動費率と固定費額について3月と同じ条件で作成する。下記の問いに答えなさい。

［資　料］3月の実績データ

月次損益計算書

| | |
|---|---|
| 売上高 | 9,200,000円 |
| 変動費 | 6,992,000 |
| 貢献利益 | 2,208,000円 |
| 固定費 | 1,656,000 |
| 営業利益 | 552,000円 |

**問1**　貢献利益率を計算しなさい。

**問2**　損益分岐点売上高を計算しなさい。

**問3**　3月の売上高と実績データにもとづいて安全余裕率を計算しなさい。

**問4**　4月の目標営業利益を600,000円と設定した。必要な売上高を計算しなさい。

**問5**　S社では、翌月以降の利益計画に役立てるため、自社の実績データと同業他社の実績データを比較することとした。そこで比較対象として、S社より低価格帯のレストランチェーンを展開しているR株式会社（以下R社）を選択する。なお、R社の実績データは以下のとおりである。その下の文章にある空欄①および②に入る数値を計算しなさい（当社は3月のデータを用いることとする）。

月次損益計算書

| | |
|---|---|
| 売上高 | 9,200,000円 |
| 変動費 | 5,888,000 |
| 貢献利益 | 3,312,000円 |
| 固定費 | 2,760,000 |
| 営業利益 | 552,000円 |

R社との実績データ比較の結果、当社と売上高、営業利益は同じであるが、売上高の変化に伴う営業利益の変化割合に関して相違がみられる。具体的には、仮に売上高が両社ともに5％低下すると（販売価格、変動費率、固定費額は変わらないものとする）、当社の営業利益は80％に減少する。一方、R社の営業利益は（　①　）に減少する。

このような変化率を指標化したものが経営レバレッジ係数である。当該指標を用いると、S社の経営レバレッジ係数は4となるのに対し、R社の経営レバレッジ係数は（　②　）となる。このように、経営レバレッジ係数が大きいということは、それだけ営業量の変化率に対して、営業利益の変化率が大きいということを意味している。

# 工　業　簿　記

**第4問（28点）**

**（1）（12点）**

次の取引について仕訳しなさい。ただし、勘定科目は、各取引の下の勘定科目から最も適当と思われるものを選び、記号で解答すること。

1．製造部門費の予定配賦を行った。切削部門の予定配賦率は1,350円/時間（配賦基準は機械運転時間）、組立部門の予定配賦率は2,850円/時間（配賦基準は直接作業時間）であった。ここで、当月の切削部門の機械運転時間は420時間（製造指図書＃001に対して240時間、製造指図書＃002に対して180時間）、組立部門の直接作業時間は240時間（製造指図書＃001に対して120時間、製造指図書＃002に対して120時間）である。

ア．仕掛品　イ．売上　ウ．製品　エ．賃金・給料　オ．売上原価　カ．製造間接費

2．等級別総合原価計算を採用している山形産業株式会社において１級製品2,000個と２級製品3,000個が完成した。ただし、完成品の総合原価は1,680,000円であり、等価係数は１級製品は２、２級製品は１である。

ア．１級製品　イ．売上原価　ウ．仕掛品　エ．２級製品　オ．製造間接費　カ．売上

3．材料1,600kg（購入価額400円/kg）を掛けで購入し、工場の倉庫に搬入した。なお、当工場では、本社会計から工場会計は独立しており、材料の発注は本社で行い、材料の納入業者は工場の倉庫へ直接搬入している。工場側の仕訳を示しなさい。

ア．工場　イ．買掛金　ウ．仕掛品　エ．材料副費　オ．本社　カ．材料

**（2）（16点）**

当工場では甲製品を生産しており、実際原価計算を採用している。甲製品の生産には、主要材料としてＰ材料を、補助材料としてＱ材料を用いるほか、若干の工場消耗品が必要となる。そこで下記の［資料］にもとづいて、答案用紙の各勘定の（　　）内に適切な金額を記入しなさい。なお、当工場では、材料に関する取引について、月末に普通仕訳帳に合計仕訳し、材料勘定に合計転記している。

［資　料］

1．Ｐ材料およびＱ材料については、材料元帳を設けて出入記録をつけている（Ｐ材料は継続記録法、Ｑ材料は棚卸計算法による）。その結果を要約して示せば次のとおりである。

| | 月初有高 | | 当月購入高 | | 当月消費高 |
|---|---|---|---|---|---|
| | 数　量 | 購入原価 | 数　量 | 購入原価 | 数　量 |
| Ｐ　材　料 | 300個 | 217,000円 | 2,000個 | 1,260,000円 | 2,000個 |
| Ｑ　材　料 | 200kg | 75,600円 | 500kg | 157,500円 | |

2．月末に実地棚卸を行ったところ、Ｐ材料が200個、Ｑ材料が100kgであった。なお、Ｐ材料はすべて直接材料として消費され、棚卸減耗は毎月発生する正常な範囲である。

3．Ｐ材料およびＱ材料は、実際価格によって計算する。なお、消費価格の計算は先入先出法による。

4．工場消耗品については出入記録をつけておらず、当月の買入額は32,200円である。

5．製造間接費はＰ材料の消費高を配賦基準として各製造指図書に予定配賦している。なお、製造間接費の年間予算は45,360,000円、Ｐ材料年間予定消費高は15,120,000円である。

**第5問（12点）**

A社は製品Xの製造販売を行っており、パーシャル・プランを採用している。次の【資料】にもとづいて、答案用紙の標準製造原価差異分析表を作成しなさい。なお、能率差異は変動費と固定費からなるものとする。

【資料Ⅰ】当月の標準と予算に関する資料

1．直接材料費の標準消費価格：2,000円/kg

2．直接材料費の標準消費量：10kg/個

3．直接労務費の標準消費賃率：2,500円/時間

4．直接労務費の標準直接作業時間：８時間/個

5．製造間接費年間予算：316,800,000円（変動費：147,840,000円、固定費：168,960,000円）

6．年間正常直接作業時間：105,600時間

なお、製造間接費は直接作業時間を基準として製品に標準配賦している。

【資料Ⅱ】当月の生産に関する資料

月初仕掛品量：400個（50％）

月末仕掛品量：200個（50％）

当月製品完成品量：1,100個

なお、直接材料は工程の始点で投入される。(　　) 内の数値は加工進捗度を示している。

【資料Ⅲ】当月の実際発生額に関する資料

1．直接材料費：19,360,000円（実際材料消費量：8,800kg）

2．直接労務費：20,160,000円（実際直接作業時間：8,400時間）

3．製造間接費：26,000,000円

［資料Ⅱ］決算整理事項等

1．決算日に得意先山形商事より当社の当座預金に¥350,000の振り込みがあったが未処理であった。この振り込みは、同社に対する売掛金の回収だと判明した。

2．現金について実査をしたところ、¥21,000の不足額が判明した。その原因は不明である。

3．期末商品棚卸高は次のとおりである。なお、当期の売上原価は仕入勘定で算定し、棚卸減耗損および商品評価損は売上原価に算入しない。

| 品　目 | 帳簿棚卸高 | 実地棚卸高 | 正味売却価額 | 備考 |
|---|---|---|---|---|
| X商品 | ¥395,500 | ¥395,500 | ¥787,500 | — |
| Y商品 | ¥178,500 | ¥　87,500 | ¥133,000 | — |
| Z商品 | 2,100ドル | 2,030ドル | ¥307,020 | (注１) |

（注１）米国の仕入先より仕入れたもので仕入時の為替相場は¥140/ドルであった。

4．売上債権の期末残高に対して２％の貸倒れを見積もり、差額補充法により貸倒引当金を設定する。また、貸付金¥525,000は当期に鹿島商事に貸し付けたものであるが、同社の業績の悪化に伴い、担保の処分見込額¥125,000を差し引いた残額に30％の貸倒引当金を設定する。

5．有価証券の内訳は次のとおりである。

| 銘　柄 | 所有目的 | 取得原価 | 前期末時価 | 当期末時価 | 備考 |
|---|---|---|---|---|---|
| 飛島商会株式 | 会社支配 | ¥1,750,000 | ¥1,750,000 | ¥1,827,000 | — |
| 姫路商事社債 | 長期利殖 | ¥1,050,000 | ¥1,058,750 | ¥1,053,500 | (注２) |

（注２）前期の期首に発行と同時に額面金額¥1,050,000で取得したものであり、全部純資産直入法により時価評価する。なお、評価差額に対しては税効果会計を適用する。

6．備品はすべて200％定率法（耐用年数５年、残存価額ゼロ）により減価償却を行う。なお、耐用年数５年における保証率は0.108、改定償却率は0.500である。

7．買掛金のうち¥294,000はドル建てのものであり換算替えを行う。なお、仕入時の為替相場は¥140/ドルである。

8．残高試算表の前払費用¥203,000は前期末に計上した販売費に対するものである。また、当期末において¥220,500の販売費を次期分として前払処理する。

9．残高試算表の未払費用¥192,500は前期末に計上した一般管理費に対するものである。また、当期末において¥133,000の一般管理費を未払計上する。

10．課税所得¥780,500に対して¥312,200の法人税等を計上する。

11．貸倒引当金に関する将来減算一時差異が期首において¥69,510、期末において¥165,500あり、税効果会計を適用する。なお、繰延税金資産と繰延税金負債は相殺しない。

## 工　業　簿　記

**第４問（28点）**

**（１）（12点）**

次の取引について仕訳しなさい。ただし、勘定科目は、各取引の下の勘定科目から最も適当と思われるものを選び、記号で解答すること。

1．当月の賃金の支給総額は2,371,300円であり、内訳は直接工1,586,600円、間接工784,700円であった。源泉所得税、社会保険料の従業員負担分273,900円を差し引き、残額を現金で支給した。

ア．材料　イ．賃金・給料　ウ．製造間接費　エ．預り金　オ．原価差異　カ．現金

2．予定賃率@1,320円をもって賃金の消費額を計上した。直接工の当月実際作業時間は3,850時間であり、うち実際直接作業時間は3,755時間、実際間接作業時間および手待時間が95時間であった。

ア．製品　イ．仕掛品　ウ．原価差異　エ．製造間接費　オ．現金　カ．賃金・給料

3．予定賃率にもとづく消費賃金と実際消費賃金との差異を賃率差異勘定へ振り替える。直接工の作業時間報告書によれば、直接作業時間は320時間、間接作業時間は20時間、手待時間は１時間であった。直接工の予定賃率は１時間あたり15,000円である。なお、直接工については、月初賃金未払高300,000円、当月賃金支払高5,460,000円、月末賃金未払高240,000円であった。

ア．材料　イ．賃金・給料　ウ．経費　エ．製造間接費　オ．仕掛品　カ．賃率差異

（2）（16点）

次の〔資料〕にもとづいて、答案用紙の総勘定元帳の（　　）内に適切な金額を記入しなさい。製造間接費は予定配賦しており、配賦差異は当月の売上原価に賦課する。なお、当月の配賦差異は22,000円（貸方）であった。また、直接工は直接作業のみに従事している。

〔資　料〕

1．棚卸資産有高

| | 月初有高 | 月末有高 |
|---|---|---|
| 素材 | 711,000円 | 842,000円 |
| 部品 | 143,000円 | 296,000円 |
| 補修用材料 | 12,000円 | 15,000円 |
| 燃料 | 24,000円 | 12,000円 |

2．当月中の支払高等

| | | | |
|---|---|---|---|
| 素材仕入高 | 1,726,000円 | 工場消耗品（購入額） | 37,000円 |
| 部品仕入高 | 926,000円 | 水道光熱費（測定額） | 98,000円 |
| 補修用材料仕入高 | 67,000円 | 保険料（月割額） | 153,000円 |
| 燃料仕入高 | 182,000円 | 減価償却費（月割額） | 590,000円 |
| 直接工賃金当月支払高 | 1,935,000円 | | |
| 直接工賃金前月未払高 | 272,000円 | | |
| 直接工賃金当月未払高 | 312,000円 | | |
| 間接工賃金当月支払高 | 381,000円 | | |
| 間接工賃金前月未払高 | 47,000円 | | |
| 間接工賃金当月未払高 | 89,000円 | | |

**第５問（12点）**

神奈川製造株式会社は製品Aを製造販売しており、過去の製造データにもとづき標準原価計算を採用している。加工費は、直接作業時間を配賦基準としている。なお、当月における生産量と販売量は一致している。また、月初・月末ともに仕掛品と製品の在庫はなかった。

以下の資料にもとづいて、下記の各問いに答えなさい。

［資　料］

1．加工費の標準原価データ

変動加工費：200円/時間

固定加工費：3,000,000円

製品A　1個あたり標準直接作業時間：0.25時間

2．予算と実績

| | 予算データ | 実績データ |
|---|---|---|
| 製品１個あたり販売価格 | 2,000円 | 1,900円 |
| 生産量・販売量 | 40,000個 | 39,200個 |
| 直接作業時間 | 10,000時間（基準操業度） | 9,900時間 |
| 加工費発生額 | ？　円 | 5,000,000円 |

**問１**　予算売上高を求めなさい。

**問２**　売上高の予算実績差異分析を行い、答案用紙に示した金額を答えなさい。

**問３**　加工費の差異分析を行い、答案用紙に示した金額を答えなさい。なお、能率差異は変動費と固定費の両方から算出している。

# 工　業　簿　記

**第4問（28点）**

**（1）（12点）**

次の取引について仕訳しなさい。ただし、勘定科目は、各取引の下の勘定科目から最も適当と思われるものを選び、記号で解答すること。仕訳の金額はすべて円単位とする。

1．製造間接費を配賦した。製造間接費は直接労務費の150％を予定配賦している。なお、直接労務費は、製造指図書＃404：198,000円、製造指図書＃501：486,000円、製造指図書＃502：324,000円である。

ア．賃率差異　イ．経費　ウ．仕掛品　エ．製品　オ．製造間接費　カ．賃金・給料

2．当月の材料副費の実際発生額は288,000円であったので材料副費予定配賦額312,000円との差額を材料副費差異勘定に振り替える。

ア．材料消費数量差異　イ．製造間接費　ウ．製品　エ．材料　オ．材料副費　カ．材料副費差異

3．組別総合原価計算を採用している徳島産業株式会社の工場は、本社の指示により製造原価360,000円のＡ組製品と製造原価150,000円のＢ組製品を得意先に発送した。ただし、工場会計は本社会計から独立しており、売上勘定と売上原価勘定は本社に、製品に関する勘定は工場に設けてある。工場側の仕訳を示しなさい。

ア．Ａ組製品　イ．本社　ウ．工場　エ．売上原価　オ．売上　カ．Ｂ組製品

（２）（16点）

ＴＡＣ製作所では、等級製品Ａ、ＢおよびＣを同一工程で連続生産している。製品原価の計算方法としては、１か月間の完成品の総合原価を、各等級製品１個当たりの重量によって定められた等価係数に完成量を乗じた積数の比をもって各等級製品に按分する方法を採用している。以下の資料にもとづいて下記の問に答えなさい。なお、材料はすべて工程の始点で投入される。また、月末仕掛品の評価は平均法によること。

［資　料］

１．生産データ

| | | |
|---|---|---|
| 月初仕掛品 | 4,500個 | （加工進捗度　0.4） |
| 当月投入量 | 27,000個 | |
| 正 常 仕 損 | 1,500個 | |
| 月末仕掛品 | 6,000個 | （加工進捗度　0.8） |
| 当月完成量 | 24,000個 | （内訳：製品Ａ　6,000個　　製品Ｂ　12,000個　　製品Ｃ　6,000個） |

（注）工程の途中で正常仕損が発生している。正常仕損の処理は度外視法によること。なお、仕損品には１個あたり120円の処分価額があり、その価値は主として材料の価値である。

２．原価データ

| | | | | |
|---|---|---|---|---|
| 月初仕掛品原価 | 直接材料費 | 1,080,000円 | 加工費 | 756,000円 |
| 当 月 製 造 費 用 | 直接材料費 | 8,550,000円 | 加工費 | 10,908,000円 |

３．製品１個当たりの重量

製品Ａ　1 kg　　製品Ｂ　0.8kg　　製品Ｃ　0.6kg

問１　仕掛品勘定の記入を行いなさい。

問２　等級製品Ａの完成品単位原価を計算しなさい。

問３　等級製品Ｂの完成品単位原価を計算しなさい。

問４　等級製品Ｃの完成品単位原価を計算しなさい。

## 第5問（12点）

金沢製作所では、製品Yを製造・販売している。次の［資料］にもとづいて、直接原価計算方式による損益計算書を完成し、財務報告用の損益計算書における営業利益を答えなさい。

［資　料］

1．棚卸資産有高

| | 期首有高 | 期末有高 |
|---|---|---|
| 製品 | 572,000円 | 544,000円 |
| （うち変動費） | （372,000円） | （350,400円） |

2．当期原料消費高：3,068,000円

3．賃金・給料消費高

| | 変動費 | 固定費 |
|---|---|---|
| 直接工賃金 | 1,400,800円 | — |
| 間接工賃金 | 112,800円 | 308,000円 |
| 工場従業員給料 | — | 418,400円 |

4．製造経費発生高

| | 変動費 | 固定費 |
|---|---|---|
| 水道光熱費 | 20,800円 | 126,400円 |
| 支払地代 | — | 234,400円 |
| 減価償却費 | — | 132,000円 |
| その他 | 178,400円 | 92,800円 |

5．販売費および一般管理費

| | 変動費 | 固定費 |
|---|---|---|
| 販売費 | 446,400円 | 83,200円 |
| 一般管理費 | — | 469,600円 |

6．その他の事項

(1) 原料の消費額はすべて直接材料費である。

(2) 直接工は直接作業のみに従事している。

(3) 期首・期末の原料及び仕掛品は存在していない。

# 工　業　簿　記

## 第4問（28点）

（1）（12点）

次の取引について仕訳しなさい。ただし、勘定科目は、各取引の下の勘定科目から最も適当と思われるものを選び、記号で解答すること。

1．当月分の労務費を計上する。各製造指図書の当月直接作業時間は＃501が480時間、＃502が520時間、＃503が280時間であった。直接工賃金の消費額はすべて直接労務費であり、直接労務費は予定消費賃率5,400円/時間を用いて計算している。また、間接工賃金の当月要支払額は1,440,000円であった。

ア．仕掛品　イ．製品　ウ．買掛金　エ．売上原価　オ．賃金・給料　カ．製造間接費

2．当社では標準原価計算を採用しており、シングル・プランにより記帳している。製品1個当たりの標準直接材料費は2,500円であり、当月投入量は2,000個であった。なお、当月の実際直接材料費は4,800,000円であった。直接材料費の当月消費額に関する仕訳を示しなさい。

ア．製品　イ．製造間接費　ウ．売上原価　エ．仕掛品　オ．材料　カ．売上

3．材料の消費価格差異を計上した。材料の月初在庫は400kg（購入原価1kg当たり430円）、当月の仕入高は1,400kg（購入原価1kg当たり410円）、月末在庫は300kgであり、棚卸減耗はなかった。また、実際払出価格は先入先出法により処理している。なお、材料費の計算には1kg当たり400円の予定消費価格を用いている。

ア．材料消費価格差異　イ．仕掛品　ウ．材料　エ．製品　オ．製造間接費　カ．売上原価

（2）（16点）

土佐製作所では、H組製品とJ組製品の２種類の製品を同一工程で連続生産しており、組別総合原価計算を採用している。各組製品原価の計算においては、製造費用を直接材料費、直接労務費および製造間接費に分け、直接材料費および直接労務費は各組製品に直課し、製造間接費は各組製品に予定配賦している。なお、直接労務費および製造間接費は、計算上、加工費として扱う。原価投入額合計を完成品総合原価と月末仕掛品原価に配分するためには、H組製品は先入先出法、J組製品は平均法を用いている。次の［資料］にもとづいて答案用紙の各勘定に記入しなさい。

［資　料］

1．製造間接費は機械運転時間を基準に予定配賦しており、年間予算額は97,200,000円、年間予定機械運転時間は43,200時間である。

2．当月の生産データは次のとおりである。なお、直接材料は両組製品ともに工程の始点で投入されている。また、（　）内の数値は加工進捗度を示す。

| | H組製品 | | J組製品 | |
|---|---|---|---|---|
| 月初仕掛品 | 400 個 | (0.5) | 400 個 | (0.6) |
| 当月投入 | 3,200 個 | | 4,800 個 | |
| 合　計 | 3,600 個 | | 5,200 個 | |
| 正常仕損 | 100 個 | | 200 個 | |
| 月末仕掛品 | 500 個 | (0.2) | 500 個 | (0.6) |
| 完成品 | 3,000 個 | | 4,500 個 | |

3．当月の実際原価データは次のとおりである。

| | H組製品 | | | J組製品 | | |
|---|---|---|---|---|---|---|
| | 直接材料費 | 直接労務費 | 製造間接費 | 直接材料費 | 直接労務費 | 製造間接費 |
| 月初仕掛品 | 326,400円 | 135,000円 | 225,000円 | 326,400円 | 162,000円 | 270,000円 |
| 当月投入 | 2,457,600円 | 1,890,000円 | ？　円 | 3,686,400円 | 3,034,800円 | ？　円 |

4．当月の実際機械運転時間は、H組製品が1,440時間、J組製品が2,200時間であった。

5．H組製品の正常仕損は工程の終点で発生しており、仕損品の処分価格は@45円である。

6．J組製品の正常仕損は工程の途中で発生しており、仕損品の処分価格は@39円である。なお、正常仕損品の評価額は、全額、直接材料費の計算で控除する。

## 第5問（12点）

米菓を製造・販売するニッショウ製菓では、これまで全部原価計算による損益計算書のみを作成してきたが、製品Ａの月間利益計画を作成するため、直接原価計算による損益計算書を作成することとした。製品Ａの販売価格は１kg当たり1,500円を予定している。次の［資料］にもとづいて、その下の［会話文］の（　ア　）と（　イ　）に入るもっとも適切な語を選んで○で囲みなさい。また、（　①　）～（　⑥　）に入る金額を計算しなさい。

［資　料］

⑴　製品Ａ１kg当たり全部製造原価

直接材料費　600円/kg　　変動加工費　210円/kg

固定加工費　月額　1,260,000円（全部原価計算では月間生産量をもとに配賦率を算定する）

⑵　販売費及び一般管理費

変動販売費　120円/kg

固定販売費及び一般管理費　月額　678,000円

⑶　月間生産・販売計画（仕掛品は存在しない）

月初在庫量　　0kg　　月間販売量　4,000kg

月間生産量　4,000kg　　月末在庫量　　0kg

［会話文］

社　　長：全部原価計算と違って、直接原価計算では、売上高から変動費を差し引いて（　ア　）利益が出てくるわけですね。

経理部長：そうです。月間生産・販売量を4,000kgとする現在の計画では、月間（　ア　）利益は（　①　）円になります。仮に、月間生産・販売量を5,000kgとすると、月間（　ア　）利益は（　②　）円になります。

社　　長：なるほど。（　ア　）利益は売上高に（　イ　）変化するわけですね。

経理部長：そうです。次に、（　ア　）利益から固定費を差し引いて営業利益を出します。月間生産・販売量を4,000kgとする現在の計画では、月間営業利益は（　③　）円になります。

社　　長：月間営業利益がマイナスにならないようにするためには、月間売上高はいくら必要になりますか。

経理部長：損益分岐点ですね。損益分岐点の月間売上高は（　④　）円です。

社　　長：わかりました。この月間売上高は上回らないといけませんね。ところで、直接原価計算の営業利益は全部原価計算の営業利益と同じ金額になるのですか。

経理部長：現在の計画ではそうですが、生産量と販売量が一致しないときは同じ金額にはなりません。仮に、月間生産量だけを5,000kgに増やし、月間販売量は4,000kgのまま変わらないとします。直接原価計算では、月間営業利益は（　⑤　）円ですが、全部原価計算では、月間営業利益は（　⑥　）円になります。

社　　長：販売量が変わらないのに、生産量だけを増やして利益が増えるのはおかしいですね。

経理部長：そのとおりです。直接原価計算のほうが利益計画に適しているといえるでしょう。

［資料Ⅱ］未処理事項

1．得意先に対する電子記録債権残高￥900,000について、割引を行うために取引銀行への譲渡記録を行い、取引銀行から利息相当額￥18,000を差し引かれた残額が当座預金口座に振り込まれていたが、その記録が未処理であった。

2．×3年３月１日に、外部に依頼していた社内利用目的ソフトウェア（￥1,080,000）が完成し引渡しを受け使用を開始していたが、この取引が未処理であった。

［資料Ⅲ］決算整理事項等

1．得意先Ｘ社に発送した商品が検品の結果、すべて品違いであることが判明したため、商品（売価￥700,000、原価￥420,000）が返品された。当社は商品をすべて掛けで販売しており、商品売買の記帳に関しては「販売のつど売上原価に振り替える方法」を採用している。

2．商品の期末棚卸高は次のとおりである。［資料Ⅲ］１．の返品に係る数量は実地棚卸数量に含まれており、棚卸減耗は発生していない。なお、商品評価損は売上原価に算入する。

実地棚卸数量　660個　　原　　　価　@￥4,200　　正味売却価額　@￥4,000

3．売上債権および貸付金（貸付期間：１年）の期末残高に対して２％の貸倒引当金を差額補充法により設定する。なお、貸付金はすべて×2年10月１日に貸し付けたものである。

4．未払費用の残高は前期末の決算整理により計上されたものであり、期首の再振替仕訳は行われていない。期首の未払費用は水道光熱費￥2,000であり、当期末の未払額は水道光熱費￥3,000であった。

5．前払費用は、×2年12月１日に損害保険料を２年分前払いし、×3年２月まで月額を毎月末に費用に計上してきた残額であり、決算月も同様の処理を行う。

6．固定資産の減価償却は次の要領で行う。なお、期中に取得した固定資産については月割計算を行うこと。

建物：耐用年数は30年、残存価額はゼロとして、定額法を用いて計算する。

備品：耐用年数は８年、残存価額はゼロとして、200％定率法を用いて計算する。

ソフトウェア：見積利用可能期間は３年、定額法を用いて計算する。

7．満期保有目的債券は、当期の４月１日に他社が発行した社債（額面総額￥4,000,000、年利率0.5％、利払日は９月末と３月末の年２回、償還期間は５年）を発行と同時に取得したものである。額面総額と取得原価の差額は金利の調整を表しているので、償却原価（定額法）により評価する。

8．買掛金の中にドル建て買掛金￥270,000（2,000ドル、仕入時の為替相場１ドル￥135）が含まれており、決算時の為替相場は１ドル￥140であった。

9．退職給付引当金の当期繰入額は￥300,000である。

10．課税所得にもとづいて￥9,617,000を法人税、住民税及び事業税に計上する。

11．当期の税効果会計上の将来減算一時差異は、期首が￥2,175,000、期末が￥3,234,500である（法定実効税率は40％）。

# 工　業　簿　記

## 第４問（28点）

### （１）（12点）

次の取引について仕訳しなさい。ただし、勘定科目は、各取引の下の勘定科目から最も適当と思われるものを選び、記号で解答すること。

1．甲社は、製品製造に関わる当月分の特許権使用料300,000円を、小切手を振り出して支払った。経費の支払いは本社が行っており、本社は工場会計を独立させている。工場の仕訳を示しなさい。

ア．製品　イ．工場　ウ．当座預金　エ．本社　オ．製造間接費　カ．仕掛品

2．製品Ｘを生産している群馬製作所では、標準原価計算を採用している。製品Ｘ１個当たりの標準直接労務費は3,000円であった。なお、製品Ｘの生産実績は、月初仕掛品300個（加工進捗度60％）、当月投入量1,400個、月末仕掛品400個（加工進捗度40％）、当月完成品1,300個であった。完成品に対する標準直接労務費を計上した。

ア．賃金・給料　イ．製品　ウ．売上原価　エ．賃率差異　オ．製造間接費　カ．仕掛品

3．当月において賃率差異と作業時間差異を計上した。当社では標準原価計算を採用しており、パーシャル・プランにより記帳している。直接工の標準賃率は作業時間１時間あたり1,200円であり、標準直接作業時間は800時間である。また、直接工の実際賃率は作業時間１時間あたり1,300円であり、実際直接作業時間は750時間である。

ア．売上原価　イ．仕掛品　ウ．製品　エ．賃率差異　オ．作業時間差異　カ．賃金・給料

（2）（16点）

埼玉製作所の当月の原価に関する次の［資料］にもとづいて、当月の製造原価報告書および損益計算書を完成しなさい。なお、直接工賃金はすべて直接労務費であり、製造間接費については製造直接費の50％を予定配賦している。また、原価差異は毎月末に売上原価に賦課している。

［資　料］

| | | | | | | |
|---|---|---|---|---|---|---|
| 主要材料： | 月初棚卸高 | 352,500円 | 当月仕入高 | 1,497,000円 | 月末棚卸高 | 274,500円 |
| 部品： | 月初棚卸高 | 111,000円 | 当月仕入高 | 915,000円 | 月末棚卸高（帳簿棚卸高） | 133,500円 |
| 補助材料： | 月初棚卸高 | 51,000円 | 当月仕入高 | 451,500円 | 月末棚卸高 | 36,000円 |
| 燃料： | 月初棚卸高 | 16,500円 | 当月仕入高 | 192,000円 | 月末棚卸高 | 33,000円 |
| 直接工賃金： | 前月未払高 | 180,000円 | 当月支払高 | 1,452,000円 | 当月未払高 | 198,000円 |
| 間接工賃金： | 前月未払高 | 97,500円 | 当月支払高 | 675,000円 | 当月未払高 | 105,000円 |
| 外注加工賃： | 前月前払高 | 67,500円 | 当月支払高 | 510,000円 | 当月前払高 | 52,500円 |
| 特許権使用料： | 年間支払額 | 450,000円 | | | | |
| 工場消耗品： | 当月購入額 | 117,000円 | | | | |
| 部品棚卸減耗費： | 当月発生額 | 24,000円 | | | | |
| 法定福利費： | 当月分 | 105,000円 | | | | |
| 水道光熱費： | 当月支払額 | 517,500円 | 当月測定額 | 477,000円 | | |
| 減価償却費： | 年間見積額 | 2,700,000円 | | | | |
| 福利厚生費： | 当月分 | 67,500円 | | | | |
| 仕掛品： | 月初棚卸高 | 540,000円 | 月末棚卸高 | 660,000円 | | |
| 製品： | 月初棚卸高 | 780,000円 | 月末棚卸高 | 900,000円 | | |

**第５問**（12点）

当年度の直接原価計算方式の損益計算書は次のとおりであった。変動費率および年間固定費が次年度も当年度と同様であると予測されているとき、下記の**問**に答えなさい。

直接原価計算方式の損益計算書

（単位：円）

| | |
|---|---|
| 売　上　高 | 15,000,000 |
| 変動売上原価 | 8,400,000 |
| 変動製造マージン | 6,600,000 |
| 変動販売費 | 600,000 |
| 貢 献 利 益 | 6,000,000 |
| 製造固定費 | 3,000,000 |
| 固定販売費および一般管理費 | 2,400,000 |
| 営 業 利 益 | 600,000 |

**問１**　損益分岐点の売上高はいくらか。

**問２**　1,200,000円の営業利益を達成する売上高はいくらか。

**問３**　現在の売上高が何％落ち込むと損益分岐点の売上高に達するか。

**問４**　売上高が1,500,000円増加するとき営業利益はいくら増加するか。

**問５**　損益分岐点の売上高を300,000円引き下げるためには固定費をいくら引き下げる必要があるか。

［資料Ⅱ］決算整理事項およびその他修正事項

1．現金・預金について次の事実が判明した。

取引先振出しの小切手¥50,000を期末付近に銀行に持ち込み、取り立てを依頼していたが、銀行での取り立てがまだ完了していないことが判明した。

2．未払金のうち¥30,000は、期末付近に販売用の自動車部品を購入した際に生じたものである。

3．仮払金は、2月1日に乙商会を買収した際に生じたものであり、その詳細は以下のとおりである。

① 江東ガレージ株式会社は、乙商会の自動車産業からの撤退に伴い、その事業の全てを譲り受けた。譲渡直前の乙商会の貸借対照表は以下のとおりである。

| 資産の部 | | | 負債の部 | | |
|---|---|---|---|---|---|
| 勘定科目 | 帳簿価額 | 時価 | 勘定科目 | 帳簿価額 | 時価 |
| 現　　　金 | 40,000 | 40,000 | 買　掛　金 | 100,000 | 100,000 |
| 売　掛　金 | 150,000 | 150,000 | 純資産の部 | | |
| 商　　　品 | 250,000 | 290,000 | 資　本　金 | 1,000,000 | — |
| 建　　　物 | 1,200,000 | 1,000,000 | 繰越利益剰余金 | 540,000 | — |

② 経理係が不慣れなため、支払対価の全額を仮払金としているが、他は未処理である。ただし、受け入れた商品については、商品有高帳に記帳している。

③ 買収により生じたのれんは、定額法により償却期間20年で月割償却する。

4．売掛金、受取手形の期末残高に対して2％の貸倒引当金を設定する。なお、貸倒損失勘定は、全額前期以前に発生した売掛金に対する貸倒れであるため、適切な処理に修正する。

5．期末商品棚卸高の内訳は次のとおりである。売上原価は仕入勘定で計算することとし、商品評価損は売上原価に算入し、棚卸減耗損は売上原価に算入しない。

帳簿棚卸高：　340個（原価@¥620）

実地棚卸高：　320個（正味売却価額@¥610）

なお、適正な月次決算を実現するため、毎月末の帳簿棚卸高にもとづき売上原価を仕入勘定で算定している。したがって、試算表欄の繰越商品勘定は2月末の帳簿棚卸高を意味する。なお、当期首における繰越商品勘定の残高は¥145,000であった。

6．固定資産の減価償却を次のとおり行う。なお、当社は期首に所有する建物について、適正な月次決算を実現するため、減価償却費の概算額¥3,750を毎月末に計上している。

建　物　　定額法　　耐用年数：30年　　残存価額：取得原価の10％

備　品　　定率法　　償却率：年20％

備品のうち¥150,000は、×5年11月10日に取得したものであり、当期分の減価償却費¥12,500を計上する。

上記3．により取得した建物については、当期分の減価償却費¥5,000を計上する。

7．毎年8月1日に向こう一年分の保険料を支払っている。当社は、支払時は全額前払保険料に計上し、毎月末に1か月分に相当する保険料を保険料勘定に振り替える処理を行っている。当該処理は2月末分まで完了している。

8．×5年10月1日に事務機器のリース契約（オペレーティング・リース取引に該当）を締結した。なお、リース期間は5年、年間リース料は¥6,000（毎年9月30日に後払い）である。

# 工　業　簿　記

**第４問（28点）**

（１）（12点）

次の取引について仕訳しなさい。ただし、勘定科目は、各取引の下の勘定科目から最も適当と思われるものを選び、記号で解答すること。

１．当社では標準原価計算を採用しており、シングル・プランにより記帳している。直接工の標準賃率は1,500円/時間、製品１個当たりの標準直接作業時間は３時間であり、当月の生産実績は月初仕掛品200個（加工進捗度50％）、当月投入量1,200個、月末仕掛品400個（60％）、完成品1,000個であった。なお、当月の実際直接労務費は5,150,000円であった。直接労務費の当月消費額に関する仕訳を示しなさい。

ア．製品　イ．製造間接費　ウ．賃金・給料　エ．仕掛品　オ．売上原価　カ．原価差異

２．当月の製造間接費配賦差異を原価差異勘定に振り替えた。なお、当月の製造間接費予定配賦額は4,200,000円、当月の製造間接費実際発生額合計は4,350,000円であった。

ア．仕掛品　イ．買掛金　ウ．製造間接費　エ．製品　オ．売上原価　カ．原価差異

３．当社では、消費した素材を先入先出法による実際消費価格で計算している。月初の素材有高は850kg（１kg当たり200円）、当月の素材仕入高は2,550kg（１kg当たり220円）であった。素材3,000kgを消費したときの仕訳を示しなさい。

ア．仕掛品　イ．製造間接費　ウ．材料　エ．材料副費　オ．買掛金　カ．製品

（２）（16点）

単純個別原価計算を採用している津軽製作所の以下の［資料］にもとづき、答案用紙の11月の各勘定を完成させなさい。なお、解答にあたって不要な（　　）には“――”を記入すること。

［資　料］

１．原価計算表の要約

| 製造指図書番号 | 日　付 | 直接材料費 | 直接作業時間 | 備　考 |
|---|---|---|---|---|
| No.1009 | 10/11～10/29 | 1,478,400円 | 165時間 | 10/11製造着手、10/29完成、11/５引渡 |
| No.1010 | 10/17～10/31 | 929,600円 | 90時間 | 10/17製造着手、11/10完成、11/12引渡 |
| | 11/１～11/10 | 565,600円 | 63時間 | |
| No.1101 | 11/３～11/20 | 1,108,800円 | 96時間 | 11/３製造着手、11/20完成、11/22引渡 |
| No.1102 | 11/11～11/29 | 1,713,600円 | 150時間 | 11/11製造着手、11/29完成、11/30未引渡 |
| No.1103 | 11/15～11/30 | 655,200円 | 75時間 | 11/15製造着手、11/30未完成 |

２．直接工賃金は、予定消費賃率11,200円/時間を用いて消費額を計算している。

３．製造間接費は直接作業時間を基準に予定配賦している。製造間接費の年間予算額65,520,000円、年間予定直接作業時間は4,500時間である。

## 第5問（12点）

X工業は、製品Aの製造販売を行っており、パーシャル・プランの標準原価計算を採用している。次の［資料］にもとづいて問1～問4に答えなさい。

［資　料］

1．製品Aの1個あたりの標準原価

| | | | | | |
|---|---|---|---|---|---|
| 直接材料費 | 標準単価 | 3,000円/kg | 標準消費量 | 4kg/個 | 12,000円 |
| 直接労務費 | 標準賃率 | 7,500円/時間 | 標準直接作業時間 | 0.6時間/個 | 4,500円 |
| 製造間接費 | 標準配賦率 | 10,500円/時間 | 標準直接作業時間 | 0.6時間/個 | 6,300円 |
| | | | | | 22,800円 |

なお、製造間接費は直接作業時間を配賦基準として配賦されている。また、製造間接費には変動予算が設定されている。年間の正常直接作業時間は36,000時間であり、年間変動製造間接費予算は216,000,000円、年間固定製造間接費予算は162,000,000円である。

2．製造に関するデータ

当月において製品Aを4,800個生産した。なお、月初および月末に仕掛品は存在しなかった。

3．当月の実際発生額に関するデータ

当月の実際製造費用が、次のとおりであったとする。

直接材料費　60,122,400円
直接労務費　21,999,600円
製造間接費　31,077,000円

材料の実際消費量は、19,270kg、実際直接作業時間は、2,910時間であった。

問1　当月の完成品標準原価を計算しなさい。
問2　当月の原価差異の総額を計算しなさい。借方差異か貸方差異かを明示すること。
問3　直接材料費の価格差異を計算しなさい。借方差異か貸方差異かを明示すること。
問4　直接労務費の作業時間差異を計算しなさい。借方差異か貸方差異かを明示すること。

# 工　業　簿　記

## 第４問（28点）

（１）（12点）

次の取引について仕訳しなさい。ただし、勘定科目は、各取引の下の勘定科目から最も適当と思われるものを選び、記号で解答すること。

1．当月の直接作業時間にもとづき予定配賦率を適用して、製造間接費を各製造指図書に配賦する。なお、当工場の年間の固定製造間接費予算は24,300,000円、年間の変動製造間接費予算は16,200,000円であり、年間の予定総直接作業時間は9,000時間であった。また、当月の実際直接作業時間は800時間であった。

ア．賃金・給料　イ．製品　ウ．仕掛品　エ．原価差異　オ．製造間接費　カ．売上原価

2．当月の完成品原価を計上した。埼玉製作所では、個別原価計算を採用し、製品Ｘ（製造指図書＃001）と製品Ｙ（製造指図書＃002）を製造している。月初仕掛品原価は製品Ｘ（製造指図書＃001）60,000円、当月製造費用は製品Ｘ（製造指図書＃001）400,000円、製品Ｙ（製造指図書＃002）300,000円であった。

当期において製品Ｘ（製造指図書＃001）は完成したが、製品Ｙ（製造指図書＃002）は未完成である。

ア．製品　イ．賃金・給料　ウ．売上原価　エ．製造間接費　オ．材料　カ．仕掛品

3．甲社は、材料2,500個（購入価額900円/個）を掛けで購入し、工場にある倉庫に運搬した。なお、材料購入の支払いは本社が行っており、購入に際して本社は引取運賃75,000円を現金で支払っている。工場会計を独立させている場合の、工場の仕訳を示しなさい。

ア．本社　イ．製造間接費　ウ．材料　エ．工場　オ．買掛金　カ．現金

（2）（16点）

当工場では、累加法による工程別総合原価計算を行っている。次の［資料］にもとづいて、答案用紙に示した総合原価計算表を完成させなさい。

［資　料］

1．当月の生産データは次のとおりであり、(　) 内の数値は加工進捗度を示す。なお、第1工程完了品はすべて第2工程に振り替えられている。

| | 第1工程 | | 第2工程 | |
|---|---|---|---|---|
| 月初仕掛品 | 1,200個 | (0.5) | 1,800個 | (0.6) |
| 当月投入 | 8,400個 | | 7,500個 | |
| 合計 | 9,600個 | | 9,300個 | |
| 正常仕損 | 300個 | | 300個 | |
| 月末仕掛品 | 1,800個 | (0.5) | 1,200個 | (0.25) |
| 完成品 | 7,500個 | | 7,800個 | |

2．A直接材料は第1工程の始点で投入されている。また、B直接材料は第2工程において平均的に投入されている。

3．原価投入額合計を完成品総合原価と月末仕掛品原価とに配分する方法としては両工程ともに平均法を用い、正常仕損の処理は度外視法によっている。

4．第1工程では、工程の終点で正常仕損が発生しており、正常仕損費はすべてを完了品に負担させる。なお、この仕損品に処分価値はなかった。

5．第2工程では、工程の途中で正常仕損が発生しており、正常仕損費を完成品と月末仕掛品の両者に負担させる。なお、この仕損品には1個あたり120円の処分価値があり、仕損品評価額はその全額を前工程費の計算上控除する。

**第5問**（12点）

クッタ産業は、全国にカフェチェーンを展開している。現在、岡部駅前店の２月の利益計画を作成している。１月の利益計画では、売上高は10,500,000円であり、変動費と固定費は次の［資料］のとおりであった。２月の利益計画は、変動費率と固定費額について１月と同じ条件で作成する。下記の問に答えなさい。

［資　料］

| 変動費 | | 固定費 | |
|---|---|---|---|
| 食材費 | 2,415,000円 | 正社員給料 | 1,950,000円 |
| アルバイト給料 | 1,260,000円 | 水道光熱費 | 1,545,000円 |
| その他 | 210,000円 | 支払家賃 | 1,320,000円 |
| | | その他 | 855,000円 |

**問１**　変動費率を計算しなさい。

**問２**　損益分岐点売上高を計算しなさい。

**問３**　目標営業利益1,890,000円を達成するために必要な売上高を計算しなさい。

**問４**　２月の売上高は11,250,000円と予想されている。２月の利益計画における貢献利益と営業利益を計算しなさい。

**問５**　これまで水道光熱費をすべて固定費としてきたが、精査してみると変動費部分もあることがわかった。過去６か月の売上高と水道光熱費の実績データは以下のとおりであった。高低点法により、売上高に対する水道光熱費の変動費率（%）を計算しなさい。

（単位：円）

| | 7月 | 8月 | 9月 | 10月 | 11月 | 12月 |
|---|---|---|---|---|---|---|
| 売上高 | 10,575,000 | 11,700,300 | 10,035,000 | 11,427,000 | 12,285,000 | 11,226,000 |
| 水道光熱費 | 1,536,600 | 1,575,000 | 1,527,000 | 1,564,500 | 1,581,000 | 1,549,800 |

〔資料Ⅱ〕決算整理事項等

1．現金として処理したものについて、決算日に実査を行ったところ、通貨￥376,000、得意先から受け取った小切手￥200,000および普通為替証書（郵便為替証書）￥94,000、並びに当社が振り出し得意先から回収した小切手（乙銀行宛）￥30,000が金庫の中に保管されていた。

2．当座預金甲銀行勘定の貸方残高を全額、借入金勘定に振り替える。なお、取引銀行とは借越限度額を￥1,500,000とする当座借越契約を結んでいる。

3．未払費用の残高は前期末の決算整理により計上されたものであり、期首の再振替仕訳は行われておらず、その内訳は従業員の給料￥75,000および通信費￥30,000であった。また、当期末の未払額は、給料￥82,500および通信費￥31,500であった。

4．期末商品帳簿棚卸高は￥223,500である。その中で、A商品にのみ棚卸減耗と評価損が発生しており、内訳は次のとおりである。商品評価損は売上原価の内訳科目に、棚卸減耗損は販売費及び一般管理費に計上する。

（A商品）

| | | | | |
|---|---|---|---|---|
| 帳簿棚卸高 | 数量 | 305個 | 帳簿価額 | @￥150 |
| 実地棚卸高 | 数量 | 280個 | 正味売却価額 | @￥140 |
| | 数量 | 10個 | 正味売却価額 | @￥100 |

5．得意先X社に対する売掛金￥200,000についてはX社の経営状態が悪化したため、その回収不能額を50％と見積もって貸倒引当金を設定する。また、残りの売上債権の期末残高に対して３％の貸倒れを見積もる。

6．売買目的有価証券を￥110,000に評価替えする。

7．固定資産の減価償却等は次の要領で行う。

⑴　建物：耐用年数は30年、残存価額はゼロとして、定額法により償却する。

備品：償却率は年20％として、定率法により償却する。

車両運搬具：×7年２月１日において、車両￥144,000（現金販売価額）を６か月の分割払い（月々の支払額として￥24,240を乙銀行の当座預金口座から支払い）の契約で購入し、支払いも開始しているが未処理である。耐用年数は４年、残存価額はゼロとして、定額法により償却する。なお、利息分については、いったん前払費用で処理し、決算時に定額法により支払利息に振り替える。

⑵　×6年７月31日に建物のうち取得原価￥900,000（期首の減価償却累計額￥300,000）を￥500,000で売却し、代金は翌月末に受け取ることにしていたが、その処理が行われていなかった。なお、代金については、すでに回収してあり、受け取った際に仮受金勘定で処理していた。

8．ソフトウェアはすべて自社利用目的で当期首に購入したものであり、５年間の定額法で償却する。

9．前払費用の残高は、×4年11月１日から毎年同額の１年分の損害保険料￥90,000を前払いしているものであり、×7年２月まで毎月￥7,500が費用に計上されており、決算月も同様の処理を行う。

10．賞与引当金として￥114,000を計上する。

11．法人税等の課税見込額は￥57,552である。

なお、仮払法人税等は、前年の納付額の２分の１を中間納付したものであり、未払法人税等から控除する。

12．税効果会計上の将来減算一時差異は次のとおりである（法定実効税率40％）。

期首　￥60,000

期末　￥62,000

# 工　業　簿　記

**第4問（28点）**

（1）（12点）

次の取引について仕訳しなさい。ただし、勘定科目は、各取引の下の勘定科目から最も適当と思われるものを選び、記号で解答すること。

1．工程別総合原価計算を採用している奈良株式会社は、労務費を消費した。なお、第１工程における消費賃率は１時間当たり1,500円、直接作業時間は400時間であり、第２工程における消費賃率は１時間当たり1,300円、直接作業時間は600時間であった。

　ア．第１工程半製品　イ．製造間接費　ウ．第２工程仕掛品　エ．賃金・給料　オ．製品
　カ．第１工程仕掛品

2．当月分の直接材料費を計上する。当月の主要材料消費量は製造指図書＃103が350kg、製造指図書＃201が850kg、製造指図書＃202が600kgである。なお、直接材料費は予定消費単価を用いて計算しており、予定消費単価は750円/kgである。また、主要材料の消費額はすべて直接材料費である。

　ア．現金　イ．材料　ウ．仕掛品　エ．製品　オ．買掛金　カ．賃金・給料

3．製品1,800,000円が完成し、本社の製品倉庫に搬送、保管された。本社会計から工場会計は独立させている。工場側で行われる仕訳を示しなさい。

　ア．製品　イ．本社　ウ．工場　エ．仕掛品　オ．売上原価　カ．売上

（2）（16点）

ＺＵ工業㈱は２つの製造部門（切削部門、組立部門）と２つの補助部門（修繕部門、事務部門）を設けて製造間接費を部門別に予定配賦している。製造部門費の配賦基準は、切削部門が機械運転時間、組立部門が直接作業時間である。よって、下記［資料］にもとづき、答案用紙の月次予算部門別配賦表を完成させ、答案用紙に示した勘定の記入を完成させなさい。なお、補助部門費の各製造部門への配賦は直接配賦法による。

［資　料］

1．補助部門費の配賦に関する月次予算データ

| | 配賦基準 | 切削部門 | 組立部門 | 修繕部門 | 事務部門 |
|---|---|---|---|---|---|
| 修繕部門 | 修繕時間 | 1,050時間 | 750時間 | 150時間 | — |
| 事務部門 | 従業員数 | 30人 | 60人 | 18人 | 15人 |

2．月次の機械運転時間および直接作業時間に関する資料

| | 機械運転時間 | | 直接作業時間 | |
|---|---|---|---|---|
| | 予定時間 | 実際時間 | 予定時間 | 実際時間 |
| 切削部門 | 1,800時間 | 1,650時間 | 2,250時間 | 2,220時間 |
| 組立部門 | 1,440時間 | 1,380時間 | 9,600時間 | 9,840時間 |

3．当月の製造間接費実際発生額

　切削部門　1,914,000円

　組立部門　2,715,000円

**第５問（12点）**

TACフーズ株式会社は製品甲を量産しており、シングル・プランによる標準原価計算制度を採用している。よって、以下の［資料］にもとづいて、問に答えなさい。標準原価差異は月ごとに損益計算に反映させており、その全額を売上原価に賦課する。

［資　料］

１．製品甲の１個あたりの標準原価

| | | | | | |
|---|---|---|---|---|---|
| A 材 料 費 | 標 準 単 価 | 125円/ℓ | 標 準 消 費 量 | 2 ℓ | 250円 |
| B 材 料 費 | 標 準 単 価 | 200円/ℓ | 標 準 消 費 量 | 1 ℓ | 200円 |
| 加　工　費 | 標準配賦率 | 300円/時間 | 標準作業時間 | 0.5時間 | 150円 |
| | | | | | 600円 |

（注）A材料は直接材料であり、工程の始点ですべて投入される。
　　　B材料は直接材料であり、工程の60％の地点ですべて投入される。

２．当月の生産データおよび販売データ

| | | | | |
|---|---|---|---|---|
| 月初仕掛品 | 2,800個 | (0.5) | 月 初 製 品 | 2,400個 |
| 当 月 投 入 | 18,000 | | 完　成　品 | 20,000 |
| 合　計 | 20,800個 | | 合　計 | 22,400個 |
| 月末仕掛品 | 800 | (0.5) | 月 末 製 品 | 1,600 |
| 完　成　品 | 20,000個 | | 販　売　品 | 20,800個 |

（注）（　）内の数値は加工進捗度を示している。

３．当月の原価実績

⑴　製造費用

| | |
|---|---|
| A 材 料 費 | 4,660,000円 |
| B 材 料 費 | 3,968,000円 |
| 加　工　費 | 2,904,000円 |

⑵　販売費及び一般管理費　2,618,000円

４．製品甲の販売単価　@800円

**問１**　答案用紙の仕掛品勘定の記入を完成させなさい。

**問２**　答案用紙に示した標準原価差異を求めなさい。

**問３**　当月の売上総利益を求めなさい。

**別冊②**

# 答案用紙

## 第１回～第12回

※使い方は中面をご覧ください。
※問題用紙は別冊①にとじ込まれています。

答案用紙はダウンロードもご利用いただけます。
TAC出版書籍販売サイト・サイバーブックストアにアクセスしてください。
https://bookstore.tac-school.co.jp/

# 答案用紙の使い方

この冊子には、答案用紙がとじ込まれています。下記を参考に、第１回から第12回までの答案用紙に分けてご利用ください。

## STEP1

**一番外側の色紙を残して、答案用紙の冊子を取り外してください。**

## STEP2

**取り外した冊子を開いて真ん中にあるホチキスの針を、定規やホチキスの針外し（ステープルリムーバーなど）を利用して取り外してください。**

ホチキスの針を引き起こして

ホチキスの針を２つとも外す

## STEP3

**第１回から第12回までに分ければ準備完了です。**

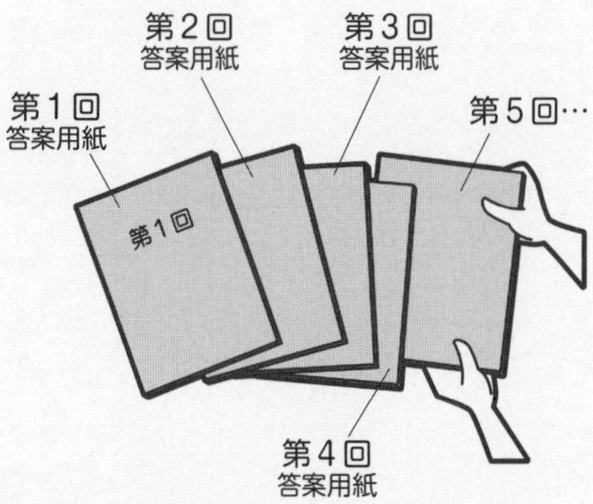
第２回
答案用紙
第３回
答案用紙
第１回
答案用紙
第５回…
第１回
第４回
答案用紙

- 作業中のケガには十分お気をつけください。
- 取り外しの際の損傷についてのお取り替えはご遠慮願います。
- 問題用紙は別冊①にとじ込まれています。

**答案用紙はダウンロードもご利用いただけます。**
TAC出版書籍販売サイト、サイバーブックストアにアクセスしてください。

TAC出版　検索

受験番号



# 2級

# 答案用紙

日商簿記検定試験対策

まるっと完全予想問題集

（制限時間　90分）

第１回

TAC簿記検定講座

まるっと完全予想問題集
第１回　答案用紙

# ２　級　①

# 商　業　簿　記

受験番号

氏　　名

| 総合点 |
| --- |
| |

| 採　点　欄 | |
| --- | --- |
| 第１問 | |

## 第１問（20点）

| | 借　方 | | 貸　方 | |
| --- | --- | --- | --- | --- |
| | 記　号 | 金　額 | 記　号 | 金　額 |
| 1 | (　　) | | (　　) | |
| | (　　) | | (　　) | |
| | (　　) | | (　　) | |
| | (　　) | | (　　) | |
| | (　　) | | (　　) | |
| 2 | (　　) | | (　　) | |
| | (　　) | | (　　) | |
| | (　　) | | (　　) | |
| | (　　) | | (　　) | |
| | (　　) | | (　　) | |
| 3 | (　　) | | (　　) | |
| | (　　) | | (　　) | |
| | (　　) | | (　　) | |
| | (　　) | | (　　) | |
| | (　　) | | (　　) | |
| 4 | (　　) | | (　　) | |
| | (　　) | | (　　) | |
| | (　　) | | (　　) | |
| | (　　) | | (　　) | |
| | (　　) | | (　　) | |
| 5 | (　　) | | (　　) | |
| | (　　) | | (　　) | |
| | (　　) | | (　　) | |
| | (　　) | | (　　) | |
| | (　　) | | (　　) | |

まるっと完全予想問題集
第1回　答案用紙

# 2　級　②

# 商　業　簿　記

受験番号＿＿＿＿＿＿＿＿

氏　　名＿＿＿＿＿＿＿＿

| 採　点　欄 | |
|---|---|
| 第2問 | |

第2問（20点）

連　結　精　算　表　　　　（単位：円）

| 科　目 | 個別財務諸表 | | 連結修正仕訳 | | 連結財務諸表 |
|---|---|---|---|---|---|
| | P　社 | S　社 | 借　方 | 貸　方 | |
| 貸借対照表 | | | | | |
| 諸資産 | 8,000,000 | 7,500,000 | | | |
| 売掛金 | 5,600,000 | 4,800,000 | | | |
| 商品 | 3,200,000 | 1,800,000 | | | |
| S社株式 | 4,000,000 | — | | | |
| のれん | — | — | | | |
| 土地 | 3,000,000 | 1,500,000 | | | |
| 資産合計 | 23,800,000 | 15,600,000 | | | |
| 諸負債 | ( 6,300,000) | ( 6,200,000) | | | |
| 買掛金 | ( 2,000,000) | ( 1,500,000) | | | |
| 資本金 | ( 8,000,000) | ( 4,000,000) | | | |
| 資本剰余金 | ( 1,500,000) | ( 800,000) | | | |
| 利益剰余金 | ( 6,000,000) | ( 3,100,000) | | | |
| | | | | | |
| | | | | | |
| 非支配株主持分 | — | — | | | |
| | | | | | |
| 負債・純資産合計 | (23,800,000) | (15,600,000) | | | |
| 損益計算書 | | | | | |
| 売上高 | (24,800,000) | (14,400,000) | | | |
| 売上原価 | 17,200,000 | 11,600,000 | | | |
| | | | | | |
| 販売費及び一般管理費 | 5,160,000 | 1,720,000 | | | |
| のれん償却 | — | — | | | |
| 営業外収益 | ( 1,608,000) | ( 808,000) | | | |
| 営業外費用 | 968,000 | 688,000 | | | |
| 土地売却益 | ( 500,000) | — | | | |
| 法人税等 | 1,255,000 | 400,000 | | | |
| 当期純利益 | ( 2,325,000) | ( 800,000) | | | |
| 非支配株主に帰属する当期純利益 | | | | | |
| 親会社株主に帰属する当期純利益 | | | | | |

（注）連結精算表において、個別財務諸表の（　　）は貸方金額を示している。なお、連結財務諸表において、控除する金額には、△を付けること。該当数値がない場合は「—」を記入する。

受験番号



# 2級

# 答案用紙

日商簿記検定試験対策

まるっと完全予想問題集

（制限時間　90分）

第２回

TAC簿記検定講座

まるっと完全予想問題集
第２回　答案用紙

# ２　級　①

# 商　業　簿　記

受験番号

氏　　名

| 総合点 |
| --- |
| |

| 採点欄 | |
| --- | --- |
| 第１問 | |

第１問（20点）

| | 借方 | | 貸方 | |
| --- | --- | --- | --- | --- |
| | 記号 | 金額 | 記号 | 金額 |
| 1 | (　　) | | (　　) | |
| | (　　) | | (　　) | |
| | (　　) | | (　　) | |
| | (　　) | | (　　) | |
| | (　　) | | (　　) | |
| 2 | (　　) | | (　　) | |
| | (　　) | | (　　) | |
| | (　　) | | (　　) | |
| | (　　) | | (　　) | |
| | (　　) | | (　　) | |
| 3 | (　　) | | (　　) | |
| | (　　) | | (　　) | |
| | (　　) | | (　　) | |
| | (　　) | | (　　) | |
| | (　　) | | (　　) | |
| 4 | (　　) | | (　　) | |
| | (　　) | | (　　) | |
| | (　　) | | (　　) | |
| | (　　) | | (　　) | |
| | (　　) | | (　　) | |
| 5 | (　　) | | (　　) | |
| | (　　) | | (　　) | |
| | (　　) | | (　　) | |
| | (　　) | | (　　) | |
| | (　　) | | (　　) | |

まるっと完全予想問題集
第2回　答案用紙

# 2 級 ②

# 商業簿記

受験番号

氏　　名

| 採　点　欄 | |
|---|---|
| 第2問 | |

第2問（20点）

株主資本等変動計算書

（単位：円）

| | 株主資本 | | | | | 評価・換算差額等 | 純資産合計 |
|---|---|---|---|---|---|---|---|
| | 資本金 | 資本剰余金 | 利益剰余金 | | | その他有価証券評価差額金 | |
| | | 資本準備金 | 利益準備金 | 別途積立金 | 繰越利益剰余金 | | |
| 当期首残高 | 18,000,000 | (　　) | (　　) | (　　) | (　　) | (　　) | (　　) |
| 当期変動額 | | | | | | | |
| 剰余金の配当等 | | | (　　) | (　　) | (　　) | | (　　) |
| 吸収合併 | (　　) | (　　) | | | | | (　　) |
| 当期純利益 | | | | | 672,000 | | 672,000 |
| 株主資本以外の項目の当期変動額(純額) | | | | | | (　　) | (　　) |
| 当期変動額合計 | (　　) | (　　) | (　　) | (　　) | (　　) | (　　) | (　　) |
| 当期末残高 | (　　) | (　　) | (　　) | (　　) | (　　) | (　　) | (　　) |

受験番号



# 2 級

# 答案用紙

## 日商簿記検定試験対策
## まるっと完全予想問題集

（制限時間　90分）

## 第 3 回

TAC簿記検定講座

まるっと完全予想問題集
第3回　答案用紙

受験番号

氏　　名

# 2　級　①

# 商　業　簿　記

| 総合点 |
| --- |
| |

| 採　点　欄 | |
| --- | --- |
| 第1問 | |

第1問（20点）

| | 借方 | | 貸方 | |
| --- | --- | --- | --- | --- |
| | 記号 | 金額 | 記号 | 金額 |
| 1 | （　　） | | （　　） | |
| | （　　） | | （　　） | |
| | （　　） | | （　　） | |
| | （　　） | | （　　） | |
| | （　　） | | （　　） | |
| 2 | （　　） | | （　　） | |
| | （　　） | | （　　） | |
| | （　　） | | （　　） | |
| | （　　） | | （　　） | |
| | （　　） | | （　　） | |
| 3 | （　　） | | （　　） | |
| | （　　） | | （　　） | |
| | （　　） | | （　　） | |
| | （　　） | | （　　） | |
| | （　　） | | （　　） | |
| 4 | （　　） | | （　　） | |
| | （　　） | | （　　） | |
| | （　　） | | （　　） | |
| | （　　） | | （　　） | |
| | （　　） | | （　　） | |
| 5 | （　　） | | （　　） | |
| | （　　） | | （　　） | |
| | （　　） | | （　　） | |
| | （　　） | | （　　） | |
| | （　　） | | （　　） | |

まるっと完全予想問題集
第３回　答案用紙

受験番号＿＿＿＿＿＿＿＿＿＿

氏　　名＿＿＿＿＿＿＿＿＿＿

# ２　級　②

# 商　業　簿　記

第２問（20点）

問１

総　勘　定　元　帳

建　　　　物

| 年 | 月 | 日 | 摘　　要 | 借　方 | 年 | 月 | 日 | 摘　　要 | 貸　方 |
|---|---|---|---|---|---|---|---|---|---|
| ×9 | 4 | 1 | 前　期　繰　越 | | | | | | |
| | | | | | | | | | |
| | | | | | | | | | |

機　械　装　置

| 年 | 月 | 日 | 摘　　要 | 借　方 | 年 | 月 | 日 | 摘　　要 | 貸　方 |
|---|---|---|---|---|---|---|---|---|---|
| | | | | | | | | | |
| | | | | | | | | | |
| | | | | | | | | | |
| | | | | | | | | | |

リ　ー　ス　資　産

| 年 | 月 | 日 | 摘　　要 | 借　方 | 年 | 月 | 日 | 摘　　要 | 貸　方 |
|---|---|---|---|---|---|---|---|---|---|
| | | | | | | | | | |
| | | | | | | | | | |
| | | | | | | | | | |

まるっと完全予想問題集
第3回　答案用紙

受験番号

氏　　名

# 2　級　③

# 商　業　簿　記

| 採　点　欄 | |
|---|---|
| 第2問 | |

問2

| 借　方 | | 貸　方 | |
|---|---|---|---|
| 記　号 | 金　額 | 記　号 | 金　額 |
| (　　　) | | (　　　) | |
| (　　　) | | (　　　) | |
| (　　　) | | (　　　) | |
| (　　　) | | (　　　) | |
| (　　　) | | (　　　) | |

問3　(1)　未実現損益の消去

| 借　方 | | 貸　方 | |
|---|---|---|---|
| 記　号 | 金　額 | 記　号 | 金　額 |
| (　　　) | | (　　　) | |
| (　　　) | | (　　　) | |
| (　　　) | | (　　　) | |
| (　　　) | | (　　　) | |
| (　　　) | | (　　　) | |

(2)　債権債務の相殺消去

| 借　方 | | 貸　方 | |
|---|---|---|---|
| 記　号 | 金　額 | 記　号 | 金　額 |
| (　　　) | | (　　　) | |
| (　　　) | | (　　　) | |
| (　　　) | | (　　　) | |
| (　　　) | | (　　　) | |
| (　　　) | | (　　　) | |

受験番号＿＿＿＿＿＿＿＿＿＿



# 2級

# 答案用紙

## 日商簿記検定試験対策
## まるっと完全予想問題集

（制限時間　90分）

## 第４回

TAC簿記検定講座

まるっと完全予想問題集
第4回　答案用紙

# 2　級　①

# 商　業　簿　記

受験番号

氏　　名

| 総　合　点 |
| --- |
| |

| 採　点　欄 | |
| --- | --- |
| 第1問 | |

## 第1問（20点）

| | 借方 | | 貸方 | |
| --- | --- | --- | --- | --- |
| | 記　号 | 金　額 | 記　号 | 金　額 |
| | (　　) | | (　　) | |
| | (　　) | | (　　) | |
| 1 | (　　) | | (　　) | |
| | (　　) | | (　　) | |
| | (　　) | | (　　) | |
| | (　　) | | (　　) | |
| | (　　) | | (　　) | |
| 2 | (　　) | | (　　) | |
| | (　　) | | (　　) | |
| | (　　) | | (　　) | |
| | (　　) | | (　　) | |
| | (　　) | | (　　) | |
| 3 | (　　) | | (　　) | |
| | (　　) | | (　　) | |
| | (　　) | | (　　) | |
| | (　　) | | (　　) | |
| | (　　) | | (　　) | |
| 4 | (　　) | | (　　) | |
| | (　　) | | (　　) | |
| | (　　) | | (　　) | |
| | (　　) | | (　　) | |
| | (　　) | | (　　) | |
| 5 | (　　) | | (　　) | |
| | (　　) | | (　　) | |
| | (　　) | | (　　) | |

| 採　点　欄 |
|---|
| 第2問 |

まるっと完全予想問題集
第４回　答案用紙

# ２　級　②

# 商　業　簿　記

受験番号＿＿＿＿＿＿＿＿＿＿＿＿

氏　　名＿＿＿＿＿＿＿＿＿＿＿＿

## 第２問（20点）

問１

総　勘　定　元　帳

その他有価証券　　　　　　　　　　（単位：円）

| 年 | 月 | 日 | 摘　　要 | 借　方 | 年 | 月 | 日 | 摘　　要 | 貸　方 |
|---|---|---|---|---|---|---|---|---|---|
| ×2 | 4 | 1 | | | | | | | |
| | | | | | | | | | |
| | | | | | | | | | |
| | | | | | | | | | |

満期保有目的債券　　　　　　　　　　（単位：円）

| 年 | 月 | 日 | 摘　　要 | 借　方 | 年 | 月 | 日 | 摘　　要 | 貸　方 |
|---|---|---|---|---|---|---|---|---|---|
| | | | | | | | | | |
| | | | | | | | | | |
| | | | | | | | | | |

有価証券利息　　　　　　　　　　（単位：円）

| 年 | 月 | 日 | 摘　　要 | 借　方 | 年 | 月 | 日 | 摘　　要 | 貸　方 |
|---|---|---|---|---|---|---|---|---|---|
| | | | | | | | | | |
| | | | | | | | | | |
| | | | | | | | | | |
| | | | | | | | | | |

| | | |
|---|---|---|
| 問２ | ¥　　　　　　　　評価益相当　・　評価損相当 | |
| 問３ | ¥　　　　　　　　売却益相当　・　売却損相当 | |
| 問４ | 投資有価証券 | 関係会社株式 |
| | ¥ | ¥ |
| 問５ | 投資有価証券 | 関係会社株式 |
| | ¥ | ¥ |

まるっと完全予想問題集
第4回　答案用紙

# 2　級　③

# 商　業　簿　記

受験番号＿＿＿＿＿＿＿＿＿＿

氏　　名＿＿＿＿＿＿＿＿＿＿

| 採　点　欄 | |
|---|---|
| 第3問 | |

第3問（20点）

損　益　計　算　書
自×2年4月1日　至×3年3月31日　（単位：円）

| | | |
|---|---|---|
| Ⅰ　売　上　高 | | （　　　） |
| Ⅱ　売　上　原　価 | | （　　　） |
| 　　売上総利益 | | （　　　） |
| Ⅲ　販売費及び一般管理費 | | |
| 　1　給　　料 | （　　　） | |
| 　2　水道光熱費 | （　　　） | |
| 　3　減価償却費 | （　　　） | |
| 　4（　　　）償却 | （　　　） | |
| 　5　貸倒引当金繰入 | （　　　） | |
| 　6　広告宣伝費 | （　　　） | |
| 　7　退職給付費用 | （　　　） | |
| 　8　保　険　料 | （　　　） | （　　　） |
| 　　営業利益 | | （　　　） |
| Ⅳ　営業外収益 | | |
| 　1　受取利息 | （　　　） | |
| 　2　有価証券利息 | （　　　） | （　　　） |
| Ⅴ　営業外費用 | | |
| 　1　貸倒引当金繰入 | （　　　） | |
| 　2（　　　） | （　　　） | |
| 　3　為替差（　） | （　　　） | （　　　） |
| 　　税引前当期純利益 | | （　　　） |
| 　　法人税、住民税及び事業税 | （　　　） | |
| 　　法人税等調整額 | （△　　　） | （　　　） |
| 　　当期純利益 | | （　　　） |

受験番号



# 2級

# 答案用紙

日商簿記検定試験対策

まるっと完全予想問題集

(制限時間　90分)

## 第5回

TAC簿記検定講座

まるっと完全予想問題集
第5回　答案用紙

# 2　級　①

## 商　業　簿　記

受験番号

氏　　名

| 総　合　点 |
| --- |
| |

| 採　点　欄 | |
| --- | --- |
| 第1問 | |

第1問（20点）

| | 借方 | | 貸方 | |
| --- | --- | --- | --- | --- |
| | 記号 | 金額 | 記号 | 金額 |
| 1 | (　　) | | (　　) | |
| | (　　) | | (　　) | |
| | (　　) | | (　　) | |
| | (　　) | | (　　) | |
| | (　　) | | (　　) | |
| 2 | (　　) | | (　　) | |
| | (　　) | | (　　) | |
| | (　　) | | (　　) | |
| | (　　) | | (　　) | |
| | (　　) | | (　　) | |
| 3 | (　　) | | (　　) | |
| | (　　) | | (　　) | |
| | (　　) | | (　　) | |
| | (　　) | | (　　) | |
| | (　　) | | (　　) | |
| 4 | (　　) | | (　　) | |
| | (　　) | | (　　) | |
| | (　　) | | (　　) | |
| | (　　) | | (　　) | |
| | (　　) | | (　　) | |
| 5 | (　　) | | (　　) | |
| | (　　) | | (　　) | |
| | (　　) | | (　　) | |
| | (　　) | | (　　) | |
| | (　　) | | (　　) | |

まるっと完全予想問題集
第５回　答案用紙

# ２　級　②

# 商　業　簿　記

受験番号 ____________________

氏　　名 ____________________

| 採　点　欄 | |
|---|---|
| 第２問 | |

## 第２問（20点）

### 連結損益計算書

自×8年４月１日　至×9年３月31日　（単位：千円）

| | |
|---|---|
| Ⅰ．売　　上　　高 | (　　　　) |
| Ⅱ．売　上　原　価 | (　　　　) |
| 　　売　上　総　利　益 | (　　　　) |
| Ⅲ．販売費及び一般管理費 | (　　　　) |
| （うち、「のれん償却」額） | (　　　　) |
| 　　営　業　利　益 | (　　　　) |
| Ⅳ．営 業 外 収 益 | (　　　　) |
| 　　当　期　純　利　益 | (　　　　) |
| 　　非支配株主に帰属する当期純利益 | (　　　　) |
| 　　親会社株主に帰属する当期純利益 | (　　　　) |

### 連結貸借対照表

×9年３月31日　（単位：千円）

| 資　　産 | 金　　額 | 負債・純資産 | 金　　額 |
|---|---|---|---|
| 諸　資　産 | (　　　　) | 諸　負　債 | (　　　　) |
| 売　掛　金 | (　　　　) | 買　掛　金 | (　　　　) |
| 貸倒引当金 | (△　　　) | 資　本　金 | (　　　　) |
| 商　　　品 | (　　　　) | 利益剰余金 | (　　　　) |
| の　れ　ん | (　　　　) | 非支配株主持分 | (　　　　) |
| | (　　　　) | | (　　　　) |

受験番号



# 2級

# 答案用紙

日商簿記検定試験対策

まるっと完全予想問題集

（制限時間　90分）

## 第6回

TAC簿記検定講座

まるっと完全予想問題集
第6回　答案用紙

# 2　級　①

# 商　業　簿　記

受験番号＿＿＿＿＿＿＿＿

氏　　名＿＿＿＿＿＿＿＿

| 総合点 | 採点欄 |
|---|---|
| | 第1問 |

## 第1問（20点）

| | 借方 | | 貸方 | |
|---|---|---|---|---|
| | 記号 | 金額 | 記号 | 金額 |
| 1 | (　　) | | (　　) | |
| | (　　) | | (　　) | |
| | (　　) | | (　　) | |
| | (　　) | | (　　) | |
| | (　　) | | (　　) | |
| 2 | (　　) | | (　　) | |
| | (　　) | | (　　) | |
| | (　　) | | (　　) | |
| | (　　) | | (　　) | |
| | (　　) | | (　　) | |
| 3 | (　　) | | (　　) | |
| | (　　) | | (　　) | |
| | (　　) | | (　　) | |
| | (　　) | | (　　) | |
| | (　　) | | (　　) | |
| 4 | (　　) | | (　　) | |
| | (　　) | | (　　) | |
| | (　　) | | (　　) | |
| | (　　) | | (　　) | |
| | (　　) | | (　　) | |
| 5 | (　　) | | (　　) | |
| | (　　) | | (　　) | |
| | (　　) | | (　　) | |
| | (　　) | | (　　) | |
| | (　　) | | (　　) | |

まるっと完全予想問題集
第6回　答案用紙

受験番号

氏　　名

# 2　級　②

# 商　業　簿　記

| 採　点　欄 | |
|---|---|
| 第2問 | |

第2問（20点）

問1

売　掛　金

| 月 | 日 | 摘　　要 | 借　　方 | 月 | 日 | 摘　　要 | 貸　　方 |
|---|---|---|---|---|---|---|---|
| 4 | 1 | 前　期　繰　越 | 5,100,000 | 4 | 12 | | |
| | 8 | | | | 22 | | |
| | 18 | | | | 30 | 次　月　繰　越 | |
| | | | | | | | |

商　　品

| 月 | 日 | 摘　　要 | 借　　方 | 月 | 日 | 摘　　要 | 貸　　方 |
|---|---|---|---|---|---|---|---|
| 4 | 1 | 前　期　繰　越 | | 4 | 5 | | |
| | 4 | | | | 8 | | |
| | 10 | | | | 18 | | |
| | 15 | | | | 30 | 次　月　繰　越 | |
| | | | | | | | |

問2

| | |
|---|---|
| 4　月　の　売　上　高 | ¥ |
| 4　月　の　売　上　原　価 | ¥ |

受験番号



# 2級

# 答案用紙

日商簿記検定試験対策

まるっと完全予想問題集

（制限時間　90分）

第７回

TAC簿記検定講座

まるっと完全予想問題集
第7回　答案用紙

# 2　級　①

# 商　業　簿　記

受験番号

氏　　名

| 総合点 |
| --- |
| |

| 採点欄 | |
| --- | --- |
| 第1問 | |

## 第1問（20点）

| | 借方 | | 貸方 | |
| --- | --- | --- | --- | --- |
| | 記号 | 金額 | 記号 | 金額 |
| 1 | （　） | | （　） | |
| | （　） | | （　） | |
| | （　） | | （　） | |
| | （　） | | （　） | |
| | （　） | | （　） | |
| 2 | （　） | | （　） | |
| | （　） | | （　） | |
| | （　） | | （　） | |
| | （　） | | （　） | |
| | （　） | | （　） | |
| 3 | （　） | | （　） | |
| | （　） | | （　） | |
| | （　） | | （　） | |
| | （　） | | （　） | |
| | （　） | | （　） | |
| 4 | （　） | | （　） | |
| | （　） | | （　） | |
| | （　） | | （　） | |
| | （　） | | （　） | |
| | （　） | | （　） | |
| 5 | （　） | | （　） | |
| | （　） | | （　） | |
| | （　） | | （　） | |
| | （　） | | （　） | |
| | （　） | | （　） | |

まるっと完全予想問題集
第7回　答案用紙

# 2　級　②

# 商　業　簿　記

受験番号＿＿＿＿＿＿＿＿

氏　　名＿＿＿＿＿＿＿＿

| 採　点　欄 | |
|---|---|
| 第2問 | |

## 第2問（20点）

### 問1

株主資本等変動計算書
自×2年4月1日　至×3年3月31日
（単位：千円）

| | 株主資本 | | | | その他有価証券評価差額金 |
|---|---|---|---|---|---|
| | 資本金 | 利益準備金 | 別途積立金 | 繰越利益剰余金 | |
| 当期首残高 | (　　) | (　　) | (　　) | (　　) | (　　) |
| 当期変動額 | | | | | |
| 剰余金の配当 | | (　　) | | (　　) | |
| 別途積立金の積立 | | | (　　) | (　　) | |
| 当期純利益 | | | | (　　) | |
| 株主資本以外の項目の当期変動額（純額） | | | | | (　　) |
| 当期変動額合計 | — | (　　) | (　　) | (　　) | (　　) |
| 当期末残高 | (　　) | (　　) | (　　) | (　　) | (　　) |

### 問2

（単位：千円）

| | 借方 | | 貸方 | |
|---|---|---|---|---|
| | 記号 | 金額 | 記号 | 金額 |
| (1) | (　　) | | (　　) | |
| | (　　) | | (　　) | |
| | (　　) | | (　　) | |
| | (　　) | | (　　) | |
| (2) | (　　) | | (　　) | |
| (3) | (　　) | | (　　) | |
| (4) | (　　) | | (　　) | |
| (5) | (　　) | | (　　) | |
| | (　　) | | (　　) | |

受験番号



# 2 級

# 答案用紙

## 日商簿記検定試験対策
## まるっと完全予想問題集

（制限時間　90分）

## 第 8 回

TAC簿記検定講座

まるっと完全予想問題集
第8回　答案用紙

受験番号

氏　　名

# 2　級　①

## 商　業　簿　記

| 総合点 | 採点欄 | |
|---|---|---|
| | 第1問 | |

第1問（20点）

| | 借方 | | 貸方 | |
|---|---|---|---|---|
| | 記号 | 金額 | 記号 | 金額 |
| 1 | （　　） | | （　　） | |
| | （　　） | | （　　） | |
| | （　　） | | （　　） | |
| | （　　） | | （　　） | |
| | （　　） | | （　　） | |
| 2 | （　　） | | （　　） | |
| | （　　） | | （　　） | |
| | （　　） | | （　　） | |
| | （　　） | | （　　） | |
| | （　　） | | （　　） | |
| 3 | （　　） | | （　　） | |
| | （　　） | | （　　） | |
| | （　　） | | （　　） | |
| | （　　） | | （　　） | |
| | （　　） | | （　　） | |
| 4 | （　　） | | （　　） | |
| | （　　） | | （　　） | |
| | （　　） | | （　　） | |
| | （　　） | | （　　） | |
| | （　　） | | （　　） | |
| 5 | （　　） | | （　　） | |
| | （　　） | | （　　） | |
| | （　　） | | （　　） | |
| | （　　） | | （　　） | |
| | （　　） | | （　　） | |

まるっと完全予想問題集
第8回　答案用紙

# 2 級 ②

# 商 業 簿 記

受験番号＿＿＿＿＿＿＿＿＿＿

氏　　名＿＿＿＿＿＿＿＿＿＿

| 採　点　欄 | |
|---|---|
| 第2問 | |

第2問（20点）

(1)

商　品　有　高　帳

移動平均法　　　　輸入商品A　　　　（単位：円）

| 日付 | | 摘　　要 | 受 | 入 | | 払 | 出 | | 残 | 高 | |
|---|---|---|---|---|---|---|---|---|---|---|---|
| 月 | 日 | | 数量 | 単価 | 金額 | 数量 | 単価 | 金額 | 数量 | 単価 | 金額 |
| 4 | 1 | 前期繰越 | 2,000 | 5,250 | 10,500,000 | | | | 2,000 | 5,250 | 10,500,000 |
| | 10 | 売　上 | | | | | | | | | |
| 7 | 31 | 仕　入 | | | | | | | | | |
| 8 | 16 | 売　上 | | | | | | | | | |
| 11 | 30 | 仕　入 | | | | | | | | | |
| 12 | 20 | 売　上 | | | | | | | | | |
| 1 | 31 | 仕　入 | | | | | | | | | |
| 2 | 1 | 売　上 | | | | | | | | | |
| 3 | 31 | 棚卸減耗 | | | | | | | | | |

(2)

決算整理後残高試算表（一部）　　　（単位：円）

| | |
|---|---|
| 繰越商品（　　　） | 買掛金（　　　） |
| 前払金（　　　） | 未払利息（　　　） |
| 仕入（　　　） | 長期借入金（　　　） |
| 支払利息（　　　） | 売上（　　　） |
| 棚卸減耗損（　　　） | |
| 為替差損益（　　　） | |

受験番号＿＿＿＿＿＿＿＿＿＿



# 2級

# 答案用紙

日商簿記検定試験対策

まるっと完全予想問題集

（制限時間　90分）

## 第9回

TAC簿記検定講座

まるっと完全予想問題集
第９回　答案用紙

# ２　級　①

# 商　業　簿　記

受験番号＿＿＿＿＿＿＿＿＿＿

氏　　名＿＿＿＿＿＿＿＿＿＿

| 総　合　点 |
| --- |
| |

| 採　　点　　欄 | |
| --- | --- |
| 第1問 | |

---

## 第１問（20点）

| | 借　方 | | 貸　方 | |
| --- | --- | --- | --- | --- |
| | 記　　号 | 金　　額 | 記　　号 | 金　　額 |
| 1 | (　　　) | | (　　　) | |
| | (　　　) | | (　　　) | |
| | (　　　) | | (　　　) | |
| | (　　　) | | (　　　) | |
| | (　　　) | | (　　　) | |
| 2 | (　　　) | | (　　　) | |
| | (　　　) | | (　　　) | |
| | (　　　) | | (　　　) | |
| | (　　　) | | (　　　) | |
| | (　　　) | | (　　　) | |
| 3 | (　　　) | | (　　　) | |
| | (　　　) | | (　　　) | |
| | (　　　) | | (　　　) | |
| | (　　　) | | (　　　) | |
| | (　　　) | | (　　　) | |
| 4 | (　　　) | | (　　　) | |
| | (　　　) | | (　　　) | |
| | (　　　) | | (　　　) | |
| | (　　　) | | (　　　) | |
| | (　　　) | | (　　　) | |
| 5 | (　　　) | | (　　　) | |
| | (　　　) | | (　　　) | |
| | (　　　) | | (　　　) | |
| | (　　　) | | (　　　) | |
| | (　　　) | | (　　　) | |

まるっと完全予想問題集
第9回　答案用紙

受験番号 ________________

氏　　名 ________________

# 2　級　②

# 商　業　簿　記

| 採　点　欄 | |
|---|---|
| 第2問 | |

## 第2問（20点）

株主資本等変動計算書

自×4年4月1日　至×5年3月31日　（単位：円）

| | 株　主　資　本 | | | | | | 純資産合計 |
|---|---|---|---|---|---|---|---|
| | 資　本　金 | 資本剰余金 | | 利　益　剰　余　金 | | | |
| | | 資本準備金 | その他資本剰余金 | 利益準備金 | その他利益剰余金 | | |
| | | | | | 別途積立金 | 繰越利益剰余金 | |
| 当期首残高 | 70,000,000 | ( ) | ( ) | ( ) | ( ) | ( ) | ( ) |
| 当期変動額 | | | | | | | |
| 剰余金の配当 | | ( ) | ( ) | ( ) | | ( ) | ( ) |
| 別途積立金の積み立て | | | | | ( ) | ( ) | ー |
| 吸収合併 | ( ) | | ( ) | | | | ( ) |
| 当期純利益 | | | | | | ( ) | ( ) |
| 当期変動額合計 | ( ) | ( ) | ( ) | ( ) | ( ) | ( ) | ( ) |
| 当期末残高 | ( ) | ( ) | ( ) | ( ) | ( ) | ( ) | ( ) |

受験番号＿＿＿＿＿＿＿＿



# 2級

# 答案用紙

## 日商簿記検定試験対策
## まるっと完全予想問題集

（制限時間　90分）

## 第10回

TAC簿記検定講座

まるっと完全予想問題集
第10回　答案用紙

# 2　級　①

## 商　業　簿　記

受験番号 ______________________

氏　　名 ______________________

| 総　合　点 |
| --- |
| |

| 採　点　欄 | |
| --- | --- |
| 第1問 | |

第１問（20点）

| | 借方 | | 貸方 | |
| --- | --- | --- | --- | --- |
| | 記　　号 | 金　　額 | 記　　号 | 金　　額 |
| | （　　） | | （　　） | |
| | （　　） | | （　　） | |
| 1 | （　　） | | （　　） | |
| | （　　） | | （　　） | |
| | （　　） | | （　　） | |
| | （　　） | | （　　） | |
| | （　　） | | （　　） | |
| 2 | （　　） | | （　　） | |
| | （　　） | | （　　） | |
| | （　　） | | （　　） | |
| | （　　） | | （　　） | |
| | （　　） | | （　　） | |
| 3 | （　　） | | （　　） | |
| | （　　） | | （　　） | |
| | （　　） | | （　　） | |
| | （　　） | | （　　） | |
| | （　　） | | （　　） | |
| 4 | （　　） | | （　　） | |
| | （　　） | | （　　） | |
| | （　　） | | （　　） | |
| | （　　） | | （　　） | |
| | （　　） | | （　　） | |
| 5 | （　　） | | （　　） | |
| | （　　） | | （　　） | |
| | （　　） | | （　　） | |

まるっと完全予想問題集
第10回　答案用紙

受験番号

氏　　名

# 2　級　②

# 商　業　簿　記

| 採　点　欄 | |
|---|---|
| 第2問 | |

第2問（20点）

## 連　結　精　算　表

×3年3月31日　　　　（単位：千円）

| 科　　目 | 個別財務諸表 | | 連結修正仕訳 | | 連　結<br>財務諸表 |
|---|---|---|---|---|---|
| | P　社 | S　社 | | | |
| 貸借対照表 | | | | | |
| 現金預金 | 564,000 | 195,000 | | | |
| 売掛金 | 1,440,000 | 660,000 | | | |
| 商品 | 1,110,000 | 495,000 | | | |
| 未収入金 | 240,000 | 39,000 | | | |
| 貸付金 | 450,000 | | | | |
| 未収収益 | 12,000 | | | | |
| 土地 | 495,000 | 108,000 | | | |
| 建物 | 150,000 | | | | |
| 減価償却累計額 | △72,000 | | | | |
| のれん | — | | | | |
| S社株式 | 600,000 | | | | |
| 資産合計 | 4,989,000 | 1,497,000 | | | |
| 買掛金 | 543,000 | 615,000 | | | |
| 借入金 | 375,000 | 210,000 | | | |
| 未払金 | 360,000 | 126,000 | | | |
| 未払費用 | 264,000 | 6,000 | | | |
| 資本金 | 678,000 | 300,000 | | | |
| 資本剰余金 | 369,000 | 60,000 | | | |
| 利益剰余金 | 2,400,000 | 180,000 | | | |
| | | | | | |
| | | | | | |
| 非支配株主持分 | | | | | |
| | | | | | |
| 負債純資産合計 | 4,989,000 | 1,497,000 | | | |
| 損益計算書 | | | | | |
| 売上高 | 4,698,000 | 3,222,000 | | | |
| 売上原価 | 3,042,000 | 2,301,000 | | | |
| | | | | | |
| 販売費及び一般管理費 | 1,399,800 | 864,000 | | | |
| のれん償却 | | | | | |
| 受取配当金 | 4,800 | | | | |
| 受取利息 | 15,600 | 2,400 | | | |
| 支払利息 | 12,000 | 5,400 | | | |
| 土地売却益 | | 18,000 | | | |
| 当期純利益 | 264,600 | 72,000 | | | |
| 非支配株主に帰属する当期純利益 | | | | | |
| 親会社株主に帰属する当期純利益 | | | | | |

受験番号



# 2級

# 答案用紙

## 日商簿記検定試験対策
## まるっと完全予想問題集

（制限時間　90分）

## 第11回

TAC簿記検定講座

まるっと完全予想問題集
第11回　答案用紙

# 2　級　①

# 商　業　簿　記

受験番号＿＿＿＿＿＿＿＿

氏　　名＿＿＿＿＿＿＿＿

| 総合点 | 採点欄 | |
|---|---|---|
| | 第1問 | |

第1問（20点）

| | 借方 | | 貸方 | |
|---|---|---|---|---|
| | 記号 | 金額 | 記号 | 金額 |
| | (　　) | | (　　) | |
| | (　　) | | (　　) | |
| 1 | (　　) | | (　　) | |
| | (　　) | | (　　) | |
| | (　　) | | (　　) | |
| | (　　) | | (　　) | |
| | (　　) | | (　　) | |
| 2 | (　　) | | (　　) | |
| | (　　) | | (　　) | |
| | (　　) | | (　　) | |
| | (　　) | | (　　) | |
| | (　　) | | (　　) | |
| 3 | (　　) | | (　　) | |
| | (　　) | | (　　) | |
| | (　　) | | (　　) | |
| | (　　) | | (　　) | |
| | (　　) | | (　　) | |
| 4 | (　　) | | (　　) | |
| | (　　) | | (　　) | |
| | (　　) | | (　　) | |
| | (　　) | | (　　) | |
| | (　　) | | (　　) | |
| 5 | (　　) | | (　　) | |
| | (　　) | | (　　) | |
| | (　　) | | (　　) | |

まるっと完全予想問題集
第11回　答案用紙

受験番号＿＿＿＿＿＿＿＿＿＿
氏　　名＿＿＿＿＿＿＿＿＿＿

# 2　級　②

# 商　業　簿　記

| 採　点　欄 | |
|---|---|
| 第2問 | |

第2問（20点）

問1

繰越商品

| | | | | | |
|---|---|---|---|---|---|
| 9/1 | 前期繰越 | (　　) | 9/30 | (　　) | (　　) |
| 30 | (　　) | (　　) | | | |

仕　　入

| | | | | | |
|---|---|---|---|---|---|
| 9/7 | (　　) | (　　) | 9/14 | (　　) | (　　) |
| 21 | (　　) | (　　) | 30 | (　　) | (　　) |
| 25 | (　　) | (　　) | 〃 | (　　) | (　　) |
| 30 | (　　) | (　　) | | | |

損　　益

| | | | | | |
|---|---|---|---|---|---|
| 9/30 | (　　) | (　　) | 9/30 | 売　上 | 27,900 |

問2

| ①課税所得 | ②法人税、住民税及び事業税 | ③未払法人税等 |
|---|---|---|
| ¥ | ¥ | ¥ |

| ④繰延税金資産または繰延税金負債 | | ⑤法人税等調整額 |
|---|---|---|
| 繰延税金資産<br>繰延税金負債　（○をつけること） | ¥ | ¥ |

まるっと完全予想問題集
第11回　答案用紙

受験番号＿＿＿＿＿＿＿＿＿＿

氏　名＿＿＿＿＿＿＿＿＿＿

# ２　級　③

# 商　業　簿　記

| 採　点　欄 | |
|---|---|
| 第3問 | |

## 第3問（20点）

損　　益

| | | | | | |
|---|---|---|---|---|---|
| 3/31 | 仕入 | | 3/31 | 売上 | |
| 〃 | 給料 | | 〃 | 受取手数料 | |
| 〃 | 貸倒引当金繰入 | | 〃 | 有価証券評価益 | |
| 〃 | 商品評価損 | | 〃 | 固定資産売却益 | |
| 〃 | 棚卸減耗損 | | 〃 | 為替差損益 | |
| 〃 | 減価償却費 | | 〃 | 法人税等調整額 | |
| 〃 | 保険料 | | | | |
| 〃 | 支払地代 | | | | |
| 〃 | 法人税、住民税及び事業税 | | | | |
| 〃 | 繰越利益剰余金 | | | | |
| | | | | | |

繰越利益剰余金

| | | | | | |
|---|---|---|---|---|---|
| 6/28 | 利益準備金 | 30,000 | 4/1 | 前期繰越 | |
| 〃 | 未払配当金 | 300,000 | 3/31 | 損益 | |
| 〃 | 別途積立金 | 80,000 | | | |
| 3/31 | 次期繰越 | | | | |
| | | | | | |

貸借対照表

×4年3月31日　　　　（単位：円）

| 借方科目 | 金額 | 貸方科目 | 金額 |
|---|---|---|---|
| 現金預金 | | 支払手形 | |
| 受取手形 | | 買掛金 | |
| 売掛金 | | 未払法人税等 | |
| 貸倒引当金 | △ | 未払費用 | |
| 有価証券 | | 資本金 | |
| 繰越商品 | | 利益準備金 | |
| 前払費用 | | 別途積立金 | |
| 建物 | | 繰越利益剰余金 | |
| 建物減価償却累計額 | △ | | |
| 備品 | | | |
| 備品減価償却累計額 | △ | | |
| 繰延税金資産 | | | |
| | | | |

受験番号＿＿＿＿＿＿＿＿



# 2級

# 答案用紙

## 日商簿記検定試験対策
## まるっと完全予想問題集

（制限時間　90分）

## 第12回

TAC簿記検定講座

まるっと完全予想問題集
第12回　答案用紙

# 2　級　①

受験番号＿＿＿＿＿＿＿＿

氏　　名＿＿＿＿＿＿＿＿

## 商　業　簿　記

| 総　合　点 |
| --- |
| |

| 採　点　欄 | |
| --- | --- |
| 第1問 | |

---

第１問（20点）

| | 借方 | | 貸方 | |
| --- | --- | --- | --- | --- |
| | 記　号 | 金　額 | 記　号 | 金　額 |
| | （　　） | | （　　） | |
| | （　　） | | （　　） | |
| 1 | （　　） | | （　　） | |
| | （　　） | | （　　） | |
| | （　　） | | （　　） | |
| | （　　） | | （　　） | |
| | （　　） | | （　　） | |
| 2 | （　　） | | （　　） | |
| | （　　） | | （　　） | |
| | （　　） | | （　　） | |
| | （　　） | | （　　） | |
| | （　　） | | （　　） | |
| 3 | （　　） | | （　　） | |
| | （　　） | | （　　） | |
| | （　　） | | （　　） | |
| | （　　） | | （　　） | |
| | （　　） | | （　　） | |
| 4 | （　　） | | （　　） | |
| | （　　） | | （　　） | |
| | （　　） | | （　　） | |
| | （　　） | | （　　） | |
| | （　　） | | （　　） | |
| 5 | （　　） | | （　　） | |
| | （　　） | | （　　） | |
| | （　　） | | （　　） | |

まるっと完全予想問題集
第12回　答案用紙

受験番号

氏　　名

# 2　級　②

# 商　業　簿　記

| 採　点　欄 | |
|---|---|
| 第2問 | |

第2問（20点）

| ① | ② | ③ | ④ | ⑤ |
|---|---|---|---|---|
| | | | | |

| ⑥ | ⑦ | ⑧ | ⑨ | ⑩ |
|---|---|---|---|---|
| | | | | |

まるっと完全予想問題集
第12回　答案用紙

# 2　級　③

受験番号

氏　　名

## 商業簿記

| 採点欄 | |
|---|---|
| 第3問 | |

第3問（20点）

決算整理後残高試算表

×7年3月31日　　（単位：円）

| 借　　方 | 勘定科目 | 貸　　方 |
|---|---|---|
| | 現金預金 | |
| | 受取手形 | |
| | 売掛金 | |
| | 繰越商品 | |
| | 未収入金 | |
| | 未収収益 | |
| | 売買目的有価証券 | |
| | 建物 | |
| | 備品 | |
| | 土地 | |
| | のれん | |
| | 長期貸付金 | |
| | 繰延税金資産 | |
| | 支払手形 | |
| | 買掛金 | |
| | 未払法人税等 | |
| | 長期未払金 | |
| | 建物減価償却累計額 | |
| | 備品減価償却累計額 | |
| | 貸倒引当金 | |
| | 資本金 | |
| | 資本準備金 | |
| | 利益準備金 | |
| | 繰越利益剰余金 | |
| | 売上 | |
| | 受取利息 | |
| | 有価証券評価益 | |
| | 固定資産売却益 | |
| | 仕入 | |
| | 給料 | |
| | 支払地代 | |
| | 減価償却費 | |
| | 為替差損益 | |
| | 棚卸減耗損 | |
| | のれん償却 | |
| | 貸倒損失 | |
| | 貸倒引当金繰入 | |
| | 法人税、住民税及び事業税 | |
| | 法人税等調整額 | |
| | | |

まるっと完全予想問題集
第12回　答案用紙

受験番号

氏　　名

# 2　級　④

# 工　業　簿　記

第4問（28点）

（1）（12点）

| | 借方 | | 貸方 | |
|---|---|---|---|---|
| | 記　　号 | 金　　額 | 記　　号 | 金　　額 |
| 1 | (　　) | | (　　) | |
| | (　　) | | (　　) | |
| | (　　) | | (　　) | |
| 2 | (　　) | | (　　) | |
| | (　　) | | (　　) | |
| | (　　) | | (　　) | |
| 3 | (　　) | | (　　) | |
| | (　　) | | (　　) | |
| | (　　) | | (　　) | |

（2）（16点）

問1

材　　料

| | | | |
|---|---|---|---|
| 買　掛　金 | (　　　) | 仕　掛　品 | (　　　) |
| | | (　　　) | (　　　) |
| | (　　　) | | (　　　) |

賃　　金

| | | | |
|---|---|---|---|
| 現　　　金 | (　　　) | 仕　掛　品 | (　　　) |
| (　　　) | (　　　) | | |
| | (　　　) | | (　　　) |

製造間接費

| | | | |
|---|---|---|---|
| 諸　　　口 | (　　　) | 仕　掛　品 | (　　　) |
| | | (　　　) | (　　　) |
| | (　　　) | | (　　　) |

まるっと完全予想問題集
第12回　答案用紙

# 2 級 ⑤

# 工 業 簿 記

受験番号

氏　名

| 採点欄 | |
|---|---|
| 第4問 | |

仕　掛　品

| | | | |
|---|---|---|---|
| 前月繰越 | 57,000 | 製　品 | ( ) |
| 材　料 | ( ) | 次月繰越 | ( ) |
| 賃　金 | ( ) | ( ) | ( ) |
| 製造間接費 | ( ) | ( ) | ( ) |
| ( ) | ( ) | | |
| | ( ) | | ( ) |

問2

材　料

| | | | |
|---|---|---|---|
| 買掛金 | ( ) | 仕掛品 | ( ) |
| | | ( ) | ( ) |
| | ( ) | | ( ) |

賃　金

| | | | |
|---|---|---|---|
| 現　金 | ( ) | 仕掛品 | ( ) |
| ( ) | ( ) | | |
| | ( ) | | ( ) |

製造間接費

| | | | |
|---|---|---|---|
| 諸　口 | ( ) | 仕掛品 | ( ) |
| | | ( ) | ( ) |
| | ( ) | | ( ) |

仕　掛　品

| | | | |
|---|---|---|---|
| 前月繰越 | 57,000 | 製　品 | ( ) |
| 材　料 | ( ) | 次月繰越 | ( ) |
| 賃　金 | ( ) | ( ) | ( ) |
| 製造間接費 | ( ) | ( ) | ( ) |
| ( ) | ( ) | | |
| | ( ) | | ( ) |

まるっと完全予想問題集
第12回　答案用紙

# 2　級　⑥

受験番号＿＿＿＿＿＿＿＿

氏　　名＿＿＿＿＿＿＿＿

# 工　業　簿　記

| 採　点　欄 |
| --- |
| 第5問 |

第5問（12点）

問1

全部原価計算方式の損益計算書（単位：円）

| | | |
| --- | --- | --- |
| Ⅰ | 売　　上　　高 | 19,200,000 |
| Ⅱ | 売　上　原　価 | (　　　　) |
| | 売上総利益 | (　　　　) |
| Ⅲ | 販売費及び一般管理費 | (　　　　) |
| | 営　業　利　益 | (　　　　) |

問2

(1)　売上高の増加率：＿＿＿＿%

(2)　削減すべき固定費：＿＿＿＿円

問3

| | | |
| --- | --- | --- |
| 販売価格差異 | 円 | （ 有利差異 ・ 不利差異 ） |
| 販売数量差異 | 円 | （ 有利差異 ・ 不利差異 ） |

いずれかを○で囲むこと

まるっと完全予想問題集
第11回　答案用紙

受験番号

氏　　名

# 2　級　④

# 工　業　簿　記

第4問（28点）

（1）（12点）

| | 借　　方 | | 貸　　方 | |
|---|---|---|---|---|
| | 記　　号 | 金　　額 | 記　　号 | 金　　額 |
| 1 | （　　） | | （　　） | |
| | （　　） | | （　　） | |
| | （　　） | | （　　） | |
| 2 | （　　） | | （　　） | |
| | （　　） | | （　　） | |
| | （　　） | | （　　） | |
| 3 | （　　） | | （　　） | |
| | （　　） | | （　　） | |
| | （　　） | | （　　） | |

まるっと完全予想問題集
第11回　答案用紙

受験番号＿＿＿＿＿＿＿＿

氏　　名＿＿＿＿＿＿＿＿

# 2　級　⑤

# 工　業　簿　記

| 採　点　欄 |
|---|
| 第4問 |

(2)(16点)

材　　料

| | | | |
|---|---|---|---|
| 前月繰越 | ( ) | ( ) | ( ) |
| 諸　　口 | ( ) | ( ) | ( ) |
| ( ) | ( ) | ( ) | ( ) |
| | | 次月繰越 | ( ) |
| | ( ) | | ( ) |

賃金（直接工）

| | | | |
|---|---|---|---|
| 諸　　口 | ( ) | 月初未払 | ( ) |
| 月末未払 | ( ) | ( ) | ( ) |
| | | ( ) | ( ) |
| | | ( ) | ( ) |
| | ( ) | | ( ) |

賃金（間接工）

| | | | |
|---|---|---|---|
| 諸　　口 | ( ) | 月初未払 | ( ) |
| 月末未払 | ( ) | ( ) | ( ) |
| | ( ) | | ( ) |

仕　掛　品

| | | | |
|---|---|---|---|
| 前月繰越 | ( ) | ( ) | ( ) |
| ( ) | ( ) | 次月繰越 | ( ) |
| ( ) | ( ) | | |
| ( ) | ( ) | | |
| ( ) | ( ) | | |
| | ( ) | | ( ) |

製造間接費

| | | | |
|---|---|---|---|
| ( ) | ( ) | ( ) | ( ) |
| ( ) | ( ) | 次月繰越 | ( ) |
| ( ) | ( ) | | |
| ( ) | ( ) | | |
| ( ) | ( ) | | |
| | ( ) | | ( ) |

原　価　差　異

| | | | |
|---|---|---|---|
| ( ) | ( ) | ( ) | ( ) |
| ( ) | ( ) | | |

まるっと完全予想問題集
第11回　答案用紙

# 2　級　⑥

# 工　業　簿　記

受験番号 ＿＿＿＿＿＿＿＿＿＿

氏　　名 ＿＿＿＿＿＿＿＿＿＿

| 採　点　欄 | |
|---|---|
| 第5問 | |

第5問（12点）

問1

| | |
|---|---|
| A材料費：価格差異 | 円　（有利差異・不利差異） |
| B材料費：消費数量差異 | 円　（有利差異・不利差異） |

「有利差異」「不利差異」については、いずれか不要な方を二重線で消去しなさい。

問2

| | | |
|---|---|---|
| 予 算 差 異 | 変動費 | 円　（有利差異・不利差異） |
| | 固定費 | 円　（有利差異・不利差異） |
| 能 率 差 異 | 変動費 | 円　（有利差異・不利差異） |
| | 固定費 | 円　（有利差異・不利差異） |
| 操 業 度 差 異 | | 円　（有利差異・不利差異） |

「有利差異」「不利差異」については、いずれか不要な方を二重線で消去しなさい。

まるっと完全予想問題集
第10回　答案用紙

# 2 級 ③

# 商 業 簿 記

受験番号＿＿＿＿＿＿＿＿＿＿＿＿＿＿

氏　　名＿＿＿＿＿＿＿＿＿＿＿＿＿＿

| 採 点 欄 |
| --- |
| 第3問 |

第3問（20点）

損 益 計 算 書
自×9年4月1日　至×10年3月31日　　（単位：千円）

| | | |
| --- | --- | --- |
| Ⅰ 役 務 収 益 | | （　　　） |
| Ⅱ 役 務 原 価 | | |
| 報　　酬 | （　　　） | |
| そ の 他 | （　　　） | （　　　） |
| 売上総利益 | | （　　　） |
| Ⅲ 販売費及び一般管理費 | | |
| 1 給　　料 | （　　　） | |
| 2 旅費交通費 | （　　　） | |
| 3 水道光熱費 | （　　　） | |
| 4 通 信 費 | （　　　） | |
| 5 支払家賃 | （　　　） | |
| 6 賞与引当金繰入 | （　　　） | |
| 7 貸倒損失 | （　　　） | |
| 8 貸倒引当金繰入 | （　　　） | |
| 9 減価償却費 | （　　　） | |
| 10 退職給付費用 | （　　　） | （　　　） |
| 営業利益 | | （　　　） |
| Ⅳ 営業外収益 | | |
| 1（　　　） | | （　　　） |
| Ⅴ 営業外費用 | | |
| 1（　　　） | | （　　　） |
| 経常利益 | | （　　　） |
| Ⅵ 特別利益 | | |
| 1（　　　） | | （　　　） |
| 税引前当期純利益 | | （　　　） |
| 法人税、住民税及び事業税 | | （　　　） |
| 当期純利益 | | （　　　） |

まるっと完全予想問題集
第10回　答案用紙

# 2　級　④

# 工　業　簿　記

受験番号

氏　　名

| 採　点　欄 | |
|---|---|
| 第4問 | |

---

## 第4問（28点）

（1）（12点）

| | 借方 | | 貸方 | |
|---|---|---|---|---|
| | 記　号 | 金　額 | 記　号 | 金　額 |
| 1 | （　　） | | （　　） | |
| | （　　） | | （　　） | |
| | （　　） | | （　　） | |
| 2 | （　　） | | （　　） | |
| | （　　） | | （　　） | |
| | （　　） | | （　　） | |
| 3 | （　　） | | （　　） | |
| | （　　） | | （　　） | |
| | （　　） | | （　　） | |

（2）（16点）

問1

仕　　掛　　品　　（単位：円）

| | | | |
|---|---|---|---|
| 月初仕掛品原価 | （　　） | 完成品原価 | （　　） |
| 甲材料費 | （　　） | 月末仕掛品原価 | （　　） |
| 乙材料費 | （　　） | | |
| 加工費 | （　　） | | |
| | （　　） | | （　　） |

問2

| | |
|---|---|
| 甲材料費差異 | 円　（有利差異・不利差異） |
| 乙材料費差異 | 円　（有利差異・不利差異） |
| 加工費差異 | 円　（有利差異・不利差異） |

「有利差異」「不利差異」については、いずれか不要な方を二重線で消去しなさい。

問3

| | |
|---|---|
| 営業利益 | 円 |

まるっと完全予想問題集
第10回　答案用紙

受験番号＿＿＿＿＿＿＿＿

氏　　名＿＿＿＿＿＿＿＿

# 2　級　⑤

# 工　業　簿　記

| 採　点　欄 |
| --- |
| 第5問 |

第5問（12点）

損益計算書（全部原価計算）　　（単位：円）

| | 第　1　期 | 第　2　期 | 第　3　期 |
| --- | --- | --- | --- |
| 売　　上　　高 | (　　　) | (　　　) | (　　　) |
| 売　上　原　価 | (　　　) | (　　　) | (　　　) |
| 原　価　差　異 | (　　　) | (　　　) | (　　　) |
| 計 | (　　　) | (　　　) | (　　　) |
| 売上総利益 | (　　　) | (　　　) | (　　　) |
| 販売費・一般管理費 | (　　　) | (　　　) | (　　　) |
| 営　業　利　益 | (　　　) | (　　　) | (　　　) |

（注）原価差異がゼロの場合は、「—」を記入し、それ以外の場合は、原価差異の有利不利に関わらず符号や記号を付さない絶対値のみを記入すること。

損益計算書（直接原価計算）　　（単位：円）

| | 第　1　期 | 第　2　期 | 第　3　期 |
| --- | --- | --- | --- |
| 売　　上　　高 | (　　　) | (　　　) | (　　　) |
| 変動売上原価 | (　　　) | (　　　) | (　　　) |
| 変動製造マージン | (　　　) | (　　　) | (　　　) |
| 変　動　販　売　費 | (　　　) | (　　　) | (　　　) |
| 貢　献　利　益 | (　　　) | (　　　) | (　　　) |
| 固　　定　　費 | (　　　) | (　　　) | (　　　) |
| 営　業　利　益 | (　　　) | (　　　) | (　　　) |

まるっと完全予想問題集
第9回　答案用紙

# 2級 ③

# 商業簿記

受験番号＿＿＿＿＿＿＿＿

氏　名＿＿＿＿＿＿＿＿

| 採点欄 |
|---|
| 第3問 |

第3問（20点）

## 貸借対照表

×9年3月31日　　（単位：円）

| 資産の部 | | | 負債の部 | | |
|---|---|---|---|---|---|
| Ⅰ 流動資産 | | | Ⅰ 流動負債 | | |
| 1 現金預金 | | (　) | 1 支払手形 | | (　) |
| 2 受取手形 | (　) | | 2 買掛金 | | (　) |
| 3 売掛金 | (　) | | 3 未払金 | | (　) |
| 貸倒引当金 | (△　) | (　) | 4 リース債務 | | (　) |
| 4 有価証券 | | (　) | 5 未払法人税等 | | (　) |
| 5 商品 | | (　) | 6 未払費用 | | (　) |
| 6 未収収益 | | (　) | 流動負債合計 | | (　) |
| 7 前払費用 | | (　) | Ⅱ 固定負債 | | |
| 流動資産合計 | | (　) | 1 長期リース債務 | | (　) |
| Ⅱ 固定資産 | | | 固定負債合計 | | (　) |
| 1 建物 | 6,300,000 | | 負債合計 | | (　) |
| 減価償却累計額 | (△　) | (　) | | | |
| 2 備品 | 1,008,000 | | 純資産の部 | | |
| 減価償却累計額 | (△　) | (　) | Ⅰ 株主資本 | | |
| 3 リース資産 | (　) | | 1 資本金 | | 7,700,000 |
| 減価償却累計額 | (△　) | (　) | 2 利益剰余金 | | |
| 4 商標権 | | (　) | 利益準備金 | 262,500 | |
| 5 長期性預金 | | (　) | 繰越利益剰余金 | (　) | (　) |
| 6 投資有価証券 | | (　) | 株主資本合計 | | (　) |
| 7 長期前払費用 | | (　) | Ⅱ 評価・換算差額等 | | |
| 8 繰延税金資産 | | (　) | 1 その他有価証券評価差額金 | | (　) |
| 固定資産合計 | | (　) | 評価・換算差額等合計 | | (　) |
| | | | 純資産合計 | | (　) |
| 資産合計 | | (　) | 負債及び純資産合計 | | (　) |

まるっと完全予想問題集
第9回　答案用紙

# 2　級　④

# 工　業　簿　記

受験番号 ＿＿＿＿＿＿＿＿

氏　　名 ＿＿＿＿＿＿＿＿

| 採　点　欄 | |
|---|---|
| 第4問 | |

第4問（28点）

（1）（12点）

| | 借方 | | 貸方 | |
|---|---|---|---|---|
| | 記号 | 金額 | 記号 | 金額 |
| 1 | (　　) | | (　　) | |
| | (　　) | | (　　) | |
| | (　　) | | (　　) | |
| 2 | (　　) | | (　　) | |
| | (　　) | | (　　) | |
| | (　　) | | (　　) | |
| 3 | (　　) | | (　　) | |
| | (　　) | | (　　) | |
| | (　　) | | (　　) | |

（2）（16点）

月末仕掛品のA原料費 ＝ ＿＿＿＿ 円

月末仕掛品のB原料費 ＝ ＿＿＿＿ 円

月末仕掛品の加工費 ＝ ＿＿＿＿ 円

完成品総合原価 ＝ ＿＿＿＿ 円

完成品単位原価 ＝ ＿＿＿＿ 円/kg

まるっと完全予想問題集
第9回　答案用紙

受験番号

氏　　名

# 2　級　⑤

# 工　業　簿　記

| 採　点　欄 | |
|---|---|
| 第5問 | |

第5問（12点）

| | | |
|---|---|---|
| 問1 | | % |
| 問2 | | 円 |
| 問3 | | % |
| 問4 | | 円 |
| 問5 | ① | % |
| | ② | |

まるっと完全予想問題集
第８回　答案用紙

# ２　級　③

受験番号＿＿＿＿＿＿＿＿

氏　　名＿＿＿＿＿＿＿＿

## 商　業　簿　記

| 採　点　欄 | |
|---|---|
| 第３問 | |

第３問（20点）

精　　算　　表　　　　（単位：円）

| 勘定科目 | 残高試算表 | | 修正記入 | | 損益計算書 | | 貸借対照表 | |
|---|---|---|---|---|---|---|---|---|
| | 借方 | 貸方 | 借方 | 貸方 | 借方 | 貸方 | 借方 | 貸方 |
| 現　　　金 | 1,281,000 | | | | | | | |
| 当座預金 | 3,130,000 | | | | | | | |
| | | | | | | | | |
| 受取手形 | 210,000 | | | | | | | |
| 電子記録債権 | 280,000 | | | | | | | |
| 売　掛　金 | 680,000 | | | | | | | |
| クレジット売掛金 | 280,000 | | | | | | | |
| 売買目的有価証券 | 385,000 | | | | | | | |
| 繰越商品 | 138,000 | | | | | | | |
| | | | | | | | | |
| | | | | | | | | |
| 建設仮勘定 | 400,000 | | | | | | | |
| 建　　　物 | 2,000,000 | | | | | | | |
| 備　　　品 | 400,000 | | | | | | | |
| 特　許　権 | 80,000 | | | | | | | |
| 買　掛　金 | | 354,000 | | | | | | |
| 借　入　金 | | 400,000 | | | | | | |
| 未払保険料 | | 12,000 | | | | | | |
| 未払利息 | | 5,000 | | | | | | |
| 貸倒引当金 | | 6,000 | | | | | | |
| 退職給付引当金 | | 522,000 | | | | | | |
| 建物減価償却累計額 | | 360,000 | | | | | | |
| 備品減価償却累計額 | | 100,000 | | | | | | |
| 資　本　金 | | 5,000,000 | | | | | | |
| 繰越利益剰余金 | | 750,000 | | | | | | |
| 売　　　上 | | 5,620,000 | | | | | | |
| 受取家賃 | | 90,000 | | | | | | |
| 仕　　　入 | 2,529,000 | | | | | | | |
| | | | | | | | | |
| | | | | | | | | |
| 給　　　料 | 957,400 | | | | | | | |
| 営　業　費 | 289,200 | | | | | | | |
| 保　険　料 | 48,000 | | | | | | | |
| 支払利息 | 11,000 | | | | | | | |
| 退職給付費用 | 22,000 | | | | | | | |
| 雑　　　費 | 98,400 | | | | | | | |
| | 13,219,000 | 13,219,000 | | | | | | |
| 貸倒引当金繰入 | | | | | | | | |
| 有価証券評価損 | | | | | | | | |
| 棚卸減耗損 | | | | | | | | |
| 商品評価損 | | | | | | | | |
| 減価償却費 | | | | | | | | |
| 特許権償却 | | | | | | | | |
| 当期純（　　） | | | | | | | | |
| | | | | | | | | |
| | | | | | | | | |

まるっと完全予想問題集
第8回　答案用紙

受験番号

氏　　名

# 2　級　④

# 工　業　簿　記

| 採　点　欄 |
| --- |
| 第4問 |

第4問（28点）

（1）（12点）

| | 借方 | | 貸方 | |
| --- | --- | --- | --- | --- |
| | 記号 | 金額 | 記号 | 金額 |
| 1 | (　　) | | (　　) | |
| | (　　) | | (　　) | |
| | (　　) | | (　　) | |
| 2 | (　　) | | (　　) | |
| | (　　) | | (　　) | |
| | (　　) | | (　　) | |
| 3 | (　　) | | (　　) | |
| | (　　) | | (　　) | |
| | (　　) | | (　　) | |

（2）（16点）

材　　料　（単位：円）

| | | | |
| --- | --- | --- | --- |
| 月初有高 | (　　) | 製造直接費 | (　　) |
| 当月仕入高 | (　　) | 製造間接費 | (　　) |
| | | 月末有高 | (　　) |
| | (　　) | | (　　) |

製造間接費　（単位：円）

| | | | |
| --- | --- | --- | --- |
| 間接材料費 | (　　) | 予定配賦額 | (　　) |
| 間接労務費 | 1,750,000 | 配賦差異 | (　　) |
| 間接経費 | 2,100,000 | | 　　) |
| | (　　) | | (　　) |

まるっと完全予想問題集
第８回　答案用紙

# ２　級　⑤

# 工　業　簿　記

受験番号＿＿＿＿＿＿＿＿

氏　　名＿＿＿＿＿＿＿＿

| 採　点　欄 | |
|---|---|
| 第5問 | |

第5問（12点）

標準製造原価差異分析表

| | | |
|---|---|---|
| 直接材料費差異 | 材料価格差異 | 円（有利差異・不利差異） |
| | 材料数量差異 | 円（有利差異・不利差異） |
| 直接労務費差異 | 労働賃率差異 | 円（有利差異・不利差異） |
| | 労働時間差異 | 円（有利差異・不利差異） |
| 製造間接費差異 | 予算差異 | 円（有利差異・不利差異） |
| | 能率差異 | 円（有利差異・不利差異） |
| | 操業度差異 | 円（有利差異・不利差異） |

（注）借方差異の場合には不利差異、貸方差異の場合には有利差異を○で囲むこと。

まるっと完全予想問題集
第7回　答案用紙

受験番号

氏　名

# 2 級 ③

# 商業簿記

| 採点欄 |
| --- |
| 第3問 |

第3問（20点）

決算整理後残高試算表
×8年3月31日　　　　(単位：円)

| 借方科目 | 金額 | 貸方科目 | 金額 |
| --- | --- | --- | --- |
| 現金 | | 買掛金 | |
| 当座預金 | | 未払法人税等 | |
| 受取手形 | 1,067,500 | 未払費用 | |
| 売掛金 | | 繰延税金負債 | |
| 繰越商品 | | 貸倒引当金 | |
| 前払費用 | | 備品減価償却累計額 | |
| 貸付金 | 525,000 | 資本金 | 7,000,000 |
| 備品 | 1,855,000 | 資本準備金 | 1,225,000 |
| その他有価証券 | | 利益準備金 | 343,000 |
| 子会社株式 | | 繰越利益剰余金 | |
| 繰延税金資産 | | その他有価証券評価差額金 | |
| 仕入 | | 売上 | 13,716,500 |
| 販売費 | | 有価証券利息 | 63,000 |
| 一般管理費 | | 受取利息 | 28,000 |
| 棚卸減耗損 | | 為替差損益 | |
| 貸倒引当金繰入 | | 法人税等調整額 | |
| 減価償却費 | | | |
| 手形売却損 | 78,750 | | |
| 雑損 | | | |
| 法人税等 | | | |
| | | | |

まるっと完全予想問題集
第７回　答案用紙

# ２　級　④

受験番号＿＿＿＿＿＿＿＿＿＿

氏　　名＿＿＿＿＿＿＿＿＿＿

## 工　業　簿　記

| 採　点　欄 |
| --- |
| 第4問 |

第４問（28点）

（１）（12点）

| | 借方 記号 | 借方 金額 | 貸方 記号 | 貸方 金額 |
| --- | --- | --- | --- | --- |
| 1 | (　　) | | (　　) | |
| | (　　) | | (　　) | |
| | (　　) | | (　　) | |
| 2 | (　　) | | (　　) | |
| | (　　) | | (　　) | |
| | (　　) | | (　　) | |
| 3 | (　　) | | (　　) | |
| | (　　) | | (　　) | |
| | (　　) | | (　　) | |

（２）（16点）

（単位：円）

材　　料

| | | | |
| --- | --- | --- | --- |
| 月初有高 | (　　) | 消費高 | (　　) |
| 仕入高 | (　　) | 月末有高 | (　　) |
| | (　　) | | (　　) |

賃　　金

| | | | |
| --- | --- | --- | --- |
| 支払高 | (　　) | 月初未払高 | (　　) |
| 月末未払高 | (　　) | 消費高 | (　　) |
| | (　　) | | (　　) |

製造間接費

| | | | |
| --- | --- | --- | --- |
| 間接材料費 | (　　) | 予定配賦額 | (　　) |
| 間接労務費 | (　　) | | |
| 間接経費 | (　　) | | |
| 配賦差異 | 22,000 | | |
| | (　　) | | (　　) |

製　　品

| | | | |
| --- | --- | --- | --- |
| 月初有高 | 541,000 | 販売高 | (　　) |
| 完成高 | (　　) | 月末有高 | 889,000 |
| | (　　) | | (　　) |

仕　掛　品

| | | | |
| --- | --- | --- | --- |
| 月初有高 | 738,000 | 完成高 | (　　) |
| 直接材料費 | (　　) | 月末有高 | 1,119,000 |
| 直接労務費 | (　　) | | |
| 製造間接費 | (　　) | | |
| | (　　) | | (　　) |

売上原価

| | | | |
| --- | --- | --- | --- |
| 販売高 | (　　) | 配賦差異 | 22,000 |
| | | 損益 | (　　) |
| | (　　) | | (　　) |

まるっと完全予想問題集
第７回　答案用紙

受験番号

氏　　名

# ２　級　⑤

# 工　業　簿　記

| 採　点　欄 | |
|---|---|
| 第5問 | |

第5問（12点）

| | | | | |
|---|---|---|---|---|
| 問1 | 予算売上高 | 円 | | |
| 問2 | 販売価格差異 | 円 | （有　利　・　不　利） | 差異 |
| | 販売数量差異 | 円 | （有　利　・　不　利） | 差異 |
| 問3 | 予　算　差　異 | 円 | （有　利　・　不　利） | 差異 |
| | 能　率　差　異 | 円 | （有　利　・　不　利） | 差異 |
| | 操業度差異 | 円 | （有　利　・　不　利） | 差異 |

問２、問３については、（　　　）内の「有利」または「不利」を○で囲むこと。

まるっと完全予想問題集
第6回　答案用紙

# 2級 ③

# 商業簿記

受験番号

氏　名

| 採点欄 |
| --- |
| 第3問 |

## 第3問（20点）

本支店合併損益計算書

自×4年4月1日　至×5年3月31日　（単位：円）

| 費用 | 金額 | 収益 | 金額 |
| --- | --- | --- | --- |
| 売上原価 | | 売上高 | |
| 棚卸減耗損 | | 商品保証引当金戻入 | |
| 支払家賃 | | 国庫補助金受贈益 | |
| 給料 | | | |
| 広告宣伝費 | | | |
| 貸倒引当金繰入 | | | |
| 商品保証引当金繰入 | | | |
| 減価償却費 | | | |
| 支払利息 | | | |
| 固定資産圧縮損 | | | |
| 当期純利益 | | | |
| | | | |

まるっと完全予想問題集
第6回　答案用紙

# 2　級　④

# 工　業　簿　記

受験番号

氏　　名

| 採　点　欄 | |
|---|---|
| 第4問 | |

第4問（28点）

（1）（12点）

| | 借方 | | 貸方 | |
|---|---|---|---|---|
| | 記号 | 金額 | 記号 | 金額 |
| 1 | (　　) | | (　　) | |
| | (　　) | | (　　) | |
| | (　　) | | (　　) | |
| 2 | (　　) | | (　　) | |
| | (　　) | | (　　) | |
| | (　　) | | (　　) | |
| 3 | (　　) | | (　　) | |
| | (　　) | | (　　) | |
| | (　　) | | (　　) | |

（2）（16点）

問1

仕　掛　品　　（単位：円）

| | | | |
|---|---|---|---|
| 月初有高 | (　　　) | 製品 | (　　　) |
| 直接材料費 | (　　　) | 仕損品 | (　　　) |
| 加工費 | (　　　) | 月末有高 | (　　　) |
| | (　　　) | | (　　　) |

問2　　　　円/個

問3　　　　円/個

問4　　　　円/個

まるっと完全予想問題集
第６回　答案用紙

# ２　級　⑤

# 工　業　簿　記

| 採点欄 |
| --- |
| 第５問 |

受験番号

氏　名

第５問（12点）

直接原価計算による損益計算書　（単位：円）

| | | |
| --- | --- | --- |
| Ⅰ　売　上　高 | | 8,000,000 |
| Ⅱ　変　動　費 | | |
| 　1　変動売上原価 | （　　　） | |
| 　2　変動販売費 | （　　　） | （　　　） |
| （　　　） | | （　　　） |
| Ⅲ　固　定　費 | | |
| 　1　製造固定費 | （　　　） | |
| 　2　固定販売費・一般管理費 | （　　　） | （　　　） |
| 　　営　業　利　益 | | （　　　） |

財務報告用の損益計算書における営業利益：　　　円

まるっと完全予想問題集
第５回　答案用紙

受験番号＿＿＿＿＿＿＿＿

氏　　名＿＿＿＿＿＿＿＿

# ２　級　③

# 商　業　簿　記

| 採　点　欄 | |
|---|---|
| 第３問 | |

第３問（20点）

## 貸　借　対　照　表

×22年３月31日　　　　　　　　　　　　　　　　(単位：円)

| 資　産　の　部 | | | 負　債　の　部 | | |
|---|---|---|---|---|---|
| Ⅰ流動資産 | | | Ⅰ流動負債 | | |
| 1　現金預金 | | (　　) | 1　支払手形 | | 267,800 |
| 2　受取手形 | 396,000 | | 2　買掛金 | | (　　) |
| 3　売掛金 | (　　) | | 3　未払金 | | (　　) |
| 計 | (　　) | | 4　未払法人税等 | | (　　) |
| 貸倒引当金 | (　　) | (　　) | 5　未払費用 | | (　　) |
| 4　商品 | | (　　) | 流動負債合計 | | (　　) |
| 流動資産合計 | | (　　) | Ⅱ固定負債 | | |
| Ⅱ固定資産 | | | 1　長期借入金 | | 300,000 |
| 1　有形固定資産 | | | 2　退職給付引当金 | | (　　) |
| (1)建物 | 1,200,000 | | 固定負債合計 | | (　　) |
| 減価償却累計額 | (　　) | (　　) | 負債合計 | | (　　) |
| (2)備品 | (　　) | | 純資産の部 | | |
| 減価償却累計額 | (　　) | (　　) | Ⅰ株主資本 | | |
| 有形固定資産合計 | | (　　) | 1　資本金 | | 3,036,650 |
| 2　投資その他の資産 | | | 2　利益剰余金 | | |
| (1)投資有価証券 | | (　　) | (1)利益準備金 | 150,000 | |
| (2)関係会社株式 | | (　　) | (2)別途積立金 | 80,000 | |
| (3)繰延税金資産 | | (　　) | (3)繰越利益剰余金 | (　　) | (　　) |
| 投資その他の資産合計 | | (　　) | 株主資本合計 | | (　　) |
| 固定資産合計 | | (　　) | Ⅱ評価・換算差額等 | | |
| | | | 1　その他有価証券評価差額金 | | (　　) |
| | | | 評価・換算差額等合計 | | (　　) |
| | | | 純資産合計 | | (　　) |
| 資産合計 | | (　　) | 負債及び純資産合計 | | (　　) |

売上総利益　¥　　　　　　当期純利益　¥

※　その他有価証券評価差額金が、借方残高の場合は、金額の前に△を付すこと（評価・換算差額等合計も同様）。

まるっと完全予想問題集
第5回　答案用紙

# 2　級　④

# 工　業　簿　記

受験番号＿＿＿＿＿＿＿＿

氏　　名＿＿＿＿＿＿＿＿

| 採　点　欄 | |
|---|---|
| 第4問 | |

第4問（28点）

（1）（12点）

| | 借方 記号 | 借方 金額 | 貸方 記号 | 貸方 金額 |
|---|---|---|---|---|
| 1 | （　　） | | （　　） | |
| | （　　） | | （　　） | |
| | （　　） | | （　　） | |
| 2 | （　　） | | （　　） | |
| | （　　） | | （　　） | |
| | （　　） | | （　　） | |
| 3 | （　　） | | （　　） | |
| | （　　） | | （　　） | |
| | （　　） | | （　　） | |

（2）（16点）

H　組　仕　掛　品

| | | | |
|---|---|---|---|
| 月初有高 | 686,400 | 当月完成高 | （　　　） |
| 直接材料費 | （　　　） | 仕損品 | （　　　） |
| 直接労務費 | （　　　） | 月末有高 | （　　　） |
| 製造間接費 | （　　　） | | |
| | （　　　） | | （　　　） |

J　組　仕　掛　品

| | | | |
|---|---|---|---|
| 月初有高 | 758,400 | 当月完成高 | （　　　） |
| 直接材料費 | （　　　） | 仕損品 | （　　　） |
| 直接労務費 | （　　　） | 月末有高 | （　　　） |
| 製造間接費 | （　　　） | | |
| | （　　　） | | （　　　） |

まるっと完全予想問題集
第５回　答案用紙

受験番号

氏　　名

# ２　級　⑤

# 工　業　簿　記

| 採　点　欄 | |
|---|---|
| 第５問 | |

第５問（12点）

| | | |
|---|---|---|
| ア | 売上総　・　貢　献　・　経　常 | |
| ① | | |
| ② | | |
| イ | 比例して　・　反比例して　・　関係なく | |
| ③ | | |
| ④ | | |
| ⑤ | | |
| ⑥ | | |

まるっと完全予想問題集
第４回　答案用紙

受験番号＿＿＿＿＿＿＿＿＿＿＿＿

氏　　名＿＿＿＿＿＿＿＿＿＿＿＿

# ２　級　④

# 工　業　簿　記

第４問（28点）

（１）（12点）

| | 借　　方 | | 貸　　方 | |
|---|---|---|---|---|
| | 記　　号 | 金　　額 | 記　　号 | 金　　額 |
| 1 | （　　） | | （　　） | |
| | （　　） | | （　　） | |
| | （　　） | | （　　） | |
| 2 | （　　） | | （　　） | |
| | （　　） | | （　　） | |
| | （　　） | | （　　） | |
| 3 | （　　） | | （　　） | |
| | （　　） | | （　　） | |
| | （　　） | | （　　） | |

まるっと完全予想問題集
第4回　答案用紙

# 2　級　⑤

# 工　業　簿　記

受験番号 ________________

氏　　名 ________________

| 採　点　欄 |  |
| --- | --- |
| 第4問 |  |

（2）（16点）

## 製造原価報告書

（単位：円）

|  |  |  |
| --- | --- | --- |
| Ⅰ　直接材料費 |  | （　　　） |
| Ⅱ　直接労務費 |  | （　　　） |
| Ⅲ　直接経費 |  | （　　　） |
| Ⅳ　製造間接費 |  |  |
| 間接材料費 | （　　　） |  |
| 間接労務費 | （　　　） |  |
| 間接経費 | （　　　） |  |
| 合計 | （　　　） |  |
| 製造間接費配賦差異 | （　　　） | （　　　） |
| 当月製造費用 |  | （　　　） |
| 月初仕掛品棚卸高 |  | （　　　） |
| 合計 |  | （　　　） |
| 月末仕掛品棚卸高 |  | （　　　） |
| 当月製品製造原価 |  | （　　　） |

## 損益計算書

（単位：円）

|  |  |  |
| --- | --- | --- |
| Ⅰ　売上高 |  | 12,000,000 |
| Ⅱ　売上原価 |  |  |
| 月初製品棚卸高 | （　　　） |  |
| （　　　） | （　　　） |  |
| 合計 | （　　　） |  |
| 月末製品棚卸高 | （　　　） |  |
| 原価差異 | （　　　） | （　　　） |
| 売上総利益 |  | （　　　） |

まるっと完全予想問題集
第4回　答案用紙

受験番号

氏　　名

# 2　級　⑥

# 工　業　簿　記

| 採　点　欄 | |
| --- | --- |
| 第5問 | |

第5問（12点）

| | |
| --- | --- |
| 問1 | 円 |
| 問2 | 円 |
| 問3 | % |
| 問4 | 円 |
| 問5 | 円 |

まるっと完全予想問題集
第３回　答案用紙

# ２　級　④

# 商　業　簿　記

受験番号

氏　　名

| 採　点　欄 | |
|---|---|
| 第３問 | |

第３問（20点）

決算整理後残高試算表
×6年３月31日　　　　　　（単位：円）

| 借　　方 | 勘定科目 | 貸　　方 |
|---|---|---|
| | 現金 | |
| | 当座預金 | |
| | 受取手形 | |
| | 売掛金 | |
| | 繰越商品 | |
| | 前払保険料 | |
| | 建物 | |
| | 備品 | |
| | のれん | |
| | 買掛金 | |
| | 未払金 | |
| | 未払リース料 | |
| | 貸倒引当金 | |
| | 建物減価償却累計額 | |
| | 備品減価償却累計額 | |
| | 資本金 | |
| | 資本準備金 | |
| | 繰越利益剰余金 | |
| | 売上 | |
| | 受取手数料 | |
| | 仕入 | |
| | 給料 | |
| | 水道光熱費 | |
| | 発送費 | |
| | 保険料 | |
| | 減価償却費 | |
| | のれん償却 | |
| | 貸倒引当金繰入 | |
| | 棚卸減耗損 | |
| | 支払リース料 | |
| | | |

まるっと完全予想問題集
第3回　答案用紙

# 2　級　⑤

受験番号

氏　　名

# 工　業　簿　記

| 採　点　欄 | |
|---|---|
| 第4問 | |

## 第4問（28点）

（1）（12点）

| | 借方 | | 貸方 | |
|---|---|---|---|---|
| | 記　　号 | 金　　額 | 記　　号 | 金　　額 |
| 1 | （　　） | | （　　） | |
| | （　　） | | （　　） | |
| | （　　） | | （　　） | |
| 2 | （　　） | | （　　） | |
| | （　　） | | （　　） | |
| | （　　） | | （　　） | |
| 3 | （　　） | | （　　） | |
| | （　　） | | （　　） | |
| | （　　） | | （　　） | |

（2）（16点）

仕　　掛　　品

| | | | |
|---|---|---|---|
| 月初有高 | （　　　　） | 当月完成高 | （　　　　） |
| 直接材料費 | （　　　　） | 月末有高 | （　　　　） |
| 直接労務費 | （　　　　） | | |
| 製造間接費 | （　　　　） | | |
| | （　　　　） | | （　　　　） |

製　　　　品

| | | | |
|---|---|---|---|
| 月初有高 | （　　　　） | 売上原価 | （　　　　） |
| 当月完成高 | （　　　　） | 月末有高 | （　　　　） |
| | （　　　　） | | （　　　　） |

まるっと完全予想問題集
第3回　答案用紙

受験番号
氏　　名

# 2　級　⑥

# 工　業　簿　記

| 採　点　欄 | |
|---|---|
| 第5問 | |

第5問（12点）

問1　　　　　　円

問2　　　　　　円　（　借方差異　・　貸方差異　）
いずれかを○で囲むこと

問3　　　　　　円　（　借方差異　・　貸方差異　）
いずれかを○で囲むこと

問4　　　　　　円　（　借方差異　・　貸方差異　）
いずれかを○で囲むこと

まるっと完全予想問題集
第2回　答案用紙

# 2　級　③

受験番号＿＿＿＿＿＿＿＿

氏　　名＿＿＿＿＿＿＿＿

## 商　業　簿　記

| 採　点　欄 | |
|---|---|
| 第3問 | |

第3問（20点）

### 損　益　計　算　書

自×4年4月1日　至×5年3月31日　（単位：円）

| | | |
|---|---|---|
| Ⅰ　売　上　高 | | ( ) |
| Ⅱ　売　上　原　価 | | |
| 1　期首商品棚卸高 | ( ) | |
| 2　当期商品仕入高 | ( ) | |
| 合　計 | ( ) | |
| 3　期末商品棚卸高 | ( ) | |
| 差　引 | ( ) | |
| 4　商品評価損 | ( ) | ( ) |
| (　　　)利　益 | | ( ) |
| Ⅲ　販売費及び一般管理費 | | |
| 1　給　料 | 4,369,500 | |
| 2　広告宣伝費 | 1,984,500 | |
| 3　保　険　料 | ( ) | |
| 4　貸倒引当金繰入 | ( ) | |
| 5　減価償却費 | ( ) | |
| 6　棚卸減耗損 | ( ) | |
| 7　修　繕　費 | ( ) | |
| 8　商品保証引当金繰入 | ( ) | ( ) |
| (　　　)利　益 | | ( ) |
| Ⅳ　営業外収益 | | |
| 1　受取利息 | 13,500 | |
| 2　有価証券評価益 | ( ) | |
| 3　有価証券利息 | ( ) | |
| 4　商品保証引当金戻入 | ( ) | ( ) |
| Ⅴ　営業外費用 | | |
| 1　手形売却損 | ( ) | |
| 2　貸倒引当金繰入 | ( ) | ( ) |
| (　　　)利　益 | | ( ) |
| Ⅵ　特　別　利　益 | | |
| 1　土地売却益 | | 40,500 |
| Ⅶ　特　別　損　失 | | |
| 1　火災損失 | | ( ) |
| 税引前当期純利益 | | ( ) |
| 法人税、住民税及び事業税 | | ( ) |
| 当期純利益 | | ( ) |

まるっと完全予想問題集
第2回　答案用紙

# 2　級　④

受験番号＿＿＿＿＿＿＿＿＿＿

氏　　名＿＿＿＿＿＿＿＿＿＿

## 工　業　簿　記

| 採　点　欄 | |
|---|---|
| 第4問 | |

第4問（28点）

（1）（12点）

| | 借方 記号 | 借方 金額 | 貸方 記号 | 貸方 金額 |
|---|---|---|---|---|
| 1 | （　　） | | （　　） | |
| | （　　） | | （　　） | |
| | （　　） | | （　　） | |
| 2 | （　　） | | （　　） | |
| | （　　） | | （　　） | |
| | （　　） | | （　　） | |
| 3 | （　　） | | （　　） | |
| | （　　） | | （　　） | |
| | （　　） | | （　　） | |

（2）（16点）

総合原価計算表

| | 第1工程 A材料費 | 第1工程 加工費 | 第2工程 前工程費 | 第2工程 B材料費 | 第2工程 加工費 |
|---|---|---|---|---|---|
| 月初仕掛品 | 912,000 円 | 373,500 円 | 2,242,500 円 | 244,800 円 | 523,800 円 |
| 当月投入 | 6,552,000 | 4,455,000 | 10,357,500 | 2,347,200 | 4,579,200 |
| 合計 | 円 | 円 | 円 | 円 | 円 |
| 月末仕掛品 | | | | | |
| 完成品 | 円 | 円 | 円 | 円 | 円 |

まるっと完全予想問題集
第2回　答案用紙

受験番号

氏　　名

# 2　級　⑤

# 工　業　簿　記

| 採　点　欄 | |
|---|---|
| 第5問 | |

第5問（12点）

問1　　　　　　　　　%

問2　　　　　　　　　円

問3　　　　　　　　　円

問4　貢献利益　　　　円　　営業利益　　　　円

問5　　　　　　　　　%

まるっと完全予想問題集
第1回　答案用紙

# 2 級 ③

受験番号 ____________________

氏　名 ____________________

# 商業簿記

| 採点欄 |
| --- |
| 第3問 |

## 第3問（20点）

貸借対照表

×7年3月31日　　　　(単位：円)

| | | | | | |
| --- | --- | --- | --- | --- | --- |
| 資産の部 | | | 負債の部 | | |
| Ⅰ流動資産 | | | Ⅰ流動負債 | | |
| 1 現金預金 | | (　　) | 1 支払手形 | | (　　) |
| 2 受取手形 | (　　) | | 2 買掛金 | | (　　) |
| 3 売掛金 | (　　) | | 3 借入金 | | (　　) |
| 計 | (　　) | | 4 未払金 | | (　　) |
| 貸倒引当金 | (　　) | (　　) | 5 未払費用 | | (　　) |
| 4 商品 | | (　　) | 6 賞与引当金 | | (　　) |
| 5 有価証券 | | (　　) | 7 未払法人税等 | | (　　) |
| 6 前払費用 | | (　　) | 流動負債合計 | | (　　) |
| 流動資産合計 | | (　　) | 負債合計 | | (　　) |
| Ⅱ固定資産 | | | | | |
| 1 建物 | (　　) | | 純資産の部 | | |
| 減価償却累計額 | (　　) | (　　) | Ⅰ資本金 | | (　　) |
| 2 備品 | (　　) | | Ⅱ利益剰余金 | | |
| 減価償却累計額 | (　　) | (　　) | 1 利益準備金 | (　　) | |
| 3 車両運搬具 | (　　) | | 2 別途積立金 | (　　) | |
| 減価償却累計額 | (　　) | (　　) | 3 繰越利益剰余金 | (　　) | (　　) |
| 4 ソフトウェア | | (　　) | 純資産合計 | | (　　) |
| 5 繰延税金資産 | | (　　) | | | |
| 固定資産合計 | | (　　) | | | |
| 資産合計 | | (　　) | 負債及び純資産合計 | | (　　) |

まるっと完全予想問題集
第1回　答案用紙

# 2　級　④

# 工　業　簿　記

受験番号

氏　　名

| 採　点　欄 | |
|---|---|
| 第4問 | |

第4問（28点）

（1）（12点）

| | 借方 | | 貸方 | |
|---|---|---|---|---|
| | 記　号 | 金　額 | 記　号 | 金　額 |
| 1 | （　　） | | （　　） | |
| | （　　） | | （　　） | |
| | （　　） | | （　　） | |
| 2 | （　　） | | （　　） | |
| | （　　） | | （　　） | |
| | （　　） | | （　　） | |
| 3 | （　　） | | （　　） | |
| | （　　） | | （　　） | |
| | （　　） | | （　　） | |

（2）（16点）

月次予算部門別配賦表　　（単位：円）

| 摘　要 | 合　計 | 製造部門 | | 補助部門 | |
|---|---|---|---|---|---|
| | | 切削部門 | 組立部門 | 修繕部門 | 事務部門 |
| 部　門　費 | 4,644,000 | 1,465,500 | 2,188,500 | 450,000 | 540,000 |
| 修繕部門費 | | | | | |
| 事務部門費 | | | | | |
| 製造部門費 | 4,644,000 | | | | |

製造間接費—切削部門費

| | |
|---|---|
| 諸　　口　1,914,000 | 仕　掛　品　（　　　　） |
| | 原価差異　（　　　　） |
| （　　　　） | （　　　　） |

製造間接費—組立部門費

| | |
|---|---|
| 諸　　口　2,715,000 | 仕　掛　品　（　　　　） |
| 原価差異　（　　　　） | |
| （　　　　） | （　　　　） |

まるっと完全予想問題集
第1回　答案用紙

受験番号

氏　　名

# 2 級 ⑤

# 工 業 簿 記

| 採　点　欄 | |
|---|---|
| 第5問 | |

第5問（12点）

問1

仕　　掛　　品　　（単位：円）

| | | | |
|---|---|---|---|
| 月初仕掛品原価 | (　　　　) | 完成品原価 | (　　　　) |
| A 材 料 費 | (　　　　) | 月末仕掛品原価 | (　　　　) |
| B 材 料 費 | (　　　　) | | |
| 加　工　費 | (　　　　) | | |
| | (　　　　) | | (　　　　) |

問2

| | |
|---|---|
| A 材 料 費 差 異 | 円　（有利差異・不利差異） |
| B 材 料 費 差 異 | 円　（有利差異・不利差異） |
| 加 工 費 差 異 | 円　（有利差異・不利差異） |

「有利差異」「不利差異」については、いずれか不要な方を二重線で消去しなさい。

問3

| | |
|---|---|
| 売 上 総 利 益 | 円 |